浙江工商大学研究生教育改革项目资助YJG2019302

GENERAL PRINCIPLE OF COMMERCIAL LAW

商法总论

童列春／著

法律出版社 LAW PRESS · CHINA
—— 北京 ——

图书在版编目（CIP）数据

商法总论 / 童列春著. -- 北京：法律出版社，2021

ISBN 978-7-5197-6041-0

Ⅰ. ①商… Ⅱ. ①童… Ⅲ. ①商法—中国 Ⅳ. ①D923.99

中国版本图书馆CIP数据核字（2021）第205167号

商法总论
SHANGFA ZONGLUN

童列春 著

责任编辑 郑 导
装帧设计 汪奇峰

出版发行 法律出版社
编辑统筹 学术·对外出版分社
责任校对 晁明慧 李景美
责任印制 陶 松
经　　销 新华书店

开本 A5
印张 13.5　　字数 326千
版本 2021年11月第1版
印次 2021年11月第1次印刷
印刷 北京虎彩文化传播有限公司

地址：北京市丰台区莲花池西里7号（100073）
网址：www.lawpress.com.cn
投稿邮箱：info@lawpress.com.cn
举报盗版邮箱：jbwq@lawpress.com.cn

销售电话：010-83938349
客服电话：010-83938350
咨询电话：010-63939796

书号：ISBN 978-7-5197-6041-0
定价：68.00元

凡购买本社图书，如有印装错误，我社负责退换。电话：010-83938349

作 者 简 介

童列春

男，安徽桐城人，1968年3月生。西南财经大学博士，中南财经政法大学博士后，浙江工商大学法学院教授，博士生导师。兼任：中国法学会民法学研究会理事、中国法学会商法学研究会理事，浙江省高校民商法中青年学科带头人，浙江省法学会商法研究会副会长，浙江省三农法治研究会副会长。

主要研究领域：身份法学、商法学基础理论、“三农”法律制度、中国法律文化等。在《法学研究》、《人民日报》理论版、《法商研究》、《浙江大学学报》、《农业经济问题》等报刊上发表论文60多篇，出版专著《身份权制度研究》、《商法学基础理论建构》、《商法基础理论体系研究》、《中国农村集体经济有效实现的法理研究》，参编教材4部。主持：国家社科基金课题《身份权制度研究》，浙江省社科规划优势学科重大委托课题《三权分置、农地流转与农民承包权益保护研究》，教育部人文社会科学规划基金项目《商主体制度理论研究》、《商法基础理论体系研究》，中国法学会重点课题、浙江省哲社一般课题、国家博士后基金课题等。《身份权研究》获第二十届浙江省哲学社会科学优秀成果一等奖。

开创了原创性的身份法理论，在商法基础理论领域也自成体系，在“三农”法律制度中基础性问题方面贡献了自有理论学说。

目　录

导论:商法总论的逻辑结构与基本内容

这辈子以教书为业,商法是我的专业领域,数十年的教学生涯中总有一种愿望:写一本教材,讲清楚商法是什么。虽然商法子部门理论成熟、逻辑自洽、制度规则调整有效,但是,关于商法总论,国内外的商法学界均没有形成一套令人信服的理论体系。商法总论需要讲清商法的调整对象是什么?商法的性质特点是什么?商法的价值原则是什么?商法的基本范畴有哪些?商法如何构造、运行,如何实现商事法律秩序。本书认为:

第一,商法的调整对象与本质特征。商事关系是围绕资本运作产生的社会关系,它存在于市场领域,代表了经济社会增长的部分,商事关系处于持续发展的历史进程之中。商事关系包括商事组织关系、金融关系、商事运行关系、商事协调关系和商事责任关系。商法是商品经济存在与发展的技术性法律条件,商法是保障市民社会发展的法律条件,商法制度规则与市场经济发展状态相互适应、相互建构。商法是内化了公法因素的私法,大量的公权机构服役于商事功能。商法中存在大量的建构性规范,具备突出的技术性特征和伦理中性。商法的基本范畴服务于商法内容。商法的基本范畴包括:商法主体、商主体、商事关系主体;商事运行模式、商行为、商事工具、商事标准化、商事运行设施；商事协调监管机构、协调监管职权、协调监管手段；商事利益配置的基本范畴为商事权利、职权、职务、义务、职责。商法遵循效率优先的工具理性，其基本制度逻辑是“目标功能——制度设计”，商法通过设计商事制度工具，提供优越的商事功能。其基本原则为效率原则、自由原则、安全原则、公平原则、信用原则。

民法调整市民社会关系，商法调整市场关系。民、商法中的主体平等处于不同层次，其意志自由表现为不同形态，其概念范畴、体系结构存在区别。民法对应私法关系存在的一面，它远离公法，以任意性规范为主，具有民族性；商法对应私法关系发展的一面，它内化公法，以强制性规范为基本依托，具有世界性。民法的首要价值是公平，商法的首要价值是效率。民法不依赖于制定法，但适应法典化形式；商法严重依赖于制定法，但不宜法典化。

第二，商主体与商主体法。商主体是在具备营利功能的营业体之上赋予商法主体资格的，所有的商主体人格基础均为能够提供产品和服务的商事组织。[①] 商主体从来就不是真正意义上的“人”，小商人也是一种简单的营业组织，“商人”只是近代以前商法认识的习惯遗存。商主体能力包括商事权利能力、商事经营能力和商事责任能力。商事权利能力使各类商主体获得了同质的主体资格，也将商主体与非商主体作了商法资格上的区分。行为能力制度依据自然人的属性设计，用于商主体时意义有限。商主体能力建立在完全行为能力基础之上，商主体之间不存在行为能力差异。每个商主体特有的组织条件和方式造就了相应的经营能力，通过组织机关形成与表达意思，经营范围是经营能力的外在表现，商事登记是对经营能力的确认。商法依据经营能力判断主体

① 组织状态的财产关系存在于企业制度内，具有市场适应性与功能优越性，具备市场运营能力，实现财产功能的转移与整合。

活动的法律效果，商法中的经营能力发挥着民法中行为能力的类似功能。商事经营能力在商主体设立过程中形成，从观念形态演变为功能形态和法律形态。投资者依据目的事业组织相应生产要素，设置经营机关，聘用专业人员履行职能，在营业体中形成了功能意义上的经营能力。每种法定类型商主体特有的组织结构、方式和条件造就了不同层次的经营能力。经营范围是经营能力的外在表现，商事登记是对经营能力的法律确认，主体资格的赋予标志着法律意义上的经营能力形成。商主体法原则包括商主体法定原则、企业维持原则。

第三，商事运行与商事运行法。商法需要处理面向公众的大规模的、远程的、连续性的复杂交易，商法通过商事技术设计使本来难以实现的交易具备可操作性。商业实践中应对特定的交易需要，借助商事组织技术设置相应的商事运行制度，通过这些制度功能保障快捷、安全、低成本地完成商事交易。商法从运行制度层面进行整体设计，实现、保障和规范商事运行活动。在商业运行中，商事法律行为往往嵌入商事运行制度之中。运行状态的财产关系存在于商事交易中，财产经过抽象获得同质性，注重财产权的外观，适应交易秩序的要求。传统商法理论中的典型商行为已经不仅仅是单纯依据当事人的意思确定法律效果，而是经过商法技术设计，形成具备特定功能的可操作的运行制度。商事运行制度中的基本要素包括：其一，商行为。它嵌入各种商事交易制度模式之中，体现当事人的商业意志。其二，商事运行工具。商法设置货币、票据、信用证等商事运行工具，以负载商事运行功能。其三，标准化制度。商法对于产品、服务、权利进行标准化处理，形成商事运行的基础。其四，商事运行设施。商事运行依托地铁、超市等基础设施，实现稳定、高效的商事运行。商事运行法原则包括鼓励交易原则，交易简便、迅捷原则，交易制度化原则。

第四，商事协调与商事协调监管法。现代商事关系日趋复杂,在经营者、消费者、企业、市场、国家和社会之间,存在商业利益共享和利益冲突关系。单纯依赖于当事人之间平等协商的意思自治已经无法维护商事效率、秩序、安全,甚至无法维持商事关系的日常运行。所以,商事关系需要多方协调、控制、监督,商法需要设计商事协调机制。商法设置权威的企业内部协调、行业协调、政府协调和社会协调机构来平衡相互冲突的利益,监督市场形势和市场活动,规范和矫正商事行为,通过规范商事关系中的社会化运作,实现商事制度的整体性功能。商事协调的宗旨在于:其一,维护经营者、消费者、企业、市场和社会整体利益,实现各方利益平衡和公平正义。其二,确保市场平稳、有序、高效地运行。其三,维护自由竞争,保障市场整体活力。其四,防范商业风险,保障经济社会的整体安全。商事协调原则包括利益平衡原则、合法合规原则、内部协调优先原则、相机调整原则。商法借助信息监控、职权职责配置、标准化技术、惩罚制度等一系列技术手段实现商事协调。商事权力存在于商事组织之中并协调其内部秩序、主导其外部运行,它以相关当事人的利益与意志为基础,通过合约与制度进行安排。商事权力制度的要素包括权力人、职权、职责、支配对象、权力位序、权力行使的程序和手段。其规则是"在我的职责范围内服从你的职权意志"。商事权力通过相关制度确立权威,并受到利益、权限、程序、权利和外部制度制约。职权赋予权力自由,职责赋予权力约束,职级关系安排权力位序,社团罚赋予商事权力执行力。个人通过入职取得商事权力,通过履职行使商事权力,通过去职丧失商事权力。

第五,商事责任与商事责任法。商事责任是商法中的保护机制,它体现了商业社会的基本价值观念,并契合商事关系性质、特点和调整需要。商事责任制度设计以预定功能为导向,以可剥夺商事利益为基础。其责任形式以财产责任、行为责任、声誉责任、能力责任为主，也涉及自由责任和“生命”责任。商事责任需要依据法定归责原则，由权威机关认定、追究，一些责任人依法承担责任以后，还要向原始责任主体追偿。同时，相关当事人需要依赖特定规则从商事责任中解脱，恢复正常生活。

这是笔者多年研究成果的全景呈现，但愿笔者的这本《商法总论》会变成我们的《商法总论》。

第一章　商法概述

第一节　商法的概念、调整对象与特征

一、商法的概念

商法是调整商事关系的法律规范的总称。从理论上可以将商法分为形式意义上的商法与实质意义上的商法。

形式意义的商法表现为以商法为名称的法典。形式意义的商法注重结构与体例,将商事规范纳入一部统一的制定法文件之中。大陆法系传统国家一般由立法机关制定一部商法典,其基本内容包括商法一般规则、公司、保险、破产、票据、海商等基本制度。

实质意义的商法是指一切调整商事关系的法律规范的总称。实质意义的商法注重规范层面,着眼于规范性质、规范逻辑构成和作用理念的统一。其商法规范存在于单行的商事法律文件、国际条约、惯例、判例与商事习惯之中,也存在于民法、行政法等其他法律文件之中。在市场经济条件下,一国可能没有形式意义的商法,但是,一般都有实质意义的商法。

实质意义的商法包括狭义的商法和广义的商法。狭义的商法仅指调整国内商事关系的私法。广义的商法是调整各种商事关系

的商法规范的总称。依据制定和实施的主体不同,广义的商法可分为国际商法、国内商法两种。国际商法是国际上关于商事的法规,包括各种商事公约、商事习惯法。国内商法是关于国内商事的法规,包括商法典、商事单行法规、商事判例法、商事习惯法。依据所保护的商事利益性质不同,广义的商法还可分为商事公法与商事私法。商事公法从维护商业公共利益出发,注重依法运用权力手段,保障和规范政府干预商事关系。商事私法以维护商事关系当事人利益为宗旨,奉行意思自治原则,以权利保护为核心。从现代各国商法的内容来看,商法日益呈现国际性规范与国内规范相交错、公法规范与私法规范相融合的趋势,要严格区分国际商法与国内商法、商事公法与商事私法已极为困难,此即为商法的二元性。①

二、商法的调整对象

商法的调整对象是商法作为独立法律部门的主要依据,商法调整对象的性质、特点和调整诉求是商法价值原则和制度规则的客观依据。

（一）商法以商事关系为调整对象

商法的调整对象是商事关系。商事关系是由商主体以营利为目的的营业活动所产生的社会关系。

商事关系的特点：

1. 商事关系是围绕资本运作产生的社会关系

人作为生物需要与自然界进行物质和能量的交互,生产活动就是利用自然资源获得人类所需要的物质财富。在社会分工的基础上,商事关系是从生产关系之中分离出来的,其本质是在社会关系中实现的物质财富产生、流转、分配关系。在商事关系中,商主体利用资本运作获得财富。资本是能够带来剩余价值的价值,商

---

① 参见赵中孚主编:《商法总论》,中国人民大学出版社 1999 年版,第 4~5 页。

事关系是资本在市场中运行所产生的社会关系,资本的本性在于追求利润,商主体是资本人格化,商事运行制度是资本运行的制度工具。

2. 商事关系是以商主体为一方当事人的社会关系

这种商事关系有两种实践形态:一种是双方均为商主体的交易关系。如不同公司之间的交易关系。另一种是一方为商主体,对方为非商主体的社会关系。如终端的商事交易关系是发生在经营者与消费者之间的交易关系,经营者是商主体;在商事协调监管关系之中,行业协会或政府部门为非商主体,协调监管对象为商主体。

3. 商事关系是基于营利动机而建立的社会关系

所谓"营利"是指为了谋取超过资本的利益并将其分配给投资者的行为。营利是商事关系的出发点,也是商事关系的归宿点。但是,营利是主观动机,并不是客观结果,追求营利的行为也可能带来损失甚至破产的结果。

4. 商事关系是以持续的营业形式存在的社会关系

商事关系从形式上表现为营业关系,"营业",是指持续性的、职业性的经营活动,相当多的商事活动是偶尔发生的,并不具备持续性,因而不会产生商事关系。有学者认为,在现代社会,"商"主要有三种意义,即一般意义上的商、经济学意义上的商和法学意义上的商。一般意义上的"商",是指人与人之间就物的利用所产生的关系,即人与人之间就物的生产、流通、分配和消费而产生的关系。这是最广义上的"商",只要是人类所进行的物质活动,即被认为是一种"商"事活动。经济学意义上的"商"则仅指物质财富的流通和分配,而不包括物质财富的生产活动。法学意义上的"商"是指物质财富的流通活动、分配活动以及生产活动。因此,法学意义上的"商",含义要比经济学意义上的"商"范围更广泛。[1] 法律所调整的商事关系从形式上表现为经营活动所形成的营业关系，这是商事关系区别于其他法律关系的外部形式特征。

(二)商事关系的领域与结构

商事关系是复杂的社会关系，为了准确地把握其性质和特点，需要分析商事关系的领域与结构。

1. 商事关系的领域

商事关系中存在性质功能迥异的领域，各自需要的理念、价值原则、制度规则存在差别。商事关系中主要存在以下领域：

(1)商事组织关系。商事组织关系是指商事组织活动中产生的利害关系。商事组织关系旨在将人、财、物等要素依据商事规则进行组织，形成具备特定商事功能的组织体，形成生产经营功能体或者市场协调监督功能体。[2] 商事组织关系中的主要问题是如何设置组织条件、组织程序、内部机构、职权职责、组织运行规则、解散条件和程序等。商事组织关系领域遵循社团法逻辑，商事组织关系的要旨是形成具备提供产品和服务等商事功能的营业体，如何科学地设置内部机关并通过分工、协作、制衡以实现有效的内部治理是其主要内容。商事组织关系领域存在大量的“管理与被管理”关系，职权、职责、职能是其中的主要范畴。

(2)商事运行关系。商事运行关系指商事流转中产生的利害关系。商事关系存在于市场领域，商事关系总是处于社会化的运行状态，现代社会的商事交易是大规模、连续性、远距离的面向公众的交易，需要解决如何安全、高效、简捷、低成本地实现交易的问题。人们创造了国际货物买卖、公司、银行、证券、保险、信托、电子

---

① 参见张民安、龚赛红：《商法总则》，中山大学出版社 2004 年版，第 4 页。

② 企业组织关系的宗旨在于形成生产经营功能体，行业协会、政府相关部门的组织关系的宗旨在于形成市场协调监督功能体。

商务等商业模式,也创造了票据、股票、债券、信用证、电子支付等商业工具,借助这些商业模式和商业工具实现商事运行。商事运行关系属于私法领域,奉行私法自治理念;商事法律行为在商事运行中发挥基础功能,但它不能解决商事运行的全部问题。

(3)金融关系。金融即资金的融通,金融关系是指在集中商业资金、配置资金资源、分配资金利益过程中形成的商事关系。商事关系是围绕资本运作形成的社会关系,金融商务与商事组织、商事运行互为前提,相互支持、相互制约。随着商主体组织结构、规模和经营能力的升级,商事运行模式的规模结构与功能的升级,金融服务和金融商务发展壮大,金融成为商事关系中最重要的领域之一。在商业实践中形成了银行、保险、证券、信托等金融业机构,设计了货币、股票、债券、票据、信用证等金融工具,在商法中产生《银行法》《保险法》《证券法》《信托法》《票据法》《电子支付法》等商法子部门。商事金融关系属于私法领域,奉行私法自治理念。但是,金融领域利益集中,商业技术复杂精深,已经远离了普通理性人甚至普通商人的识别能力范围,从而孕育了巨大的金融风险,需要公权的强力支持和干预。

(4)商事协调关系。商事关系是复杂的社会关系,仅仅依靠商事当事人的意思自治无法形成商业秩序。商事秩序不能完全依赖于市场机制解决,需要权威机构从宏观层面来进行协调。在商事组织内部,设计职权机制、财务会计机制,协调商事运行,保障效率和防范风险。随着经济生活中“国家之手”起作用的范围逐步扩大和程度逐步深入,经济交往中更大范围的整体协调日益重要,以商会与特定行政机关为一方的商事协调关系成为商事关系基本内容。商事协调关系旨在解决商事利益冲突,保障市场秩序,化解商业风险。商事协调关系具有纵向法律关系性质,表现为管理与被管理、监督与被监督关系。商法在协调商事关系中较多地运用强制性规范规定商主体可以为或不为哪些行为,运用权力机制并引入公法因素,如商事登记。协调层次的商事关系构建商事关系存在与运行的前提性的行为准则体系。例如,对于格式合同的行政规制就是对格式合同内容予以公法意义上的认可、审查、监督。

(5)商事责任关系。正常的商事关系遭到破坏时,即产生商事责任关系。商事责任是指商事主体在违反商事法律规范时,应当对受害者、行业和国家承担相应的法律后果。商事责任是商法中的保护机制,它体现了商业社会的基本价值观念,并契合商事关系性质、特点和调整需要。商事责任制度设计以预定功能为导向,以可剥夺商事利益为基础。其责任形式以财产责任、行为责任、声誉责任、能力责任为主,也涉及自由责任和"生命"责任。商事责任需要依据法定归责原则,由权威机关认定、追究,一些责任人依法承担责任以后,还要向原始责任主体追偿。同时,相关自然人当事人需要依赖特定规则从商事责任中解脱,恢复正常生活。

2. 商事关系的结构

商事关系包含复杂的层次结构,不同层次的商事关系的性质、功能、价值取向、运行机制存在差异。商事关系可以分为以下层次:

(1)核心层次——商主体之间的商事关系。商法调整的重点就是规范商主体内部和商主体之间的关系。例如,德国商法的调整对象限于商人及其商行为,其适用范围仅限于特定商主体及其行为。这种立法现象说明,商事关系的核心层次是商主体之间的关系。在商事组织关系中,商事组织行为旨在组建营业体并确认商事人格和主体地位,构建商主体。在企业外部,围绕商主体形成投资者、经营者与劳动者之间的关系;在企业内部,形成治理与管理关系。在商事运行关系中,不同的商主体主导不同的商业运行模式,商法通过确认典型的交易制度模式,形成并规制交易关系。核心层次的商事关系是最本源意义上的商事关系,在商事关系结构体系之中处于最重要地位,是其他层次商事关系的基础。所以,核心层次的商事关系属于商法规制的重点。同时,核心层次的商事关系是整个商事关系的增长点,它持续不断地形成商事关系的新领域,提出商法调整的新要求。商事主体之间的商事关系属于纯粹的私法关系,在这个层次的商事关系中,以私权为本位,私法原则精神体现最为彻底;同时,这个层次的商事关系也是商法技术性体现最为集中的领域。

(2)协调层次——围绕商事协调机制产生的商事关系。商法中的协调机制包含三个层次:商事组织体内部协调、以行会为依托的行业协调和以相关行政部门为依托的国家协调。商事组织体内部的协调属于企业治理范畴,一般在企业组织法中设置职权、职责、议决程序、财务制度,运用企业内部的自治和治理权力。企业内部协调的优势在于:利益具有直接相关性,信息便捷、充分、准确,发现问题及时,处理手段直接便利;运用企业内部机制,使用企业自有治理资源,节约社会成本。其不足在于:其一,存在企业利益本位倾向,难以防止成本外部化的违法行为。其二,企业约束手段有限、强制力不足,只能依据企业章程、管理规章、委任合同、劳动合同,运用纪律处分等社团罚机制。行会协调的方式属于行业自律,由各行业协会组织运用社会权力,对商业组织、商业行为进行审查和监督。行业自律的优势在于:自律机构信息便捷、充分、准确,属于内行监督,其协调措施可能更具有针对性与妥当性。行业自律的劣势在于:行业自律存在行业本位主义,可能不利于消费者,也存在约束手段有限、强制力不足问题。

在特殊情形下,为保障交易公平,维持当事人之间的利益平衡,国家直接干预商事关系,某些格式合同示范文本由政府部门制定或审批。例如,房产管理部门制定的房屋买卖合同,自然资源部与国家市场监督管理总局监制的国有土地使用权出让合同。再如,经过保险监管机关审批的保险合同的保险条款和费率是制式的。政府的监管包括事前、事中和事后监管。事前监管是指在商事组织成立或商事活动开展之前,监管部门所进行的审查、批准、备案等监督。例如,监管机关有权对某些格式合同进行事前审查,经许可后方可使用。事中监督是指在商事组织或商事运行过程中的监督。例如,对预算执行情况的监督,对专项资金使用情况进行的监督。事后监管是指以事先制定的目标、标准和要求为准绳,对已进行的商事活动进行的考核和评价。监管机关在对市场进行管理、监督、检查过程中,对那些未经事前审查的格式合同,发现有不公平条款时,有权发布禁令,禁止其使用并予以行政制裁。

(3)保护层次——以各种商业形态存在的弱势主体为一方的商事关系。现代社会中,商事关系中不同的当事人组织化程度不同,从而产生市场能力、市场势力的不对等,公平交易所依赖的前提条件——交易各方地位平等遭到破坏,强势一方与弱势一方之间对立是商事关系中的基本事实。在消费关系之中,一方为经营者,另一方为消费者,双方之间的市场能力存在差异。经营者是组织化的企业,拥有市场信息优势、交易能力优势、市场势力优势。在一方为经营者而另一方为普通公众的商事关系中,经营者处于主动位置,他们控制商业交易程序的信息源,操纵各种交易程序制度,易于在交易过程中作出有利于自己的安排,将交易风险转嫁给社会公众。社会公众处于零散状态,表现为消费者、小投资者、劳动者等形态,他们并不具有市场运作的专业能力,在商事关系中处于被动、顺应地位,交易信息匮乏,市场判断能力低下,仅仅凭借自然能力参加市场博弈。如果商法仅仅提供形式平等保护,无疑是在放纵商主体利用市场机制对公众进行掠夺。同时,利润形成于商主体与社会公众之间的交易,特定的经营活动如果得到公众的追捧,就能够获利;如果得不到公众的响应,就无处生成利润。保护层次的商事关系的性质要求抑制经营者的贪婪,防止对社会公众的过度侵害;同时,为社会公众提供基本的利益保证,以便将社会公众留在市场之中。在这个意义上,保护层次的商事关系维护了商业利润的源头。当代社会通过建立消费者协会组织以平衡企业的组织化势力,在交易公平遭到破坏的情形中协助救济。在中国,消费者协会有权代表消费者进行维权。

在商事组织关系之中,企业垄断了生产资料和生产手段,决定劳动者的就业机会。劳动者与企业之间地位不平等,难以通过合同谈判平衡利益,所以,需要制定《劳动法》保护劳动者的基本权益,进而在商法之外形成社会法制度体系。

在商主体之间也存在市场势力的差别,处于垄断地位的企业可以运用市场势力损害竞争者利益,所以,保护性的商事关系也涉及中小企业保护问题。国家通过制定《中小企业促进法》《反垄断法》,在商法体系外部提供法律制度资源来保护商事关系中的弱势一方,进而形成经济法制度体系。

三、商法的特征

商法的特征是商法本质的外在表现,它将商法区别于民法、经济法、行政法和刑法等部门法。商法具有以下特征:

(一)商法是内化了公法因素的私法

商法规范市场中的经营关系,其基本宗旨在于保护商事当事人的私益,属于私法。但是,商事关系对应社会的发展层面,商事关系的发展导致经济社会结构和社会生活的深刻变化,产生了新的调整诉求,也改变了传统商法的调整规则。一方面,商事关系的复杂化导致"平等协商"机制失灵,仅凭当事人意思自治无法实现商事运行和商事秩序。另一方面,在竞争中获胜的企业不断扩大,形成具有超强支配能力的市场垄断者,并形成新的社会权力中心。这些变化导致传统私法的独立平等、自由协商机制失灵,个人本位受到一定程度冲击。私法领域出现了社会本位思想,许多国家在商法领域放弃了"放任主义"的态度,采取了积极的"干预主义"政策,公法因素大量进入商法。一方面,商事关系的发展拓展了社会生活的内容和公法的调整范围。既然企业是社会生活中的基本存在,商事交易是基本社会活动,那么宪法中就不可能不予以规范,行政法就不可能不予以调整。这些调整商事关系的公法规范实现了国家对于商主体与商事活动的规范引导和宏观调控,拓展了公法调整范围,形成了证券业法、保险监管法、银行监管法等商事公法领域。另一方面,商法也要借助公法规范的权威性来构建商法制度,服务于商法目的、实现商法功能,如商事登记。由此,公法因素被大规模地引入商法体系,成为其固有内容。但是,公法因素是作为实现商事功能的工具被引入商法的,商法并没有因此变性为公法,商法的私法属性决定了其以私权为本位,是自治法,是内化了公法因素的私法。

(二)商法具有技术性与非伦理性

商法是商品经济存在与发展的专业性法律条件,具有社会组织技术的特点,商法利用商事技术设计一系列的商事制度。例如,保险制度、海商制度。商法追求商事组织的效能、商事交易的便捷,提高效率是商法技术的目标功能。商法的技术性带来了商法制度规则的普适性,各国创造的商事制度规则可以互相移植,在法律国际化的进程中,真正能够并且已经有效地实现国际化的法律部门只有商法。

商主体具备专业的市场能力,它们熟知商事技术规则,精于计算,对于市场具有职业的判断能力,承担风险能力强于普通人。商主体追求利润的天性要求商法奉行效率优先的原则,商法规则的自然属性具有非伦理性倾向。商法的技术性特质在伦理上表现出明显的中性。在正常的商事关系中,当事人一般只要考虑依据规则游戏,往往只重视各项法律制度的具体环节,只要具备商事法律制度的形式要求即可赋予相应法律效力。例如,股票市场的盈亏在多数情况下只是一种操作游戏,只有在证券市场运行的结果严重损害社会公正时才予以矫正,针对证券市场中的特定行为实施穿透式监管。并且,商法内部救济制度规则存在局限性,这种矫正常常需要通过外部监管才能产生效果。例如,我国民法典中禁止高利贷。在唯利是图的商事关系中,人们的行为难以达到内心的诚实标准。商法只能要求商事行为人恪守信用,行为符合法定的标准。所以,商事伦理诉求具有外部性特征。

(三)商法是组织法、金融法、运行法与协调法相结合

正常的商事关系有四个基本部分:商事组织关系、商事金融关系、商事运行关系与商事协调关系。与此对应,商法以商事组织、商事金融、商事运行与商事协调行为为规范对象,商法体系构成特点是组织法、金融法、运行法与协调法相结合。商事组织法通过法律技术,将人的要素与物的要素整合,形成具有市场运营能力的商主体。商事组织法需要规定商主体的组织形式、名称、住所、章程、组织机构与代表机关,也需要规定与商主体组织有直接关系的行为规则,如商主体的设立、变更、终止以及内部机构的成员组成、职权范围、议事规则、监督程序等。在银行法、证券法、保险法、海商法中均存在大量的组织性规范。商事金融法旨在调整和构建金融关系。所有的金融要素均为人为的设计物,金融商务实践需首先要设计货币、票据、股票、债券、信用证等金融工具,创造银行、保险、证券、信托等金融制度,形成并优化资金融通功能。在金融关系存在运行的基础上,设计金融运行行为规范和监管规则。商事金融法调整金融经营业务和金融协调监督管理活动所产生的社会关系。商事金融法包括:其一,商事金融主体法,或称金融组织法。调整围绕金融机构的设立、变更、终止所形成的金融组织关系,旨在构造具备开展金融业务能力的金融营业体,并从法律上确认其商主体资格和金融业务经营资格。其二,商事金融交易法。调整金融机构在金融市场上的经营活动中所形成的金融交易关系。旨在规范商业银行等金融机构对非金融机构的法人、自然人和其他

社会组织吸收存款和发放贷款为内容的间接金融关系，融资公司与投资人之间的证券发行、交易关系以及以产权交易为内容的直接金融关系，以金融机构为投融资双方实现融资提供的收付结算、承销经纪、咨询代理等辅助性服务为内容的金融中介服务关系。其三，商事金融协调监管法。调整金融领域各层次的金融协调监管关系。通过设置机构、赋予职权的方式设计金融机构内部的协调监管、金融行业组织的协调监管和政府金融主管部门的协调监管体系，形成协调监管机制，以实现金融市场的安全、有序、高效运行。商事运行法调整商事运行关系，商事运行是一种社会化的、面向社会公众的、连续的、大规模的、集中的商业社会活动。商事立法的重要内容在于确认或设计商事运行制度，如证券的发行与交易、票据的流通、保险的运行、海上贸易等。商事协调法规范商事协调监管关系，设计协调监管制度，包括企业内部协调、行业性协调与行政性协调监管，确权和限权是其中的基本问题。

（四）商法中存在大量强制性规范与构成性规范

商法规范构成的特点为存在大量的强制性规范与构成性规范。

各国商法大多同时采用自由主义与强制主义相结合的立法原则，商法文件中任意性规范和强制性规范得到并用并重。商法属于私法，奉行意思自治，任意性规范是商法的基本内容，这是商法区别于公法部门的特点。在私法体系内部，商法与民法的显著区别是商法中存在大量强制性规范。商法中的强制性规范表现为：第一，组织法中的强制性规范。商法奉行主体法定原则，公司设立必须符合法定种类、具备法定条件、经过法定程序，特定种类的公司设立还需要审批。第二，涉及交易基础条件方面的强制性规定。一方面，这些强制性规定构建了商事交易安全的基础，如票据上的必要记载事项、证券发行与交易程序中的强制性规定。另一方面，通过规范化、制度化的程序实现简便、迅捷的交易，如证券交易的集中清算、超市交易的规范程序。第三,商事政策性方面的强制性规定,如金融、证券、保险、信托等商法领域存在大量的强制性规定。

商法广泛运用构成性规范建构商事关系,这导致商法发展本身参与造就商业发展。依据法律规范设计的功能不同,法律规范可以分为调整性规范与构成性规范。调整性规范的功能在于控制人们的行为,使之符合该规范所确定的行为模式。在该规范颁布之前,在事实上就已有某种行为和关系存在,调整性规范在于使已经存在的行为必须符合该规范所确定的行为模式。在构成性规范被颁布以前,一般不存在该规范所规定的行为和关系。构成性规范具有开创意义,只有在它出现以后,某种行为才能进行或才能有效进行。[①] 商法中的技术性通过构成性规范来体现,商法通过大量的构成性规范设计出商事组织制度与交易制度,如票据制度、债券制度、证券的清算交割制度。商业实践发展需要通过大量的构成性规范来建构新的商事规则、商事制度,进而造就新的商法领域;反之,新的商事规则、商事制度的提供又构建了新的商事主体形式和运行形式。

(五)商法具有变动性与国际性

商业领域是社会关系的增长领域,商业组织制度的创新、运行方式的创新和协调方式的创新均需要通过商事规则表现,商法是对这些规则的权威确认。商事实践的日新月异导致商法制度规则变动频繁,各国商法均是修订最频繁的法律部门。由于商法的技术性,商事制度规则具备良好的通用性,商事制度、规则之间的优劣易于比较,借鉴外国商事制度较少受到民族性与意识形态的干扰。市场发展自身的逻辑是从地方市场到国内统一的大市场,再到全球统一的大市场。适应经济的全球化趋势,商事规则呈现统

---

① 参见李龙主编:《法理学》,武汉大学出版社1996年版,第73页。

一化的特点,统一的市场交易规则可以强化人们法律上的可预见性。商法国际化的动力为:第一,各国相互移植商事制度规则并且主动与国际规则接轨,导致各国商法内容趋同。第二,国际商事组织的工作推动商法的国际统一性。如世界贸易组织(WTO)、国际商法协会、国际商事仲裁委员会(International Council of Commercial Arbitration,ICCA)等。其中,全世界已经有160多个国家和地区加入世界贸易组织,世界贸易组织系统地提供货物贸易、服务贸易、与贸易有关的知识产权保护,国际投资保护领域的法律规则,这些规则对所有成员均有约束力。第三,区域化组织的统一商事规则活动。商法国际统一的途径主要有三种:国际公约、统一法和统一规则。国际公约、条约、协定等方式是主要手段,公约对于缔约国具有法律约束力,如《联合国海上货物运输公约》等。统一法提供给各国采纳时,鼓励但不强迫采纳;它尊重国际社会的差异性,更多的是追求法律的示范效力而非强制力,更为有效地实现商法的统一,如《国际商事仲裁示范法》《国际商事合同通则》《电子商务示范法》等。

第二节　商法中的营业制度

营业是商事关系的存在形式,是商事技术设计产生的制度。在一般意义上,商事关系是营业关系,营业是统摄商事关系的抽象的形式要素。在商业实践中,营业用来解决采取何种形式实现营利的问题。它是针对预设的特定商业功能,运用法律技术设计的营业制度规则,以提供更高效能的组织形式、更便捷的运行形式和更高层次的协调能力。营业既是商主体用来实现各种利益的法律工具,又是普通人实现自己利益的有效工具,还是国家与社会在组织商业活动中采用的工具。营业制度规则为商主体所制定,被立法者发现和认可，在社会生活中被商主体和消费者运用。

一、营业的含义

（一）营业的定义

营业指以营利为目的，独立的、持续的、不间断的职业性经济活动。《德国商法典》第1条规定：“营业指任何营利事业，但企业种类或范围不要求以商人方式进行营业的，不在此限。”营业的主观追求是营利，客观表现为经营活动，通过营业形式实现营利活动。

（二）营业的性质

营业是商事关系的存在形式，商事关系围绕营业展开，商事关系的各种构成要素均体现为营业制度形式。营业是一个抽象的集合概念，现实中并不存在单一实体形态的营业，营业的形式要素却以实体形态出现，通过这些形式要素我们可以把握营业的存在。商事关系具有多重性质和要求，营业则相应地表现为各种各样的营业手段、营业工具、营业体、营业形式。

在商事关系的不同领域，营业表现为营业自由、营业体、经营资格、经营范围、营业执照、经营权、营业模式、经营行为、经营活动、营业财产、营业场所、营业时间、营业计划、营业协调、营业税、经营责任、经营犯罪等。营业的性质可以进一步从行为层面、实体层面、协调监管层面理解。作为活动的营业与作为组织的营业实质是营业的不同侧面，它们是紧密联系、互相适应的，营业活动离不开组织上的营业，而作为组织上的营业又是营业活动的沉淀。

（三）营业的特征

其一，外在性。营业是营利的实现形式，营利性是商事关系的内在主观追求，而营业则是它们的外在客观形式，可以被感知、操作。

其二，稳定性。营业表现为一种连续的存在状态，具有稳定性，它体现为可以保证商主体与消费者掌握和运用的具体营业形式。

其三,专业技术性。营业是商业技术构造,正是通过各种精致的商业技术设计,形成具有优越功能的营业形式,实现商业的社会化运作,使大规模的、连续性的、远距离的交易成为可能。

其四,适应性。每一种具体的营业均服务于它所要表达的商事关系,每一种营业形式都发挥相应的商事功能。特定的营业形式如果不能适应市场需求,实现商业目的,它就会被淘汰。商业社会的发展变迁,通常表现为新的营业制度安排代替旧的营业制度安排、新的营业行为规则代替旧的营业行为规则的社会过程。

(四)营业的制度建构

营业制度的建构具体可以通过三个层次的法律途径实现。

1. 商业习惯和习惯法对营业的构造

具体的营业形式是特定商业条件下用以解决具体商业问题的工具,营业是商业生活中长期稳定下来的制度规则。在商业社会中,商主体始终在从事"造法行动",新的经营方式不断得以尝试、筛选,成功的经营模式被全社会接受并形成一种新的营业形式。资本增殖的天性与商主体对利润的追求推动营业形式的创新,新的营业形式提供新的制度功能,满足新的商业需要。营业通过正式的制度规范和非正式的制度规范协同运作。非正式的制度规范表现为广泛的营业自由,允许商人和商业社会对于营业形式进行创造。这些创造物只要不违反法律的基本原则就会得到法律的一般认可,营业自由保证了营业形式创新和社会经济活力。营业是一种社会性设计,它不仅为商主体所运用,并为社会公众所学习、掌握和使用。营业制度规则不断地调整以适应并开发人们生活中的新需求,为人们提供各种新经验,掌握和运用新的营业模式成为人们适应商业社会生活并社会化的基本内容。成熟的营业形式上升为社会共识,这种共识表现为强制性规范或强制性的社会基准,要求人们共同遵循,个人无权选择。

2. 商法对营业的构造

商法从法律内部要素和形式要素来理解并建构营业制度,界定营业的概念、原则、制度、规则和营业制度体系内部的逻辑联系,确认营业法律规范的权威性。国家利用法律政策确认和保障营业制度,法律通过复杂的程序技术塑造了营业,使营业变成了一组法律关系,甚至成为法律关系的总和。营业最终变成国家提供的一套复杂的法律程序,抛开这些法律程序,营业无法存在。

商法确认一些经过商业实践选择的营业形式,赋予其法律的强制保障力。公司法、证券法、票据法、保险法、破产法等所确认的营业,构成了商业社会的基本制度结构。商法的具体立法技术选择有:首先,确认营业体的类型,实行企业法定主义。确认投资者进入市场的组织形式,淘汰过时的营业形式。其次,预设进入营业形式的条件和程序。再次,实现公平分配,平衡交易各方的利益。最后,提供商业秩序的信赖保护。

商法在对营业进行规范时形成新的法律调整模式——制度框架调整模式。私法制度建立的基础是社会基本单位的充分个人化,私法制度安排的基本逻辑是:个人主义——意志行为——权利调整。但是,这种调整方式存在的问题是将社会关系单纯化。因为商业社会本身是一种日益复杂的组织体系,对应于组织化的社会关系和社会行为,营业制度采取了法律制度框架的调整模式。这是一种综合的调整方式,商法为商事活动设计了不同功能和运行规则的制度框架。这些营业制度框架内在地包含了参加活动的各类利害关系人的共同选择和利益均衡,它能够为商业活动提供一种稳定的长期服务,人们可以借此对商业行为作出长期的预期,并由此产生安全感。例如,为企业设计了合伙、有限责任公司、股份有限公司的框架形态,对其中的组织结构和治理结构进行了标准化设计,具有强制性的保障力。当事人一旦选择开办某种企业,其意思自治范围便不能突破法律对于该企业形式的规定。

3. 其他法律制度对营业的回应

营业作为一种广泛的社会存在,进入宪法、经济法、行政法、民法规范范围,这些法律对相关的营业内容作出相应规定,将营业整合进该部门法律秩序之中。因此,营业在整个法律体系之中获得了保障。

宪法为营业提供了基本制度规范,从宏观秩序需要出发,确认营业的地位、基本权利和基本政策选择。宪法保障营业自由,保障商主体自由地从事营业活动,非经法律规定不得限制。例如,法国大革命后,于1791年以法律宣布营业自由。可见,营业是否自由是一个基本的社会政策选择。在宪政出现以后,营业自由一般在各国宪法中规定。营业自由包括开业自由、停业自由、交易自由,它是公民生存权、自由权和经济权的实现形式与当然内容。

经济法以社会利益为本位,注重矫正营业制度的负面社会效应,维持营业的正向功能。在营业设立规制方面,对涉及公共性事业实行行政许可,限制国家机关工作人员设立营业,禁止设立损害公共利益的营业,设定竞争性同业从业者的竞业禁止。在营业形式的限制方面,对不正当竞争营业形式与限制竞争营业形式进行禁止。具有必要性、正当性、合法性的营业限制往往成为一个国家的基本经济政策,这些限制的具体表现为:第一,国家独占经营,如武器、金银、自然资源、博彩、电台、烟草等由国家专营。第二,许可经营,通过经营许可证管理,如建筑业、药品生产及医疗业务。第三,国家禁止特种人的营业,如禁止公务员、律师、公证员经商。第四,禁止特定项目的经营,如毒品、淫秽物品禁止经营。第五,特定营业的企业形态、资本额、经营方法的限制,如银行证券保险业的分业经营。

行政法中的营业既是规制对象,又是服务对象。已经存在的营业是政府管理的对象,政府对营业的运行过程和结果具有监控、评估、矫正的权力与责任。行政法提供营业规则、纠正营业中的偏差，维护营业秩序和市场公平。同时，行政机关的登记成为构建营业的手段，为营业的存在提供权威的确认并提供公信力，行政法律中有大量的制度性规范服务于营业的构造与运作。

民法习惯于将营业作为整体来对待，按照民法逻辑来设计民事关系中的营业规则。民法对于营业的构造体现为：其一，赋予营业体民法主体资格。以组织形式构建的营业体作为市民社会中的存在，获得民法上的主体资格，具有民事权利能力。营业体以自己的名义参与民事法律关系，享有民事权利、承担民事义务，拥有财产、成为知识产权的主体、签订民事合同。其二，将营业体视为集合物。在企业外部关系中，从企业信用和经营安全的角度，民法将企业财产整体上视为责任财产，包括企业的有形资产、无形资产等。其三，为营业提供合同规则。民事合同的基本原理适用于营业中的合同关系，但发起协议、劳动合同等具有团体法上组织合同的特点，而经营活动中的合同则是将合意结合于交易程式事实之中。

二、营业体是商主体的人格基础

实体意义的营业指营业体，表现为进行营业活动的所有财产以及在营业活动中形成的各种有价值的事实关系总体，是以商号、营业范围、企业财产和员工等要素组成的营利功能体；在营业体的基础上赋予商事法律人格即形成商主体。营业体既是各种出资形成的财产总体，又是具有商业经营能力的社会有机体。《德国商法典》第 2 条规定，“其营利事业依第 1 条第 2 项非为营业的企业，以该企业的商号已经登入商业登记簿为限，视为本法典所称的营业”。可见，实体意义的营业是商主体的存在形式。

（一）实体意义的营业对商主体的构建

商主体的形成，既是通过法律确认主体资格的过程，更是以营业形式进行实体构建的过程。即使是传统的商个人，也是将人的要素与物的要素以及营业外在标志等相结合,形成能够提供某种产品或服务的简单营业功能体。以传统社会中乡镇裁缝为例,这种最简单的营业体至少包括拥有手艺的人、缝纫机等工具、店铺、字号招牌、一定范围内的知名度,这些构成了一个可以提供制衣服务业务的功能体。营业体是通过法律技术构建的资本市场运营主体,形成参与市场活动的商业组织。其中必要环节包括:

其一,组织生产要素。将劳动力、土地使用权、建筑物、机器设备、原材料、现金、商品、商号权、工业产权、商业秘密、信用权在内的各种积极财产依据企业组织需要予以安排,形成具有生产经营功能的整体财产。

其二,制定组织规则。组织规则发挥控制功能,保证企业的有序运行。这些组织规则从法律上可以分为三类:第一类是法定规则的直接适用,如有关特定企业组织形式的财产关系与治理结构的强制规则、企业内部的财务制度规则。第二类是法律授权投资者制定但是要通过特定程序控制的规则,如企业章程。第三类是由企业自主制定的规则,如企业运作中的各种程序规范与纪律规范。

其三,设置营业所。营业所是营业活动的中心场所,是公司的所在地,记载于章程之中,在法律上是债务履行地、诉讼上的管辖地、文书送达地。

其四,确定商号。商号是交易人格的外部标志,是代表企业的符号。商号既可以成为营业构成的必然要素,又可以负载商业利益,能够在一定程度上脱离原有的营业体获得独立价值并可转让。

其五,注册登记。现代商业社会中,已经注册登记标志着企业合法存在。我国商事法律制度中,营业执照是企业主体资格和经营资格获得的法律依据。

其六,商业添附。企业存在、发展过程中,营业体不断添加具有社会性的商业利益,积淀具有财产价值的社会事实,如信用、信誉、商业秘密、特殊生产能力、客户关系网等。这种添附是在既有营业体基础上的完善,是企业努力与社会鉴别、评价、认同相互作用的结果。

(二)实体意义的营业使营利宗旨转化为主体功能

商事关系的本质在于营利,营利是商主体的动机,不具备营利功能的主体不是商主体。商事关系的本质是资本运作关系,资本增殖的内在冲动推动商事关系运行。资本运作通过人格化主体——企业的行为来实现,企业是资本运营的产物,也是资本运营的载体,企业就是一种营业体,实现营利宗旨功能化。企业总是持续性、制度性地追求利润,营业体制度体现了营利要求,营业体是营利的实现手段。

营业通过一定结构设计实现营利功能化。在营业体形成过程中,实现财产资本化,并在营业体中找到了社会化运用的形式。企业依据营业需要吸收、组织财产,形成具有营利能力的机能财产。在投资之前,出资表现为民法意义上的货币、商品、厂房、设备、生产工具等财产所有权,知识产权、债权、股权等无形财产权和土地使用权等他物权。各种出资必须与企业的特定要求相适应,能够满足在企业营业目的框架内整合的需求。在营业体中,财产的使用价值与价值形态被分别处理,以财产的使用价值形态为基础形成营利功能体,以抽象的价值分割为手段来界定企业投资人在营业体内部的利益和经营成果中的份额。投入企业的具体财产依据企业组织要求重新安排,依据营业需要重新整合,具体财产融于企业财产整体之中,单项财产功能转换为整体营业功能,具有不同物理属性与经济功能的投资财产转化为固定资产、流动资产等功能性财产。在企业组织关系中,利用股东、经营者、职工等身份来界定权益范围,并将人的创造性引进具体的商事主体制度之中。投资人将财产所有权投入企业以后,换取股权,通过企业的生产经营周期,通过分享利润形式又回归到民法意义上的财产权利。股东身份成为投资者长久从企业中获得利益的连接纽带，同时将投资者内化为公司权力机构成员，行使决策和控制权力，形成企业运作的动力机制。在界定投资者利益时，将财产抽象为价值形态，以同质的货币予以表示；将集合性的财产视为一个整体，从价值上划分为标准化的等额股份；重新界定后的企业财产权中，投资者利益表现为股权。

三、营业模式是商事运行的专业模式

营业是在合同基础上进行技术设计而产生的交易形式，商事交易与民事交易的区别在于是否采取营业形式。通过营业活动在商主体之间建立权利义务关系，营业是商事交易的专业形式和现代交易的主导形式，借助这种形式实现商业的社会化运作。《德国商法典》第 343 条规定："商行为是指属于经营商人的营业的一切行为。"第 344 条第 1 项规定："如无其他规定，由商人所为的法律行为，视为属于其经营其营业。"《日本商法典》第 503 条关于附属商行为的规定："商人为其营业实施的行为，为商行为。商人的行为推定为为其营业实施的行为。"一般意义上的营业行为应具备三个要素：一是以营利为目的；二是活动具有连续性；三是外在表现为一定的经营行为。以营业形式存在的交易关系表现为固定地、连续地、集团性地从事某种商业活动。营业在交易领域具体化为一系列的交易程式与交易制度，如商场营业、交通服务、证券交易、票据流通、货物流通等。

（一）行为意义的营业实现了资本意志的制度性表达

资本在市场关系中运作，在市场结构内部营业与商业要素相互作用，营业适应了也塑造了商业存在，营业实现了资本意志的制度性表达。在商事关系中，资本人格化为商主体，资本逐利的冲动表现为商主体的经营意志。商主体通过营业活动参与市场运作，借助于营业制度的功能实现资本增殖意志，通过营业形式的创新获得竞争优势。

（二）行为意义的营业实现了商事运行制度化

商事运行通过营业形式实现，表现为固定、连续、集中的制度化交易，如商场将买卖活动集中，公共交通将客运服务进行整合，证券交易将投资、融资活动规范化。特定商主体在固定地点于经营范围内长期从事同一种营业，交易的过程被程式化，交易的成立、生效、履行均被制度化为商主体与顾客共用的习惯规则。

行为意义的营业包含了特定功能的行为束，其中的每一个具体的行为均被作为社会性的行为来实行标准化，被法律和习惯赋予特定含义，成为社会共识。例如，公共汽车沿预定的线路行驶，即为要约；市民在公共汽车站上车，即是缔结和开始履行城市交通服务合同。这些商事行为嵌入于一些制度事实之中。例如，公共汽车营业离不开一系列的物化的制度事实：确定的站点和站牌、确定的运行线路，汽车编号，依据载客需要设计的汽车，符合特定驾驶技术资质要求的驾驶员，规定的票价，以及咨询电话和交通图等。个人的商事行为嵌入于营业制度，并被营业制度塑造和指引；一旦某种营业制度建立起来，它就能够规范人们进一步的商业行动，这种规范具有强制性，人们在特定的商事运行模式中必须遵守这一制度规范。

四、营业财产是商事财产的制度形态

商事关系中的财产表现为营业财产制度形态。在宏观的外部关系中，财产从整体上被视为法人财产。

（一）营业体内部的功能化财产

存在于营业体内部的财产经过两种技术处理：一是功能化安排。在商事组织内部，具体财产依据财产禀赋被按照生产经营需要进行组织安排，成为发挥特定经营功能的专用化财产；财产专用化限定在商业运行的特定环节。二是价值化处理。在投资人关系中，投入财产需要在价值尺度下界定份额；在股份制企业中，投资合作者被抽象化，共同投资人的面目已经在营业功能体和营业程式之中模糊了。投资者选用股份有限公司的形式进入市场,与其说我们信任其他共同投资人,不如说我们信任股份有限公司的制度框架。

(二)商事运行中的抽象化和价值化财产关系

现代商品交换不考虑交换者的地位与品行,只注重物化信用,交易对象演变为抽象化的纯粹的相对方。首先,商品交换是以价值作为标准来进行的。商主体为贸易而生产,进行大规模的而不是面向个别顾客的销售,因此,商主体不是为了满足个人的需要而购买,而是把许多人的购买行为集中到他的买卖行为上。对于流通性的追求引导商法对财产进行同质化处理,处于商业运行状态下的财产是一种抽象化的财产,将各种具体的财产还原为同质的价值形态,避免识别个性的烦琐。其次,商法中的交易舍弃了具体交易对象的个性。在商事运行中,交易对象被抽象为"社会公众",如商场交易的对象是任何一个有支付能力的"顾客",证券买卖的对方是无法见面也无须个性化识别的"客户"。最后,制度化的信用替代了个性化的信用。营业中的信用往往被社会性识别、类型化处理,一般是政府信用高于银行、银行信用高于企业,在无法取得对方个性化信用的情况下,可以求助于替代制度。例如,在国际贸易中,通过信用证制度,引进银行信用替代企业的信用。

(三)营业在宏观静态关系中视为整体性财产

一旦剥离营业体上的法律人格,营业体便还原为无须进行伦理关怀的总体财产,充当权利义务客体。作为一个总体,营业财产与营业活动能力、社会信用结合起来形成具有较之构成营业的各个财产价值总和更大的价值。在相关法律制度中表现为:第一,企业维持理论认为维持一个企业比解散一个企业更具有合理性,企业的整体转让比分解转让更具有合理性。营业财产具有比其中的各项财产价值总和更大的经营功能价值,营业体一旦解体,则失去这种经营功能价值;同时,各项财产均已按照企业生产经营要求予以安排,被塑造为具有某种专用性的财产,丧失了原有的通用性,被限定在营业体安排的特定用途之中。第二,营业可以作为转让合同的标的物。将企业中的财产、商号、人员、商业渠道等其他必要事项予以综合考虑、整体处分,营业转让中的标的是组织化的营业财产。这样既可以节约解散与重新设立的程序成本,又可以防止无形财产价值流失、营运价值贬损,还可以保持原有的生产经营能力。第三,营业租赁。企业主将其经营的全部或者部分租贷给他人而收取租金,承租人以自己的名义经营企业,营业上的盈亏归于承租人。第四,作为担保的标的物。现代担保法律制度中,营业体被当作单一的价值体,以此为基础设计浮动担保制度。第五,成为侵权行为的对象,受侵权法保护。第六,作为强制执行与破产的对象。从逻辑上看,这实际上是将企业作为一个整体纯化为责任财产清偿债权,最后消灭主体资格。

第三节 商法的立法体制

从世界范围看,商法的立法模式主要有四种:法典式的民商分立模式、立法上的民商合一模式、单行法模式、统一商法典模式。

一、法国、德国、日本的法典式民商分立模式

法典式民商分立模式盛行于19世纪初,是西方理性主义的产物,私法实行法典化,既制定独立的民法典,又制定独立的商法典。一般先制定民法典,之后制定商法典。私法中的一般性问题在民法典中规定,具有特殊性的商事问题在商法典中予以规定。对于商法典中没有规定的问题,民法典可以补充适用;商法典中有规定的内容,商法典优先适用。代表性国家有法国、德国、日本、西班牙等大陆法系传统的国家,我国在清末修律运动中曾效仿此种体例制定了《大清民律草案》和《钦定大清商律》。依据构建商法典的

基础概念不同，这种模式可分为三类。

1. 以法国为代表的客观主义模式

法国 1807 年颁布《法国商法典》，这是第一部具有世界性影响的近代意义的商法典。其特点在于以商事交易关系为最基本规制对象，以商行为作为基础概念构建商法典。《法国商法典》摒弃了商法适用于商人阶层的传统，以商行为为依据，无论行为人是否为商人均可适用商法，商行为成为商法典的立法基础与商法的核心概念。采用此种立法模式的国家还有西班牙、葡萄牙、埃及、墨西哥、阿根廷等。

2. 以德国为代表的主观主义模式

1897 年德国颁布了《德国商法典》恢复了商法传统，采用商人法模式，其特点在于以商事组织关系为基本规制对象，以商人作为基础概念构建商法典。《德国商法典》以商人概念为立法基础，同一种行为，商人为之则适用商法，非商人为之则适用民法。采用此种立法模式的还有奥地利等国。

3. 以日本为代表的折中主义模式

1899 年 3 月通过的《日本商法典》，以商事交易关系和商事组织关系为基本规制对象，将商行为概念与商人概念同时作为立法基础，称为折中主义立法模式。采用此种模式的还有比利时等国。

法典式民商分立模式中的商法典在当代发展中出现了一些新的现象。随着商事关系的复杂化和商事制度规范的扩张，商法典中的公司法、证券法、票据法、商业银行法、破产法等商法子部门相继从商法典之中独立出来，以单独的法律文件的形式存在和发展，从而导致商法典本体出现了空壳化趋势。

二、瑞士和意大利的法典式民商合一模式

意大利学者摩坦尼利于 1847 年最早提出“民商合一”理论主张。“民商合一论”按照其含义不同又可以分为两派：一派主张“商法民法化”。以民法原理足以解决所有商事问题为由，主张将商事规范纳入民法中而不必另制定商法典，用民法取代商法。另一派主张“民法商法化”。以现代社会更加强调商事活动对社会经济的促进作用，商事交易及商法上形成的制度与思想已逐渐成为整个民商事的基本制度和基本原则为由，主张构建以商法为主要内容的民商事法律制度，用商法原理统率民法，将民法制度融于商法之中。[①] 立法上采用这种立法模式的国家，只制定单一的民法典，将商法的内容规定于民法典之中，或者规定于单行法之中。1872 年瑞士颁布具有商法典性质的《瑞士债务法》，1907 年瑞士制定《瑞士民法典》，1911 年将《瑞士债务法》纳入《瑞士民法典》，作为其中的第五篇。瑞士的这种做法开创了民商合一模式的先河，此后，采取此种模式的还有意大利、泰国、巴西、苏俄等。在 20 世纪 30 年代，中华民国民法典制定过程中，主流学者误认为这种立法模式是民商事立法的发展方向，但是，在 1930 年国民政府制定的《中华民国民法典》并没有实现民商合一。这种立法模式是在商事立法实践中误入歧途的表现。

三、英国的单行法模式

单行法模式以英国为代表。英国法治发展过程中没有采用大陆理性主义指导下的法典化路径，英国单行法模式反映了英国经验主义的法律传统。值得注意的是，英国法中调整市民社会生活关系的是普通法与衡平法，两者均为判例法，即所谓不成文法。而商法却采用单行法的制定法形式，没有统一的商法典，由一系列的单行商事法组成，如 1882 年《票据法》、1890 年《合伙法》、1893 年《货物买卖法》、1906 年《海上保险法》、1929 年《公司法》等。

改革开放后，我国立法部门采取了一种务实的态度，依据市场发展的需要，制定单行的商事法，这种选择是既定的历史条件约束下的最好选择。所以，我国目前的商事立法实践中形成的模式也

---

① 参见赵万一：《商法基本问题研究》，法律出版社 2002 年版，第 108 页。

是由一系列的单行商事立法构成的商法体系。

四、美国的统一商法典模式

美国属于英美法系,遵循判例法传统,没有制定法意义上的民法典,但存在制定法意义上的统一商法典。美国的统一商法典不同于欧洲大陆的法典,其突出特点在于其开放性和适应发展变化的弹性。该法典由美国统一州法全国委员会和美国法学会合作组织起草,1952 年第一次公布了《美国统一商法典》。该法典属于民间机构的专家立法成果,没有当然的法律效力,而是作为一种示范法存在,只有在州议会予以承认后才能成为适用于该州的法律。各州可以全部采用,也可以对于某些条款甚至章节排除适用。《美国统一商法典》以货物买卖为中心,金融关系方面的制度规范占有重要地位。《美国统一商法典》共有 10 编,第一编总则,第二编买卖、租赁,第三编商业票据,第四编银行存款和托收,第五编信用证,第六编大宗转让,第七编仓单、提单和其他权利凭证,第八编投资证券,第九编交易担保,第十编生效和废除效力。美国的统一商法典客观上起到了统一交易规则、消除各州法律差异和统一美国市场的作用。《美国统一商法典》以货物买卖(商事交易)和金融关系为基本规制对象,重点以金融商事关系为规范对象。同时,在《美国统一商法典》中存在大量的公司、合伙等企业法立法规范商事组织关系。

五、中国的商法立法模式

中国自清末以来,采用的是德国式的民商分立模式,在民国时期,理论上陷入民商合一的歧途,但在立法实践中,商事立法仍然坚持了独立性。改革开放以来,商事立法采取了务实的路线,采用单行法形式,逐个制定子部门商法文件。目前,我国的商法体系由一系列单行商事立法如公司法、合伙企业法、票据法、海商法、保险法、信托法、破产法等组成,它们在各自领域内发挥调整作用。商法的子部门立法已经成熟,商事制度规则供给充足,几乎没有立法空白。但是,这种单行商事立法的模式缺乏一部总纲性的法律协调,难以从立法形式上统辖商法体系。当前,我国商法学理论界主流意见主张是制定商事通则。商事通则的基本内容包括商法的定义、宗旨,商法的基本原则,营业,商主体,商号,商事登记,商事运行与商行为,商事协调监管,商事代理,商事财产权,商事责任。制定商事通则是依据商事立法的性质与现代发展趋势并结合我国立法实践所作出的理性选择,商事通则并非权宜之计,不具有过渡性。将来的中国商法立法模式应该是商事通则加各子部门的单行法,形成松散形式的商法体系。

第四节　商法的历史演变

商法是规范人类经济活动的制度工具,商法的发展与商品经济的发展互为前提,不同层次的商品经济形态对应不同层次的商法制度体系。商品经济发展的每一阶段,存在特定的商业关系领域和商业社会结构,存在特有的利益冲突,产生不同的商事主体形态和运行模式,对于商事技术与制度设施存在相应的需求。人类商品经济发展的进程是从简单到复杂,市场由地方小市场到全国市场再到全球大市场。在这个历史过程中,商业的发展不断更新商法的调整需求。商法不断创新商事制度规范,升级创新商事主体形式,设计新的商事制度工具,优化创新商事运行模式,完善协调监管及商事责任制度,从出现简单、零散的商事规范到形成完备的商法体系。

一、古代简单的商品经济与朴素的商法

古代社会的主导经济形态是农牧业,自从产生分工和交换,就出现了集市这样的交易市场制度,出现了商品经济形态和相应的商事制度规则。在货币出现之后,古代社会中已经存在简单商品

经济形态,商人逐渐成为一种职业阶层,商事法律制度规则逐渐成为正式法律制度存在。古代巴比伦的商号已经开展具有银行性质的各种业务活动:寄存现款与商品、质押、为顾客提供柜台服务等。①

在成文法出现之前,商事法以商事习惯法的形式存在于社会生活之中。最初的成文法采用诸法合体的立法模式,其中包含一些调整商品交易的商法规范。古代巴比伦《汉谟拉比法典》(公元前1776年)对于通过"借贷种子"的形式进行的有息借贷作出了规定,该法典还规定了手续费。在一些商业发达地区,也出现了专门的商事立法,航海业发达的腓尼基人在《罗德弃货法》中规定了共同海损制度。古希腊律师伊索克拉底的"辩论词"涉及金融业务和雏形状态的汇票,德莫斯特内描述过为"巨大风险而进行的借贷活动"(海上小麦交易)。在罗马帝国时期,罗马法的私法领域中出现了一些商事法律规范,建立了"代理"制度,并对银行业务活动进行了规范。地中海沿岸的欧洲诸国长期沿用商事习惯法,这些商事习惯法得到各国商人的信奉和遵循。古罗马私法创造了一些商事法律制度的分类、概念,罗马私法中初步形成了商主体、商事行为、商事财产权、商事代理等商法制度,涉及海商法等法律的内容。

古代商品经济发展不足,简单的商事交易只需要简单的制度规则。在罗马私法中存在一些商法规范,这些商法规范是通过民法规范的形式表现出来的,马克思认为,罗马法是简单商品经济的完善法。由于商法理论薄弱和立法水平低下,无法形成系统的商法及商法学理论,法律编纂技术处于"诸法合体"阶段。罗马时代的商人形成一个专门的商人阶级,商业关系与市民社会生活关系分离程度低,民法中对于一些具有商业属性的制度进行了规定。

---

① 参见[法]伊夫·居荣:《法国商法》,罗结珍、赵海峰译,法律出版社2004年版,第12页。

二、中世纪商品经济的孕育与商法发展

近代商法起源于欧洲中世纪。具有生命意义的商法实际上脱胎于11世纪早期商人习惯法,并经由意大利的普遍适用而逐渐形成了欧洲各地广泛接受的商人法。①

(一)中世纪欧洲孕育商法的社会条件

近现代意义上的商法之所以在欧洲兴起,是因为欧洲具备独特的社会条件。

1. 中世纪欧洲孕育商法的政治条件

欧洲传统国家地域狭小,中世纪的欧洲在政治上是封建社会,国王和各级领主之间是"分封和效忠"的双向忠诚关系,封建庄园具有相对独立的治理权,国王对社会缺乏绝对的控制力。宗教在社会上具有强大的影响力,在精神领域具有至上的权威性,从而削弱和制衡了世俗政权的权力。社会中存在多元化的权力中心和法律系统,中世纪的欧洲存在国家法、庄园法、宗教法以及商业城市中的商人自治法。正是在这种社会政治条件下,商品经济和商人有机会生存和发展。伯尔曼在谈到促成近代城市兴起的政治因素时指出,在中世纪的后期,皇帝、国王、公爵和较小的(庄园的)统治者,还有教皇和主教,时常能通过向那些将对来自农村的移民(主要是农民和小贵族)开放的城镇颁发特许状来增强自身的军事防御并聚敛财富。② 商人从社会群体中分离出来专门从事商业贸易,从而形成了一个特定的商人阶层。由于商人已经成为一个独立的阶层,他们迫切需要对其利益给予法律上的保护,以实现商业发展和商事交易自由。既然形成了专门的商人阶层,就应该实行商人阶层的一些惯例,也就是商事习惯,一些商事习惯规则

---

① 参见[美]黄仁宇:《资本主义与二十一世纪》,生活·读书·新知三联书店1997年版,第83页。

② 参见[美]哈罗德·J.伯尔曼:《法律与革命——西方法律传统的形成》,高鸿钧等译,中国大百科全书出版社1993年版,第437页。

形成有约束力、强制力的规范，就相当于现在的商法。中世纪商法是独立于封建法、庄园法、教会法的法律体系。在中世纪商事习惯法时代，当时的商业社会相对独立于主流社会，封建国家的政治法律制度不能反映商业社会的要求，无法有效规范当时社会中的商事关系。当时的正式法律程序僵化、解决纠纷方式中充斥着神判法与司法决斗，法官对于商事规则表现为非专业性，于是，商人们自己汇编了由商事活动所形成的常规，也建立了“灰脚法庭”。[①]封建主为了对抗宗教势力，商人为了获得政治支持，封建主与商人相互之间存在需要。封建主通过提供政治支持获得了商人的财力支持，排挤了宗教势力获得了更大的政治权力，加强了封建专制；商人通过提供财力支持换取政治特权，成为社会中具有垄断性的特权阶层。

2. 中世纪欧洲孕育商法的经济条件

中世纪的欧洲以农牧业为经济基础。但是，“经济的专门化促进了商品交换的发展；除本地及市镇以外，出现了大的定期集场，其中，最著名的香槟伯爵领地的四大市场，随着一世纪城市的成长产生了商会，它领导了城市自治的斗争。手工业行会兴起以后，为了控制城市政权而与大商人进行斗争，但行会内部也由于行当不同而存在各种矛盾。除伦巴第同盟、汉萨同盟等城市外，多数城市受制于国王和诸侯的政府，国王保护商人，并获得财政支持”[②]。对中世纪的商贸活动产生重大影响的有三大主要事实：首先，定期举行的集市贸易。在德国的莱比锡、法兰克福与弗朗德尔

---

① “灰脚法庭”是商人自己组建的解决商事纠纷的临时机构，裁判者并非职业身份，而是由职业的商人兼任，裁判者从生意场上走来，往往带着两脚灰尘参加裁判工作，所以被形象地称为“灰脚法庭”。“灰脚法庭”是今日商事仲裁的历史源头，专门解决商事纠纷的商事裁判制度继承了“灰脚法庭”的精髓，既有短期时效等程序简便，又有裁判人员的专业性，商事纠纷解决的迅速、准确和低成本。

② 《简明大不列颠百科全书》（第9卷），中国大百科全书出版社1986年版，第486页。

地区和法国的香槟地区，每年要举行6次集市，每次集市为6个星期：2个星期交易，4个星期进行结算。这时的集市贸易中，已经出现了汇票和破产制度。其次，1096～1291年时期。为了提供大军的后勤供应，专门建立了相应的商业组织，集聚了巨大的财力。最后，教会法禁止"有息借贷"的例外规定。教会法禁止消费借贷的"有息借贷"，但商业信贷是生产借贷，风险较小，教会法规定三种例外："康孟达"(commenda)组织出现；海商活动中的风险资本；借款人在借款地之外地点还款的"另地借贷"。[①]

中世纪后，在地中海沿岸地区，生产要素实现了一次全球化配置，地中海沿岸国家首先富裕，商业贸易的发展为商法的产生创造了条件。11世纪晚期和12世纪是商法变化的关键时期，近代西方商法的基本概念和制度得以形成，逐渐成为一种完整的商法体系。中世纪商法形成的经济条件是城市兴起，城市具有优化资源配置的功能，城市实现了人口的集聚，促进了社会分工协作和商品交换，人的职业分化导致商人阶层的出现。欧洲城市的兴起是在11世纪前后，当时的城市主要是城市手工业和周围地区的居民进行交换，从事交换活动最初是由手工业的人兼而为之，后来就从这部分人当中分化出专门从事交换活动的商人。当时以欧洲为中心的贸易有两个地区：一个是地中海贸易区。地中海贸易区活动着意大利、威尼斯等城市的商人。另一个是北海波罗的海贸易区。这一贸易区由德国北部的城市如汉堡、不来梅等组成。

商业贸易的发展，促进了信贷、票据、银行业的发展，相应地产生了货币流通，出现了专门进行货币兑换的商人，也出现了现在票据法上的汇票制度。独立的商法概念和体系在中世纪就逐步发展完善，商法作为独立的法律部门已经存在，中世纪的商法主要表现

---

① 参见[法]伊夫·居荣：《法国商法》，罗结珍、赵海峰译，法律出版社2004年版，第14～15页。

为商事习惯、商人自治规则。但是，此时的法学家阶层并未关注商事习惯、惯例，因为商人在中世纪社会中属于异己力量，商事规则也不能成为正统学术的研究重点。由于没有学者的劳动积累，商法未得到系统整理与深入思考，没有形成坚实的理论基石，所以，商法的真正发展并非国家立法的产物。中世纪商法属于商人团体的自治法，其约束范围是商人职业群体，当时的贸易没有国家的界限，商法表现了国际性。

3. 中世纪欧洲孕育商法的宗教条件

基督教的教义逻辑尤其是清教伦理，是中世纪商品经济发展的精神力量，商人的力量与教会因素的联合，是促使欧洲近代城市兴起的重要原因。① 基督教是中世纪欧洲孕育商法的宗教条件。

一方面，基督教教义为商人提供了精神上的支持。11 世纪晚期和 12 世纪的天主教会不仅不谴责金钱或财富本身，而且还确确实实地鼓励追求金钱或财富，只要从事这种追求是为了一定的目的并按照一定的原则。② 基督教认为，上帝之光普照众生，凡是信主的人就是上帝选民。勤奋进取、积累财富成为宗教上的善行，经商发财从某种程度上证明是得到上帝的眷顾。基督教中的原罪可以通过善行救赎，只要信众的行为合于上帝之善的要求，就可得到救赎并获得升入天堂的奖赏。亨利·皮朗指出，商人们现在为了同胞的利益，为了自己灵魂的幸福，在宗教慈善事业上花钱。宗教也许大大刺激了许多商人去攫取财富，然后再把它奉献给上帝。③

另一方面，中世纪的商人与教会之间也存在某种有益的联合。教会及教士占有大量土地并拥有数目可观的社会财富，他们也积

---

① 参见韩秀义：《商事营业维持原则》，载《现代法学》2001 年第 2 期。

② 参见[美]哈罗德·J. 伯尔曼：《法律与革命——西方法律传统的形成》，高鸿钧等译，中国大百科全书出版社 1993 年版，第 412 页。

③ 参见[比]亨利·皮朗：《中世纪欧洲经济社会史》，乐文译，上海人民出版社 1964 年版，第 46~47 页。

极地参与到商事活动中去,并在一定程度上成为商人们的一部分。在13世纪的欧洲,从事金融银行活动的并不仅仅是犹太人和伦巴第人,“圣殿骑士团”是他们直接的竞争对手。耶路撒冷大主教授给了圣殿骑士们第一块土地,而他们却在香槟取得了第一个坚实的金融基地。[①]

(二)中世纪欧洲商法的特点

中世纪欧洲商法的特点包括:

其一,国际性。欧洲区域内的商业交流突破了封建国家的界限,这种具有国际性的市场需要国际性的规则,商人不但进行跨国的交易,而且创造了广泛运用的商事法律制度规则,欧洲主要商业中心的商事法律制度基本相同。

其二,注重效率。商法制度规则安排体现了注重效率的取向,商业技术设计均是为了提高商事效率。例如,拿到集市上的商品必须在集市期间实现交易,结算完毕并收回资金。

其三,严格性。商事活动中利益集中、风险集中,商法需要设置严格责任以维护商事交易的基础条件。这一时期已经出现了破产制度,陷入困境的商人财产被立即卖掉,使债权人公平受偿。

其四,自治性。中世纪的商法由商人创造,在商人中执行,体现了商人自治。商法是以商人法的形式存在的,独立于宗教法、封建法和庄园法,只在商业中心的商人之间存在和运行,特定行业的商法规则具有行业自治法的特质。

三、近代欧洲市场经济的兴起与商法的扩展

(一)近代资本主义商法演进的背景和特征

近代商法形成于西欧。汤普逊指出,“现代经营方式及实践都发端于十四五世纪,由于欧洲商业的规模和种类与日俱增,新的经

---

① 参见[美]詹姆斯·W.汤普逊:《中世纪晚期欧洲经济社会史》,徐家玲等译,商务印书馆1992年版,第21~91页。

商方式行将发明,或者说废弃已久的古代方法复兴在望”①。西欧商品经济的发展、资产阶级势力的壮大,导致社会的政治经济基础与结构发生了变化,封建制向资本主义过渡,近代商法兴起。作为商事组织的手工工场的发展促进了商品的生产和交换,并由此使资本主义的商事关系迅速发展起来。15 世纪到 16 世纪,欧洲开辟了通往印度的新航线,发现了美洲新大陆,完成了环球航行。新航线的开辟促成了世界性的商业贸易,欧洲的劳动力、技术、工业产权等生产要素与美洲大陆的生产资源相结合,财富大规模增长,商事关系的复杂程度升级。欧洲的世界商业中心地位形成并强化,亚洲、非洲、美洲地区被卷入世界商业贸易体系,西欧主导的世界市场形成。殖民活动中,超额的海外利润刺激了欧洲商品经济进一步发展,扩展了资产阶级的势力,商事关系成为欧洲的主导性社会关系。同时,民族国家的出现使国家政权得以强化,有能力将商事关系纳入国家权力的控制范围,近代民族国家开展大规模的商事立法,国家立法取代了商人自治法和商业惯例的主导地位。当时最有代表性的商法有:1673 年《法国陆上商事条例》、1681 年《法国海事条例》、1727 年《普鲁士海商法》、1734 年《瑞士民法》、1751 年《普鲁士票据法》、1776 年《普鲁士保险法》、1794 年《普鲁士普通邦法》、1794 年《波兰基本法》、1861 年《德国普通商法典》。这些商法的内容涉及商号、商标、居间、行纪、商事账簿、无限公司、两合公司、商事交互计算、银行、运输、仓储、寄托、冒险贷款、营利保险等制度。伴随着殖民活动的发展,欧洲的商人到世界各地进行商业贸易,欧洲商法实现了全球化推广,为近代世界市场提供了法律条件。

近代民族国家的商事立法特点在于:第一,商法的本土化。近

---

① [美]詹姆斯·W.汤普逊:《中世纪晚期欧洲经济社会史》,徐家玲等译,商务印书馆 1992 年版,第 588 页。

代商法是民族国家的制定法，国家的主权局限于领土范围之内，商法的国际性有所减弱，国家主权将欧洲不同国家的商法圈进狭隘的地域界限，形成了多样化的模式。同时，商法又是近代民族国家拓展海外商业贸易的最重要的法律制度，商事公司往往是殖民地开拓的组织形式，不同欧洲国家的殖民地往往受到不同宗主国制度的影响。第二，近代商法具有革命性。商事关系本身蕴涵自由、平等、私权保护的要求，商法与封建法统存在冲突。在资本主义经济发展过程中，封建国家的商事政策和法规具有双重作用。一方面，封建主将商事关系纳入国家立法渠道，实现控制并分享商业利益；商人也谋求封建特权，国家颁布的一系列的商事法规中包含了确认行会制度和商人特权阶层的一些特殊权利，如当时的一些特权阶层或者一些垄断公司可以免税。另一方面，商事立法又适应和促进工商业发展。在 17 世纪中期和末期，法国采用重商主义政策，出现了很多与重商主义相适应的法规。国家就颁布了一系列的商事法规来取消行会和商人阶层的一些特殊权利，减少一些特许公司的垄断权和国内的关卡。汇编商事规则及建立商事法庭的任务由国家承担，但是仍然保留了商人的自治传统。例如，在法国，1560 年和 1563 年分别由弗朗索瓦二世和查理九世颁布的敕令禁止了独立的商人法庭的活动，并把它们的司法功能交给国家司法机构，但是，仍然将原商人法庭的成员吸收进来，同时也接受了大量的商事习惯法。[①] 第三，商事组织制度与交易制度迅速发展。最先产生了合伙组织，后来，无限公司、两合公司、股份有限公司、有限责任公司逐步发展起来。同时，交易制度、交易工具进一步发展完善。中世纪出现汇票，到近代出现背书制度，票据的信用得到加强；银行、保险、证券、海商制度均有所发展。

---

① 参见韩秀义：《论商事营业国家干预原则》，载《甘肃政法学院学报》2002 年第 3 期。

(二)资产阶级革命后的大陆法系商法

资产阶级革命后的大陆法系国家,依靠商业起家的资产阶级掌握政权,大力发展资本主义经济,以人权、民主、自由、平等为理念,将原来属于商人阶层所适用的法律推广到整个国民,废除商人的特权身份。在这个时期出现了新一轮"法典化",法德等国先制定民法典,随后制定商法典。私法中的一般性问题均在民法典中作出规定,对于在民法典中无法规定的商事制度在商法典中规定。民法典的制定准备充分、立法技术成熟、内容完善;而商法典的立法水平普遍低于民法典。随着社会的进步和经济关系的发展,新的商事规则不断出现,虽然各国商法典频繁修改,但根本无法满足商业实践需要。因此,只能依赖新的单行法规加以补充、修正和完善,商法典的传统内容也不断从法典框架中分离,票据法、公司法、证券法、破产法、保险法等都相继单独立法,存在于商法典之外,完备的商法典演变为商法典与单行法律文件共存的体系。

四、现代市场全球化与商法的繁荣

在现代,商事关系的强势发展重新构建了社会关系,改变了人们的生活环境、行为模式和生存方式,现代人在商事关系中开展生存发展活动,普遍受制于商事法律制度规则。

(一)现代商法繁荣的社会背景

商事关系的发展与完善,引导并强制人们进入大规模生产、大规模消费的现代社会,以自由契约为基础的自由市场制度、公示制度、信贷制度成为人们生活中的制度。第一,市场主体的多元化发展。个人独资企业、合伙企业、公司企业等商事组织形式得到新的发展,并出现平台等新的商事组织。第二,商事技术的进步、商事制度工具进一步创新、完善,公司制度、票据制度、海商制度等得到了进一步的发展并充实了新的内容。第三,现代企业的发展改变了市场和社会关系结构。企业以其优越的商事功能进行经济资源的整合,人力与物资资源被结合在企业制度框架之中,形成市场中的主导力量。市场主体的平等地位被改变,市场力量的实质性不平等成为基本社会现实。第四,商法与相关法律部门协同发展。市场经济的充分发展导致现代民法从追求抽象公平到实质公平的转变;同时,催生了一个新的法律部门——经济法。随着自由资本主义过渡到垄断资本主义,市场垄断、环境恶化、经济危机等问题突出,也由于市场机制的失灵,国家干预成为各国政府的选择。第五,国际组织对于商事规则创造作出重要贡献。随着市场规模进一步扩展,世界经济出现一体化,各国之间贸易迅速发展,国家的界限进一步突破,欧盟等超国家实体出现,世界市场开始形成。

(二)现代商法发展的趋势

现代商法发展的趋势具体表现为以下几个方面:

1. 效率理念主导的动态化趋势

现代商法突出效率价值的主导地位。现代商事关系变化迅速,商法只有通过及时修正旧法规,大量颁布单行商事法规,才能追随、适应并保障经济发展。这导致全球范围的商事单行法的大量颁布并率先呈现去法典化趋势;也产生了不同于传统的新型商法典,《美国统一商法典》就是具有高度开放性和弹性的法典,便于及时修改、补充。

2. 现代商法的国际性得以恢复

由于商法的技术性,古老的商人习惯法一开始就具有国际性特征,无论是罗马法中包含商法规范的万民法,还是中世纪的商人自治性的商人法,它本身就具有国际性。近代商法产生与民族国家的兴起相关,由于主权国家将商法纳入国家的立法当中,使商法变成了一个个孤立、狭隘的国内立法。随着国际市场的形成,商法的国际化特征又得以恢复。现代大陆法系与英美法系的商法互相渗透,英美国家的商事制定法的比重日益增加,英美商事法律很多都是通过成文法发展起来的。商法的国际性得以恢复,表现在单行商事法规的原则、制度、规范的相互借鉴,国际贸易惯例的重视,国际商事公约的制定,以及执行国际公约的实体组织大量建立。

3. 现代商法的内容和运作均内化了公法因素

随着自由资本主义向垄断资本主义过渡,在凯恩斯思想的影响下,国家加强了对经济关系的直接干预,也加强了对私权的干预。法律政策中以社会本位替代个人本位,商法当中的许多规范具有了国家强制性特征,绝对的自由意志受到了限制。国家在商事领域加强了干预和管理,对公司的设立与登记、股票的发行和上市、保险经营活动、银行业务等方面都加强了监管,传统民商法的私法规范越来越受公法因素的渗透和影响。

4. 商事交易法、组织法、金融法与协调法融合发展

商事交易法、组织法、金融法与协调法是商法体系中的基本内容,各个子部门之间存在领域与功能分工,独立发挥预置功能。但是,作为商法体系内部的成分,彼此互为前提条件,相互支持、相互制约、协同发展。

五、商法在中国社会中的发展

(一)中国古代商法

中国在清末以前没有出现过体系化的商法,只存在规范意义上的商法。在中国古代,自给自足的自然经济占主导地位,农业是社会经济生活的基础。重要的商业活动均由国家垄断专营,如盐铁专卖,商人难以形成可以与政权博弈的社会力量;政府奉行以农为本、重农抑商的国策,商人的社会地位低贱。中国社会难以形成强大的商人阶层和行会团体,因此,难以产生独立丰富的商业规则和惯例。虽然唐宋时期已经出现了原始的行会组织,但是,这种行会组织异化为封建政权对工商业进行统治的工具。私有财产得不到政府和法律的有效保障,拥有财产在道义上不具有正当性,在中国传统文化中均贫富思想占主导地位,官、匪和饥民均能够消解商人积累财富的努力。因为中国古代法制的特点是“诸法合体、民刑不分”“重刑轻民”,中国古代法律制度中只有一些商事制度规范

的萌芽,这些商事制度规范未能进化为近现代商法体系。虽然很多商事制度在唐代就已经出现,如汇票(当时称为“飞钱”),但是,它不可能发展成近现代的票据制度。

(二)清末中国近代商事制度的发育

清末,中国社会经历了千年大转折,中国近代商事制度是随着资本主义经济关系在中国的产生和发展而发展起来的,从来源上是移植西方文明的结果。中国资本主义的萌芽虽然早在16世纪中叶就已经出现,但一直到1840年鸦片战争也未壮大起来,本土孕育的商事法律制度规范也未能进化为现代商事法律制度。鸦片战争后,随着外国资本主义势力侵入,破坏了自给自足的自然经济基础,促进了城乡商业和贸易的发展。在洋务运动中,中国社会出现了近现代意义上的商事企业和银行制度。

在清末法制改革中,商事法律的编纂先行。1903年制定了《商人通例》和《公司律》,1904年制定了《钦定大清商律》,包括作为总则的《商人通例》和《公司律》两个部分,这是中国法制史上第一部“现代意义上的法典”。[①] 1906年公布施行的《大清破产律》为我国有商事单行法之始。[②] 1908年清政府颁布了《银行通行则例》,1908年10月,聘请日本法学家志田钾太郎起草《大清商律草案》,1909年编定《大清商律草案》,包括商总则、商行为、公司法草案、海船法草案、票据法草案诸篇。同时,各地商会于1907年7月由上海公会发起商法起草委员会,自行编纂商法草案。1909年召开第二次大会讨论通过了《商法总则》《公司律草案》,呈请清政府施行,并附《公司律调查案理由书》与《商法总则调查案理由书》。农工商部起草了《改订大清商律》,送宪政编查馆审核后呈送资政院审议草案,但未及资政院通过清廷即被推翻。北洋政府时期,一

① 帅天龙:《清末的商事立法》,载《商法研究》2000年第1期,第118页。

② 参见王志华:《中国商法百年(1904-2004)》,载《比较法研究》2005年第2期。

方面大量援用清末颁布和草拟的法律,另一方面又设置专门的机构编纂法律。1912 年 7 月设置了法律编纂委员会,负责编纂民法、商法、诉讼法等法典。1912 年公布施行《证券交易所法》,1913 年 1 月工商部、司法部两部公布《商事公断处章程》。1914 年 3 月公布《商人通例》和《公司条例》,9 月 1 日起施行。《商人通例》包括商人、商人能力、商业注册、商号、商业账簿、商业使用人及商业学徒。《公司条例》规定了无限公司、两合公司、股份两合公司、股份有限公司。[①] 1915 年完成《破产法草案》,1915 年 5 月公布《证券交易所法实施细则》和《证券交易所法附属规则》,1921 年 3 月公布《物品交易所条例》,1922 年~1925 年修律馆先后完成《票据法》5 个草案,1926 年公布《海船法案》。这段历史时期的商事立法还有《矿藏条例》《不动产登记条例》等。

(三)民国时期中国的商事立法

1928 年 10 月民国政府成立了立法院并将其作为正式立法机关,组织民法起草委员会,起草民法总则篇。当时就民商法关系问题展开争论,结果是民商合一主张取得绝对优势。当时的立法委员会提议要编纂民商统一法典,实行民商合一,不搞专门的商法典。国民党南京政府颁布了民法典,但是,此法典并没有真正合进商法内容。此后逐步制定了商事单行法,包括 1929 年 10 月公布《交易所法》;1929 年 10 月公布了《中华民国票据法》、1930 年 7 月公布了《票据法实施法》;1929 年 12 月 30 日公布《中华民国海商法》、1930 年 11 月公布《海商法施行法》;1929 年 12 月 30 日公布《中华民国保险法》、1935 年公布《保险业法》《保险业法施行法》《简易人寿保险章程》《简易人寿保险法》;1929 年 12 月公布《中华民国公司法》、1931 年 2 月公布《公司法施行法》、1931 年 6 月公布《公司登记规则》、1940 年公布《特种股份有限公司条例》;

① 参见王志华:《中国商法百年(1904-2004)》,载《比较法研究》2005 年第 2 期。

1931 年 3 月公布《银行法》、1935 年公布《中央银行法》；1934 年 3 月公布《中华民国合作社法》等。

（四）中华人民共和国的商事立法

中华人民共和国的商事立法应该区分为两种相反趋向的不同历史阶段：

1. 商事法制衰退阶段

中华人民共和国成立后至改革开放前，实行计划经济，从社会主义改造开始的严格计划经济，消灭了真正意义上的商事交易与商事关系；行政管制替代了商事交易关系，商法的存在发展丧失了经济和社会基础。在新中国成立后的初期，只承认少量商法规范，1950 年政务院的一些文件仍鼓励私营工商业的发展，还要起草《公司法》《投资条例》，后来也颁布了一些单行的规则。从 20 世纪 50~70 年代，国家立法机关没有正式通过一部商事立法，立法成果最多只是停留在草案阶段，如《中华人民共和国海商法》。1956 年开始了"反右运动"以及后来的"文化大革命"，商事法制遭到严重破坏。

2. 商事法制迅速发展阶段

改革开放后，这是商事法制迅速发展阶段。1978 年开始改革开放后，中国社会进入正常发展时期，商事法制进入迅速发展阶段。1993 年 11 月 14 日通过的《中共中央关于建立社会主义市场经济体制若干问题的决定》确认了市场经济体制。商事立法工作迅速开展，至今，市场中主要的商事法律制度框架已经形成，商事基本法规均已制定。

第五节　商法与其他法律部门的关系

与商法相关的部门法是民法、经济法和行政法。民法为市场经济的存在与发展提供一般法律条件，商法为市场经济的存在与发展提供技术性法律条件，而经济法则是市场机制缺陷的弥补与矫正法，行政法是保障政府对于市场和商事关系管理、服务、引导的法律。

一、商法与民法

商法与民法同为私法，认识商法与民法之间的关系需要把握两个基本方面：商法与民法存在区别，商法与民法存在联系。

（一）商法与民法的区别

1. 调整对象的区别

民法与商法之间区别的源头在于所调整的对象不同，民法与商法调整不同领域的社会关系。

（1）不同领域的私人之间的关系。民法调整市民社会关系，市民社会关系领域相对于政治社会和私人生活关系领域，属于人们的日常生活关系领域，市民社会关系中主体之间地位平等，奉行意思自治原则。民法中以人身关系统领财产关系，其中人的主体地位突出。民法中的财产总是为了满足人的生活需要而存在，财产关系最终会被认为是人与人之间的关系。民法是对私人日常生活关系作出规定的一般法，并为市场关系提供私权保护、主体地位平等、契约自由、自己责任等基本法律条件。

商法调整市场领域的商事关系，是商主体从事以营利为目的的营业活动所产生的社会关系。商事关系是资本运作关系，以交换为纽带，以实现利润为目的，注重节约成本、提高效率，通过不断更新组织技术与运行技术以获取更多的利润。商法是市场关系的技术性法律规则，商法以促进财富增长为宗旨，规范营运中的财产关系；商法对于市场经济的社会条件作出技术性规定，商事制度规则本身直接创建了市场关系，如票据法规则本身创造并构建了票据关系。商法中以财产关系统领人身关系，其中，财产关系的主导地位突出，自然人个人在商事关系中已经被要素化。商主体是财产关系发展演变的产物,从资本运作关系中诞生,是资本的人格化。自然人在商法中以所处的财产关系的性质、地位来标示主体身份,如享有股权的股东、享有债权的债权人。

市场关系存在于市民社会之中,但是,市场关系围绕资本运作关系展开,总是在不断地发展变化;市民社会关系围绕人们的日常生活关系展开,更具有稳定性,市民社会对于市场变化必须作出宏观的、事后的反映。

(2)不同层次上的平等主体之间关系。就其基本面而言,民事关系与商事关系均是平等主体之间的关系,民法和商法均以确认主体的平等地位作为民事生活和商事生活的基础。这种平等仅指法律地位上的平等,是形式上的平等、抽象的平等。

在民事关系中,差异性首先表现为自然人的年龄、健康、智力上的差异,在民法上表现为民事行为能力区分;其次是身份之间的差异。在组织性的社会关系之中,人是带着各种身份在生活,依据身份规则在行为。商事关系在市场效率导向的强势干预之下,竞争机制不断地摧毁平等的基础,将财富和人力资源进行组织,按照市场经济规则对人进行身份划分,在个人之间,区分出经营者与消费者、雇主与劳动者。在企业之间,分化出"垄断企业"和"中小企业";在股东中分化出"控股股东"和"小股东",甚至将小投资者贬斥为"金融消费者"。在商事组织内部,科层化的组织结构和"命令与服从"、"管理与被管理"、"监督与被监督"关系成为常态。商事关系之中直接利用人与人之间的差别来刺激竞争,商业身份成为社会分配中利益区分的主导性机制。可见,商法制度设计常常需要从差异出发以追求平等,商法中的平等体现在从商自由、营业自由、机会均等。

(3)不同形态的意志自由关系。民法奉行意思自治原则,个人的自由意志得到极大尊重,意思的真实与否往往成为民事法律行为有效与否的主要标准,欺诈、胁迫、错误、无知等情形均可能影响民事法律行为效力。商法中的意思自治总是在特定的商事制度模式之中表达、行使、实现，更注重意思表示的外观。例如，票据的文义性。商法还注重依据商事关系不同领域的需要，设计不同的意志自由表达、行使、实现模式，通过这些制度模式发挥预定的功能以实现商事运行和利益配置。企业的聘用契约只解决是否愿意授受特定职位问题，受聘者一旦接受聘任，就依据职位享有职权、承担职责，特定职位上的职权职责关系、权利义务关系的具体内容均由法律法规、组织规章、企业性质作出了设计，平等基础上的完全的意思自治机制仅仅存在于进入商事组织关系和运行关系之前。在商事决策过程中，意思自治体现为集体自治和群体自治，表现为特定的表决权人就特定事项依据特定的程序规则进行表决，形成有效决议。

2. 法律性质功能的区别

民法是纯粹的私法，民法中的权利是基础性的；商法是渗透并内化了公法因素的私法，商法中的权利是技术性的。民法与商法的性质功能存在如下区别：

(1)维持社会存在的民法与促进社会发展的商法。民事关系对应社会存在的一面，民法中的制度规则具有较强的稳定性。在身份关系领域，从古代部分人享有人格到近代人们普遍享有平等人格，民法确定了人格尊严、人格独立、人格自由等人格权益之后，人格权的内容仅仅随着社会生活的变化而缓慢发展，如出现隐私权。在以婚姻家庭为代表的身份法领域中，确认了“男女平等”“一夫一妻”制度之后，夫妻制度规则长期没有大的变化。在财产关系领域，物权、债权制度似乎具有功能完备性，足以调整市民社会生活中的财产关系。

商事关系对应社会发展的一面，商法制度规则变动频繁。人类早期的商事关系主要指交换关系，与生产关系相对应；随着资本力量的不断强化，商事关系整合了交换关系与生产关系，社会生产由简单再生产转入扩大再生产，社会将一部分财富资本化运用，通过商事活动谋求利润并进行分配。商事关系的创新与商法制度规则创新互为前提，商法所确定的组织制度和交易制度与市场发展水平和状态之间存在直接的对应性。大量的新的商事技术规则体系迅速形成新的商事关系领域，往往会在短时间内形成一个全新的商事法律领域，如近年兴起的电子商务和电子商务法。

（2）远离公法的民法与内化公法的商法。民法之中的私权神圣具有对抗公权的意旨，民法需要远离公法以保障私法自治，依据当事人的自由意志来设定彼此的权利义务关系。现代商法之中已经大量采用公法规范，商事监管制度规范在保险法、证券法、银行法等法律文件中成为独立的篇章。正如商法借助于商事登记来确认主体资格的合法性和保障公示的权威性，公法手段作为服务于商事目的的工具被引进商法体系，公法要素被内化为商法的成分，从总体上说，商法是内化公法的私法。

（3）任意性规范为主的民法与强制性规范为主的商法。民法中利害关系一般仅涉及当事人。在这种情况下，应当由当事人自治自决，所以，法律采取自由主义而多作任意性规定。在民法之中，除物权和人身权存在一些强制性规范之外，大量存在的是任意性规范，在基本面上可以认为民法是任意法。因为商法需要规范复杂的大规模交易、远程交易，在商事交易基础方面追求的是交易安全，营业组织是否健全直接或间接地与第三人发生利害关系，影响社会公众利益，所以，法律采取干涉主义而多作强制性规定。[①]在涉及商事组织方面，强制性的法律规范居多。商事交易等商事制度一般追求简便、迅捷和弹性，这些目的的实现需要通过具有技术强制性的商法规范来保障。各国商法一般并采自由主义和强制主义，在证券交易、票据交易、保险交易及破产等商事运行关系之

---

① 参见施天涛：《商法学》，法律出版社 2003 年版，第 12~13 页。

中,通过大量强制性规范来保障安全运行。技术性规则为了实现规范效果,一般均具有强制效力的要求。如破产法中的破产宣告程序、破产债权的确定、别除权、取回权等专业性、技术性都很强,由此产生了大量的技术性强制。

(4)具有民族性的民法与具有世界性的商法。不同民族市民生活关系的状态直接体现为市民社会的不同法律制度规则,直接决定了民法的民族性。不同文化宗教影响下的伦理价值体系存在巨大差别,民法人身关系中不同的伦理要求凸显了不同的民族性。物权反映了一个国家的基本经济制度,公有制国家的物权法与私有制国家的物权法结构存在差异。商事关系的性质是单纯的营利关系,围绕资本运作展开,商法旨在形成统一的市场规则,商事规则具有纯粹的工具性。商法的核心价值是效率,人们在此种制度与彼种制度的比较中易于选择一种更有效率的制度。各国之间的商事制度规则移植较少遇到意识形态障碍,当今世界的规则一体化趋势首先发生在商事法领域,导致商事制度规则具有普世性。

3. 价值原则的区别

(1)首要价值存在差异。民法中贯彻“公平优先”的价值,制度规则不得有违公平;商法中贯彻“效率优先,兼顾公平”的价值取向,制度规范设计从追求效率出发。

①民法的首要价值是公平。民法调整市民社会中基础性的生活关系,公平感是人们对于相互关系的基本判断标准和主观体验,所以,公平成为民法调整社会关系所追求的首要价值目标。在效率和公平之间,民法以公平优先,兼顾效率;当民法之中的公平、自由、平等、诚实信用等原则之间出现冲突之时,公平原则优先;对于自由、平等、诚实信用原则必须在公平原则范围内作出解释。民法中的主体制度、物权制度、债权制度、侵权制度均要求公平。

②商法的首要价值是效率。商事关系是资本运作关系,资本的本质在于追求剩余价值,对利润追求推动商事关系运行。创造

商事组织制度与商事交易制度的动力就是效率追求。获取更多利润的冲动促使商主体设计更为有效率的交易制度和组织制度。现代商事关系主要围绕企业展开,使企业适应市场的利益机制、供求机制、价格机制、竞争机制。提高商事组织效率,节约组织成本始终是商法关注的主题。商法中的运行制度规则和组织制度规则均要求技术上的优化,通过降低成本以提高效率。商事关系中实际运行的制度规则均是效率优化的制度规则,一旦丧失效率优势就可能会被社会弃用。

(2)民商法原则体系之间存在差别。民法的基本原则是平等、自愿、公平、诚实信用。平等首先指民事主体地位平等,在各自独立人格基础上享有抽象的平等地位;平等是自愿的前提,平等者之间无管辖权,相互关系的形成均出于自愿,通过单方、双方、多方法律行为设定权利义务;平等也构成了公平的基本内涵,是公平的客观方面。公平指不同主体之间的利益配置的合理状态,要求民事主体在民事活动中维持双方的利益以及当事人利益与社会利益的平衡,在追求自己利益的同时不损害他人和社会利益。诚实信用原则指民事关系的当事人应诚实不欺、讲究信用。诚实是主观性的内在意志状态,信用是外在的社会评价,道德性的诚实信用准则的内容成为民法的原则。

商法基本原则是效率、自由、安全、公平、信用。效率原则指商法调整商事关系以效率为基本准则。商事关系中的效率涉及生产、分配、交换和消费各个领域,涉及企业组织形式、商事交易制度模式、商事协调与救济、商事责任等各个方面。自由是私法自治的精神在商法中的体现,商法中的自由是市场关系中的自由,表现为从商自由、合同自由、企业自由、营业自由、商人自治、行业自律。安全原则指商事关系中的当事人行为不得危害市场安全和社会安全,商法制度规则设计必须考虑市场安全。在商法中,为了适应迅捷、快速的交易方式,注重保证动态的交易安全,应设计安全保障制度,如保险制度、商事组织中的风险准备金制度、强制主义、公示主义、外观主义、信息的披露与监管、严格责任主义等。公平原则在商法中主要体现为交易公平原则。商主体应本着公平观念从事商行为,依据商事规则正当行使权利和履行义务,在商事交易中兼顾他人利益和社会公共利益。信用原则要求人们处理相互之间的关系必须讲信用,它超脱于普通生活中的诚实。商事信用首先是对于偿债能力的社会评价,它以财产为基础,注重信用外观,是制度化的信用和对社会公众的信用。商法设计了大量的信用制度、信用义务、信用权益和信用保护的方法。

(3)相同原则在民商法中的内涵不同。即使是同样的原则,如"公平",在民法和商法之中也拥有各自的内涵。民法所关注和强调的主要是个体公平和前提条件的公平。民法不但注重形式上的公平和机会上的平等,而且对于结果的不公平容忍度低,例如显失公平会构成合同的效力瑕疵。商法从社会整体发展出发把握公平,所以,商法对于结果不公平的容忍程度更高,商法之中的许多制度设计直接牺牲了当事人之间的公平。例如,公司股东会议之中决议制度采用"资本多数决"规则,大股东的意志就会被视为股东会(大会)的意志进而被视为公司的意志。为了鼓励投资积极性,有限责任制度将公司的经营风险配置给债权人,债权人既不能干预公司内部事务,也不能享受经营成果,却要承担经营失败的经济损失。

4. 理论体系结构的区别

在主体法领域,民法的主体是自然人和法人,国家在特殊关系中可以成为民事主体;民事主体地位通过权利能力、行为能力和责任能力范畴实现。商法主体的核心是企业,包括公司、合伙、独资企业,权利主体地位通过主体资格和经营资格实现;同时,消费者、劳动者、监管者也出现在商事法律关系之中,拥有受保护地位或监管地位。在财产权领域,民法中的权利包括物权、债权、知识产权,属于权利的原始状态。商法中的财产是经过组织化和技术化处理的财产，在商法不同领域表现为不同的制度形式。在企业法之中是法人财产权，是固定资产、流动资产、公积金、利润等形态；在证券法中，是股权、债券、保证金等形态；在票据法上是票面金额、付款请求权和追索权等形态；在破产法中是破产财产、破产债权、别除权、共益债权、优先权等形态。民法中权利变动的主导形式是转让，主要通过法律行为实现权利变动。商法中权利变动的主导形式是流通，主要是由当事人的自由意志结合商事组织和运行程式的制度功能共同完成。

民法的体系包括调整正常民事关系领域的人身法和财产法，矫正不正常民事关系的侵权法。其中，人身法包括人格权法和身份法，财产法包括物权法和债权法。商法是由若干虽有一定联系但更有显著不同的分支部门或者学科组成。商法的子部门包括规范主体关系的公司法、合伙法、独资企业法，规范市场退出关系的破产法，规范融资关系的证券法、商业银行法、票据法，规范分散风险关系的保险法，规范海上贸易关系的海商法。这些商法子部门相对独立，制度规范具有较强的独立实用性，所有商事制度规则整体之间没有严密的逻辑联系。从理论上，商法可以划分为组织法、运行法、金融法、协调法与责任法五大领域。商法中依据工具理性的“目标效用—制度设计—制度功能”的实践逻辑线索展开，突出显示的是技术规范的“效用”导向。商法并用任意性与强制性规范，商事组织法中多用强制性规范，交易法中多用任意性规范。在商法之中，任意性规范的比例并不占有优势，在基本面上难以将商法归为“任意法”。

5. 立法模式的区别

民法与商法的应然立法模式之间存在区别。

(1)对于制定法的依赖程度不同。因为民法制度规则贴近日常生活并易于理解，可以由习惯规则和司法判例来调整，所以，民事关系既可以通过制定法调整，也可以通过判例法体系调整。例如,在英美法系中就没有成文的民法典。因为商法是市场经济的技术性规则,制度规则复杂并远离人们的日常生活,要求借助立法的权威性来保证其确定性、统一性与操作性。商法制度规则一般借助制定法来构建,商法对于制定法的依赖程度高,所以,无论大陆法系还是英美法系,商事立法均依赖成文法、制定法模式,采用单行法或法典化的立法模式。

(2)对于法典化的适应性不同。因为民事关系相对稳定,人身关系和财产关系的基本规则变化不大。这些稳定的制度规则可以存在于庞大的民法典之中,保持整体的协调性与稳定性。商法作为商品经济的技术性法律规范,不但需要提供大量的调整性规范,还需要通过大量的构成性规范构建商事组织制度和运行制度,商事制度规则本身是商事关系中的构成要素。例如,正是电子商务规则构成了电子商务的运行基础。与商事关系的迅速变化相适应,商法成为制度规则变化最快的法域,法典因其巨大的制定成本而有悖于商事制度规则变动不居的灵活性要求;可行的做法是在商法各子部门分别制定单行法,各自针对相应领域的变化,进行灵活地修订。近代以来,德法等国的民法典和商法典呈现出完全不同的命运。民法典只需要随着社会生活的变化而作出少量修改即可以保持自身的完整性和完善性。商法典中的内容则被成片地移出成为单行法规,产生了公司法、证券法、保险法等商事单行法,导致商法典自身的空壳化。

(3)制度规则的规范领域不同。票据法、保险法、海商法、破产法以及公司法都有着强烈的专业性、技术性,难以依据民法规则调整。商法中的商号、商业账簿、共同海损等许多基本制度在民法中根本没有规定,而商法全面设计的公司组织制度,在民法中仅仅从法人层面上作出浅层回应。

(二)商法与民法的联系

民法是对于私人日常生活关系作出规定的一般法,商法是对于商事关系作出规定的特别法,两者是一般私法与特别私法的关系。

1. 调整对象之间的密切联系

商事关系是商主体从事以营利为目的的营业活动所产生的社会关系,是市场中的关系。市场嵌入市民社会之中,民法与商法调整对象的同一性在于其调整的都是私人之间的社会关系。

2. 社会功能之间的互补关系

民法是市民社会的存在法,商法是市民社会的发展法,民法规范市民社会中的人们基本生活关系,属于一般领域;商法规范人们的市场活动关系,属于专门领域。市场经济新领域中所产生的制度规则首先转化为商法规则,如果其中的内容构成市民社会中的基础性存在,在民法上也会获得制度性回应。例如,民法将商事公司规定为法人。

3. 立法与法律适用方面的联系

在相关法律适用上遵循的原则是:先判明法律关系的性质,再分别适用民法或商法;商法有明文规定的,适用商法规定;商法没有规定的适用商事习惯,没有商事习惯的适用商法法理。商法中制度规范供应不足时,即形成商法漏洞,应该在司法中运用商法逻辑进行漏洞填补,所形成的规则仍然是商事规则,相关的民法制度规则只有参照意义。如果商事关系运行出现异常情况,在商法规范范围内无法解决时,则适用民法的规则解决。如票据过期之后,票据权利人的权利没有实现,此时,构成民法中的不当得利,赋予票据权利人利益返还请求权。

4. 共存于私法二元结构框架

民法与商法是私法的基本成分,近代以来的欧洲大陆法系国家的立法活动中,一般先制定民法典,再制定商法典。许多私法规则、制度、原则、精神首先为民法所发掘,变成民法的一个部分,其中许多重要内容为民法与商法共用,这种现象被误读为“民商合一”。虽然许多商事法律制度规则的建立以民事法律制度规则为基础，但是，民事法律制度规则并非商事法律制度规则本身，不能吞并和取代商事法律制度规则。

二、商法与经济法

在商事关系充分发展、商法功能出现严重局限的基础上，经济法应运而生，经济法与商法之间密切相关、相互独立、功能互补。

（一）商法与经济法的区别

1. 商法与经济法调整不同类型的经济关系

商法与经济法均调整经济关系，商法调整商事关系，经济法调整国家参与、协调、干预、规范市场经济的关系。商法调整的经济关系属于商事关系，商事关系围绕资本运作关系展开，重在构建商事组织、设计商事运行制度模式、协调商事运行并矫正商事违法行为，商事关系以商事效率为最高追求。经济法主要调整：弥补市场缺陷的非竞争领域的国家投资关系，维护市场竞争机制的反垄断和反不正当竞争关系，对于弱势市场参与者的扶持、促进和倾斜保护关系，应对市场风险的社会保障关系。商法与经济法调整不同类型的经济关系，满足市场经济体制不同层面的法律要求。

2. 商法与经济法体现不同的利益本位

商法属于私法，以私权为本位。维护市场参与人的私人利益是商法制度规则设计的出发点和归宿。商法充分尊重当事人的自由意志，没有充分理由不得干预当事人的自主安排，所以，商法中存在大量的自治制度。从商法视角看，市场机制是完善的。经济法属于社会法，以社会利益为本位。从经济法视角看，市场机制是不完善的，并不能有效地实现自动平衡。完全放任的市场竞争会导致整个市场秩序的毁坏，也会给整个社会带来发生经济危机和社会危机的风险。经济法旨在保障国家对市场进行依法干预，保障商品经济发展的结果总体上有利于社会进步和个人福祉的提高，以实现结构平衡和可持续发展。

3. 商法与经济法基本原则存在区别

商法的基本原则体现商事关系的本质属性，也体现了商事关系参与人追求商事利益的要求，表现为效率、自由、平等、安全、信用。经济法的基本原则体现国家干预经济关系的本质属性，也体现了经济关系参与人追求社会利益的要求，表现为合理竞争原则、适当干预原则、平衡协调原则。

4. 商法与经济法基本功能存在区别

商法不但是行为法和裁判法，同时也是构造法，商法制度规则的特有功能在于通过构成性规范设计商事组织和运行的制度工具。例如，通过商事法律制度设计票据制度、股票制度、债券制度。经济法也为市场参与人提供行为规范，但是，其特有功能在于从宏观层面上考虑整个市场机制所要求的自由竞争、结构平衡、风险防范，矫正自由市场运行中产生的问题，排除障碍，保障市场活力，防范商业活动对社会的危害。

（二）商法与经济法的联系

1. 调整对象的同源性与相关性

商品经济以及发展形态的市场经济关系中包含了商法与经济法共同的调整对象，市场经济的存在和发展关系中产生的特定调整需要是商法和经济法产生的客观基础。商品经济的存在与发展需要规则，直接导致了商法的产生和发展，由于商法提供的是商品经济存在与发展的技术性条件，商法既有调整功能，又有构造功能，所以，商法的存在与发展又推动了商事关系的发展。早期的商品交易主体是小商人，商主体组织化程度低，交易局限于狭小的地方市场，交易规则简单，商法不发达，经济法没有存在的必要。随着商事关系发展，商主体的结构功能进一步完善，其在市场中的活动能力加强，有能力形成垄断并扭曲市场竞争机制；商业交易手段日益复杂化，市场规模扩张，形成了国内统一的市场与国际市场。此时，市场结构发生变化，大企业居于垄断地位，扭曲了市场价格机制,破坏自由竞争机制,导致严重的不公平;企业的市场能力蕴含了巨大的市场风险,经济危机的爆发宣告了市场机制失灵,国家干预成为必要,经济法由此产生;商事关系与商法的发展将市场经济带到高级阶段,市场经济发展的高级阶段出现了经济法。

2. 立法宗旨的差异与互补

商法的立法宗旨是私权保护,以私权为本位,重在保护商主体的权益,调动商主体的积极性与创造性,保证市场的活力,保护财富的创造、积累,促进社会发展。经济法以社会利益为本位,保证国家对市场进行有效的干预,协调市场运行,弥补市场机制的缺陷,保证经济和社会的持续、稳定发展。

3. 功能上的互补与限制

商法的功能主要在于构建市场主体,设计商事运行制度,保证交易的便捷,形成商业领域的微观秩序,保证市场活力。经济法注重市场的宏观结构,排除市场障碍,维护市场机制的正常运作,防范市场风险,从而保证市场机制的持续有效。商法所保证的商事权益、商业自由构成经济法干预的合理性边界;而经济法存在本身就是要对商事自由进行必要的限制。

4. 运行中的相互作用

商法制度规则与经济法制度规则在运行中相互作用。以税法为例,企业关系中不得不考虑税收问题,税收问题主要是经济法性质的问题,如何利用税收调节经济,其根源在于宪法,即国家如何参与国民收入的分配关系。税收构成企业成本,商主体选择企业形式时,税收是重要的考虑因素,合伙企业优于公司制的原因之一是税收优惠。纳税的义务成为商主体经济分析和行为选择的一种导向、动力和约束因素。可见,税收作为税法规制的结果,又成为商法中的要素。

三、商法与行政法

商法与行政法的调整对象存在交叉，两者从不同角度调整商事关系。

（一）商法与行政法的区别

1. 法律性质上的区别

商法是私法，行政法是公法。商法以商事营业相关的“权利”的确认和保护为宗旨，以私法自治与私权神圣为基本理念。而行政法以保障、约束、规范“权力”为要义，以行政合法、行政合理为基本原则。

2. 调整对象的区别

商法调整商事关系，它是以营利为目的的、与营业相关的社会关系；商事关系主要存在于平等主体之间，同时也涉及商事协调关系。行政法以行政管理关系为规范对象，包括对于商事关系的管理，但更多的内容是非商事关系领域的管理。

3. 基本运行规则存在区别

商法中主要的行为模式是“平等协商”，以商事制度的社会化设计为背景；行政法中主要的行为模式是“命令—服从”，以权力运行为主导，以权利救济为辅助。

4. 保障制度存在区别

商法责任主要是平等主体之间的责任，以补偿性为主，辅以市场势力不平等主体之间的惩罚性赔偿；在商事协调关系中保留有一定的惩罚性。行政法责任主要是管理者与被管理者之间的责任，在管理关系中以惩罚性责任为主；在救济关系中，以赔偿性责任为主。

5. 救济规则存在区别

商法中主要的救济渠道是诉讼与仲裁，奉行的证据规则是“谁主张，谁举证”。行政法中主要的救济渠道是行政复议与行政诉讼，其中，行政机关承担举证责任，证明其行政行为的合法性与合理性。

（二）商法与行政法的联系

1. 商法与行政法相互建构

商事关系的发展过程中，行政管理关系的范围随之扩展，商法的调整对象与行政法的调整对象均相应扩大。商法广泛内化了行政法制度规则和手段，行政法立法不断涵盖新兴的商事领域。

2. 商法与行政法相互促进

商事关系和商法的发展，改变了社会关系的内容和结构，从而导致行政法需要作出相应的变化，出现行政管理的新的领域、新的管理手段和新的行政法律制度规则。

3. 行政法的引入提升了商法的规范能力

由于商事关系的复杂化，需要借助于行政管理的权威性手段以实现商法的调整目的，达到公示公信的效果，如商事登记。在宏观领域，商事关系难以通过商主体内部协调与行业自治协调，协调能力出现局限。政府职能部门的行业协调监管是相应领域有序、有效运行的前提保障。

4. 商事规范与行政法规范共存于同一法律文件

立法上，往往将商事规范与行政法规范共置于同一法律文件之中。在证券法、保险法、银行法、破产法等法律文件之中，均存在这种现象。在证券的领域，证券的协调监管制度规则主要借助政府的权威来完成，从而形成行政法新的规范领域，该领域的制度规范，既属于证券法范畴，又属于行政法范畴。在保险法、银行法、破产法等法律文件之中，同样存在行政协调监管领域，同样存在具备商法和行政法双重属性的制度规则。为了便于操作，获得更好的规范效果，这些商法子部的立法均将商事规范与行政法规范共置于同一法律文件。

第二章　商法的基本原则

商法基本原则是商法在调整商事关系时普遍适用的基本准则。首先,商法基本原则是商法的准则。商法基本原则具有规范效力,属于弹性的、抽象的规范,具有良好的包容性,商法的基本原则适用于整个商事关系。其次,商法基本原则负载商法的价值。其提示人们行为的基本方向和基本模式,法律效力高于商法制度规范,并对商法制度规范具有评价、指导、修正功能。最后,商法基本原则是模糊性规范。商法的基本原则本身没有明确的内容,其运用必须结合具体的案例情景,由法官对相关法律规范作出扩大或者缩小解释,对于没有明确规范的情形作出补充解释。依据商事关系的性质特点和商法调整商事关系的价值取向,商法的基本原则应包括:效率、自由、安全、公平、信用。

第一节　效率原则

效率原则指商法调整商事关系以效率作为基本准则。在商事关系中追求效率具有首要意义。[①] 商事效率涉及生产、分配、交换和消费各个领域，也涉及企业组织水平、商事运行制度优化和协调救济机制等各个方面，商事组织制度与商事交易制度创造的动力来源于追求效率。任何一种商事组织制度、运行制度或协调制度，其存在的合理性基础均为具备的效率；一旦这些制度产生制约效率的现象，这些制度就会被弃用或者修正。

（一）效率原则的依据

1. 商事关系的性质是效率导向

商事关系是资本运作关系，所谓资本是指能够带来剩余价值的价值，资本的天性是追求利润。效率追求以尽可能少的投入获得尽可能多的产出，它推动着商事制度的创造与优化。现存的商事法律制度都是市场发展历史中经过以效率为标准的淘汰机制的检验而选择的幸存物，其存在本身就包含了具备效率的含义。在商事组织领域中，一种企业形式能否存在，取决于其在相应的市场空间中能否获得经营利润；一个企业能否获得主导地位，取决于其在既有市场环境下能否具有获得经营利润的优势。在商事交易领域中，一般通过设计集中的、连续的大规模交易的模式，降低运行成本以获得商事运行效率；如果一种商业模式更有效率，它就会替代原有商业模式。

2. 商法的功能要求以效率为原则

民法调整市民社会关系，商法调整市场关系；如果说民法重在保护私人利益的拥有，那么，商法则重在保护私人利益的取得与增长。商事关系以营利为宗旨，商事法律制度的基本功能就是保障、促进营利宗旨的实现，通过商法提供的制度规范保障商事关系的

---

① 效率是经济学中的概念，指经济资源的配置和产出状态。对于企业或社会而言，效率指资源处于优化配置状态，从而使特定主体的需要得到最大满足，或福利得到最大增进，或财富得到最大增加。

有序、有效运作。

3. 节约成本是商事法律制度考量的基本标准

商事关系中成本无处不在，获得商业效率的重要途径是减少成本。成本的多少是商事制度设计和运作中的基本考量因素，不同商事制度之间的成本替代关系和比较优势成为商业选择的依据。商主体制度需要平衡协商成本与组织成本。在企业内部组织生产，一方面节约了市场交易成本。以企业内部行政权力系统协调商事运行，替代了讨价还价的协商方式，节约了缔约、履行合同、救济合同的成本。另一方面产生了组织成本。任何一个企业均需要支付职工薪酬和机关运行成本，企业必须追求适度规模效益，设计合理的组织结构，节约组织成本与管理成本。在商业运行制度中，一方面，具体交易制度的优化总是能够节约交易成本；另一方面，交易链条的延长又会增加交易成本。商事运行制度设计必须减少交易成本，实现效率追求。

（二）效率原则的技术性保障

无论是商事交易制度还是商事组织制度，均具有复杂的内部结构，并通过这些复杂的结构提供优越的商事功能。商业组织技术和运行技术将效率追求变为具有操作性的制度规则，以商事制度结构的复杂化换取商业操作的简便化。

第一，商法的技术性对商主体作出了内在规制。商法的技术性本身构成一种标准，从能力上区分了商人与非商人。商人必须具有专业能力，在美国商法制度中，成为商人的要素之一就是商业专业能力（skillfull）。第二，商法的技术性保证了商事运行制度的设计与完善。通过引入行政规范、强制规范和管理规范，设计交易程式来处理规模化、批量化的交易。第三，商业信用机制中的技术设计。中介机构以社会公信人身份出现，作为利益独立与立场中立的第三方处于公正立场，并且利用专业的识别与判断能力，作出权威结论，增加交易信息的可信性。中介机构出具的资产评估报告、验资报告是公司设立和证券发行活动中必须提供的法律文件。这些法律文件成为普通人参与商事活动时的决策参考依据。第四,运用商法技术设计了大量的商业工具。设计票据代替现金流通,提高远程、大量的货物买卖中现金支付效率;通过格式合同降低规模化、批量化的产品和服务的交易成本。

第二节　自由原则

自由原则,是指商法调整商事关系以自由为基本准则。自由原则的经济学依据是效率,自由自主的行为方式可以激发市场主体的创造性与积极性。自由是私法自治在商法中的体现,商法中的自由是市场关系中的自由,表现为从商自由、合同自由、企业自由、商业自治、社会自律。

(一)从商自由

在现代社会中,任何人均具有从事商业的自由,商人资格向一切社会成员开放,任何人均可以依据法定的条件和法定的程序成为商人,商人不再是一种特权身份。一旦成为商人,他们有权从事一切合法的商事活动,除非法律或者契约作出明确地限制。当然,从商自由要受到种种自然、自律、社会政策和法律的限制。第一,自然限制。从商是一种复杂的社会活动,必须具备完全的行为能力才可能胜任,而且,商人是完全行为能力人之中精于计算的群体,市场竞争和淘汰机制不断地排除没有商业素质的人。第二,自律式限制。商主体中的目的性条款首先是投资者的自主选择,其次才是一种自律约束。第三,社会政策限制。现代市场是政府干预下的市场,商业活动受到社会政策的直接限制,尤其是涉及一个国家的资源分配的商事领域。第四,法律限制。在一些关系社会公众重大生命财产安全、重大国家利益的领域,商事活动的自由受到许可经营、特许经营的限制。

(二)合同自由

商法中的合同自由是指商事合同的缔结、内容、形式均依当事人意志确定,除非违反法律规定或公序良俗,国家一般不得干预。合同自由在于保证商事企业自主缔约,不受政府部门的随意干预,在于保证当事人不受垄断组织的非法强制。但是,由于商事合同主要是用来处理大规模、集中性、连续性的交易,出于效率、安全和人权保护的考量,商法中的合同自由受到各种限制。首先,商事合同自由受到公共政策的限制。在消费合同中,经营者的缔约自由受到一定限制,如公共汽车、出租车、超市、餐馆行业的经营者不得拒绝交易。其次,合同自由受到流通性和标准化技术的限制。例如,贸易术语实质上是一个简化了的标准合同。其他具有流通性质的商事合同对于形式自由存在一定的限制,如票据、提单等商业单据格式严格规范化。最后,为了交易安全和效率,对于合同特定环节的自由进行限制。例如,保险法中对保险人的解除合同自由的限制,证券交易成交以后对合同履行进行制度性强制。

(三)企业自由

企业作为市场的微观基础,在商法上享有主体地位和各种自由。首先是企业设立自由。现代企业设立的基本政策是准则主义,对于一般商事企业,只要符合法定的条件,依据法定的程序,申请登记即可设立企业。其次是营业自由。企业可以依据市场情势自主选择业务,组织生产经营活动,独立享有经营成果、承担经营风险。政府一般不直接干预企业内部事务,除非基于重大社会利益和公共安全考虑,否则,法律及政策不得为投资设置限制。

(四)商业自治

商主体的自由意志支配着商事活动、创造了商事关系,商业实践中形成了一系列高效率的运作机制和商事制度规则,这些自治规则一般能够得到国家法律的尊重与保障,表现为习惯法、贸易惯例。在现代国家中,虽然商事制度规则供给的任务已经转移到国家立法机关,但商事制定法不能破坏商业实践中形成的自发秩序规则。商业自治要求国家应该保证行业自治的空间,对商业社会干预应限制在合理范围之内。同时,商主体作为社会中的利益群体,有权通过自己的组织表达自己的意志和利益诉求,商会就是代表商人阶层特殊利益的社会团体。

(五)社会自律

商业社会的自律表现在两方面:一方面是行业自律。行业自律是一种社会自治的方式,由市场中特定行业范围的市场参与者自己组织起来,对于行业内事务进行协调、监督、管理、约束,对外协调政府与商主体、商主体与商主体、商主体与社会之间的关系。这种调节方式更具有针对性,更富于效率。行业协会是由同一行业的经营者依法自愿组成、不以营利为目的的自律性社会团体,其宗旨是加强同行业企业间的联系,沟通本行业企业与政府间的关系,协调同行业利益,维护会员企业的合法权益,促进行业发展。行业协会的职能包括:其一,代表行业利益。行业协会是互益性组织,其优化商业资源配置,整合行业利益和诉求,维护行业整体形象,保护会员利益。其二,沟通政府与商界。行业协会发挥行业影响,参与产业规划、产业政策、商业法规的制定。其三,制定行业标准。行业协会保障产品和服务质量,设置准入标准。其四,实行行业治理。行业协会维护行业秩序,协调行业竞争、监督行业行为、处罚违规行为。其五,进行资格认证。其六,行业动态监测。其七,促进行业素质提升。行业协会组织展销服务,交流发展信息、组织行业技能教育培训,提升行业素质。

另一方面是消费者团体的监督。消费者是商事关系中的弱势一方,其通过消费者协会形成自己的组织,以集体力量制衡强势的经营者,从而保护消费者群体利益。消费者协会的宗旨是对商品和服务进行社会监督,保护消费者的合法权益,引导广大消费者合理消费,促进市场经济健康发展。消费者协会履行公益性职责:(1)向消费者提供消费信息和咨询服务,提高消费者维护自身合法权益的能力,引导文明、健康、节约资源和保护环境的消费方式;(2)参与制定有关消费者权益的法律、法规、规章和强制性标准;(3)参与有关行政部门对商品和服务的监督、检查;(4)就有关消费者合法权益的问题,向有关部门反映、查询,提出建议;(5)受理消费者的投诉,并对投诉事项进行调查、调解;(6)投诉事项涉及商品和服务质量问题的,可以委托具备资格的鉴定人鉴定,鉴定人应当告知鉴定意见;(7)就损害消费者合法权益的行为,支持受损害的消费者提起诉讼或者依法提起诉讼;(8)对损害消费者合法权益的行为,通过大众传播媒介予以揭露、批评。

第三节 安全原则

安全原则是指商法调整商事关系必须以安全为基本准则。商业活动中蕴藏着巨大风险,为了应对风险,需要建立各种风险防范机制,维护商事安全。具体表现为:

(一)强制主义

一般认为,凡是关系重大社会利益和市场安全、构成组织和交易的基础条件的商事关系领域均奉行强制主义。强制规范的内容更为明确,能够为当事人提供更为稳定的预期。商事组织法中,以强行性规范为主,借助强行性规范的法律效力构建商事主体制度框架。在商事交易领域,基本的交易制度设计也是依赖于强行性法律规范来完成的,例如,票据制度、信用证制度。

(二)外观主义

商事流转快捷复杂、环环相扣,动态的市场秩序要求不能轻易否定特定环节交易的法律效力,以免产生连锁反应。在商事活动中,依据可以察知的外观来确定法律行为的效力,当权利的真实状态与权利外观不一致时,不得对抗善意第三人。外观主义使商事交易在一定程度上获得客观性,便于商事流转的当事人作出判断,外观主义减少了交易无效的可能,从而保证大规模、连续性的商事交易能够顺利展开。

(三)公示主义

在商事交易活动中,交易的主导方负有充分提示交易内容的义务,并将交易活动的进展和变更情况及时通知、公告,使相对人或第三人充分、及时地知晓交易信息,以便当事人作出合理的商业判断。在现代社会中,由于商品和服务的技术含量提高,普通人不具备相关知识,无法发现产品、服务存在的缺陷和危险,所以,消费者无法凭借自己的能力来维护自身利益,需要借助商法对经营者设置公示义务。同时,提供商品和服务的商主体掌握相关信息,具有提供信息的可能性,所以,公示相关信息应该成为商主体的基本义务。

(四)信息披露与监管

大型的商业公司存在信息不对称的情形,这种情形可能在公司内导致内部人控制信息,损害相关权利人的利益。在市场中,信息不再被认为是公司的私事,一定范围内的信息应该依法向股东、政府部门和社会公众公开,政府负有监管责任。

(五)严格责任主义

严格责任原则是一种确认责任的准则,它是指无论是否有过错,只要造成他人损害的,依法律规定应由与造成损害有关的人承担法律责任。行为人对于所负责任只有具有法定免责事由才能免责,不能以当事人已尽到合理注意为由进行抗辩。在商事侵权法中,责任人承担商事责任的依据主要不是主观过错,而是损害的客观存在,归责所依据的是行为人的活动及其所管理的事务性质与所造成损害后果之间的因果关系。例如,合同法中的严格责任主义不考虑违约方主观上有无过错，只要其不履行合同债务给对方当事人造成了伤害，就应当承担合同责任。非违约方只需证明违约方的行为已经构成违约，而不必证明违约方主观上出于故意或过失。在商事组织法中，商事活动大多依赖于少数负责人，因此，如果不对其负责人的责任予以严格的规定，势必将妨害交易的安全。[①]

（六）保险制度

保险是专门的风险应对机制，保险的基本功能就是分散风险。通过集中保险基金，承担投保人的风险损失，将受害人的损失在社会范围内摊薄，来维护市场安全。商业保险以营利为目的，由专门的保险企业经营，通过订立保险合同实现业务活动。投保人向保险公司支付保险费，保险公司根据合同约定，对于保险事故所造成的损失承担赔偿保险金的责任，或者当被保险人死亡、伤残、疾病或达到约定的年龄、期限时承担给付保险金的责任。商业保险的经营主体是商业保险公司，商业保险标的包括人的生命和身体、财产以及与财产有关的利益、责任、信用等。

（七）风险准备金制度

风险准备金制度是特定经营者从经营收入中提取一定比例的资金，作为确保履约的备付金的制度。从事银行、保险等业务的商业机构，集中了广泛的商业利益，同时也积累了巨大的风险，可能会诱发市场危机。设立风险准备金以维护金融市场正常运转，提供财务担保和弥补因不可预见的风险带来的亏损。商法要求这些商事组织内部建立风险准备金制度，以便在一定程度上将商业风险化解在特定领域。经营者必须从营业收入中按照一定比例提取，当风险准备金达到注册资本法定倍数时，可不再提取。风险准备金必须单独核算，专户存储，除主要用于弥补风险损失外，不得挪作他用，风险准备金的动用应遵循法定程序。

---

① 参见施天涛：《商法学》，法律出版社2003年版，第33页。

(八)行政规制模式

所谓行政规制模式,是指行使行政权力对商事活动内容予以公法意义上的认可、审查、监督,包括事前规制、事中规制和事后规制。事前规制主要是通过规定条件、程序、资质,以“事前审核制”等制度进行的规制;事中规制是通过信息披露、抽查、监测等动态监管方式进行的规制;事后规制则是通过监督、处罚和发布禁令的方式进行。

第四节　公平原则

公平原则,是指商事关系当事人应本着公平的观念从事商业活动,依据商事规则正当行使权利和履行义务,兼顾他人利益和社会公共利益。

(一)公平原则在商法中的含义

商法中的公平是市场关系中的公平,主要体现为以下两个方面:其一,商事主体地位平等。在交易过程中,任何一方不得享有法律上的特权。地位平等是现代市场经济客观规律的反映,也是实现交易公平的前提。但是,在现代市场中,消费者是弱势群体,经营者是强势群体,而大企业与小企业之间则存在市场势力的差异。在市场能力不平等的主体之间,仅从法律上宣布抽象的平等可能会在实质上损害公平,商主体制度设计必须在这种不平等的关系中追求平等,商法制度中的权利、义务配置要求实现不平等主体之间的实质公平。其二,利益平衡。公平的另一个重要方面是商事关系中各方主体之间的利益平衡,在商事组织制度和交易制度之中需要兼顾各方当事人利益;在商事组织与社会利益之间也需要利益平衡,企业应当承担社会责任。

(二)效率优先与公平

商事关系中的效率优先内含损害公平的倾向,例如,在公司决议制度中实行资本多数决规则,将多数股东的意志上升为股东会(大会)意志,进而上升为公司意志,少数异议股东的意志被制度化地舍弃。这种损害公平倾向如果得不到有效矫正,会带来经济和社会危机,所以,在商法制度设计和整个法律制度设计中,应该对商业利益追求和效率追求作出必要的限制。

在商法制度内部,设计相关的法律制度保障公平。具体体现为:首先是立法中引进公法规范保障公平。许多商事单行法的立法模式是将公法规范与商法规范共存于同一部法律文件之中,如我国《证券法》中包含了证券业法。其次是公法制度直接介入商事交易程序。在商事关系运作过程中,不能单纯依赖于当事人的意思自治机制,缔约者之间的讨价还价机制在一定程度上失效,需要公法制度介入才能保证公平。例如,对于关系市民基本生活需要的水、电、气供应实行政府定价和价格听证会制度。最后是在司法实践中应用公共政策。在司法实践中,对于格式合同中可能出现两种以上的解释情形时,法官应该选择对消费者有利的解释。

在商法制度外部,形成相关的法律制度保障公平。商事关系的发展使市场变为统一的国内和国际市场,商事组织技术的发展带来了大公司,其强大的市场运作能力扭曲了公平竞争机制,导致市场机制失灵,商法所提供的法律机制已经不能有效地解决公平问题。商事领域的一些公平问题只能求助于商法之外的法律制度资源,利用包括税法、反垄断法、劳动法等内容在内的经济法予以矫正。

第五节　信用原则

信用原则,是指商事关系中的当事人应当信守商业规则,实践成约。信用是市场经济的内蕴要求,是人类社会理想在商事领域的体现,是商事组织和行为的道德基础,是对当事人利益的公平较量。现代市场经济是在陌生人之间展开的跨地域、大规模、高效率交易,缺乏信用的市场是无序、低效的市场。在商事关系中,一方面,信用作为内在的信念存在于市场主体和市场行为之中;另一方面,信用在市场中表现为一种信用利益。商法中确认信用原则、信用制度、信用义务、信用权益,并设计多种信用保护的方法与措施。

民法奉行诚实信用原则,诚实侧重于主观方面,是人们的内心对于诚实不欺的道德信守;信用侧重于外在的行为方面,要求人们处理相互之间的关系必须讲信用。在商法中,为了适应简捷的交易方式,保证动态的交易安全,体现效率的优先价值,需要更为重视外在的信用,难以深入到诚实的层次,所以,商法只能奉行信用原则。

商法中的信用是市场关系中的信用,其特征包括:

(1)商事信用是一种物化的信用。商品交换是将价值作为标准,不考虑交换者的地位和品行,在发达的商品交易环境中更注重物化的信用。商法中的责任主要是财产责任,商事信用的基础是商主体的责任财产。商事信用积淀形成“商誉”,商誉本身具有资产价值。企业一旦拥有商誉,也就赢得了客户信任,获得更多的商机,从而拥有稳定的市场份额和经营利润。

(2)商事信用注重信用外观。在法律现象中出现本质和外观不一致的情境时,依外观主义,法律行为完成之后,出于对交易安全保护的考虑,原则上不得撤销已经完成的交易行为。在商事运行关系中,对于当事人之间依据外观形成的信用关系,必须予以尊重和保护。

(3)商事信用是一种制度化的信用。制度具有确定性和稳定性,借助制度的稳定性以提供最基本的信用保障。商法借助公法因素来实现信用的制度化,表现为企业注册登记、经营范围制度、信息披露制度、担保制度、信用证制度、信用评级制度等。

(4)商事信用是对社会公众的信用。商事信用存在不同层次,直接意义上的商事信用针对交易双方或者商业伙伴。但是,现代市场经济以跨越时空的非熟人交易为典型特征,契约给人们选择交易对象的自由,社会公众成为潜在的交易相对人,商事信用制度规则必须面向社会公众。由于受制于专业分工、信息不对称,公众与经营者在议价能力上的不对等,公众成为受信用原则保护的一方。

第三章　商事主体制度

商事主体是商事法律关系的要素，商法主体制度确认哪些行为者有资格获得主体地位，依法参加商事活动，享有权利或职权、承担义务或职责。

第一节　商事法律关系中的主体

商事关系是人人参与的基本社会关系，自然人和各种组织都处于商事关系中，成为商事法律关系中的当事人。只要参加商事活动，就存在权利义务的法律诉求，就应该享有商法上的主体地位。由于商事关系内部具有复杂的层次结构，与商事关系的层次结构相适应，商法中的主体制度表现为多种法律形态和层次结构，所以，在商法理论上需要使用商法主体、商主体和商事关系主体三个基本范畴。

一、商法主体

商法主体，即商事法律关系主体，也可简称商事主体，是指依照商事法规定参加商事活动，享有权利、承担义务的人。广义的商法主体是指商法关系中的所有当事人，这些当事人均在商事关系中保有利益，运用自由意志，进行相应的行动选择。

随着市场关系的发展，商事关系的复杂程度和协调难度加大，经济危机等巨大商业风险要求更为有力的协调监督。这种社会需求推动国家职能扩展，经济协调成为政府的基本职能，公权机构直接参与商事关系，公权机关提供商事登记等服务，协调监督市场运行，规范经营行为。公权机关发挥其组织系统具有权威的优势，能够有效地协调商事关系，因此，公权机关也成为商事关系主体。

商事关系既包括商主体之间的关系，也包括商主体与消费者、劳动者之间的关系，还包括商事活动中的社会协调与政府协调所产生的社会关系。只有赋予这些商事活动和关系的参加者主体地位，才能有效保障其权益，规范其行为，从而形成商事法律秩序。所以，广义的商法主体包括公众及作为其在商事关系中表现形式的劳动者、消费者、投资者，以及发挥保障、协调功能的行政机关与行业协会。

商法主体包括商事企业、中介机构、消费者、劳动者、中小投资者、公众，以及发挥保障、协调功能的相关行政机关与行业协会，这些主体均存在于商事关系之中。由于商事法律关系存在不同的领域和结构层次，不同商法主体存在于不同层次的商事关系之中、处于不同的地位、遵循不同的行为规则、要求不同的资质。商法主体制度体系内部包含结构层次，广义的商法主体可以分为以下层次：核心层次的主体——商主体；协调层次的主体——国家机关、商会、中介机构；保护层次的主体——消费者、劳动者、中小投资者等。

商法主体可以分为商主体和商事关系主体两种基本类型。

二、商主体

商主体指能够以自己名义直接从事经营活动的商事组织。狭义的商法主体仅指商主体，可以概括表述为经营者，商主体一般包括商个人、商事合伙、商事公司。任何具体商事关系之中必定有一方为商主体,商法中主体立法的重点在于规制商主体。商主体内在方面受到商业组织规律和专业技能规律的规制,外在方面必须得到社会权威的确认。

商主体的构成要件包括:(1)商主体必须具有商法上的人格。商法人格是商法上的主体资格,是商法确定的一种抽象地位,依据法定的要件与程序取得。(2)商主体必须具有商法上的权利能力与经营能力。(3)商主体必须实际参加商事活动、缔结商事法律关系并享有权利、承担义务。

在现代社会中,人们可以自由从事商业、变为商人,从法律上可以理解为个人成为商人不必附加任何歧视性条件;但是,不能理解为不附条件。商事关系的技术性内含条件限制,所以,法律不会无视专业要求,放纵没有商业资质的行为人对经济和社会秩序进行破坏。尽管公民皆有从商自由,但并不是人人皆可成为商人。准确地说,商人并非自然意义上的人,商人是一种"职业身份人"和商业"功能人"。商人只有与营业财产相结合才能形成经营能力。同时,商人必须获得商法所规定的程序认可,才能获得商法上的主体资格和经营资格。成为商主体需要具备法定的条件,履行法定登记程序,这些法定的条件和程序构成市场准入规则。商主体立法的必要性在于使商主体与其他法律关系主体区别开来,只有依商事法确认的商主体才能开展经营活动。商法需要明确商主体与非商主体之间的界限,否则,就必然会使人们在不知何种人能成为商主体的情况下,任意进入市场中从事商事活动,甚至会出现政府机关乃至司法机关、军事机关经商的局面。[①]

---

① 参见王保树:《商事法的理念与理念上的商事法》,载王保树主编:《商事法论集》(第1卷),法律出版社1997年版,第15页。

三、商事关系主体

在商事关系之中，还存在除商主体之外的其他主体，他们的行为与商主体的经营行为互动，他们的利益在商主体营业活动中转换，这些主体称为商事关系主体。商事关系主体包括：社会公众、中介与服务机构、协调与监管机构。商法需要确认其法律地位，并进一步确认各类商事关系主体的相应法律政策。

（一）社会公众

现代社会高度分工，人们消费的产品和服务并不完全由自己或者完全不由自己生产，人们通过交换获得他人提供的产品与服务，这样，社会公众被广泛地卷入商事关系之中。在大规模生产、大规模消费的社会中，人们普遍依赖商事关系。同时，商主体的利润只有通过与社会公众之间的交易活动才能生成和实现，商事交易的一端连接着普通消费者。这些消费者现实地处于商事关系之中，在其中具有法律利益诉求，立法只有确认其在商事关系中的主体地位，才能归属权利义务，保护其利益。在商事组织关系中，企业制度成功地将人的创造性尤其是专业的商业能力（例如，职业经理的经营能力）组合于财产之中，使财产成为具有一定规模、依据管理规则安排的、内部具有结构和商事功能的经营财产。在企业组织过程中，汲取人的主观能力并予以工具化，将投资者转化为公司内部的股东形成公司的权力机构，通过股东会（大会）行使权力来体现资本意志，将股东的谋利要求转变为企业的运行动力，将投资者的决策能力转变为公司决策能力，将经营者的商业才能转变为企业的经营能力，将劳动者的劳动与财产结合于生产过程。围绕企业的组织活动和经营活动形成投资者、劳动者、消费者、债权人、第三人之间的关系。总之，自然人以不同的身份被整合进商事组织关系之中。

商事关系面向社会公众，社会公众是商事关系中的基本要素。无论是在商事组织制度还是商事运行制度中，均努力将公众转化为具体商事关系中的相对方，商事关系是商主体与公众之间互动的社会关系。商法中的公众是商主体打交道的相对方，对于每一个商主体而言，公众是商事交易关系的潜在对象；从全社会范围而言，公众又是商事交易关系的必然对象。

值得注意的问题是，社会公众在商事关系中处于被动、消极、弱势的地位。公众商业信息匮乏、市场能力薄弱、商业技术外行，他们无法懂得商业中的专业术语，易受欺诈和强制。相对于具有专业商业能力的商主体而言，公众是信息不对称关系中的弱势一方，是限制契约自由情形中的被限制方，是市场力量的支配对象。但是，社会公众构成商事关系的基础，从利益平衡出发，商法的基本政策是对公众进行优先保护和倾斜保护，因为商主体只有通过与公众交易才能实现利润，保护公众利益实质上是保护商业利润的源头。

社会公众在商事关系中存在四种身份类型。

1. 劳动者

工商业社会的生产组织单位由家庭变为企业，公众就业的基本方式是与企业形成劳动关系并成为劳动者，人们的基本生活来源是取得劳动报酬，劳动者存在于商事组织关系之中。一方面，劳动创造了财富，社会财富的增长、商业利润源于劳动者的贡献。另一方面，劳动者作为生产要素进入商事组织关系中并被客体化，在商事组织过程中被对象化，成为商事组织中的人力要素，丧失了作为人的主体地位和自由发展的尊严。由于在商事关系中处于弱者地位，劳动者无法通过意思自治的谈判方式来维护自身利益，所以，商法多采用强制性规范保护其利益，加强国家干预，通过外部化的制度矫正组织制度内部对于劳动者利益侵害的倾向。在企业制度之内对劳动者提供特别保护，在企业制度外部制定劳动法进行专门保护。其中，管理者可以作为劳动者的特殊部分，特点在于其拥有人力资本优势，在商事组织关系中处于强势地位。

2. 消费者

消费者是为满足生活需要而购买产品和服务的自然人，经营者通过满足消费者的需要来实现营利目的。作为与经营者相对应的概念，消费者成为最终的商事交易关系的另一方当事人。消费者用手中的购买力来选择经营者，决定了经营者的兴衰存亡。消费者属于普通人，缺乏专业的商业判断能力，必须给予特殊保护。在经营者与消费者的关系中，通过《消费者权益保护法》等赋予消费者众多的权利，对经营者依据严格责任原则归属责任，来保障消费者群体的权益，从而追求经营者与消费者之间的实质公平。

3. 中小投资者

在商业组织的演化过程中，公众公司的出现将社会公众整合进企业制度框架，形成了广泛的中小投资者。他们持有小额股份，对于公司内部治理没有实际发言权，在证券市场上"用脚投票"，其利益保障只能托付给商事组织制度的规范运作。

4. 金融消费者

金融消费者是指为满足个人和家庭需要，购买金融机构产品或接受金融服务的个人或单位。包括：存款人、基金持份者、投保人、被保险人、受益人。他们都在金融关系中具有利益，形成与金融机构共存的相对方。以保险关系为例，投保人属于当事人，被保险人、受益人则为保险合同关系人，保险合同关系人是保险合同成立和履行中不可或缺的因素，在发生保险事故或者保险合同约定的给付保险金的条件成就时，对保险人享有保险金给付请求权。

（二）中介服务机构

商法中的中介服务机构是指依法设立，依据专业知识和技术向委托人提供公证性、代理性、信息技术服务性等中介服务的机构。例如，证券发行中的证券承销商、证券服务机构。在证券交易过程中，除涉及证券投资者外，还涉及证券公司、证券交易所等。

中介服务机构以社会公信人身份出现，作为利益独立与立场中立的第三方处于公正立场，并且利用专业的识别与判断能力，作出权威结论或提供基础服务和专业技术服务，以增加交易的可靠性。中介服务机构在商事运行过程中提供专业服务，中介服务机构出具的资产评估报告、验资报告是公司设立和发行证券活动中有公信力的法定文件。由于商事关系包括围绕商事中介服务机构活动所产生的关系，所以中介服务机构也属于商事关系主体。

（三）协调与监管机构

现代商法为维护社会公益、保护交易安全，加强协调与监管活动，形成协调与监管机构。商事关系中内在地包含了协调与监管关系，所以协调与监管机构也是商事关系主体。虽然在商事组织内部也存在协调监管机制，但是不能独立形成外化的主体。外化的主体包括社会协调主体和政府协调主体。在商业社会之中存在自律的协调机制，协调主体是行业协会。国家通过积极的商事立法活动创制或认可商事规则来构建并规制商事营业，国家还利用产业、货币、财政、计划等手段对商事营业的社会基础条件施加影响，使商事营业环境更为优化。在现代商事关系中，商主体制度与交易制度均依赖正式的法律规则予以构建，利用国家法律进行权威性确认。为了给商事关系当事人提供制度化的预期，特定商事行为的法律效果已经进行制度化的预设。

1. 行业协会

行业协会是商主体自愿联合组成的、实行自律管理的社会团体。行业协会旨在满足商人群体特殊需要，代表和维护商人利益，在商业社会中发挥调整功能。

行业协会在性质上属于自治组织，行使社会权利，属于非营利组织，以“使命”而非“利润”为运行动力。行业协会是商事关系中的构成要素，在商事关系中发挥不可或缺的功能。行业协会应当成为商人利益的整合机制，作为行业利益的代言人，建立与政府的对话协调机制，形成合理的商业政策。2014 年修正的《证券法》第 8 条规定："在国家对证券发行、交易活动实行集中统一监督管理的前提下，依法设立证券业协会，实行自律性监管。"[①]同时，行业协会需要履行商业内部的自律功能，约束商人的违规行为，建立行业秩序，在社会公众中维持行业的整体形象，建立公众对于特定行业的基本信任。行业协会会员通过制定章程对协会进行自我管理、自我约束。例如，证券业协会具有强制权，要求依法设立的证券公司实行强制入会制度，除了证券公司之外的其他会员实行自愿入会制度。

2. 行政机关

市场经济条件下，政府的基本商事职能有三个：一是提供市场规则；二是保障社会公平；三是提供公共服务。国家与商主体之间存在管理与被管理关系，公法因素进入商法关系，主要渠道是通过行政机关的活动，确认行政机关在商法关系中承担职能。但是，在商事关系中，商法借助行政机关的权威性、统一性来实现商事功能，行政机关被商事工具化。行政机关在商事关系中的功能有两种：管理性作用与构建性作用。管理性功能属于经济法性质法律关系，如证监会的监管。构建性功能属于商法性质法律关系，如市场监管部门的行政登记。从市场进入方面观察，行政机关注册登记的性质是商主体合法性的认定程序，商主体合法存在的标志为取得市场监管部门颁发的营业执照。法律要求公司设立必须具备一定条件并按照严格的法定程序进行，为交易安全提供前提保障。在商事运行关系中，政府有关部门在法定的范围内负有监督管理公司经营活动的义务，以维护社会交易的安全，如商号、商业账簿

---

① 2019 年 12 月 28 日第十三届全国人民代表大会常务委员会第十五次会议通过了对《中华人民共和国证券法》的修订，此次修订，删除了《证券法》第 8 条。

管理以及股份有限公司的设立审批等。募集设立的股份有限公司,除审批及注册登记外,政府还有权对整个公开募股的环节进行监控。公司财务会计信息虽属公司内部事务,但上市公司涉及股东、债权人乃至社会公众的利益,须依法披露。公司形式变更的决议体现了全体股东意思自治,然而,为保护市场经济安全,法律要求公司形式变更必须具备一定条件并按照严格的法定程序进行。行政规制是指行使行政权力对格式合同内容予以公法意义上的认可、审查、监督。包括事先审查和事后审查。

行政机关本身也是一种拥有部门私益的主体,行政权力本身包含利益因素,行政机关干预商事营业也可能源于私益。应对国家干预商事营业进行严格规制,确保行政干预措施的合法性、正当性,防止无限干预。商法需要保证对各种行政行为的可诉性,商主体可以通过司法手段去纠正各种违背商法理念的行政行为,确保商主体能够抵制不当行政权力对其自由营业空间的介入。

3. 立法机关

商业实践中形成的商事制度规则,通过立法机关的立法活动上升为国家法律,从而使这些商事制度规则变成商事法律制度规则。例如,国家立法要求:提供格式合同条款的一方应遵循公平原则来确定当事人之间的权利和义务;格式合同提供方要对免除或者限制其责任的条款以适当的方式提请对方注意;规定了提供格式条款的一方免除其责任、加重对方责任、排除对方主要权利的条款无效;格式条款和非格式条款并存,非格式条款的效力优先于格式条款;对格式条款作不利于提供者解释的规定。

4. 司法机关

商业社会中的矛盾最终在法院汇集,法院因诉讼请求而介入商事关系,为商事纠纷提供权威性的裁判,法官在司法实践中创造了对商事营业至关重要的新规则。例如,法院审查契约条款所含的交易条件,依法律规定确定其效力。一方面,法院运用法律,以判决的方式将违反强制性规定的格式条款判为无效;另一方面,法院行使自由裁量权,在审判活动中通过对格式条款的严格解释而对其进行规制。

第二节　商主体

商主体是商事法律关系中的当事人,是商事权利的享有者、商事义务的承担者,是商事组织行为和交易行为的发起者和协调行为的承受者,是各种商事利益的支配者,是商事责任的承担者。商主体以营业组织体为其人格基础,任何形态的商主体均非依据自然规律产生,而是人为塑造的产物。

一、商主体概述

(一)商主体的含义

商主体是指依据商法规定的条件和程序登记的,有资格开展商事经营活动,享有商事权利、承担商事义务的营业组织。传统社会组织水平低下,一般认为商主体以自然人为人格基础,所以商主体一般称为商人。随着生产发展,社会分工的精细化、生产社会化和商品化程度提高,以自然人为主体的社会正在被以各种组织或团体为主体的社会所取代,企业成为商主体的主导形态。在现代商法中,商主体以营业体为人格基础,通过设立活动形成具有生产经营能力的营业体,由商法依据法定的条件、通过法定的商事登记程序予以确认。法定条件与商事登记制度实质上是一种市场准入制度。

传统商法理论认为营利是企业存在的唯一的目的,但是,在20世纪60年代美国学界提出了公司的社会责任问题,认为公司的绝对营利性目的应该被修正,公司不能仅仅以最大限度地为股东营利作为自己存在的唯一目的,而应当最大限度地增进股东利益之外的其他所有社会利益，包括雇员利益、消费者利益、债权人利益、中小竞争者利益、当地社区利益、环境利益及整个社会利益。

(二)商主体的特征

商主体的特征包括：

1. 构造属性：技术性

任何种类的商主体都不是生物意义上的"人"，而是商事关系中的制度构造，小商人也是以人力要素和其他简单的营业要素相结合的营业体。商主体是商法确认的结果，是法律技术运用的产物。首先，运用商事组织技术构造营利功能体。一般是将各项生产经营要素依据组织规则进行整体安排，并将人的创造性转化为商业要素，从而形成具有生产经营能力的实体。其次，运用商法技术确认商主体资格。商主体资格在我国始于设立登记，终于注销登记。

2. 主观属性：营利性

商主体是市场经营关系中的"人"，不同于生活关系中的"人"，商主体运用资本、精于算计、具有专业的市场判断和风险规避能力。商主体区别于其他主体的特质就是营利性，追逐利润成为商事伦理的核心部分。马克斯·韦伯指出："人竟被赚钱动机所左右，把获利作为人生的最终目的。在经济上获利不再从属于人满足自己物质需要的手段了。"①

3. 法律人格的基础：营业体

传统学说认为，商主体的人格基础为自然人，所以，一般性地称商主体为"商人"。其实，所有商主体的法律人格基础均为组织体(营业体)，在组织体内部，实现了人的要素、财产要素和商业事实要素的结合。不同种类的商主体之间的差别在于组织体的复杂

① [德]马克斯·韦伯：《新教伦理与资本主义精神》，于晓、陈维纲等译，三联书店1987年版，第37页。

程度不同,小商人的营业体组织结构简单,公司的营业体组织结构复杂。个体商人、合伙企业从事简单营业,活动于狭小的市场空间之中,只需将人的要素与简单财产要素进行简单组合;公司活动于大的市场空间之中,从事复杂的营业,对于组织制度的商事功能要求更高。

4. 法律属性:登记

商主体资格是依法定条件和程序分别认定的,具体方式是登记注册。现代国家均实行商事登记制度,如果要从事商业活动,必须向有关商事登记机关提出申请,由登记机关依据法定的条件和法定的程序予以审查,并作出注册或者不注册的决定。登记机关认为符合法定的形式要件与实质要件时,予以注册登记,颁发营业执照。取得营业执照在法律上的效果是获得商主体资格和经营资格,并获得民法上相应的主体资格。

5. 功能属性:具备经营能力

商主体属于商事关系中的行为者,是商事关系中权利义务的实际承担者。商主体具备职业性的市场能力,对于市场风险的识别、规避与承担能力均强于普通人。在市场关系中活动的商主体均被推定为理解和精通市场规则的专业人,在各种营业形式中开展的商事交易多数被简化为依商业程式规则进行的行为。

(三)商主体的制度功能

1. 构建功能

商主体并非自然存在物,而是商事组织技术和法律技术的构造物。首先,构建商主体本身。通过商事组织技术将人的要素和物的要素组织起来,形成具有市场经营能力的营业体,实际参加市场活动。商法对于营业体赋予法律人格,赋权其参加法律关系,享有权利、承担义务。其次,在商主体基础上构建商事法律关系。商主体是商事法律关系中的要素,商事法律关系是主体之间的关系;商主体又是商事行为者,市场交易活动是商主体的活动。最后,商主体构成市场经济的微观基础。市场的结构功能与商主体的结构功能相互适应,互为因果。

2. 市场准入的确认功能

商法通过确认商主体资格规范市场准入,商主体资格的获得必须符合法定的条件,依据法定的程序,由国家权威机关予以分别认定。市场准入功能从反面理解就是确认哪些人不能成为商主体,即市场准入排除功能,包括一般排除、特别排除和惩罚性排除。其一,一般排除是指将没有相应商主体资格或经营资格的主体排除在特定商事活动之外,如禁止没有行医资格者行医。其二,特别排除是指基于公共政策的考虑,禁止具有某类特定身份的人员从事商业活动。在法国,禁止下列人员从事商业活动:(1)司法助理员,诸如公证人、司法文书送达员、拍卖估价员等;(2)律师;(3)指定监护人;(4)会计师;(5)公务员。① 其三,惩罚性排除是指商行为者违背商业伦理道德或者行业规范,被剥夺商主体资格、限制经营资格、永久性或者有期限地市场禁入。作为市场准入功能的补充,惩罚性排除是对于失格商行为者的排除,这种排除从市场角度是一种清理活动,从商行为者角度是一种惩罚。例如,对于造假账的执业会计师实行行业禁入。

3. 市场行为的规范功能

商主体处于市场关系之中,通过经营行为建立商事关系,涉及竞争者、消费者和社会利益,经营行为应当接受商法的相应规范,规范市场经营行为的基本途径之一是规范商主体。首先,规定商主体法定资质。主体资格和经营资格的获得必须符合法定的条件,商法中制度规范必须保障商主体具备经营能力。其次,经营行为是合格商主体的行为。合格商主体是有效经营行为的前提保障,例如,私募基金领域要求的合格投资者。最后,商主体法中规

---

① 参见张民安、龚赛红:《商法总则》,中山大学出版社 2004 年版,第 34~35 页。

定了一些商事活动的法定的程序。商主体的重要商事活动(如股票的发行与交易)也须严格规制,实行法定的程序。

4. 法律适用的确定功能

是否具备商主体资格决定了不同法律规则的选择适用。商事关系中的法律适用往往要面对三种情况:一是商主体之间的交易;二是非商主体之间的交易;三是商主体与非商主体之间的交易。交易行为,如果发生在商主体之间,就应该适用商法。商主体之间的交易,双方法律地位平等、市场能力相当,多适用合同法,注重商事惯例的运用。如果商主体之间能力不相当、法律地位不平等,可能导致反垄断法、中小企业促进法的适用。交易发生在普通人之间就应该适用民法。非商主体之间的交易一般适用民事法律。交易发生在商主体与消费者之间,则对双方分别作出不同的要求,例如,商主体与非商主体在注意义务、赔偿责任等方面存在区别。商主体与非商主体在交易关系中表现为经营者与消费者的关系,对于经营者和消费者在同一种交易关系中适用法律时需要区别对待,法律配置各方的权利义务存在区别,经营者往往要承担更高的注意义务、履行告知义务;而消费者处于受保护地位,享受举证责任倒置、惩罚性赔偿等制度规则的优惠。商主体和非商主体之间的交易关系,可能导致消费者权益保护法、劳动法的适用。

二、商主体的典型形式

不同的商主体形态之间的区别在于:内部的组织结构、外部的市场空间、市场活动范围以及涉及利益相关者的多寡。以商主体的组织形态为标准,将商事主体分为商个人、商事合伙和商事公司。

1. 商个人

商个人,是指具有商事权利能力和商事经营能力,独立从事经营活动,享有商法上的权利、承担商法上的义务的自然人营业体。商个人的人格基础是单独的自然人或者自然家庭结合简单的营业财产、专业技能和营业标志，具备提供简单商品和服务功能的营业体。商个人不能混同于自然人。首先，只有自然人中的完全民事行为能力人才有资格依据法定条件成为商个人，限制民事行为能力和无民事行为能力者不得成为商个人。其次，在商个人制度中，自然人的能力转化为人力资本，结合营业资产（不管多么简单）、营业标记、营业场所等要素共同发挥作用，才能够形成简单的营利功能体，在此基础上得到商法确认，获得主体资格。一般情况下，商个人需要登记获得营业执照，例外情况是小商贩可以豁免登记。商个人的商业信用主要依托自然人本身，个人对经营行为直接承担责任。

2. 商事合伙

商事合伙是指由两个以上合伙人组成的从事生产经营的商事组织。合伙人之间是代理关系，合伙事务的决定多数必须经过全体合伙人一致同意。合伙组织内部的财产属于共有，所有权归属于全体合伙人。合伙企业存续期间，合伙人的出资和所有以合伙企业名义取得的收益均为合伙企业的财产。合伙企业对其债务应先以其全部财产进行清偿，合伙企业财产不足以清偿到期债务的，各合伙人应当承担无限连带清偿责任。商事合伙既然是市场关系和市场活动的参加者，当然应该具有主体资格，法律只有首先确认其主体资格，才能对合伙企业相关的社会关系予以有效调整。

有限合伙企业由普通合伙人和有限合伙人组成，普通合伙人对合伙企业债务承担无限连带责任，有限合伙人以其认缴的出资额为限对合伙企业债务承担责任。有限合伙企业中，企业经营管理权一般由普通合伙人行使，有限合伙人一般不参与经营管理。随着合伙制的律师事务所、会计师事务所等专业服务机构规模扩大，合伙人之间难以相互了解，人合信用难以维持，普通合伙人存在为自己不了解的其他合伙人承担连带责任的风险。有限合伙制可以一定程度上克服这些缺陷,有利于专业服务机构扩大规模。有限合伙企业允许投资者成为有限合伙人,可以调动投资积极性;允许拥有专业知识和技能的人成为普通合伙人,行使经营管理权力并承担无限责任,从而加强了对经营者的约束。在高度依赖经营者才能和需要大量资本投入的股权投资类企业和创业型企业中,有限合伙形式可以结合经营管理方和资金方的优势。

3. 商事公司

商事公司是依照商法设立的以营利为目的的企业法人。它是适应社会化大生产需要而形成的一种企业组织形式,大陆法系认为公司是以营利为目的的社团法人。随着社会的普遍商化,商事公司在社会经济生活中处于支配地位。

公司的种类包括:其一,无限公司。无限公司即无限责任公司,是指全体股东对公司债务承担无限连带清偿责任的公司。最早产生的公司是无限公司,随着股份有限公司和有限责任公司的产生,无限公司的地位迅速下降。其二,两合公司。两合公司是指公司的一部分股东对公司债务承担无限连带责任,另一部分股东对公司债务仅以出资额为限承担有限责任的公司。两合公司是由15世纪出现的康曼达组织演变而来的,康曼达组织发展为两种企业形式:一种是隐名合伙(有限合伙),另一种是两合公司。其三,股份两合公司。股份两合公司是指公司资本划分为等额股份,一部分股东对公司债务承担无限连带责任,另一部分股东对公司债务仅以其持有的股份额为限承担责任的公司。其四,股份有限公司。股份有限公司是指公司资本划分为等额股份,全体股东仅以各自持有的股份额为限对公司债务承担责任的公司。股份有限公司已经成为市场经济国家占统治地位的公司形式。其五,有限责任公司。有限责任公司是指公司全体股东对公司债务仅以各自的出资额为限承担责任的公司。有限责任公司最早产生于19世纪末的德国,它吸收了无限公司、股份有限公司的优点,尤其适用于中小企业。

我国《公司法》第 2 条规定："本法所称公司是指依照本法在中国境内设立的有限责任公司和股份有限公司。"我国《公司法》只规定了两类公司：有限责任公司与股份有限公司。

公司的优点包括：其一，公司股东的有限责任调动了投资者的积极性。股东的有限责任可使其承担的经营风险限定在出资范围内，从而激励投资者的投资积极性。其二，社团性使大规模企业成为可能。公司可以广泛集资，尤其是股份有限公司可以公开招募股份，在社会上广泛集资，兴办大型企业。其三，公司可以实现经营管理的专业化。公司内部的所有权者权益与经营权分离，可以克服投资者管理能力的局限，以便招募专业经营管理者管理公司，提高公司管理水平。其四，公司内部形成有效的治理结构。通过分权制衡原则，发挥分工优势和整体协同优势，获得了强大的生产经营能力。其五，公司是永续性的存在。公司形态克服了投资者自然生命局限，股东个人的死亡和退出不影响公司的正常运营，只要公司能够在市场中有效经营，就能够稳定地存续。

4. 电子商务平台

电子商务平台是通过互联网协助经营者和消费者实现交易的商务平台。电子商务平台经营者是指在电子商务中为交易各方提供网络经营场所、交易撮合、信息发布等服务，支持交易方实现交易活动的商事组织。电子商务平台依托互联网技术整合商业信息流、货物流和资金流，为商家提供网络基础设施、安全保障、行为监管等共享资源，提供信息发布平台、协商平台、支付平台，低成本地展示、宣传或者销售产品和服务。

电子商务平台是实现商业活动数字化、信息化的组织形式，属于新的商主体类型。电子商务平台以营利为目的，通过提供商事服务，收取会员费、竞价排名费、增值服务费、线下服务费等。电子商务平台具备三重身份：其一，基础设施和基础服务提供者。电子商务平台提供网络资源、交易运行、网上支付、安全保障和运行管理,支持 B2B(Business-to-Business)、B2C(Business-to-Customer)、C2C(Consumer-to-Consumer)等商业模式应用。其二,缔约当事人。电子商务平台经营者制定平台服务协议和交易规则,明确进入和退出平台、商品和服务质量保障、消费者权益保护、个人信息保护等方面的权利和义务,平台内经营者接受服务协议和交易规则。其三,电子商务治理者。电子商务平台经营者依法处置平台内的商品或者服务信息存在的违法情形。电子商务平台经营者建立信用评价制度,依据平台服务协议和交易规则对平台内经营者违反法律、法规的行为采取警示、暂停或者终止服务等措施。

电子商务平台具有产品展示、咨询洽谈、网上订购、网上支付、电子账户、意见反馈、交易管理等商务功能。其功能优势包括:其一,实现大规模的商务整合。围绕电子商务平台,整合了从事生产经营的企业群和满足生活需要的消费者群。电子商务平台经营者采取技术措施和其他必要措施保证其网络安全、稳定运行,防范网络违法犯罪活动,有效应对网络安全事件,保障电子商务交易安全。其二,实现商务流程电子化、数字化。以电子流代替实物流,突破时间和空间限制,交易活动可以在任何时间、地点进行。借助互联网的开放性,任何企业均可以低成本地进入全球电子化市场。通过共享信息资源,减少流通环节和人力、物力,降低成本,提高效率。其三,通过交易参与人互动性保障了主动性。通过互联网,经营者与消费者可以直接交流、谈判、签合同,消费者可以反馈意见,经营者根据反馈信息及时完善产品和服务。其四,有效地监管平台内经营者行为。电子商务平台经营者审核平台内经营者的基础信息、资质资格,记录、保存平台上发布的商品和服务信息、交易信息,并确保信息的完整性、保密性、可用性。电子商务平台经营者建立信用评价制度,根据商品或者服务的价格、销量、信用等方式向消费者显示商品或者服务信息。电子商务平台经营者提供知识产权保护，对平台内经营者侵害消费者权益行为依法采取处置措施。

三、商主体法原则

商主体法原则是指商主体关系和活动中必须遵循的基本准则。

1. 商主体法定原则

商主体法定原则指商主体中的基本制度规则需要商法的明文规定，包括商主体类型法定、商主体组织结构法定和商主体公示法定。首先，商主体类型法定。商主体法定原则要求每一种合法的商主体形式必须拥有独立的制定法上的法律依据。一般不允许设立没有法律依据的企业类型，对于一些新兴商事领域出现的新的组织形态（如电子商务平台），立法者宜迅速作出判断，制定相关法律将其确认为新的商主体类型或者明确禁止。在我国，分别制定了《公司法》《合伙企业法》《个人独资企业法》《全民所有制工业企业法》《城镇集体所有制工业企业条例》《乡镇企业法》《个体工商户条例》《电子商务法》等，为公司、合伙、独资企业、国有企业、集体企业、乡镇企业、个体工商户、电子商务平台提供了立法依据。商主体类型法定为市场关系中的经营者提供了确定的主体形态，成为市场参与者的共识基础，并为各方提供确定的预期。其次，商主体组织结构法定。通过商事立法明确规定特定类型商主体内部的组织结构框架、权益结构框架、运行程序规则。最后，公示法定。通过国家司法或行政机构对商主体进行权威登记，并通过企业信用信息系统等官方权威信息平台进行公示，向市场提供商主体的经营信息，帮助交易者作出正确的经营判断，从而保障交易安全。

2. 企业维持原则

企业维持原则指商法应确保企业的存在和发展，防止企业的解散。因为现代社会中的产品和服务均由企业生产和提供，企业提供是人们满足生存发展需要的物质来源。同时，现代社会中大部分人在企业中就业，通过在企业中获得劳动报酬作为收入来源，企业的解散就会导致失业。企业还是政府税收的主要来源，国家财政依赖大量企业的健康存在和正常的生产经营。企业的生产经营能力体现了一个国家的生产力水平，企业的竞争力即国家的竞争力。企业维持原则认为维持企业是符合经济效率要求的，维持一个企业的存在比解散一个企业更有益。企业是将各种生产资源要素按照生产经营需要进行组织安排，从而产生生产经营能力，存续中的企业具有营运价值，其经济价值大于全部组织要素之和。一旦企业解散，则企业营运价值丧失。同时，由于企业内部的各项财产已经在企业的各个生产经营环节实现专用化，丧失了通用性，市场变现能力下降，企业解散会导致各项财产的价值流失。商主体法中贯彻的指导思想是：便利企业的设立、保障企业的健康存在、实现企业的安全运行并对陷入困境的企业优先适用挽救程序。

第三节　商主体的法律人格

商主体具有商法上的人格，即拥有商法上的主体地位。商主体是商业技术和商事法律技术塑造的产物，依据设定的经营范围，组织生产要素，形成营利功能体，并确认营业体为商主体。赋予营业体商法上人格的目的在于便利开展生产经营活动，所以，商主体的法律人格为工具型人格，即为营利工具赋予法律人格。

一、商主体的人格基础

商主体是商品经济关系的成分和产物，在商主体之间产生相关商品经济关系。传统社会中的商主体专指商人，当时社会中的商人是从普通人中分化出来的职业群体。在大陆法系中，商法典通过定义商人来定义商主体。《法国商法典》第 1 条规定：“从事商活动并以其作为经常性职业者，为商人。”《德国商法典》第 1 条第1款规定："在本法典意义上，商人是指商事经营者。"《日本商法典》第4条规定："本法所称商人，指以自己名义，以实施商行为为业者。"随着市场的进一步发展，商人之间开展合作与联合，市场关系中的商主体的形态由商个人为主演变为以企业形态为主。虽然现代商事关系中一般以企业作为商主体的主导形态，但是，由于传统商法文化习惯，商人仍然作为商主体的简称。

商主体的人格基础是组织体①，是具备商事经营能力的营业体。营业体并非自然存在物，而是人为的商业制度设计，营业体构建的必要环节包括：(1)组织生产要素。(2)制定组织规则。(3)选择设置营业所。(4)确定商号。(5)注册登记。(6)积淀商业添附。

人们设计和创造营业体是为了获得生产经营功能，营业体所具有的机能是商主体经营能力的基础，商法对于具有经营能力的商事组织赋予商主体资格。营业体表现为进行营业活动的所有财产以及在营业活动中形成的各种有价值的事实关系总体，可以理解为以商号、营业范围、企业财产和员工等要素组织形成的营利功能体，在营业体的基础上赋予商事法律人格即形成商主体。

二、商主体的经营范围

经营范围是指企业可以从事的生产经营与服务项目，经营范围反映企业业务活动的内容和生产经营方向。商法借助于经营范围来确认企业经营能力，商主体存在的合理性就在于其具备经营范围保障的商事经营能力。

1. 经营范围的商事功能

经营范围涉及四重法律关系：公司自身的构建关系，经营者与股东之间的关系，公司与交易第三人之间的关系，以及公司与协调

---

① 所有商主体均是具有营业功能的组织体，即使是商个人，也不仅仅是单纯的自然人，而是简单的资本、商誉、外部标志、专业技能形成的营业体，发挥提供特定产品和服务的功能。

监管者之间的关系。在这些法律关系中,经营范围具备四种商事功能:

(1)经营范围是商主体确定与营利功能形成的基础。企业都是为特定营业目的而存在的,按照设定的经营范围要求,将财产进行相应的组织化安排,形成营业体和经营机能。特定的经营范围对财产组织设定了特定的要求,预置了特定生产要素的组织结构,形成特定的生产经营机能。例如,以生产轿车为经营范围的公司,需要购置轿车生产线,招募轿车设计师,围绕轿车生产培训工人,在轿车市场中开辟营销渠道,形成轿车生产经营能力。在企业构建过程中,经营范围是企业形成、存在和发展的基础。公司以经营范围规制特定生产要素组织结构,形成特定经营机能。特定经营范围确定特定营业的财产组织结构与功能状态,通过围绕经营范围整合公司所有资源,形成能够提供预定的产品和服务的经营能力并有效地实现投资人目的的公司。

(2)经营范围是股东保护与经营者约束的基本手段。现代公司中的股东不直接参与公司经营,而是聘请有经营能力的人来担任公司董事和经理。同时,经营权行使效果直接关系到股东营利目标的实现。因此,对经营者的监控成为公司治理中的关键。因为经营者是理性人,有追求自我利益最大化的倾向,经营者能力强,更有条件利用职位和知识来追求个人利益的最大化、损害公司利益并妨碍股东利益最大化,这就要求设立一种机制来约束经营者。最基本的约束方法就是在公司章程中规定公司的经营范围,要求经营者按照其事先确定的经营项目行事。经营范围是投资者对经营者监控的基本手段,超越经营范围可以作为股东追究经营者责任的法律依据。

(3)经营范围是对交易相对方保护与限制的基本手段。在经营范围之内,商主体一般可以提供专业水平的产品和服务,经营范围是最基础的品质保证,经营范围是交易者进行识别的第一步,当事人依据经营范围的指导开展交易。公司经营范围具有公示效力,可以简化交易、节约成本。所以,原《民法通则》第 42 条规定:企业法人应当在核准登记的经营范围内从事经营活动。1994 年《公司登记管理条例》第 71 条规定:公司超出核准登记经营范围从事经营活动,由公司登记机关责令改正,并处以 1 万元以上 10 万元以下的罚款,情节严重的,吊销营业执照。[①] 超越公司经营范围的经营活动具有一般违法性。对于普通商事公司的一般项目的交易行为,越围经营不一定无效;对于营业项目关系到重大生命财产安全与社会公共利益且经营范围需要审批的公司,经营范围是一种特别许可与资质认定,越围经营确定无效。

(4)经营范围是对商主体监管的基础依托。通过公司经营范围制度,政府可以对市场的整体状态和发展走向进行规制和预测,采取措施预防,使市场经济能够健康有序地发展。公司经营范围的登记审查为政府提供了监管公司的渠道,有利于国家对经济的监控。对经营范围的登记审查是政府规制经济主体市场准入的基本手段,公司在运营过程中变更经营范围必须进行变更登记,据此,国家可以对进入市场后的商事主体进行监管。基于公共利益与政策倾向,国家会对特定领域的公司作出限制经营、特许经营以及法律、行政法规禁止经营的规定。例如,对于制药等关系社会公共利益和重大人身财产安全的营业项目,其经营范围必须经过有关部门的审批。但是,对于一般商业公司应考虑减少变更经营范围的程序成本,允许公司适应市场变化的需要,由经营者灵活调整经营范围,方便自由投资。《美国示范商业公司法》(Model Business Corporation Act,MBCA)允许公司从事"任何合法经营"(any lawful business),除非公司自己愿意设定限制,否则法律不作强制

---

① 根据 2005 年 12 月 18 日《国务院关于修改〈中华人民共和国公司登记管理条例〉的决定》(国务院令第 451 号),删除了第 71 条。

性规定。①

2. 公司经营范围的规范

法律意义上的公司经营范围最早出现在特许主义下的特许范围,进而发展到核准主义和准则主义下的核准事项与设立条件。在多数国家的公司法中,经营范围均是公司的登记事项。我国在计划经济体制下对经营范围进行严格限制,公司经营所需的灵活性和自主性没有得到应有的重视。在市场经济体制下,准确把握商机是公司生存的重要条件,公司需要适应市场的灵活变化调整业务。虽然《公司法》允许变更经营范围,但必须通过修改公司章程和变更登记来实现,这种严格的程序要求增加了经营成本。普通的商事公司作为私法主体,经营范围的设定和变更是公司自主经营权的应有之义,公司有权根据自身情况和市场动态,自由、灵活地确立、修正自己的经营范围,以实现资源的有效配置,追求利润最大化。

公司经营范围管制的放宽是公司法发展的新趋势。但是,市场主体的经营范围分为一般经营项目和许可经营项目。许可经营项目是指法律、行政法规、国务院决定、地方性法规、自治区级人民政府规章所规定的,应当取得许可证或者其他批准文件方可经营的项目。一般经营项目是指许可经营项目以外的经营项目。市场主体从事一般经营项目,领取营业执照即可开展经营,而从事许可经营项目的,应当在取得许可证或批准文件后方可开展经营。

三、商事人格的性质

商事人格形成的基本逻辑是:只有在营业体的基础上赋予商事法律人格才能形成商主体,即商法将营利工具确认为法律主体,赋予商法上的主体资格。因为商法赋予营业体法律人格的目的在于保障其生产经营功能,以满足人们的商业需要,所以,商事

---

① 《美国示范商业公司法》(MBCA) § 3.01。

人格是工具性人格。市场与市场主体互为基础和手段,商事关系本身是主体之间的关系,商主体本身是市场关系存在和发展的基础。企业法人营业执照具有经营能力和主体资格的双重确认功能,《企业法人登记管理条例施行细则》第 37 条第 1 款规定:登记主管机关核发的《企业法人营业执照》是企业取得法人资格和合法经营权的凭证。登记主管机关核发的《营业执照》是经营单位取得合法经营权的凭证。小商人表现为小商贩、个体工商户、独资企业,其组织结构简单,直接将自身拥有的人力资本与简单的营业资产相结合,结合商号、营业场所等商业要素,形成简单的营业功能体。小商人营业活动的范围有限,影响的利益相对人数量少,在商法上一般只作出简单规定,民法上可以近似地将小商人直接作为自然人对待。合伙在商法上有专门的立法,但是,合伙的组织程度仍然相对简单,投资者与经营者的分工不明显,对应的市场关系简单,合伙企业相对于合伙人只具有相对独立性。法人型企业作为商主体,其人格基础是复杂的组织体,商法运用复杂的立法技术并投入大量的立法资源来规范甚至是构造这种营业功能体。企业制度将诸多主体的利益、多样化的经济资源进行整合,企业拥有比普通人更强的商业能力,可以在巨大的市场空间之中开展大量的商事交易。为了交易的简便易行,商法上确认法人型企业为单一主体。由于企业在市民社会生活中的大量存在,与企业打交道成为人们生活中的日常内容,所以,民法将它看作一个简化了的整体,忽略其内部的复杂结构,将其拟制为"人",称作法人。

第四节　商事权利能力

在商法中,商事权利能力是指商主体依法参加经营活动、享有商事权利和承担商事义务的资格。商事权利能力的特征有:第一,工具性。商主体以营业组织体为其人格基础,商主体是工具性主体,商法赋予其权利能力的要旨在于保障其有效地实现生产经营和营利功能。任何商主体均非依据自然规律产生的,而是制度塑造的产物;在技术层面,商主体不能当然取得商事权利能力,一般需要通过商事登记获得商事权利能力。第二,抽象性。商事权利能力表现为可以享有商事权利的抽象资格,商事权利能力并不是指商主体享有商事权利的具体范围。享有商事权利能力在法律上意味着:进入商法规范领域并享有商主体资格,一般性地享有经营自由、机会平等、基本商业利益保护的资格,归属商事权利、职权、法益、义务、职责、责任的资格,请求公权保护的资格。第三,不可转让性。商事权利能力始于商主体产生、终于商主体消亡,商事权利能力与商主体同在。商主体的商事权利能力可以被剥夺,但商事权利能力不可转让。第四,平等性。商事权利能力是一种资格,是每个商主体平等享有的抽象资格。

商事权利能力是商主体制度的理论支柱,但由于商法理论薄弱,对于商事权利能力这样的基础性问题的研究几乎处于搁置状态,商事权利能力的制度内涵没有得到有效的理论阐述,在涉及商事权利能力问题时往往不恰当地借用民法团体人格理论。正是因为这种缺位状态,一方面导致商法基础理论不能自成体系,另一方面带来民商合一之类的理论误解。商事权利能力有其独立的内在依据和外部相关制度,具备特定的制度功能。

一、商事权利能力的确立依据

商事权利能力是商法中的制度要素,它是技术设计的产物,它拥有应然法上的深层依据,在直接意义上为实定法所确认。

1. 商事权利能力的技术功能依据

商事权利能力是人为的理论和制度设计,是商法技术的产物。一方面,商事权利能力制度功能的形成和实现依赖于相应的商法技术支持;另一方面,只有特有的商法技术才能支持特定的商事权利能力制度功能。

私法上的权利能力理论源于德国民法学说和立法实践。《德国民法典》在创制团体人格时,以“权利能力”这一仅具“私法上的主体资格”含义的概念替代了“人格”的表达,可以同时适用于自然人与法人,从技术上解决了自然人与法人在同一民事主体制度框架下的共存问题,满足了《德国民法典》形式结构的需要。① 权利能力制度在将法人与自然人置于民事主体框架的同时,也提炼了超出众多团体成员的单一法律人格,成功地实现了团体对于自然人的拟制,即团体可以构成区别于且平行于其成员个人的法人。民法上的权利能力理论仅仅是采用民法技术路径,确认了自然人和法人等团体的主体地位和抽象的参与及利益归属资格,并形成民法理论的自洽性。商法学者也引用权利能力理论用于解释商主体资格,但商事权利能力具有特殊的技术功能和技术要求,需要运用商法技术进行适应性改造与重构。

商事权利能力制度的要旨并非保障自然人和法人之间的人格平等,商事权利能力制度的首要目标功能是为各种商事营业体赋予统一抽象的法律资格,以保障其参加各种各样的商事法律关系。在商事权利能力的同一平台上,公司、合伙、独资企业、个体工商户、小商贩等营业体获得商法上统一的主体资格,保障了商法上的自由平等。在商主体法理论逻辑上,商事权利能力制度为各种营利组织赋予相同的主体地位,并在生产经营能力基础上确认商法上的经营能力,以便实现各自的“目的事业”。商事权利能力制度设计遵循“从商事经营资格到商事主体资格,从商事经营能力到商事权利能力”的技术路线。在企业形成和存续过程中,投资人通过发起协议和企业章程设定经营范围,这个贯穿商主体存在始终的经营范围确认了营业体存在的基本目的,预置了机能性的商事经

① 参见尹田:《论法人人格权》,摘自其2004年5月20日在中国政法大学的讲座。

营能力。经过商事登记等法定程序赋予主体资格和权利能力之后，营业体获得法律上的主体地位，能够以自己名义参加商事活动、归属商事权益，成为商事活动中的主体性存在，获得超出具体经营范围的一般性的商事权利能力。有学者认为，在不改变“目的限制条款”的前提下，将“目的限制条款”限于法人从事社会事业方面，而在目的外确认法人具有维持其存在所必要的权利能力，是可行的路子。① 在商法之中，也需要设计一种法律制度来规制商事关系、商事权利的具体范围，表彰不同商主体之间的能力差异，这种制度功能由经营能力制度来承担。商主体基于目的事业、经营范围，经过发起协议、章程、营业执照、商事登记制度进行塑造，形成了经营能力。

2. 商事权利能力的应然依据

维尔纳·弗卢梅认为，权利能力是一个先于法律制度所规定的、以自然法为基础的概念，试图通过自然法的基础避免成文法的改变。② “自然人的主体地位的基础是自然法，任何实证法仅仅能够确认（或者说是体现）这种主体地位，而不能处分自然人主体地位的基础，以防止国家利用实证法来剥夺人的主体地位，从而制造人的不平等状态。”③可见，法学家倾向于为最重要的法律制度寻找应然法依据，以强化基础法律价值、法律资格的确信力。商主体是享有商事权利能力的组织体，虽然其组织化程度不同，但是，无论是最为简单的“小商人”，还是复杂的“公司”，没有一种商主体是纯粹的自然人。在现代社会中，商事关系领域是自然人生活的重要领域，许多自然人通过投资等形式参加经营活动，作为投资者获得经营利润；绝大部分人在商事组织中充当劳动者获得劳动报

---

① 参见柳经纬：《权利能力的若干基本理论问题》，载《比较法研究》2008 年第 1 期。

② 转引自[德]罗尔夫·克尼佩尔：《法律与历史——论〈德国民法典〉的形成与变迁》，朱岩译，法律出版社 2003 年版，第 60 页。

③ 李永军：《论权利能力的本质》，载《比较法研究》2005 年第 2 期。

酬,而所有的人均是商事交易关系中的消费者。毫无疑问,商主体是人们生活交往中常态化的相对方,成为决定人们生存状态的基本存在;商主体是重要的工具性主体,其效用在于为自然人利益服务。那么,商主体的权利能力是否像自然人的权利能力一样存在自然法依据?从现象上看,商事权利能力的有无直接取决于政策性法律文件。例如,我国法律规定国家机关、社会团体、事业单位不得从事经营活动。1998 年中共中央、国务院《关于严禁党政机关和党政干部经商、办企业的决定》规定:"各级党政领导机关特别是经济部门及其领导干部更要正确发挥领导和组织经济建设的职能,坚持政企职责分开、官商分离的原则,发扬清正廉明、公道正派的作风,切实做到一心一意为发展生产服务,为企业和基层服务,为国家的繁荣强盛和人民的富裕幸福服务,绝不允许运用手中的权力,违反党和国家的规定去经营商业,兴办企业,谋取私利,与民相争。"这项规定明确了国家党政机关不具有商事权利能力,不具有从事经营活动的资格。1998 年国务院颁布的《社会团体登记管理条例》第 4 条第 2 款规定:"社会团体不得从事营利性经营活动。"这项规定明确了社会团体不具有商事权利能力,不具有从事经营活动的资格。1998 年国务院颁布的《民办非企业单位登记管理暂行条例》第 4 条第 2 款规定"民办非企业单位不得从事营利性经营活动"。这项规定明确了民办非企业单位不具有商事权利能力,不具有从事经营活动的资格。这些具有实定法性质的政策法律规定的合理性基础在于顺应了应然法的要求。值得注意的问题是:即使没有这些规定,社会同样会依据应然法规则认为国家机关、社会团体、事业单位从事经营活动具有实质违法性。反之,如果实定法规定国家机关、社会团体、事业单位具有商事权利能力,可以参与经营活动,其后果将是违反了应然法,损害公平正义,破坏社会政治经济秩序,这样的实定法就是恶法。可见,作为商主体的一种基本法律资格,商事权利能力同样具有自然法上的依据。

3. 商事权利能力的实定法依据

在现代法治体系中，即使是拥有自然法依据的商事权利能力，也需要得到实证法的确认背书，以进一步明确其法律上的保障力。德国私法学家温德沙伊德认为，人是因为并只有通过法律授予方具有权利能力的。对于所有人的权利能力不存在一个先于法律的、准人类学的论证，权利能力基于实证法。[①] 卡尔·拉伦茨指出，人之成为人以及与此相适应而生的权利能力是由实证法规定的。[②] 同样道理，商主体的商事权利能力需要由实证法规定。依据商法规则，商事人格和商事权利能力直接依据法定的登记程序取得；小商人豁免登记，其商事人格和商事权利能力从经营能力形成或者经营活动开始之时取得。商事权利能力的赋予意味着对其商主体地位的承认，承认其有资格参与商事活动，由此产生的权益关系受到商法规范。对于商事权利能力而言，实定法上的依据至少包含商事法、宪法和民法三个层次上的法律制度。

商事权利能力最直接的实定法依据是商事法律，例如，《公司法》《合伙企业法》《个人独资企业法》直接确认了公司、合伙、个人独资企业的商主体地位，构成了商法中最一般的主体类型。《全民所有制工业企业法》《城镇集体所有制企业条例》《乡村集体所有制企业条例》《个体工商户条例》《中外合资经营企业法》《中外合作经营企业法》《外资企业法》分别确认了国有企业、集体企业、个体工商户、外资企业等不同投资者所创办的商事组织的商主体地位，《证券法》《商业银行法》《保险法》分别确认了证券公司和证券交易所、商业银行、保险公司等具有金融业务经营资格的组织的商主体地位。依据主体法定原则，这些法律文件分别确认了不同类型商主体的商事权利能力。在这些法律文件中，有专门的条文规

---

① 转引自[德]罗尔夫·克尼佩尔：《法律与历史——论〈德国民法典〉的形成与变迁》，朱岩译，法律出版社 2003 年版，第 60 页。

② [德]卡尔·拉伦茨：《德国民法通论》，王晓晔等译，法律出版社 2003 年版，第 121 页。

定主体资格和权利能力。例如,《公司法》第 2 条规定:"本法所称公司是指依照本法在中国境内设立的有限责任公司和股份有限公司。"第 3 条第 1 款规定:"公司是企业法人,有独立的法人财产,享有法人财产权。公司以其全部财产对公司的债务承担责任。"《合伙企业法》第 2 条第 1 款规定,"本法所称合伙企业,是指自然人、法人和其他组织依照本法在中国境内设立的普通合伙企业和有限合伙企业"。《个人独资企业法》第 2 条规定:"本法所称个人独资企业,是指依照本法在中国境内设立,由一个自然人投资,财产为投资人个人所有,投资人以其个人财产对企业债务承担无限责任的经营实体。"

商事权利能力有无宪法依据?有学者认为,宪法上的主体人格无论如何都不能包含团体。① 本书认为,宪法调整公民与国家之间的关系,公民在私法上表现为自然人,宪法上的主体原本是自然人;而商主体均以组织体为其人格基础,均非自然人,宪法原本不直接规范商主体。但是,既然商业生活成为自然人生活的基本面,商主体已经成为现代社会经济生活的基础,那么,工商业社会中的宪法在规范公民与国家之间关系时就无法脱离其经济生活条件,从而使宪法无法避开商主体和商事权利能力问题。同时,在宪法作为根本大法的法律体系之中,商事权利能力只有在宪法上拥有明确的依据,才能更有效地发挥其制度功能。我国现行宪法一般从两个方面确认商事权利能力。一方面,宪法规定了各种经济形式的宪法地位,每种经济形式必然通过相应的商主体形式体现,由此间接确认了各类商主体的宪法地位。《宪法》第 7 条直接规定了国有经济的地位,间接确认了作为国有经济组织形式的国有企业的宪法地位;第 8 条直接规定了集体经济的宪法地位,间接确认了作为集体经济组织形式的集体企业的宪法地位;第 11 条直接规定了非公有制经济的宪法地位,并间接确认了个体企业、私营

---

① 参见李永军:《论权利能力的本质》,载《比较法研究》2005 年第 2 期。

企业组织的宪法地位。① 另一方面,宪法又直接规定了商事企业的宪法地位。《宪法》第 16 条规定:“国有企业在法律规定的范围内有权自主经营。国有企业依照法律规定,通过职工代表大会和其他形式,实行民主管理。”第 17 条规定:“集体经济组织在遵守有关法律的前提下,有独立进行经济活动的自主权。集体经济组织实行民主管理,依照法律规定选举和罢免管理人员,决定经营管理的重大问题。”第 18 条规定:“中华人民共和国允许外国的企业和其他经济组织或者个人依照中华人民共和国法律的规定在中国投资,同中国的企业或者其他经济组织进行各种形式的经济合作。在中国境内的外国企业和其他外国经济组织以及中外合资经营的企业,都必须遵守中华人民共和国的法律。它们的合法的权利和利益受中华人民共和国法律的保护。”可见,现代国家的宪法中的主体地位也包含商事团体的内容,我国《宪法》第 16 条、第 17 条、第 18 条分别规定了国有企业、集体经济组织和外资企业的宪法地位,从宪法上确认了其存在的合法性。

商事关系塑造了小商人、独资企业、合伙企业、公司等商事组织,这些商事组织又在市民社会中积极活动,实际参加民事法律关系,享有权利、承担义务,成为民事法律关系中的当事人,民法需要确认这些商事组织的主体地位。《民法典》第一编第二章自然人

① 《宪法》第 7 条规定:国有经济,即社会主义全民所有制经济,是国民经济中的主导力量。国家保障国有经济的巩固和发展。第 8 条规定:农村集体经济组织实行家庭承包经营为基础、统分结合的双层经营体制。农村中的生产、供销、信用、消费等各种形式的合作经济,是社会主义劳动群众集体所有制经济。参加农村集体经济组织的劳动者,有权在法律规定的范围内经营自留地、自留山、家庭副业和饲养自留畜。城镇中的手工业、工业、建筑业、运输业、商业、服务业等行业的各种形式的合作经济,都是社会主义劳动群众集体所有制经济。国家保护城乡集体经济组织的合法的权利和利益,鼓励、指导和帮助集体经济的发展。第 11 条规定:在法律规定范围内的个体经济、私营经济等非公有制经济,是社会主义市场经济的重要组成部分。国家保护个体经济、私营经济等非公有制经济的合法的权利和利益。国家鼓励、支持和引导非公有制经济的发展,并对非公有制经济依法实行监督和管理。

中的第四节规定了个体工商户和农村承包经营户，第三章法人中的第二节规定了营利法人，第四章规定了非法人组织。民法对于规模较大、组织关系复杂的公司赋予独立的法人资格，确认为法人，作为民事法律关系中的一类基本主体。对于组织结构简单的小商人、独资企业、合伙企业，则不注重其组织性质，而以其中最具有决定性的组织要素——自然人为其规制对象，以商自然人、独资企业业主、合伙企业合伙人为权利、义务、责任的归属对象。但是，在有限责任合伙中，民法已经有限度地承认其组织性，对于其中的部分合伙人有条件地承认其有限责任。这样，商主体的商事权利能力获得了民法上的背书，商主体又获得了民法上的权利能力和主体资格。设立中公司等组织被称为"无权利能力社团"，此时，民法直接以其中的出资人为规制对象。

二、商事权利能力的相关制度

商事权利能力是商主体制度中的基本内容，商事权利能力制度与商事营业体、商事人格、商事经营能力制度相互补充，并与民事权利能力制度相互作用。

1. 商事营业体是商事权利能力的物质性基础

商主体的人格基础是营业体，营业体是具备营业营利机能的商业组织。即使是个体理发师这样的小商人，仍然是一个简单的营业体，同样包含了人力要素、技术要素、资本要素、招牌等市场信息要素，这些要素依据目的事业要求进行组织，形成了能够提供理发服务的营业功能体。营业体中的自然人格者乃是执行营业职能的人力资本要素，这些业务执行人并非实质意义上的自然人。在营业体之中，存在股东、董事、经理、员工等各种身份的参与人，这些自然人已经要素化，作为人力资本在营业组织中发挥功能，自然人的意志能力成为营业体中的机构职能。《德国有限责任公司法》第6条规定："业务执行人只能是无限制行为能力的自然人。"修订前的我国《公司法》第147条规定："无民事行为能力和限制民事行为能力的自然人不得担任公司的董事、监事、经理。”正是按照营业体预设的目的事业，对于人力要素、技术要素、资本要素进行适应性选择和安排，形成能够提供特定产品和服务机能的营业体，并能够通过营业活动实现营利，商法为营业体赋予商法上的主体资格，使其具备商事权利能力，有资格参加商事经营活动，享有商事权益、承担商事义务和责任。营业体拥有商法上的人格，即为商法上的主体。在商事关系领域产生公司、合伙、独资企业等组织形式，商法分别确认了公司、合伙、独资企业形式，成为商法上的主体。

2. 商事经营能力是商事权利能力的合理性基础

商事组织只是人造的营利工具，商事人格至多是一种工具性人格。那么，为什么要赋予商主体以商事权利能力？商法依据何种标准确认营业体的商主体地位？因为商事关系领域本来就是追求商业目的的积极行为领域，商法只能从工具理性出发去设计权利能力，商主体资格的合理性基础在于其具备经营能力。商事经营能力指商主体依法经营特定商事业务的资格，商事经营能力既是营业体的客观机能，又是商法上的资格。经营能力依托于经营范围，我国《公司法》第 12 条规定：“公司的经营范围由公司章程规定，并依法登记。公司可以修改公司章程，改变经营范围，但是应当办理变更登记。公司的经营范围中属于法律、行政法规规定须经批准的项目，应当依法经过批准。”该条规定了经营范围在公司法之中的地位，明确了确认经营范围的法定程序。一般而言，在经营范围内能够提供合格的产品和服务，由此在法律上赋予相应的经营资格才具有合理性。从形式逻辑分析，一般从商事权利能力推演出商事经营能力；但是，从实践逻辑上看，发起人首先通过企业设立活动塑造了客观意义上的经营能力，再获得法律上的认可，即通过商事登记同时确认了商事权利能力和商事经营能力。一般行业的商主体的经营资格无须许可或特许，银行等金融行业与制药、食品等行业的经营资格需要行政许可或特许。只有为能够实际开展生产经营活动、参与商事关系、享有商事权利、承担商事义务的经营实体赋予商事权利能力才有意义。反之，一旦某个商业组织丧失实际的生产经营能力，其拥有的商事权利能力即丧失实际意义。例如，僵尸企业就应该被依法清理。在商主体制度之中，以商事权利能力来保障商主体之间的平等，商法中的小商人、独资企业、合伙、公司的权利能力一律平等；以经营能力来确认主体之间的差异，各种商主体拥有不同的经营资格。

3. 商事人格是商事权利能力的伦理拓展

人格制度与权利能力制度的功能均在于表彰私法上的主体地位，两者在不同层面上负载了主体地位的法律要求。《德国民法典》第1条规定："人的权利能力自出生完成之时开始。"有学者指出："在自然人的人格和权利能力上，概念近乎重叠，但是，在法人概念中却远非如此。"[①]罗马法人格理论最重要的特征就是人与人格的分离，这种分离促成了团体人格观念。既然生物意义上的人不一定是法律意义上的人；反之，法律意义上的人也可以不是生物意义上的人。[②] 与承认自然人人格是基于伦理性所不同的是，法人人格的确立完全是基于工具性的，即为了充分保护自然人利益所作的人格扩展。有学者指出："个人人格既是手段又是目的，而法人人格仅具有手段的意义。"[③]如果站在以自然人为中心的立场上看，这种观点能够成立。如果从商事社会实践和商事法律实践需要出发，站在法人本身的立场上看，法人同样是法律所保障的对象，是法律利益的归属主体，赋予其人格是为了更好地实现法人在法律上的存在。所以，在这个层面上，法人人格同样具有商事伦理价值，法人人格同样既是手段又是目的。商主体作为主体时，在直

---

① 江平主编：《法人制度论》，中国政法大学出版社1994年版，第2页。

② 参见尹田：《论法人的权利能力》，载《法制与社会发展》2003年第1期。

③ 董学立：《法人人格与有限责任》，载《现代法学》2001年第5期。

接意义上以人格标志其法律上的最高、最基础的生存价值,这就是商事人格的伦理价值,至少是商事伦理价值。商主体基于自身的功用而应该享有特定的权利,在私法中获得主体人格地位。其实,无论是自然人还是法人的人格均不存在天然的平等与不平等,平等人格和不平等人格均是法律确认的结果。所以,商主体人格是否平等的依据并不在于商主体人格的自身性质,而在于法律制度设计的价值选择。在现代法治之中,商主体人格平等具有基础意义。

4. 企业民事权利能力是商事权利能力在市民社会中的制度延伸

各类商主体在民事法律中表现为营利法人、特别法人、非法人组织、个体工商户、农村承包经营户,在我国民法中确认了相应的民事主体资格和民事权利能力,这样,商事权利能力因获得了民事权利能力的背书而进一步强化。在民法技术中,以抽象平等的权利能力来规范主体之间的同一性,保障主体之间的形式平等;以行为能力制度来规范主体之间的差异,以实现实质平等。民法理论坚持用自然人的视角对商主体进行选择性赋予权利能力,对独资企业、合伙企业仍然抓住其中的自然人人格,而不注重其组织体性质。在自然人成员较多的组织体之中,为了实现交易效率,赋予其独立的法人资格,将企业拟制为人,成为法人。正是因为商主体在市民社会生活中的强势存在和发展,提出相应的民事主体法律地位的要求,民法理论作出回应,创造出民事权利能力理论,在民事立法中设计权利能力制度,将自然人和团体同样归属于民事主体。有学者认为:"法人的权利能力范围因其自身地位和社会职能的不同而各自有异……团体人格的出现就是以其人格不平等为前提,所以,其权利能力范围也是不平等的。"[①]笔者认为,因为不同的商主体是针对不同的商事功能而设计的,商主体的社会功用存

① 江平主编:《法人制度论》,中国政法大学出版社1994年版,第22~23页。

在多样性，由此产生分殊化的经营能力，所以，立法者需要基于社会政策确认不同的经营资格。同时，基于市场秩序考虑，也需要针对特定价值目标对每个商主体的市场活动空间进行限制，这种限制在商法上的实现方式是通过经营范围技术确认商主体的经营能力边界。但是，所有的商主体共处于商事关系之中，需要无差别的、一般的、抽象的主体资格和权利能力，商事权利能力具有一致性，以表彰商法上的主体平等。

三、商事权利能力的制度功能

制度追求效用，商事权利能力具有特定的制度功能，这些制度功能具体包括：

（一）确认商主体地位

规制主体地位的传统法律制度是人格，人格指在法律上被当作"人"对待的资格。法律依据特定条件（规格）来确认法律上的人，赋予主体资格。1794年《普鲁士一般邦法》第一编第一部第1条规定："人在市民社会中只要享有一定权利，便被称为法律人格。"在现代民法中，权利能力与主体资格具有对应性，有权利能力即有主体资格。多数民法学者认为权利能力和人格的基本含义应该是相同的。[①] 也有学者进一步区分人格和权利能力，"人格是指可以成为民事权利主体的资格，而权利能力则是指可以享有民事权利并承担民事义务的资格。前者是主体的资格，后者是享有权利的资格。前者指条件，即具备了什么条件才能成为主体，后者指范围，即民事主体可以享有的权利范围。前者指前提，使主体可以享有权利的前提，后者指内涵，使主体可以享有权利的内涵。"[②]在自然人领域，人格与权利能力在基本属性上是相同的，即具有抽象

---

① 参见梁慧星：《民法总论》，法律出版社1996年版，第49页；史尚宽：《民法总论》，中国政法大学出版社2000年版，第7页。

② 江平主编：《法人制度论》，中国政法大学出版社1994年版，第3页。

性,是确立民事主体资格的制度工具。《奥地利民法典》第 16 条规定:"任何人生来就因理性而获有明确的天赋的权利,故得作为自发的人格而被看待。"第 18 条规定:"任何人都具有在法定条件下取得权利的能力。"可见,在近代法律面前人人平等的理念之下,法律人格和权利能力均具有保障基础性平等的内涵。

商法对于市场关系的规范以确认商主体资格为开始,商法中的主体资格既需要商事人格保证,也需要商事权利能力保证。在权利能力理论出现以后,权利能力制度就作为界定商主体资格的重要制度。商事权利能力与商主体地位联系密切,商事权利能力为商事主体人格填充了参与法律关系、享有权利、承担义务的具体内涵。如果没有商事权利能力,那么,赋予商事主体人格没有实际意义。商主体资格源于商事法律的确认,传统学说认为,商主体的人格基础为自然人,所以,一般称商主体为"商人"。现代商法学已经认识到商主体的人格基础为组织体,商主体不宜再称为"商人"。现代商法上的商主体资格一般通过权威机构依法定条件与登记程序予以个别认定,小商人可以被认为是豁免登记。在商法领域,基于"人权""平等"等近现代法治原则,依法成立的商主体均具有商事人格和商事权利能力,商主体基于成立的法律事实产生了获得商事主体资格的法律效果。同时,商事权利能力一律平等,因为在商业社会之中,商主体的基本法律需要相同,均需要享有依法参加各种商事法律关系的资格。其具体的经营范围需要由商主体成立之时确定的目的事业来规范,通过登记的经营范围和营业执照来确认经营资格。商主体的营利性营业活动使普遍意义上的交易与商品交换更具有职业性特征,对商主体资格和商行为范围的规定,更使商主体具有了法律上的确定性、规范性和实用性。①

---

① 参见李功国:《商人精神与商法》,载王保树主编:《商事法论集》(第 2 卷),法律出版社 1997 年版,第 10 页。

（二）彰显商事合法性

虽然在微观方面，商主体的生产经营活动直接依据是"实现其目的事业所必要之事项"，但是，在一般商事关系领域，商事主体需要拥有一般资格和各种合法行为的可能性，将商主体的权利能力扩大到"目的事业范围之外"是必要的，商主体基于商业生存而需要拥有抽象的、弹性的、开放性的法律可能性，此种权利能力相当于自然人基于其生存而必须具备的权利能力。商事权利能力是商法上的一种资格，拥有商事权利能力意味着主体有资格参与商事法律关系、开展营利性的经营活动。具有商事权利能力即显示：其一，存在的合法性。在现代商法中，商主体资格与商事权利能力可以相互印证，有商事权利能力意味着拥有商主体资格，有商主体资格意味着拥有商事权利能力，拥有商事权利能力意味着主体在商事关系中的合法存在。例如，没有商事权利能力的传销组织、贩毒组织均为非法组织。其二，利益归属的合法性。商事权利能力是商法上的利益归属资格。德国学者卡尔·拉伦茨认为，确定某人具有权利主体资格，意味着将通过行使权利所获得的利益归属于权利主体。[①] 商事权利能力是指商事主体享有商事权利、职权和法益的资格，也是商事义务、职责和责任等不利益的归属资格。其三，经营的一般合法性。在商事活动层面上，商事权利能力从正面表现为经营自由，赋予商主体合法经营的一般性资格；从反面表现为经营限制，国家机关、社会团体在市场中的营利性经营活动均不具备合法性。

（三）判断经营活动的法律效力

我国商事登记的效力在于同时赋予商事主体资格和经营资格，依法取得营业执照既可以确认商事权利能力，又可以确认商事

① 参见[德]迪特尔·梅迪库斯：《德国民法总论》，邵建东译，法律出版社2000年版，第782页。

经营能力。商事权利能力和经营能力在不同层次上规范了经营活动的法律效力，权利能力在广泛的范围中确认了经营活动的合法性，例如，法院不得经商，其直接原因在于其没有商事权利能力，其经营活动构成非法经营。经营能力（资格）则在更具体的意义上确认了经营的合法性。例如，普通企业之间的借贷活动，由于没有金融业经营资格，即构成非法经营。《日本民法典》第 43 条规定："法人依法令规定，于章程或捐助章程所定目的范围内，享有权利，负担义务。"我国原《民法通则》第 42 条规定："企业法人应当在核准登记的经营范围内从事经营。"此条对于经营资格作出了规定。依据商法逻辑，商事秩序安排的基本手段是通过经营范围确认经营资格，以经营资格的有无作为直接标准来判断具体经营活动的法律效力。法人所为的非法行为并非在其目的范围之内，此种情形之中并无经营资格，但是，不能就此否定其行为时具有权利能力，从而否定其作为归责主体。

（四）据以适用商事法律规则

商事权利能力指商主体作为商事法律关系主体的能力，拥有商事权利能力意味着可以与普通人适用不同的法律规则，在法律上享有生产经营的特权、承担更严格的注意义务。例如，在保管行为之中，如果是有偿的商业保管业务，保管人的责任远远重于无偿的民事保管人的责任。如果甲公司将货物存储于乙仓储保管公司之中被盗，乙公司一般需要承担赔偿责任。如果丙拾得丁的遗失物，丙出招领通告后将遗失物锁于抽屉中被盗，丙一般无须对失主丁承担赔偿责任。在有些相同的情形中，因商主体身份导致适用不同的法律规则。例如，王海打假系列案件中，开始王海以个人身份购买假货请求双倍赔偿，法院依据《消费者权益保护法》予以支持；后王海成立打假公司获得商主体身份，再买假货索取双倍赔偿时，法院不再支持其请求，而是依据《合同法》支持退货或者补齐差价。合同关系之中，需要考虑属于民事合同还是商事合同，民事合同中的当事人可以充分协商,商事合同中则以标准合同为主要形式。代理需要考虑是民事代理还是商事代理,在报酬约定不明时,民事代理推定为无偿,而商事代理推定为有偿。在借贷关系之中,需要考虑是民事借贷还是商事借贷,在双方未作出特别约定时,民事借贷为无息,商事借贷为有息。

四、商事权利能力的功能边界

商事权利能力的作用首先在于区分商主体与非商主体,拥有商事权利能力则有资格参与商事经营活动,享有商事权利、承担商事义务,不具有商事权利能力则不具有经营商业的一般资格,不得开展生产经营活动。在商主体之间,商事权利能力并不具备区分功能,商主体之间的区分功能通过经营能力制度实现。

(一)商事权利能力的内外区分功能

商事权利能力制度既具有确认主体资格的制度功能,又具有安排市场秩序的功能,通过划定外部边界形成差序结构,以防止商事主体与非商事主体之间的错位。这种功能将商主体与民事主体、行政主体进行了权能和功能区分,以实现宏观法律秩序。商事权利能力的外部边界在于区分商主体与非商主体,具有商事权利能力即为商主体,商主体在商事关系之中具有享有权利、承担义务的资格。反之,如果不具有商事权利能力,就不具有商事主体资格,不得从事商事经营活动,也不能归属商事权利义务,不能获得商事法律的保护,只能承担惩罚性的法律责任。我国《民法典》第一编总则中将法人分为“营利法人”与“非营利法人”,第 76 条规定,“以取得利润并分配给股东等出资人为目的成立的法人,为营利法人。营利法人包括有限责任公司、股份有限公司和其他企业法人等”。第 87 条规定,“为公益目的或者其他非营利目的成立,不向出资人、设立人或者会员分配所取得利润的法人,为非营利法人。非营利法人包括事业单位、社会团体、基金会、社会服务机构等”。

（二）商事权利能力内容的抽象一致性

如果将权利能力理解为法律地位或者资格，那么，自然人之间、法人之间、自然人与法人之间均不存在区别。因为每个法律上的人归根结底是一个法人，因此，自然人与法人人格化的基础在原则上是相同的。[①] 有学者认为，德国民法典在创设团体人格时，避开了“人格”概念中所包含的伦理属性，以“权利能力”这一仅具有私法主体资格含义的概念替换了人格的表达，使权利能力明确地“从伦理的人格中解放出来”，可以同时适用于自然人与法人。[②] 即权利能力制度的功能在于将自然人和法人放到“民事主体”这样一个共同性质的平台上提供统一性的规范和保护。权利能力只是有无的问题，而不存在范围的问题，由此得出法人的权利能力不存在限制与范围的问题。[③] 权利能力不因为人格基础的不同而不同，对于既存的主体而言，不存在权利能力的限制和范围问题。

商主体是组织体，作为其人格基础的组织体并非像自然人生命体那样基于自然规律而产生，而是人们运用组织技术，将人、财、物、程序规则等要素集合在一起，形成具备某些社会功能的组织体。在此基础上再运用民法、商法技术赋予民事和商事权利能力，确认民法和商法上的人格，其人格确立基于工具性价值。商事权利能力制度设计的基本功能在于确认各类营业体的商主体地位，提供参与商事活动的一般资格。近代以来，私法上的权利能力蕴涵着人人平等的理念，这种抽象一致性有效地体现了商主体之间的平等。在商法之中，因为对应着抽象的主体地位，所以，商事权利能力一律平等。各类商主体权利能力平等，在内容上具有抽

---

① 参见［奥］凯尔森：《法与国家的一般理论》，沈宗灵译，中国大百科全书出版社1996年版，第109~111页。

② 参见尹田：《论法人人格权》，摘自其2004年5月20日在中国政法大学的讲座。

③ 参见尹田：《论法人的权利能力》，载《法制与社会发展》2003年第1期；梅夏鹰：《民事权利能力、人格与人格权》，载《法律科学》1999年第1期。

象一致性;如果将其内容具体化,也只能表现为所有商事主体均能够平等地享有基本权利和基本利益。例如,商主体的合法地位、经营自由、企业自治、合法权益受到平等保护。

(三)营业主体性质不影响商事权利能力范围

有学者对比法人与自然人之间的差异,得出法人的权利能力是受限制的结论。① 有学者认为,"各个法人设立的目的、任务不同,业务经营范围不同,决定了其权利能力的大小和范围不同"。② 本书认为,这种结论没有妥当解释法人与自然人差异的制度内涵,违背了创造权利能力制度的初衷。每个法人均为特定目的而存在,这种个性化差异在法律上表现为相应的限制,问题在于这种限制是否属于权利能力限制?法人是诸多商主体在民法理论中的概括,讲清这种限制的性质须回到商法理论之中。无论商个人、商事合伙还是商事公司,其需要享有或实际享有的商事权利的范围均受其自身性质的限制,商主体的权利需要受到设立目的的限制;如果商主体在其存续过程中,变更其目的(经营范围),那么,其实际权利需要会随之发生变化。这些差异在商主体法理论之中如何解释?每一个商主体都是独一无二的,按照既定的目的事业设计创造,参加特定领域的生产经营活动,法律赋予每个商主体不同的经营资格以表彰差异性诉求。这种具体范围的限制不能通过权利能力的限制实现,否则,会导致每一个商主体均拥有一个特别的权利能力。《德国民法典》第一草案说明书认为,不论现实中的人的个性与意志,承认其权利能力是理性和伦理的一个戒律。③ 学者尹田认为,权利能力所指仅为享有法律允许享有的一切权利(权利之总和)的资格,正是在此意义上,权利能力与法律人格被视为等同。

---

① 参见史尚宽:《民法总论》,中国政法大学出版社 2000 年版,第 152 页;魏振瀛主编:《民法》,北京大学出版社、高等教育出版社 2000 年版,第 80~81 页。

② 李由义主编:《民法学》,北京大学出版社 1988 年版,第 91 页。

③ [德]卡尔·拉伦茨:《德国民法总论》,王晓晔等译,法律出版社 2003 年版,第 121 页。

而享有某种特定的具体权利的资格之有无,则与人格之有无毫无关系。[①] 商事权利能力具有抽象性,发挥确保主体平等性的功能。一旦获得主体资格,就成为一般商事关系中的当事人和商事活动中的行为者,成为所有的商事权利、职权、职责、义务和责任的归属对象。商主体具有明确的商事利益、强烈的经营意志,通过机关开展经营活动,参加商事关系,享有商事权利、职权,承受职责、义务和责任,这些一般性法律诉求表现为拥有同质的商事权利能力。

(四)商主体的目的范围不构成商事权利能力的范围限制

现代商主体以企业为主导形式,企业的形成过程就是依据目的事业塑造营业体的过程,目的事业在企业章程和商事登记中表现为经营范围。其实,任何商主体都是人们基于特定营利目的而设立的,商主体中成员利益通过商主体的目的事业实现才能满足。立法上要求商主体在目的范围内的经营符合商主体本身的性质,这也是保护经济秩序和公共利益的一般性措施。相反,超出经营范围的商业活动本身就具有抽象的一般违法性。英国在公司法领域最早确定“越权无效”原则,公司的行为超越其目的范围为无效的越权行为。关于法人的目的范围限制的性质存在四种学说:权利能力限制说、行为能力限制说、代表权限制说和内部责任限制说。[②] 权利能力限制说认为法人的目的范围限制属于对法人权利能力的限制,目的范围外无权利能力。德国早期有学说认为自然人是“无特定目的的存在体”,而法人是用于追寻章程所规定的目的的存在物。法人在目的范围内视为有权利能力,由其承受法律关系;在目的范围以外视为无法律上的存在,不承受法律关系,由具体行为人承受。[③] 这种学说存在重大缺陷,德国民法中现在基本

① 参见尹田:《论自然人的法律人格与权利能力》,载《法制与社会发展》2002 年第 1 期。

② 参见梁慧星:《民法总论》,法律出版社 1996 年版,第 128 页。

③ 参见黄立:《民法总则》,台北,三民书局 1994 年版,第 132 页。

上否定了该说。德国学者认为法人的权利能力是否受目的的限制不能单纯从设立人的利益来判断，而是要考虑更加复杂的社会交往关系中的各方面关系主体的利益平衡问题。[①] 我国学者认为，权利能力限制说不仅会导致法人目的外行为一律无效的结果，而且认定法人目的范围内有人格而于目的外却无人格，从而违背了人格法理。[②] 在代表权限制说和内部责任限制说之中，认为法人目的范围限制不是对于主体能力的限制，超越法人目的范围只能成为追究内部责任的依据。我国《民法典》第504条规定："法人的法定代表人或者非法人组织的负责人超越权限订立的合同，除相对人知道或者应当知道其超越权限外，该代表行为有效，订立的合同对法人或者非法人组织发生效力。"此处适用表见代表行为制度规则。行为能力限制说认为法人的目的范围限制是对法人行为能力的限制。问题是只有在自然人主体制度中才能存在行为能力制度，这种观点在纯粹的民事关系领域才能成立。本书提出经营能力限制说。商事关系领域的实际行为者均是具有组织性质的营业体，与自然人主体行为能力制度发挥相类似功能的制度是经营能力制度，经营能力从组织体本身观察是目的范围问题，从法律规制视角看为经营资格问题。商事权利能力承担确立商主体平等性的功能，商事经营能力承担区分各种团体不同的民事活动空间的功能。所以，商主体的目的范围限制属于经营能力的限制。

我国司法实践曾经非常强调公司经营范围的限制，将公司超越经营范围的行为统统认定为无效。这种做法的问题在于：严格的越权无效原则主要体现了投资者的利益，没有考虑市场秩序、效率和交易安全。1999年12月29日实施的最高人民法院《关于适用〈中华人民共和国合同法〉若干问题的解释（一）》第10条规定：

---

① 参见龙卫球：《民法总论》（第2版），中国法制出版社2002年版，第350页。

② 参见尹田：《民事主体理论与立法研究》，法律出版社2003年版，第193页。

“当事人超越经营范围订立合同，人民法院不因此认定合同无效。但违反国家限制经营、特许经营以及法律、行政法规禁止经营规定的除外。”这个合同法上的司法解释带来“经营范围”条款在企业法上的地位和价值的问题。有学者注意到我国原来在计划经济下过分强调企业法人的目的限制的弊端，引述国外的司法实践主张取消法人的目的范围的限制。[①] 其实，法人目的范围的限制是法人等商主体的内在要素，至于在法律上进行何种程度的限制，完全是一个法律价值判断问题。日本民法理论对于公益法人与营利法人的目的范围的法律效果进行有差别的解释，前者解释得较为严格，后者较为缓和。[②] 本书认为，目的范围限制是商主体制度的基础性制度，目的事业本身具有不可替代的功能，不可一般性地提倡取消法人的目的范围限制，对于目的事业限制只能在合理限度内突破。

第五节　商事经营能力

商主体以组织体为人格基础，不能以民事行为能力一般标准即年龄和智力状况进行考量；商主体通过企业机关形成、表达和执行意思，也不存在完全行为能力、限制行为能力和无行为能力之分。如果将商主体看作不包含内部结构的抽象人，可以使用商行为概念。商行为以营利为目的，是营业活动中的行为，即在一段时期内连续不断地从事某种同一性质营利活动的职业性行为。准确地说，商行为是一种经营行为，商主体参加商事法律关系时进行经

---

① 参见许明月：《企业法人目的范围外行为研究》，载梁慧星主编：《民商法论丛》（第6卷），法律出版社1997年版。

② 参见刘得宽：《民法诸问题与新展望》，中国政法大学出版社2002年版，第503页。

营判断、决策,所承担的权利义务包含较高的专业要求。如果放到民事关系中考察,经营行为属于复杂行为,对于主体的意志能力水平要求高,必须以完全民事行为能力人为起点,限制民事行为能力人和无民事行为能力人被排除在外。商主体是具有专业知识和技能的精明人,其识别水平高于一般的完全民事行为能力人。经营行为处于社会化运作的商事关系之中,依托具体的商事交易制度框架,其中的意思表示需要结合既定的商事交易制度发挥作用,在制度设计过程中将所要求的意志因素标准化,只有在制度系统环境中才能理解其意义。经营行为的法律效果是行为人意志与商事制度功能结合的产物,某一单独行为往往会引起一连串的法律效果。由于经营行为强力影响社会生活和市场秩序,法律需要设置诸多强行性规范来保证商主体具备相应的经营资质,构建商事活动的基本规则和市场秩序的基础条件。由于市场秩序和交易安全需要,商事法律关系中不容许无民事行为能力和限制民事行为能力现象存在。例如,我国《深圳经济特区商事条例》[①]第7条规定,未满16周岁的未成年人不得设立商人,不得从事商行为。未成年人以及其他不具有完全民事行为能力的人不得成为合伙人。为了保障公司的稳定性,一些国家的商法规定,即使出现股东行为能力不足,也强行推定为具有完全民事行为能力。例如,法国1966年7月24日公布的《商事公司法》第360条规定,有限责任公司或者(可以发行股票的)股份制公司不会因为某一股东无能力而无效。[②] 正因为商主体理所当然地都是完全民事行为能力人,所以,行为能力制度在商事法律关系中丧失了区分不同主体之间识别能力差异的功能,用行为能力标准无法区分商主体行为的

---

① 2013年12月25日深圳市第五届人民代表大会常务委员会第二十六次会议通过的《深圳市人民代表大会常务委员会关于废止〈深圳经济特区条例〉的决定》,决定废止《深圳经济特区商事条例》,决定自通过之日起生效。

② 参见[法]伊夫·居荣:《法国商法》,罗结珍、赵海峰译,法律出版社2004年版,第6页。

不同法律效果。

经营能力就是商主体可以依法为何种经营行为的资格。一个具体的商事行为能否发生当事人预期的法律效果,需要依据当事人是否具备经营能力进行判断。商主体之间所存在的差异是经营能力的差异,据以判断商主体行为不同法律效果的依据是商主体所具有的不同经营能力。

一、经营能力的形成

经营能力是营业体的机能,随着营业体的形成而产生。观念中的经营能力规制营业体塑造过程,又通过所塑造的营业体为载体而实在化,商法在此基础上将其确认为一种法律资格。

(一)观念中的经营能力预置了营业体的功能

观念中的经营能力存在于企业创造者意识之中,控制和引导企业的设立行为,人们按照预定的功能目标塑造特定的营业体以形成特定经营能力。特定经营能力是营业体所包含的要素禀赋、组织结构、运行机制整合形成的机能,经营能力随着营业体的产生而产生,是营业体的机能和效用。营业体从无到有,从观念到实体,在营业体形成过程中,人们所预设的经营能力的作用类似于自然人孕育过程中遗传基因所发挥的作用。

(二)营业体的产生实现了经营能力的实在化

营业体是经营能力的载体,营业体的设立过程实现经营能力的实在化。例如,一个人要成为经营理发业务的个体工商户,其要学习和掌握理发技术,将自己按照营业需要进行专业化塑造,以形成营业体所需要的人力资本;购置理发工具和设施,对营业场所进行针对性改造和布局,以适应开展理发服务;设置营业标记,发布营业广告,将营业信息传播给潜在的交易对象;招募帮工人员,并进行分工安排,以实现营业运作。经过这样一系列的组织活动而形成的营业体具有了提供理发服务的经营能力。

（三）法律确认使经营能力成为法律资格

经营能力是商法赋予的一种资格，这种资格既是对商事主体自身能力的确认，又是对交易安全和社会经济秩序的保障。在常态商事关系中，企业只有在具备经营能力的基础上才能享有经营自由。合格的产品和服务依赖于专业的经营能力作为保障，在经营范围之内，企业一般能够提供符合专业标准的产品或者服务；消费者依据登记的经营范围就可以获得基本的决策信息，进行基本的判断，依据经营范围进行的交易活动能够获得基本的安全保证。一般而言，企业提供的产品和服务如果涉及重大生命财产安全，需要设置严格的设立条件，以确保其具备经营能力；对于不涉及重大生命财产安全的领域，法律对经营能力的管制较松，容许当事人通过合同约定产品和服务的质量，如果达不到约定标准，则承担违约责任。经营能力的法律状态本应该与客观状态一致，客观上具有经营能力就应该认定为法律上具备经营能力；客观上不具备经营能力就应该认定为法律上无经营能力。如果客观上具有提供产品和服务的经营能力，但在法律上得不到认可，此时，在法律意义上属于无经营能力。例如，“地下钱庄”具有融通资金的客观经营能力，但得不到法律认可，在法律上仍属于无经营能力。相反，在准则主义的登记制度下，营业执照上所公示的法律上的经营能力并不一定与客观经营能力相一致，所谓的“皮包公司”就不具备相应的客观经营能力。

二、功能意义上的经营能力形成

功能意义上的经营能力指商主体向社会提供特定产品或服务的客观能力。静态表现为营业体机能，即供营业活动之用的有组织的财产以及相关事实关系的总体所包含的经营能力；动态表现为开展某类营业活动的能力，即能够以营利为目的而连续、有计划地进行同种类活动的能力。

(一)企业设立活动塑造了功能意义上的经营能力

企业设立是通过一系列的行为,形成一系列的关系,将人的要素、物的要素、规则要素等各种生产要素依据技术规则和组织规则进行安排,形成具备生产经营能力的营业体,通过塑造有形的营业体来塑造经营能力。不同设立活动形成不同的经营能力,不同的经营能力赋予了不同的企业个性,具有相似经营能力的企业形成同一个行业。

经营能力的塑造以现有科学技术和组织技术为基础,科学技术和组织技术需要通过企业经营能力为中介转化为产品和服务。一种新的技术出现后,通过转化为企业的经营能力,才能造就一类具备新功能的企业和提供新的产品和服务的行业。例如,爱迪生发明了电灯,在此基础上进行产业化设计,产生电灯企业,形成了照明产业。近代以来,科学技术、组织技术进步与资本大量集中使商主体有条件塑造更为复杂的经营能力,公司就是在这样的条件下发展成熟的。商主体以提供特定产品或者服务为职业,不同商主体之间的区别在于所提供的商品和服务之间的差异。商品和服务是经营能力的物化形式,商品和服务多样化背后是经营能力的多样化,市场经济不断发展完善,产品与服务的专业化分工越来越细,经营能力的种类越来越多样化。不同的经营能力形成行业分类的基础。依据经营能力的种类不同,企业首先可以横向区分为不同的行业,如钢铁、汽车、电力、电信等行业。依据经营能力水平不同,在同一行业的企业中,可以从纵向划分为不同等级,例如,公路工程施工总承包企业资质分为特级、一级、二级、三级。

(二)经营范围对于经营能力的框定

经营范围是公司经营能力的外部表示,可以确定法人机关的对外代表权范围,也是公司对于交易对象和国家管理机关的一种制度化的承诺,公司经营范围的登记是对公司经营能力的制度性确认,公司经营范围一般是绝对必要登记事项,具有公示效力,可以简化交易、节约成本，避免了第三人因为公司超范围经营而遭受损失。

每个公司的经营范围都对财产组织设定了相应要求，公司以经营范围规制特定生产要素组织结构，进而确定营业体的特定经营机能。不同目的的公司，其经营条件要求不同，投资者按照预设的经营范围，事先对公司财产进行规划；在经营范围确定之后，围绕这个经营范围组建公司，配备相应的人力、物力和财力。公司借助经营范围选定了集中财力的项目，框定生产要素组织结构，通过形成不同内部结构的营业体来形成特定的经营能力。

商主体的经营范围一般与经营能力相一致，在特殊情形中，也会出现经营范围内部不具有实际经营能力或实际经营能力超出经营范围的情况。法律对于公司设立过程控制的目的在于防止出现不具有实际经营能力的情形。在经营范围内部不具有实际经营能力具有欺诈性质，影响交易相对人的判断并扰乱市场秩序，可能导致吊销其营业执照。法律对于公司的超范围经营行为持一般性否定态度。现代合同法中存在一种趋势：普通商事公司在一般项目方面的交易超越经营范围时，并不一概认为合同无效，而是让公司承担合同责任，让善意第三人依据自身利益做出选择。但是，对于关系重大生命财产安全与社会公共利益的营业项目，经营范围是需要经过审批的特别许可，超越经营范围的合同无效。

(三)生产要素的适应性安排使经营能力特定化

经营能力是营业体的机能。在营业体中，无论是有形的还是无形的资产要素，均依据形成营业机能的需要进行选择和安排，在这种精心安排的组织化财产中，各种生产要素的特定禀赋与组织结构功能和运行机制协同发挥作用。首先，有形要素依据预设的经营能力进行选择并作出相应安排。有形要素包括经营场地、机器设备、器材、原材料等。例如，要建立钢铁公司，就会选择生产场所，建立炼钢高炉及其辅助设施，购买矿石、焦煤、电力等材料，这些要素依据组织需要进行安排构成营业体的刚性结构。其次，无形要素的选择与安排。包括专利、商标、专有技术等工业产权，租赁权，商事名称、营业活动积累起来的各种事实关系[①]。这些无形要素的选择与安排同样服务于形成特定经营能力。再次，是人力资源的选择与安排。包括各个生产岗位上需要的劳动者和经营管理者。例如，钢铁企业会选择和培养具有炼钢技术的工人和冶炼工程师，雇佣具有钢铁行业生产经营管理经验的经理人员。最后，经营能力还依赖于企业外部要素的选择、安排。包括外部标识、招牌、办公电话、网址、广告信息和代表机构。

（四）企业机关职能使经营能力获得载体

经营能力依附于企业机关，经营意思形成、表达与执行通过相关机关来实现。机关能力由担任这些机关成员的个人能力转化而来，组成人员的任职资格是其能力保证。

1. 企业机关职能与经营能力的内在联系

公司机关包括股东会（大会）、董事会、监事会、经理以及法定代表人，分别形成公司运作中的权力机关、执行机关、监督机关和代表机关。这些机关职能分别负载经营能力的各个方面，经公司组织规则整合构成经营能力整体。权力机关、执行机关和代表机关直接承担经营能力，监督机关对于经营能力的健康发挥保证作用。公司机关成员的个人能力在公司法上体现为任职资格，包括积极资格和消极资格。

2. 企业机关经营能力的构成

不同机关负载经营能力的不同方面。其一，股东的决策能力。股东掌握公司事务决定权、经营者选任权、利润分配权、监督权等。股东权利意志形成经营能力的动力方面，股东任职资格保证了相应能力。其二，董事的执行能力。董事是公司的执行者，负责执行

---

① 包括信誉、客户网络、营业秘诀、企业文化等方面。

公司股东会(大会)的决议,并进行经营决策,董事会的经营能力直接体现了公司的经营能力。公司董事任职的积极条件是具有执行能力,缺乏这些专业能力,难以胜任公司的经营工作。执行能力存在专业领域差异,投资公司要求具备投资分析、判断、执行和风险规避能力;制造公司要求具备工业产品生产经营组织能力。董事的消极资格从反面保障了董事的经营能力,通过剔除一些类型化的常见瑕疵,确保选任的董事能够正常拥有相应的经营能力。经理是公司的辅助执行机构,负责日常的经营管理活动,其任职资格与其执行能力相一致。其三,监事的保障能力。监督机构通过监督来维护经营能力,监事的职责是对董事和经理执行公司职务的行为进行监督,保证公司权力不被滥用。监事的任职条件是监督能力,具体表现为具有查阅账目等方面能力。其四,代表机关的代表能力。公司行为要通过公司代表人来实现,按照组织法原理,公司代表机关的代表行为一般不得超出公司经营范围。法定代表人通过获得法定职位获得法定代表资格。在正常状态下,公司的法定代表人依照章程可以由公司的董事长、执行董事或者经理担任。在出现非正常状态时,也会赋予监事会、清算组、股东代表权。

三、法律意义上的经营能力形成

法律意义上的经营能力通过设立条件、审查批准、营业执照等法技术手段进行塑造,以主体资格的赋予为形成标志,以法定企业种类反映经营能力的层次。

(一)法技术手段塑造了法律意义上的经营能力

商法通过多种法技术手段塑造了法律意义上的经营能力,主要包括:设立条件、审查批准、企业登记、营业执照。

1. 设立条件与经营能力

设立条件是营业体产生和具备经营能力的物质基础,设立条件从来源上支持了经营能力。法律规定设立条件包括:发起人、章程、资本、经营场所、企业机关、名称。发起人是企业的设计者和缔造者，其意志支配企业的生产经营活动。章程是企业内部的规则要件，规定了企业存在和运作的基本规则。资本是企业的物质基础，可以转化为企业的各种生产要素。经营场所是企业开展经营活动的处所，是企业存在的空间要素。企业机关是经营能力的实现机构，法律规定了企业机关的设置架构和职能划分。名称是外在标志，同时也是特定经营能力的符号，在商法中奉行显名主义，要求从名字上就显示其经营范围，能够识别其经营能力。

2. 商事登记与经营能力

在私法层面，商事登记是设立、变更或终止商事主体资格的法律行为，申请人依照法律规定提出登记申请，商事登记的效果是商主体资格和经营能力得到确认。对商主体与第三人之间的关系而言，登记是权威的公示活动，是产生信赖的依据。在我国，设立商法人、商合伙均需登记，商个人的登记依据种类不同有所区别，个体工商户和个人独资企业需要登记，而农村承包经营户、流动的小商贩无须登记。

客观意义上的经营能力是由营业体自身条件所决定的，商事登记对其仅具有确认意义，未经登记并非不具有客观意义上的经营能力。有些营业体已经具备了客观意义上的经营能力，也实际开展了生产经营活动，所提供的产品和服务也能够达到专业标准。法律意义上的经营能力的取得必须以商事登记为条件，只有经过商事登记的营业体才被赋予商法意义的主体资格，其经营能力才得到法律承认。[①] 商事登记一般是商主体成立的必备条件，有学者认为，“登记是向商事主体授予经营权的行为，带有市场准入的性质，商事主体未经登记，不能获得合法的经营权，因此登记在法律

---

① 商自然人中的小商贩无须登记，应该理解为一种法律上的豁免登记。

效果上具有创设的效力”。[①]

3. 审批程序与经营能力

对于一般性产品和服务的提供，法律无须强行规定超越经营范围的行为无效，可以由当事人依据合同约定，结合自身的利益来防范风险，所以，普通公司的经营能力无须经过审批程序。但是，对于涉及稀有资源分配、经济安全或者重大社会利益的经营项目则需要作出强行性规定，基于公共利益与政策倾向，国家会对特定领域的公司作出限制经营、特许经营以及法律、行政法规禁止经营的规定。例如，对于制药等关系重大人身财产安全的营业，其经营范围必须经过有关部门的审批，经过国家机关审批之后获得的经营许可证是外在标志。我国《公司法》第 12 条第 2 款规定：“公司的经营范围中属于法律、行政法规规定须经批准的项目，应当依法经过批准。”例如，要设立从事银行、保险或者证券等特殊业务的银行、保险公司和证券公司，必须经过相应的行政管理部门的审批。

4. 营业执照与经营能力

营业执照是企业经营能力的标志文件。《全民所有制工业企业法》第 16 条规定，经工商行政管理部门核准登记、发给营业执照，企业取得法人资格。各种类型的有关企业的法律以及登记规则几乎将营业执照作为主体资格和营业能力的唯一标志。核准登记已经蜕变为纯粹的程序法上的行为，而营业执照的颁发却被赋予了双重功能：证明企业主体资格的取得和营业资格的取得。[②] 在商主体的对外经营活动中，营业执照是其依法经营的标志，也是其拥有相应经营能力的标志，如果没有营业执照即构成无证经营。

---

① 郭富青：《论商事登记制度的若干法律问题——兼论我国商事登记的改革与完善》，载《甘肃政法学院学报》2002 年第 3 期。

② 参见蒋大兴：《公司法的展开与评判：方法 · 判例 · 制度》，法律出版社 2001 年版，第 348 页。

（二）主体资格的赋予标志经营能力形成

法律意义上的经营能力首先是一种资格，是能够开展某种经营活动、提供某种产品和服务的法律上的许可，只有具备经营能力才能赋予经营资格。经营能力的差异决定了商主体之间经营资格的差异，拥有不同经营资格的商主体可以开展不同的商事活动、进入不同的业务领域。这种经营资格依附于商主体，所以需要赋予商主体资格；商主体经常出现在民事法律关系之中，所以，又同时赋予民事主体资格。主体资格的赋予从法律上标志经营能力的形成，主体资格的缺乏从法律上显示经营能力的缺失。一旦缺失商主体资格，则无须考虑其经营能力问题，法律禁止这类主体开展经营活动。我国《深圳经济特区商事条例》①第 6 条规定："权力机关、行政机关、审判机关、检察机关、军事机关、政府投资的中小学校不得设立商人，不得从事商行为。……上列机构中在职的工作人员和国有企业中的管理人员不得设立商人，不得从事商行为。"

（三）企业法定形式区分了经营能力的层次

商自然人、商合伙以及商法人是典型的商主体形式，每种商主体设立的实质要件和程序要件不同，导致营业体的结构、功能存在区别，由此形成不同层次的经营能力。

1. 商自然人只具备低微的经营能力

在我国，商自然人包括个体工商户、农村承包经营户和个人独资企业。商自然人的组织结构简单，在自然人所拥有的商业技能基础上，结合简单的设备、器具等物质要素和简单的组织规则，业主既是投资人又是经营者和劳工，他们还是经营成果的最终享有者和风险承担者。由于受到自然人个体禀赋和所支配生产要素规

---

① 2013 年 12 月 25 日深圳市第五届人民代表大会常务委员会第二十六次会议通过的《深圳市人民代表大会常务委员会关于废止〈深圳经济特区条例〉的决定》，决定废止《深圳经济特区商事条例》，决定自通过之日起生效。

模的限制,商自然人的经营能力水平低微。商自然人所提供的产品和服务复杂程度低,其经营活动所能够达到的市场空间有限,多数在熟人之间开展交易,当事人距离交易信息源近,对于法律制度规范要求不高。质量风险和市场风险分散,一般不可能威胁重大人身财产安全和经济社会秩序。

2. 商合伙具备有限的经营能力

因为合伙组织具有团体性,合伙人为复数,合伙拥有比商个人更强的集资能力,可以在更大范围内集中生产要素,在企业内部形成较为复杂的组织结构,所以,合伙企业的经营能力有所提高。

我国商法将合伙企业种类由普通合伙扩展到特殊的普通合伙和有限合伙。在有限合伙企业中存在有限合伙人和普通合伙人两类合伙人。有限合伙人对合伙企业的债务以其出资额为限承担责任,普通合伙人则对企业的债务承担无限连带责任。一般由普通合伙人负责合伙企业的经营事务,而有限合伙人不执行合伙事务,这种形式的合伙企业有利于创办高科技企业。掌握优质技术、管理资源的合伙人为普通合伙人,负责企业的生产经营,对外承担无限连带责任;拥有货币资本的合伙人为有限合伙人,锁定投资风险,以鼓励其投资。有限合伙企业借助有限责任优势改造了合伙企业的人合关系,使企业获得了更强的经营能力。

3. 商法人拥有强大的经营能力

商法人的人格基础是复杂的组织体,这种组织体按照生产经营的特定用途塑造出更强的经营能力,内部机构进行更为精细的分工协作。有限责任锁定了投资风险,调动了投资积极性,从制度上提供了扩大集资规模的可能性;在集资规模的基础上便于生产设备更新、管理流程优化;在更大规模上实现信息资源共享,有条件开展技术创新形成无形资产积累。独立的法人依据自身需要设计经营能力,便于经营管理的专业化,在全社会范围内招募人才,突破了投资者的能力局限,从而提高了经营能力。

企业集团是法人联合体,进一步扩大了企业的经营能力。随着市场空间的进一步扩大,企业之间分工协作水平进一步提高,出现了经营活动多样化和规模化的要求,经营职能无法由单一企业来实现。在企业集团内部,各个企业拥有独立的经营能力;在企业集团之间,促进了生产要素的合理化安排,各种生产要素,如劳动力、资本、技术、信息等实现了更大规模的集中整合,产生成本低、效益好的效果。融资渠道进一步拓宽、科技开发实力提升,又能获得更好的商誉和市场认同度。

第四章　商业名称制度

商业名称是商事经营活动中最初始的识别符号，也是不同商主体之间进行区别的辨识符号。各国一般对于商业名称进行登记管理，以保护商业名称所有人的合法权益，维护公平竞争秩序。

第一节　商业名称概述

（一）商业名称概念

商业名称指商主体在经营活动中所使用的名称。商业名称经过登记，商事主体即取得该商业名称的专有使用权。企业应当依法选择自己的名称，并申请登记注册。企业名称经核准登记注册后方可使用，在规定的区域范围内享有专用权。在我国，市场监督管理机关负责登记注册企业名称。外国（地区）企业名称，依据我国参加的国际公约、协定、条约等有关规定予以保护。

（二）商业名称的性质

商业名称属于商主体的标表型人格要素，商业名称是商主体存在的基本要素。商业名称是在商事关系中使用的代表符号，商业名称的制度功能在于区别不同的商主体。商业名称与自然人的姓名性质相同,两者均表彰主体人格,自然人姓名表彰个体人格和家族归属,商业名称表彰商主体人格和经营行业。

商业名称依附于商主体而存在,自身不能单独存在,因此具有人格权的性质;商业名称本身不属于财产,其固有属性为人身要素范畴。商业名称权是商主体本身固有的权利,与自然人的姓名权性质相同。但商主体本身是一种工具性主体,商事人格性质上属于拟制人格。

法律赋予经过登记的商业名称以专用权,在其后的生产经营活动中积淀相应的商誉,不同的商誉代表了不同的社会认同和交易机会。其中,好的商誉使商主体的名称成为知名品牌,形成优质的商业信用,在市场活动中表现为更好的商业机会和获利能力,并且优质的商事信誉可以进行货币量化和交易,商业信誉属于商业资产范畴。所以,包含商誉的商业名称权具有财产权属性。商业名称权不仅可以给权利人带来直接的经济利益,而且商业名称可以用来许可他人使用、转让和继承,属于无形财产权范畴。

(三)商业名称的特征

第一,商业名称依附于商主体。商业名称是商主体的人格要素,与商主体伴随存在。商业名称的存续无时间上限制,商主体从产生之时即产生商业名称,商主体存续期间离不开商业名称,只有在商业名称所有人营业终止且未转让商业名称的情况下,商业名称才绝对终止。

第二,商业名称具有地域性。各国法律一般规定,商业名称权的效力只及于一定地域范围内。一般只在其登记机关的辖区范围内有效,超出该区域范围,商业名称权就不受保护。我国《企业名称登记管理规定》第 6 条规定,企业名称在登记主管机关辖区内不得与已登记注册的同行业企业名称相同或者近似。

第三,依据登记获得排他性。商业名称权经登记方式公示,商业名称经过登记在相应行政区域内产生专用权，具有排他效力。商业名称的创设、变更、废止、转让和继承都应当进行登记，否则，不发生对外效力。

第四，可转让性。商业名称权具有财产权性质，因此，可以转让和继承。因为特定商业名称的价值取决于其相应的营业体所能够提供的产品和服务的质量，其商业信誉负载于营业体之上，商业名称的转让需要考虑能否与营业体相分离的问题。商业名称转让有两种立法政策，一些国家法律规定商业名称可以单独转让，一些国家法律规定商业名称需要与营业一同转让。我国《企业名称登记管理规定》第 23 条规定，企业名称可以随企业或者企业的一部分一并转让，应当报原登记主管机关核准。受让人只有在进行了登记之后，才能取得该商业名称的专用权。

第二节　商业名称选择

商业名称可以由当事人自由选择，但须符合商法规范要求。我国法律要求企业名称应当使用汉字，民族自治地方的企业名称可以同时使用本民族自治地方通用的民族文字。企业使用外文名称的，其外文名称应当与中文名称相一致，并报登记主管机关登记注册。

（一）商业名称的唯一性

企业只准使用一个名称，企业营业执照上只准标明一个企业名称。在登记主管机关辖区内不得与已登记注册的同行业企业名称相同或者近似。确有特殊需要的，经省级以上登记主管机关核准，企业可以在规定的范围内使用一个从属名称。申请登记注册的企业名称与下列情况的企业名称相同或者近似的，登记主管机关不予核准：(1) 企业被撤销未满 3 年的；(2) 企业营业执照被吊销未满 3 年的；(3)企业因其他原因办理注销登记未满 1 年的。

(二)商业名称结构

1. 企业名称应当由以下部分依次组成

企业名称应当由行政区划、字号、行业、组织形式依次组成，法律另有规定的除外。企业集团的名称结构为：行政区划+字号+行业+“集团”字样。

2. 商业名称中的行政区划

企业名称应当冠以企业所在地省(包括自治区、直辖市)或者市(包括州)或者县(包括市辖区)行政区划名称。企业可以在企业名称中使用“中国”、“中华”或者冠以“国际”字词的包括：(1)全国性公司；(2)国务院或其授权的机关批准的大型进出口企业；(3)国务院或其授权的机关批准的大型企业集团；(4)国家市场监督管理总局规定的其他企业。

经国家市场监督管理总局核准，企业名称可以不冠以企业所在地行政区划名称。这些企业包括：(1)依法可以在企业名称中使用“中国”、“中华”或者冠以“国际”字词的企业；(2)历史悠久、字号驰名的企业；(3)外商投资企业；(4)国务院批准的；(5)国家市场监督管理总局登记注册的；(6)注册资本(或注册资金)不少于 5000 万元人民币的；(7)国家市场监督管理总局另有规定的。

具备下列条件的企业法人，可以将名称中的行政区划放在字号之后，组织形式之前：(1)使用控股企业名称中的字号；(2)该控股企业的名称不含行政区划。企业为反映其经营特点，可以在名称中的字号之后使用国家(地区)名称或者县级以上行政区划的地名，这些地名不视为企业名称中的行政区划。

3. 商业名称中的字号

企业字号应当由两个以上的字组成。企业有正当理由可以使用本地或者异地地名做字号，但不得使用县以上行政区划名称作字号。私营企业可以使用投资人姓名做字号。联营企业的企业名称可以使用联营成员的字号,但不得使用联营成员的企业名称。联营企业应当在其企业名称中标明“联营”或者“联合”字词。

4. 商业名称中的行业

企业应当根据其主营业务,依照国家行业分类标准划分的类别,在企业名称中标明所属行业或者经营特点。企业经济活动性质分别属于国民经济行业不同大类的,应当选择主要经济活动性质所属国民经济行业类别用语表述企业名称中的行业。企业名称中不使用国民经济行业类别用语表述企业所从事行业的,应当符合以下条件:(1)企业经济活动性质分别属于国民经济行业5个以上大类;(2)企业注册资本(或注册资金)1亿元以上或者是企业集团的母公司;(3)与同一市场监督管理机关核准或者登记注册的企业名称中字号不相同。

5. 商业名称中的企业组织形式

企业应当根据其组织结构或者责任形式,在企业名称中标明组织形式。

设立分支机构的企业名称应当符合下列规定:(1)在企业名称中使用“总”字的,必须下设三个以上分支机构;(2)不能独立承担民事责任的分支机构,其企业名称应当冠以其所从属企业的名称,缀以“分公司”“分厂”“分店”等字词,并标明该分支机构的行业和所在地行政区划名称或者地名,但其行业与其所从属的企业一致的,可以从略;(3)能够独立承担民事责任的分支机构,应当使用独立的企业名称,并可以使用其所从属企业的企业名称中的字号;(4)能够独立承担民事责任的分支机构再设立分支机构的,所设立的分支机构不得在其企业名称中使用总机构的名称。

(三)商业名称选择的冲突

两个以上企业向同一登记主管机关申请相同的符合规定的企业名称,登记主管机关依照申请在先原则核定。属于同一天申请的,应当由企业协商解决;协商不成的,由登记主管机关作出裁决。

两个以上企业向不同登记主管机关申请相同的企业名称,登记主管机关依照受理在先原则核定。属于同一天受理的,应当由企业协商解决;协商不成的,由各该登记主管机关报共同的上级登记主管机关作出裁决。

两个以上的企业因已登记注册的企业名称相同或者近似而发生争议时,登记主管机关依照注册在先原则处理。中国企业的企业名称与外国(地区)企业的企业名称在中国境内发生争议并向登记主管机关申请裁决时,由国家市场监督管理总局依据我国缔结或者参加的国际条约所规定的原则或者我国法律规定处理。

(四)商业名称选择的禁止性规定

1. 企业名称不得含有下列内容和文字:(1)有损于国家、社会公共利益的;(2)可能对公众造成欺骗或者误解的;(3)外国国家(地区)名称、国际组织名称;(4)政党名称、党政军机关名称、群众组织名称、社会团体名称及部队番号;(5)汉语拼音字母(外文名称中使用的除外)、数字;(6)其他法律、行政法规规定禁止的。

2. 企业法人名称中不得含有其他法人的名称,国家市场监督管理总局另有规定的除外。企业名称中不得含有另一个企业名称。企业分支机构名称应当冠以其所从属企业的名称。

3. 企业名称应当使用符合国家规范的汉字,不得使用汉语拼音字母、阿拉伯数字。企业名称需译成外文使用的,由企业依据文字翻译原则自行翻译使用,不需报市场监督管理机关核准登记。

4. 除国务院决定设立的企业外,企业名称不得冠以"中国""中华""全国""国家""国际"等字样。在企业名称中间使用"中国""中华""全国""国家""国际"等字样的,该字样应是行业的限定语。使用外国(地区)出资企业字号的外商独资企业、外方控股的外商投资企业,可以在名称中间使用"(中国)"字样。

企业名称中的行政区划是本企业所在地县级以上行政区划的名称或地名。市辖区的名称不能单独用作企业名称中的行政区划。市辖区名称与市行政区划连用的企业名称，由市场监督管理局核准。省、市、县行政区划连用的企业名称，由最高级别行政区的市场监督管理局核准。

5. 行政区划不得用做字号，但县以上行政区划的地名具有其他含义的除外。企业名称可以使用自然人投资人的姓名做字号。

6. 企业名称不应当明示或者暗示有超越其经营范围的业务。企业名称中的行业表述应当是反映企业经济活动性质所属国民经济行业或者企业经营特点的用语。企业名称中行业用语表述的内容应当与企业经营范围一致。

第三节　商业名称的取得、使用、变更与转让

一、商业名称的取得

（一）商业名称登记

企业名称在企业申请登记时，由企业名称的登记主管机关核定。登记机关核发的《企业名称登记证书》是证明商业名称取得的权威性法律文件。

外国（地区）企业名称登记。外国（地区）企业可以在中国境内申请企业名称登记注册。外国（地区）企业应当向国家市场监督管理总局提出企业名称登记注册的申请，并提交外国（地区）企业法定代表人签署的申请书、外国（地区）企业章程和企业所在国（地区）主管当局出具的合法开业证明。登记主管机关应当在收到外国（地区）企业申请名称登记注册的全部材料之日起 30 日内作出初步审查，通过初审的，予以公告。外国（地区）企业名称的公告期为 6 个月，在此期间无异议或者异议不成立的，予以核准登记注册，企业名称保留期为 5 年。登记主管机关核准登记注册外国（地区）企业名称后，应当核发《企业名称登记证书》。外国（地

区)企业名称登记注册后需要变更或者保留期届满要求续展的,应当重新申请登记注册。

预先单独申请企业名称登记。企业有特殊原因的,可以在开业登记前预先单独申请企业名称登记注册。预先单独申请企业名称登记注册时,应当提交企业组建负责人签署的申请书、章程草案和主管部门或者审批机关的批准文件。

外商投资企业应当在项目建议书和可行性研究报告批准后,合同、章程批准之前,预先单独申请企业名称登记注册。外商投资企业预先单独申请企业名称登记注册时,应当提交企业组建负责人签署的申请书、项目建议书、可行性研究报告的批准文件,以及投资者所在国(地区)主管当局出具的合法开业证明。

登记主管机关应当在收到企业提交的预先单独申请企业名称登记注册的全部材料之日起,10 日内作出核准或者驳回的决定。登记主管机关核准预先单独申请登记注册的企业名称后,核发《企业名称登记证书》。预先单独申请登记注册的企业名称经核准后,保留期为 1 年。经批准有筹建期的,企业名称保留到筹建期终止。在保留期内不得用于从事生产经营活动。保留期届满不办理企业开业登记的,其企业名称自动失效,企业应当在期限届满之日起 10 日内将《企业名称登记证书》交回登记主管机关。

(二)企业名称的预先核准

申请企业名称预先核准,应当由全体出资人、合伙人、合作者(投资人)指定的代表或者委托的代理人,向有名称核准管辖权的市场监督管理机关提交企业名称预先核准申请书。企业名称预先核准申请书应当载明企业的名称(可以载明备选名称)、住所、注册资本、经营范围、投资人名称或者姓名、投资额和投资比例、授权委托意见(指定的代表或者委托的代理人姓名、权限和期限),并由全体投资人签名盖章。企业名称预先核准申请书上应当粘贴指定的代表或者委托的代理人的身份证复印件。

直接到市场监督管理机关办理企业名称预先核准的，市场监督管理机关应当场对申请预先核准的企业名称作出核准或者驳回的决定。予以核准的，发给《企业名称预先核准通知书》；予以驳回的，发给《企业名称驳回通知书》。通过邮寄、传真、电子数据交换等方式申请企业名称预先核准的，按照《企业登记程序规定》执行。

申请企业设立登记，已办理企业名称预先核准的，应当提交《企业名称预先核准通知书》。设立企业名称涉及法律、行政法规规定必须报经审批，未能提交审批文件的，登记机关不得以预先核准的企业名称登记注册。企业名称预先核准与企业登记注册不在同一市场监督管理机关办理的，登记机关应当自企业登记注册之日起 30 日内，将有关登记情况送核准企业名称的市场监督管理机关备案。法律、行政法规规定设立企业必须报经审批或者企业经营范围中有法律、行政法规规定必须报经审批项目的，应当在报送审批前办理企业名称预先核准，并以市场监督管理机关核准的企业名称报送审批。设立其他企业可以申请名称预先核准。企业名称预先核准的有效期为 6 个月，有效期满，核准的名称自动失效。

二、商业名称的使用

企业使用名称，应当遵循诚实信用的原则。预先核准的企业名称在有效期内，不得用于经营活动，不得转让。企业变更名称，在其登记机关核准变更登记前，不得使用《企业名称变更核准通知书》上核准变更的企业名称从事经营活动，也不得转让。

企业应当在住所处标明企业名称。企业的营业执照、印章、银行账户、牌匾、信笺所使用的企业名称，应当与其登记注册的企业名称相同。法律文书使用企业名称，应当与该企业营业执照上的企业名称相同。从事商业、公共饮食、服务等行业的企业名称牌匾可适当简化，但应当报登记主管机关备案。

三、商业名称的变更

商业名称权人可以依法变更商业名称。企业申请变更的名称,属登记机关管辖的,由登记机关直接办理变更登记。企业名称变更登记核准之日起 30 日内,企业应当申请办理其分支机构名称的变更登记。

企业名称经核准登记注册后,无特殊原因在 1 年内不得申请变更。

企业申请变更的名称,应当向登记机关提交下列文件:(1)企业法定代表人签署的变更登记申请书;(2)依法作出的变更决议或者决定;(3)国家市场监督管理总局规定要求提交的其他文件。

公司变更登记事项涉及修改公司章程的,应当提交由公司法定代表人签署的修改后的公司章程或者公司章程修正案。变更登记事项依照法律、行政法规或者国务院决定规定在登记前须经批准的,还应当向公司登记机关提交有关批准文件。

申请企业名称变更登记,企业登记和企业名称核准不在同一市场监督管理机关的,企业登记机关应当对企业拟变更的名称进行初审,并向有名称管辖权的市场监督管理机关报送企业名称变更核准意见书。企业名称变更核准意见书上应当载明原企业名称、拟变更的企业名称(备选名称)、住所、注册资本、经营范围、投资人名称或者姓名、企业登记机关的审查意见,并加盖公章。有名称管辖权的市场监督管理机关收到企业名称变更核准意见书后,应在 5 日内作出核准或驳回的决定,核准的,发给《企业名称变更核准通知书》;驳回的,发给《企业名称驳回通知书》。登记机关应当在核准企业名称变更登记之日起 30 日内,将有关登记情况送核准企业名称的市场监督管理机关备案。

公司名称变更核准的有效期为 6 个月,有效期满,核准的名称自动失效。

企业被撤销有关业务经营权,而其名称又表明了该项业务时，企业应当在被撤销该项业务经营权之日起 1 个月内，向登记机关申请变更企业名称等登记事项。

企业办理注销登记或者被吊销营业执照，如其名称是经其他市场监督管理机关核准的，登记机关应当将核准注销登记情况或者行政处罚决定书送核准该企业名称的市场监督管理机关备案。

四、商业名称的转让

商业名称具有财产属性，商业名称权人可以转让其商业名称，但多数国家规定商业名称不得脱离营业而单独转让。《德国商法典》第 23 条规定，商号不得与使用此商号的营业分离而让与。《日本商法典》第 24 条第 1 款规定，商号只能和营业一起让与或在废止营业时转让。《韩国商法》第 25 条规定，商号只有在废止营业时，或者和营业一并进行时，方可转让。

我国法律规定，企业名称可以随企业或者企业的一部分一并转让。企业名称只能转让给一户企业。企业名称的转让方与受让方应当签订书面合同或者协议，报原登记主管机关核准。企业名称转让后，转让方不得继续使用已转让的企业名称。

第四节　商业名称管理与监督

一、商业名称管理

企业名称的登记主管机关是国家市场监督管理总局和地方各级市场监督管理局。登记主管机关核准或者驳回企业名称登记申请，监督管理企业名称的使用，保护企业名称专用权。登记主管机关依照《企业法人登记管理条例》，对企业名称实行分级登记管理。

市场监督管理机关对企业名称实行分级登记管理。国家市场监督管理总局主管全国企业名称登记管理工作，并负责核准下列企业名称:(1)冠以“中国”“中华”“全国”“国家”“国际”等字样的;(2)在名称中间使用“中国”“中华”“全国”“国家”等字样的;(3)不含行政区划的。外商投资企业名称由国家市场监督管理总局核定。

地方市场监督管理局负责核准国家市场监督管理总局管辖以外的下列企业名称:(1)冠以同级行政区划的;(2)依法可以将名称中的行政区划放在字号之后、组织形式之前的含有同级行政区划的。国家市场监督管理总局授予外商投资企业核准登记权的市场监督管理局依法核准外商投资企业名称。

各级市场监督管理机关应当依法核准登记企业名称。市场监督管理机关应当建立企业名称核准登记档案。《企业名称预先核准通知书》《企业名称变更核准通知书》《企业名称驳回通知书》及企业名称核准登记表格式样由国家市场监督管理总局统一制定。

二、商业名称监督

各级市场监督管理机关对在本机关管辖地域内从事活动的企业使用企业名称的行为,依法进行监督管理。企业名称有下列情形之一的,不予核准:(1)与同一市场监督管理机关核准或者登记注册的同行业企业名称字号相同,有投资关系的除外;(2)与同一市场监督管理机关核准或者登记注册依法不使用国民经济行业类别用语表述企业所从事行业的企业名称字号相同,有投资关系的除外;(3)与其他企业变更名称未满1年的原名称相同;(4)与注销登记或者被吊销营业执照未满3年的企业名称相同;(5)其他违反法律、行政法规的。已经登记注册的企业名称,在使用中对公众造成欺骗或者误解的,或者损害他人合法权益的,应当认定为不适宜的企业名称予以纠正。

登记主管机关有权纠正已登记注册的不适宜的企业名称,上级登记主管机关有权纠正下级登记主管机关已登记注册的不适宜的企业名称。对已登记注册的不适宜的企业名称,任何单位和个人可以要求登记主管机关予以纠正。

公司登记中的违法行为,由登记主管机关区别情节,予以处罚:(1)使用未经核准登记注册的企业名称从事生产经营活动的,责令停止经营活动,没收非法所得或者处以2000元以上、2万元以下罚款,情节严重的,可以并处;(2)擅自改变企业名称的,予以警告或者处以1000元以上、1万元以下罚款,并限期办理变更登记;(3)擅自转让或者出租自己的企业名称的,没收非法所得并处以1000元以上、1万元以下罚款;(4)使用保留期内的企业名称从事生产经营活动或者保留期届满不按期将《企业名称登记证书》交回登记主管机关的,予以警告或者处以500元以上、5000元以下罚款;(5)违反设立有限责任公司名称登记规定的,予以警告并处以500元以上、5000元以下罚款。

擅自使用他人已经登记注册的企业名称或者有其他侵犯他人企业名称专用权行为的,被侵权人可以向侵权人所在地登记主管机关要求处理。登记主管机关有权责令侵权人停止侵权行为,赔偿被侵权人因该侵权行为所遭受的损失,没收非法所得并处以5000元以上、5万元以下罚款。对侵犯他人企业名称专用权的,被侵权人也可以直接向人民法院起诉。

第五节　商业名称保护与救济

商业名称经过登记在相应的行政区域内获得专用权,可以排除他人妨碍和侵害。商业名称权的权能包括:(1)专有使用权。商业名称的所有人经登记后取得该商业名称的专有使用权,只有所有人有权使用,他人不得使用与该商业名称相同或者相似的商业名称。(2)许可使用权。商业名称权人有许可他人使用其商业名称的权利,许可他人使用商业名称可以获得许可费,对使用人承担信用担保责任。(3)商业名称变更权。各国立法一般都允许商业名称的变更,只要拟变更的商业名称符合法律规定的条件即可,但须进行变更登记才能发生效力。(4)商业名称转让权。

企业因名称与他人发生争议,可以向市场监督管理机关申请处理,也可以向人民法院起诉。

企业请求市场监督管理机关处理名称争议时,应当向核准他人名称的市场监督管理机关提交以下材料:(1)申请书;(2)申请人的资格证明;(3)举证材料;(4)其他有关材料。申请书应当由申请人签署并载明申请人和被申请人的情况、名称争议事实及理由、请求事项等内容。委托代理的,还应当提交委托书和被委托人资格证明。

市场监督管理机关受理企业名称争议后,应当按以下程序在6个月内作出处理:(1)查证申请人和被申请人企业名称登记注册的情况;(2)调查核实申请人提交的材料和有关争议的情况;(3)将有关名称争议情况书面告知被申请人,要求被申请人在1个月内对争议问题提交书面意见;(4)依据保护工业产权的原则和企业名称登记管理的有关规定作出处理。

对登记主管机关作出的具体行政行为不服的,当事人可以在收到通知之日起15日内向上一级登记主管机关申请复议。上级登记主管机关应当在收到复议申请之日起30日内作出复议决定。对复议决定不服的,可以依法向人民法院起诉。逾期不申请复议,或者复议后拒不执行复议决定,又不起诉的,登记主管机关可以强制更改企业名称,扣缴企业营业执照。

第五章　商事登记

第一节　商事登记制度概述

一、商事登记制度的涵义

商事登记是指商事筹办人为设立、变更或终止商事主体资格，依法定的条件和程序向登记主管机关提出登记申请并经登记主管机关核准登记公告的商事制度。商事登记需要商事筹办人的行为与登记机关的行为相结合，最终产生商事主体资格变化的法律效果。商事登记制度的法律性质为：(1)商事登记是运用公权公信力的制度。商事登记在形式上表现为一系列的公法行为，它借助公权机关的权威性来提供更强的公信力，以便更好地实现商事功能。多数国家的商事登记由行政机关或者司法机关来进行，少数国家由商会负责商事登记，我国就是由各级市场监督管理部门来进行。(2)商事登记是一系列要式行为。商事登记必须依据法定的条件与程序向法定的登记主管机关进行，登记注册的事项也由法律规定，具有强行法性质。(3)商事登记是一种商事法律制度。商事登记是商事法律制度，其功能在于确认商事主体资格和经营资格，公示经营状态，其中也包含国家的商事管理功能。

至于是由行政机关、法院还是商会来完成登记工作,均是一种手段性选择,实质是借助其公权或者社会权威性来实现商事目的。

商主体登记管理应当遵循依法合规、规范统一、公开透明、便捷高效的原则。我国国务院市场监督管理部门主管全国市场主体登记管理工作,县级以上地方人民政府市场监督管理部门主管本辖区市场主体登记管理工作。

二、商事登记的功能

商事登记是为了确认商事主体的资格和营业状态,规范商事行为,保护商事当事人的合法权益,维护市场秩序,优化营商环境。

1. 确认商主体资格。商事关系是超脱于日常生活的营利关系,商主体是经营主体,对于商主体存在资格和资质要求,并非人人都能够成为商主体。商主体资格一般通过登记程序分别确认,对于商法中明确规定可以不进行登记的小商人,应该理解为依法豁免登记。

2. 公示商主体的合法营业状态。依法登记的商主体为合法存在的市场经营主体,其营业活动是合法的经营活动,依商事登记获得的营业执照是合法营业状态的外在标志。例如,欠缺有效商事登记的医疗服务属于非法行医,欠缺有效商事登记的对外贸易属于走私。

3. 确认、保障商主体合法权益。获得商事登记的商主体依法享受各种保护并可以对抗第三人及公权的侵害。已经登记的事项,除有虚假陈述外,均属于确定事项,据此可以对抗第三人。

4. 保护社会公众利益。商事登记可以将商主体的营业状况作为公开信息提供给社会公众。不同种类的商主体有不同的登记条件和登记程序要求,这些要求依照不同的经营目的发挥作用,对财产组织设定了特定的要求,特定结构的生产要素组织体形成特定的生产经营机能。

5. 便于政府监管。商事登记为政府监管提供了基本手段,通过商事登记控制市场进入，没有经过核准登记不得营业。通过商事登记提供基本的市场信息，便于政府部门掌握情况，有效地进行宏观调控。同时，商事登记还是税收制度的技术依托。

三、商事登记的对象

（一）必须履行登记的商主体

商事登记的对象是商主体，多数国家法律规定，只要行为人从事商业经营活动，且符合商事登记条件，就必须履行商事登记。部分国家对于必须履行登记的商主体作出了一些限制。

（二）商事登记事项

1. 商主体的一般登记事项

（1）名称。商主体只能登记一个名称，经登记的商主体名称受法律保护。商主体名称由申请人依法自主申报。

（2）主体类型。其一，公司、非公司企业法人及其分支机构；其二，个人独资企业、合伙企业及其分支机构；其三，农民专业合作社（联合社）及其分支机构；其四，个体工商户；其五，外国公司分支机构；其六，法律、行政法规规定的其他市场主体。

（3）经营范围。商主体的经营范围包括一般经营项目和许可经营项目。经营范围中属于在登记前依法须经批准的许可经营项目，商主体应当在申请登记时提交有关批准文件。商主体应当按照登记机关公布的经营项目分类标准办理经营范围登记。

（4）住所或者主要经营场所。商主体只能登记一个住所或者主要经营场所。电子商务平台内的自然人经营者可以根据国家有关规定，将电子商务平台提供的网络经营场所作为经营场所。省、自治区、直辖市人民政府可以根据有关法律、行政法规的规定和本地区实际情况，自行或者授权下级人民政府对住所或者主要经营场所作出更加便利商主体从事经营活动的具体规定。

（5）注册资本或者出资额。除法律、行政法规或者国务院决定另有规定外，商主体的注册资本或者出资额实行认缴登记制，以人民币表示。出资方式应当符合法律、行政法规的规定。公司股东、非公司企业法人出资人、农民专业合作社(联合社)成员不得以劳务、信用、自然人姓名、商誉、特许经营权或者设定担保的财产等作价出资。

(6)法定代表人、执行事务合伙人或者负责人姓名。法人型企业需要登记法定代表人,合伙企业需要登记执行事务合伙人,个体工商户需要登记负责人姓名。法定代表人、执行事务合伙人或者负责人姓名需要相应的经营管理资质,不得担任公司、非公司企业法人的法定代表人的情形包括:①无民事行为能力或者限制民事行为能力;②因贪污、贿赂、侵占财产、挪用财产或者破坏社会主义市场经济秩序被判处刑罚,执行期满未逾5年,或者因犯罪被剥夺政治权利,执行期满未逾5年;③担任破产清算的公司、非公司企业法人的法定代表人、董事或者厂长、经理,对破产负有个人责任的,自破产清算完结之日起未逾3年;④担任因违法被吊销营业执照、责令关闭的公司、非公司企业法人的法定代表人,并负有个人责任的,自被吊销营业执照之日起未逾3年;⑤个人所负数额较大的债务到期未清偿;⑥法律、行政法规规定的其他情形。

2. 商主体的特殊登记事项

(1)有限责任公司股东、股份有限公司发起人、非公司企业法人出资人的姓名或者名称;

(2)个人独资企业的投资人姓名及居所;

(3)合伙企业的合伙人名称或者姓名、住所、承担责任方式;

(4)个体工商户的经营者姓名、住所、经营场所;

(5)法律、行政法规规定的其他事项。

3. 商主体的备案事项

(1)章程或者合伙协议;

(2)经营期限或者合伙期限;

(3)有限责任公司股东或者股份有限公司发起人认缴的出资

数额,合伙企业合伙人认缴或者实际缴付的出资数额、缴付期限和出资方式;

(4)公司董事、监事、高级管理人员;

(5)农民专业合作社(联合社)成员;

(6)参加经营的个体工商户家庭成员姓名;

(7)市场主体登记联络员、外商投资企业法律文件送达接受人;

(8)公司、合伙企业等市场主体受益所有人相关信息;

(9)法律、行政法规规定的其他事项。

四、商事登记的效力

商事登记的效力指商主体的各种登记行为所产生的法律上的约束力。商主体应当依法办理登记。未经登记,不得以商主体名义从事经营活动。商主体设立、变更、终止应当依法办理公司登记。法律、行政法规规定无需办理登记的事项除外。

1. 对于申请人的效力。主要包括:(1)构建与确认商主体。我国严禁未经登记的无证经营行为,各类商事主体均以登记为其成立要件;未经登记,行为人即使实施了商事经营活动,也不得享有商主体的权利、承担商主体的义务,该行为不产生商法上的效力。(2)经营资格的确认。对于关系重大社会利益的经营事项,需要特别的资质和特殊的行政审批、核准程序,这些程序与商事登记相结合,通过商事登记完成经营资格的确认。(3)特殊商事权利的赋予与保护。荷兰等国家中,商事登记并非商主体资格取得要件,未经登记,行为人实施了商行为,同样可以享有商人的权利并履行商人的义务;商事登记的作用仅在于保护商号、商标等其他与商主体相关的特殊权利。

2. 对于社会公众的效力。商事登记对于社会公众公示商事经营信息,产生公信力。公信力,是指凡登记的内容,应当推定具有相应的法律效力,善意第三人根据登记事项所为的行为应当有效。

登记在主管机关簿册上的事项,除非虚假陈述,否则具有对抗第三人的效力。必须登记的事项在未登记或者已经登记但尚未公布时,不得对抗不知情的善意第三人,未登记事项在法律上的后果不应该有利于负有登记义务人。应登记事项在正确登记并公告后对第三人生效。

第二节　商事登记机构

商事登记机构是指依法有权接受商事登记申请,并办理商事登记的国家机关或社会组织。

一、各国关于商事登记机构的设置模式

1. 法院是商事登记机构。德国、韩国等国家的商法规定,地方法院办理商事登记。

2. 行政机关是商事登记机构。以美国、日本为代表,美国的商事登记一般在州政府秘书处,日本的商事登记在地方法务局。

3. 法院和行政机关分别为不同功能的商事登记机构。法国商法规定,法院办理一般商事登记、行政机关办理公司商事登记。

4. 商会等社会性组织为商事登记机构。荷兰《商事注册法》规定地方商会负责商事登记。

我国属于行政机关登记模式,国家市场监督管理机关是商事登记机构。国家市场监督管理机关独立行使登记管理权,实行分级登记管理原则,由国家市场监督管理局和地方市场监督管理局多级管理。

二、我国商事登记机关的管辖

我国市场监督管理机关是商事登记机关。下级商事登记机关在上级商事登记机关的领导下开展商事登记工作。商事登记机关依法履行职责,不受非法干预。

1. 国家市场监督管理总局主管全国的商事登记工作。国家市场监督管理总局负责下列公司的登记:(1)国务院国有资产监督管理机构履行出资人职责的公司以及该公司投资设立并持有50%以上股份的公司;(2)外商投资的公司;(3)依照法律、行政法规或者国务院决定的规定,应当由国家市场监督行政管理总局登记的公司;(4)国家市场监督管理总局规定应当由其登记的其他公司。

2. 省、自治区、直辖市市场监督管理局负责本辖区内下列公司的登记:(1)省、自治区、直辖市人民政府国有资产监督管理机构履行出资人职责的公司以及该公司投资设立并持有50%以上股份的公司;(2)省、自治区、直辖市市场监督管理局规定由其登记的自然人投资设立的公司;(3)依照法律、行政法规或者国务院决定的规定,应当由省、自治区、直辖市市场监督管理局登记的公司;(4)国家市场监督管理总局授权登记的其他公司。

3. 设区的市(地区)市场监督管理局、县市场监督管理局,以及直辖市的市场监督管理分局、设区的市市场监督管理局的区分局,负责本辖区内下列公司的登记:(1)国家和省级市场监督局负责登记公司以外的其他公司;(2)国家市场监督管理总局和省、自治区、直辖市市场监督管理局授权登记的公司。法律规定的具体登记管辖由省、自治区、直辖市市场监督管理局规定。但是,其中的股份有限公司由设区的市(地区)市场监督管理局负责登记。

第三节　商事登记的种类

商主体登记包括设立登记、变更登记和注销登记。

一、设立登记

设立登记是商事登记的最基本环节,其法律效果是依法产生商主体。依法设立的商主体,由商事登记机关发给《营业执照》。营业执照签发日期为商主体成立日期。商主体凭商事登记机关核发的《营业执照》刻制印章,开立银行账户,申请纳税登记。

商主体实行实名登记。申请人应当配合登记机关核验身份信息。

申请办理商主体登记,应当提交下列材料:(1)申请书;(2)申请人资格文件、自然人身份证明;(3)住所或者主要经营场所相关文件;(4)公司、非公司企业法人、农民专业合作社(联合社)章程或者合伙企业合伙协议;(5)法律、行政法规和国务院市场监督管理部门规定提交的其他材料。

国务院市场监督管理部门应当根据商主体类型分别制定登记材料清单和文书格式样本,通过政府网站、登记机关服务窗口等向社会公开。登记机关能够通过政务信息共享平台获取的商主体登记相关信息,不得要求申请人重复提供。

申请人应当对提交材料的真实性、合法性和有效性负责。

申请人可以委托其他自然人或者中介机构代其办理市场主体登记。受委托的自然人或者中介机构代为办理登记事宜应当遵守有关规定,不得提供虚假信息和材料。

登记机关应当对申请材料进行形式审查。对申请材料齐全、符合法定形式的予以确认并当场登记;不能当场登记的,应当在3个工作日内予以登记;情形复杂的,经登记机关负责人批准,可以再延长3个工作日。申请材料不齐全或者不符合法定形式的,登记机关应当一次性告知申请人需要补正的材料。

登记申请不符合法律、行政法规规定,或者可能危害国家安全、社会公共利益的,登记机关不予登记并说明理由。

申请人申请商主体设立登记,登记机关依法予以登记的,签发营业执照。营业执照签发日期为市场主体的成立日期。法律、行政法规或者国务院决定规定设立市场主体须经批准的,应当在批准文件有效期内向登记机关申请登记。

营业执照分为正本和副本，具有同等法律效力。电子营业执照与纸质营业执照具有同等法律效力。营业执照样式、电子营业执照标准由国务院市场监督管理部门统一制定。

商主体设立分支机构，应当向分支机构所在地的登记机关申请登记。

二、变更登记

商主体变更登记事项，应当自作出变更决议、决定或者法定变更事项发生之日起30日内向登记机关申请变更登记。商主体变更登记事项属于依法须经批准的，申请人应当在批准文件有效期内向登记机关申请变更登记。

公司、非公司企业法人的法定代表人在任职期间发生不得担任公司、非公司企业法人的法定代表人法定情形的，应当向登记机关申请变更登记。

商主体变更经营范围，属于依法须经批准的项目的，应当自批准之日起30日内申请变更登记。许可证或者批准文件被吊销、撤销或者有效期届满的，应当自许可证或者批准文件被吊销、撤销或者有效期届满之日起30日内向登记机关申请变更登记或者办理注销登记。

商主体变更住所或者主要经营场所跨登记机关辖区的，应当在迁入新的住所或者主要经营场所前，向迁入地登记机关申请变更登记。迁出地登记机关无正当理由不得拒绝移交市场主体档案等相关材料。

商主体变更登记涉及营业执照记载事项的，登记机关应当及时为市场主体换发营业执照。

商主体变更法定的备案事项的，应当自作出变更决议、决定或者法定变更事项发生之日起30日内向登记机关办理备案。农民专业合作社(联合社)成员发生变更的，应当自本会计年度终了之日起 90 日内向登记机关办理备案。

三、注销登记

(一)歇业备案

因自然灾害、事故灾难、公共卫生事件、社会安全事件等原因造成经营困难的,商主体可以自主决定在一定时期内歇业,法律、行政法规另有规定的除外。商主体应当在歇业前与职工依法协商劳动关系处理等有关事项。商主体应当在歇业前向登记机关办理备案。登记机关通过国家企业信用信息公示系统向社会公示歇业期限、法律文书送达地址等信息。商主体歇业的期限最长不得超过 3 年。商主体在歇业期间开展经营活动的,视为恢复营业,商主体应当通过国家企业信用信息公示系统向社会公示。商主体歇业期间,可以法律文书送达地址代替住所或者主要经营场所。

(二)注销登记类型

商主体因解散、被宣告破产或者其他法定事由需要终止的,应当依法向登记机关申请注销登记。经登记机关注销登记,商主体终止。商主体注销依法须经批准的,应当经批准后向登记机关申请注销登记。

商主体注销登记前依法应当清算的,清算组应当自成立之日起 10 日内将清算组成员、清算组负责人名单通过国家企业信用信息公示系统公告。清算组可以通过国家企业信用信息公示系统发布债权人公告。清算组应当自清算结束之日起 30 日内向登记机关申请注销登记。市场主体申请注销登记前,应当依法办理分支机构注销登记。

商主体未发生债权债务或者已将债权债务清偿完结,未发生或者已结清清偿费用、职工工资、社会保险费用、法定补偿金、应缴纳税款(滞纳金、罚款),并由全体投资人书面承诺对上述情况的真实性承担法律责任的,可以按照简易程序办理注销登记。

商主体应当将承诺书及注销登记申请通过国家企业信用信息

公示系统公示，公示期为 20 日。在公示期内无相关部门、债权人及其他利害关系人提出异议的，商主体可以于公示期届满之日起 20 日内向登记机关申请注销登记。

个体工商户按照简易程序办理注销登记的，无需公示，由登记机关将个体工商户的注销登记申请推送至税务等有关部门，有关部门在 10 日内没有提出异议的，可以直接办理注销登记。

商主体注销依法须经批准的，或者商主体被吊销营业执照、责令关闭、撤销，或者被列入经营异常名录的，不适用简易注销程序。

人民法院裁定强制清算或者裁定宣告破产的，有关清算组、破产管理人可以持人民法院终结强制清算程序的裁定或者终结破产程序的裁定，直接向登记机关申请办理注销登记。

第四节　商事登记程序

县级以上地方人民政府承担市场主体登记工作的部门应当优化市场主体登记办理流程，提高商主体登记效率，推行当场办结、一次办结、限时办结等制度，实现集中办理、就近办理、网上办理、异地可办，提升市场主体登记便利化程度。商事登记程序的一般环节包括：

一、申请

申请商事登记登记，申请人可以到商事登记机关提交申请，也可以通过信函、电报、电传、传真、电子数据交换和电子邮件等方式提出申请。通过电报、电传、传真、电子数据交换和电子邮件等方式提出申请的，应当提供申请人的联系方式以及通信地址。

二、受理

商事登记机关应当根据下列情况分别作出是否受理的决定：(1)申请文件、材料齐全，符合法定形式的，或者申请人按照商事登记机关的要求提交全部补正申请文件、材料的，应当决定予以受理。(2)申请文件、材料齐全，符合法定形式，但商事登记机关认为申请文件、材料需要核实的，应当决定予以受理，同时书面告知申请人需要核实的事项、理由以及时间。(3)申请文件、材料存在可以当场更正的错误的，应当允许申请人当场予以更正，由申请人在更正处签名或者盖章，注明更正日期；经确认申请文件、材料齐全，符合法定形式的，应当决定予以受理。(4)申请文件、材料不齐全或者不符合法定形式的，应当当场或者在5日内一次告知申请人需要补正的全部内容；当场告知时，应当将申请文件、材料退回申请人；属于5日内告知的，应当收取申请文件、材料并出具收到申请文件、材料的凭据，逾期不告知的，自收到申请文件、材料之日起即为受理。(5)不属于商事登记范畴或者不属于本机关登记管辖范围的事项，应当即时决定不予受理，并告知申请人向有关行政机关申请。商事登记机关对通过信函、电报、电传、传真、电子数据交换和电子邮件等方式提出申请的，应当自收到申请文件、材料之日起5日内作出是否受理的决定。

商事登记机关决定予以受理的，应当出具《受理通知书》；决定不予受理的，应当出具《不予受理通知书》，说明不予受理的理由，并告知申请人享有依法申请行政复议或者提起行政诉讼的权利。

三、核准登记

商事登记机关对决定予以受理的登记申请，应当分别情况在规定的期限内作出是否准予登记的决定：(1)对申请人到商事登记机关提出的申请予以受理的，应当当场作出准予登记的决定。(2)对申请人通过信函方式提交的申请予以受理的，应当自受理之日起15日内作出准予登记的决定。(3)通过电报、电传、传真、电子数据交换和电子邮件等方式提交申请的，申请人应当自收到《受理通知书》之日起15日内，提交与电报、电传、传真、电子数据交换和电子邮件等内容一致并符合法定形式的申请文件、材料原件;申请人到公司登记机关提交申请文件、材料原件的,应当当场作出准予登记的决定;申请人通过信函方式提交申请文件、材料原件的,应当自受理之日起15日内作出准予登记的决定。(4)商事登记机关自发出《受理通知书》之日起60日内,未收到申请文件、材料原件,或者申请文件、材料原件与公司登记机关所受理的申请文件、材料不一致的,应当作出不予登记的决定。商事登记机关需要对申请文件、材料核实的,应当自受理之日起15日内作出是否准予登记的决定。

商事登记机关作出准予公司名称预先核准决定的,应当出具《企业名称预先核准通知书》;作出准予公司设立登记决定的,应当出具《准予设立登记通知书》,告知申请人自决定之日起10日内,领取营业执照;作出准予商事变更登记决定的,应当出具《准予变更登记通知书》,告知申请人自决定之日起10日内,换发营业执照;作出准予公司注销登记决定的,应当出具《准予注销登记通知书》,收缴营业执照。

商事登记机关作出不予名称预先核准、不予登记决定的,应当出具《企业名称驳回通知书》、《登记驳回通知书》,说明不予核准、登记的理由,并告知申请人享有依法申请行政复议或者提起行政诉讼的权利。

商主体办理设立登记、变更登记,应当按照规定向商事登记机关缴纳登记费。

四、公告

商事登记机关应当将登记的公司登记事项记载于公司登记簿上,供社会公众查阅、复制。吊销《企业法人营业执照》和《营业执照》的公告由商事登记机关发布。

第五节　商事登记的监督管理

1. 商主体信息公示。商主体应当按照国家有关规定公示年度报告和登记相关信息。

2. 营业执照管理。商主体应当将营业执照置于住所或者主要经营场所的醒目位置。从事电子商务经营的商主体应当在其首页显著位置持续公示营业执照信息或者相关链接标识。

任何单位和个人不得伪造、涂改、出租、出借、转让营业执照。营业执照遗失或者毁坏的，商主体应当通过国家企业信用信息公示系统声明作废，申请补领。登记机关依法作出变更登记、注销登记和撤销登记决定的，商主体应当缴回营业执照。拒不缴回或者无法缴回营业执照的，由登记机关通过国家企业信用信息公示系统公告营业执照作废。

3. 分类监管。登记机关应当根据商主体的信用风险状况实施分级分类监管。登记机关应当采取随机抽取检查对象、随机选派执法检查人员的方式，对商主体登记事项进行监督检查，并及时向社会公开监督检查结果。

4. 查处职权。登记机关对商主体涉嫌违反法律规定的行为进行查处，可以行使下列职权：(1)进入商主体的经营场所实施现场检查；(2)查阅、复制、收集与商主体经营活动有关的合同、票据、账簿以及其他资料；(3)向与商主体经营活动有关的单位和个人调查了解情况；(4)依法责令商主体停止相关经营活动；(5)依法查询涉嫌违法的商主体的银行账户；(6)法律、行政法规规定的其他职权。登记机关行使前款第四项、第五项规定的职权的，应当经登记机关主要负责人批准。

5. 虚假商主体登记。提交虚假材料或者采取其他欺诈手段隐瞒重要事实取得商主体登记的，受虚假商主体登记影响的自然人、法人和其他组织可以向登记机关提出撤销商主体登记的申请。登记机关受理申请后，应当及时开展调查。经调查认定存在虚假商主体登记情形的，登记机关应当撤销市场主体登记。相关商主体和人员无法联系或者拒不配合的，登记机关可以将相关商主体的登记时间、登记事项等通过国家企业信用信息公示系统向社会公示，公示期为 45 日。相关商主体及其利害关系人在公示期内没有提出异议的，登记机关可以撤销商主体登记。因虚假商主体登记被撤销的商主体，其直接责任人自商主体登记被撤销之日起 3 年内不得再次申请商主体登记。登记机关应当通过国家企业信用信息公示系统予以公示。

6. 不予撤销商主体登记情形。有下列情形之一的，登记机关可以不予撤销商主体登记：

（1）撤销商主体登记可能对社会公共利益造成重大损害；（2）撤销商主体登记后无法恢复到登记前的状态；（3）法律、行政法规规定的其他情形。

撤销商主体登记决定错误救济。登记机关或者其上级机关认定撤销商主体登记决定错误的，可以撤销该决定，恢复原登记状态，并通过国家企业信用信息公示系统公示。

第六节　企业信用信息动态公示

国务院市场监督管理部门应当加强信息化建设，制定统一的市场主体登记数据和系统建设规范。国务院市场监督管理部门和国务院有关部门应当推动市场主体登记信息与其他政府信息的共享和运用，提升政府服务效能。

市场监督管理部门以经济登记信息为基础建立企业信用信息

公示平台，每年将企业登记信息、备案信息、监管信息等信用信息纳入平台公示，企业按照规定公示年报信息、获得资质资格的许可信息。它以企业法人国家信息资源库为基础构建市场主体信用信息公示系统，通过统一的企业信用信息公示系统实现企业信用信息社会共享，提供方便快捷的企业信用信息服务。相关部门将企业公示信息作为实施行政许可、监督管理的依据，企业投资人、交易相对人、银行、公众通过企业信用信息平台了解企业经营情况，进行商业判断。

市场监督管理部门对一年不申报的企业给予提醒，对两年不申报的企业予以警告，对三年不申报的企业载入经营异常名录（黑名单），对被载入经营异常名录（黑名单）的企业、有违法记录的企业及其相关责任人予以重点关注，采取有针对性的信用监管措施。对被载入经营异常名录或"黑名单"、有其他违法记录的市场主体及其相关责任人，有关部门要采取有针对性的信用约束措施。形成"一处违法、处处受限"的联动监管机制，通过联动的失信惩戒机制提高企业失信成本，以维护市场信用环境和交易安全。

一、国家企业信用信息公示系统

企业信息，是指在市场监督管理部门登记的企业从事生产经营活动过程中形成的信息，以及政府部门在履行职责过程中产生的能够反映企业状况的信息。为了促进商事信用服务，强化企业信用约束，维护交易安全，提高政府监管效能，便利社会监督，利用信息化手段采集、整合、提供企业基础信息和信用信息，建立全国企业信用信息公示系统。

全国企业信用信息公示系统公示的主要内容包括：商主体的注册登记、许可审批、年度报告、行政处罚、抽查结果、经营异常状态等信息。系统提供全国企业、农民专业合作社、个体工商户等市场主体信用信息的填报、公示和查询服务。企业信息公示应当真实、及时。公示的企业信息涉及国家秘密、国家安全或者社会公共利益的，应当报请主管的保密行政管理部门或者国家安全机关批准。县级以上地方人民政府有关部门公示的企业信息涉及企业商业秘密或者个人隐私的，应当报请上级主管部门批准。

企业填报年度报告和其他信息，通过系统选择登记机关所在地区，点击“企业公示信息填报”进行填报。全国企业信用信息公示系统查询步骤：(1)选择企业登记机关所在地区。(2)输入企业名称或注册号。(3)查询详细信息。企业依法公示信息，不免除其依照其他有关法律、行政法规规定公示信息的义务。

二、公示的企业信用信息范围

企业信用信息公示系统所公示的企业信用信息包括三类：

(一)市场监督管理部门公示的企业信用信息

市场监督管理部门主要公示其在履行职责过程中产生的企业信息，包括：(1)登记备案信息；(2)在市场监督管理部门办理的股权出质登记信息；(3)动产抵押登记信息；(4)经营异常名录信息；(5)严重违法企业名单(“黑名单”)信息；(6)其他依法应当公示的信息。这些企业信息应当自产生之日起20个工作日内予以公示。

(二)有关行政部门公示的企业信用信息

市场监督管理部门以外的其他政府部门应当公示其在履行职责过程中产生的下列企业信息：(1)行政许可准予、变更、延续信息。(2)行政处罚信息。例如，企业登记违法行为行政处罚案件信息；损害消费者权益行为行政处罚案件信息；制售假冒伪劣商品和侵犯知识产权行政处罚案件信息。(3)环境保护、公共卫生、安全生产、食品药品、产品质量监督检查中形成的企业信用信息。(4)依法应当记入信用信息档案或者依法应当向社会公示的其他信息。

(三)企业主动公开的信息

企业主动公开的信息包括例行公开的企业年度经营报告和随

时公开的法定动态信息。

1. 企业年度经营信息。企业应当于每年 1 月 1 日至 6 月 30 日,通过企业信用信息公示系统向工商行政管理部门报送上一年度报告,并向社会公示。当年设立登记的企业,自下一年起报送并公示年度报告。企业年度报告内容包括:(1)企业通信地址、邮政编码、联系电话、电子邮箱等信息。(2)企业开业、歇业、清算等存续状态信息。(3)企业投资设立企业、购买股权信息。(4)企业为有限责任公司或者股份有限公司的,其股东或者发起人认缴和实缴的出资额、出资时间、出资方式等信息。(5)有限责任公司股东股权转让等股权变更信息。(6)企业网站以及从事网络经营的网店的名称、网址等信息。(7)企业从业人数、资产总额、负债总额、对外提供保证担保、所有者权益合计、营业总收入、主营业务收入、利润总额、净利润、纳税总额信息。(1)至(6)规定的信息应当向社会公示,(7)规定的信息由企业选择是否向社会公示。经企业同意,公民、法人或者其他组织可以查询企业选择不公示的信息。除特殊监管的重点企业,一般企业不再需要提交财务审计报告。

2. 法定的企业动态信息。企业应当自下列信息形成之日起 20 个工作日内通过企业信用信息公示系统向社会公示:(1)有限责任公司股东或者股份有限公司发起人认缴和实缴的出资额、出资时间、出资方式等信息。(2)有限责任公司股东股权转让等股权变更信息。(3)行政许可取得、变更、延续信息。(4)知识产权出质登记信息。(5)受到行政处罚的信息。(6)其他依法应当公示的信息。市场监督管理部门发现企业未依法履行公示义务的,应当责令其限期履行。

三、企业经营异常名录

经营异常名录是市场监督管理机关依据法定条件和程序将市场主体从工商登记簿中移出,载入经营异常名录,并规定了载入经营异常名录后恢复的公示制度。登记机关通过市场主体信用信息公示平台设置经营异常名录,记载有经营异常情况的企业,将异常经营企业与其他正常经营企业进行区分,供社会公众查阅。它是对企业信用监管的一种制度,旨在形成对企业有效的市场约束和社会监督。经营异常名录制度,在法律效力上并未改变市场主体的法律责任和法律关系,用影响市场主体信用的方式对其进行监管。被载入经营异常名录的企业可以继续经营,但该企业连同法定代表人、投资人的信息,将被纳入不良信用监管体系。

(一)企业载入经营异常名录

县级以上市场监督管理部门应当将有下列情形之一的企业列入经营异常名录:(1)未按照法定的期限公示年度报告的。企业未依法通过企业信用信息公示系统报送上一年年度报告并向社会公示的,市场监督管理部门应当在当年年度报告公示结束之日起10个工作日内作出将其列入经营异常名录的决定,并予以公示。(2)未在市场监督管理部门责令的期限内公示有关企业信息的。企业未依法履行公示义务的,市场监督管理部门应当书面责令其在10日内履行公示义务。企业未在责令的期限内公示信息的,市场监督管理部门应当在责令的期限届满之日起10个工作日内作出将其列入经营异常名录的决定,并予以公示。(3)公示企业信息隐瞒真实情况、弄虚作假的。市场监督管理部门依法开展抽查或者根据举报进行核查查实企业公示信息隐瞒真实情况、弄虚作假的,应当自查实之日起10个工作日内作出将其列入经营异常名录的决定,并予以公示。(4)通过登记的住所或者经营场所无法联系的。市场监督管理部门在依法履职过程中通过登记的住所或者经营场所无法与企业取得联系的,应当自查实之日起10个工作日内作出将其列入经营异常名录的决定,并予以公示。市场监督管理部门可以通过邮寄专用信函的方式与企业联系。经向企业登记的住所或者经营场所两次邮寄无人签收的,视为通过登记的住所或者经营场所无法取得联系。两次邮寄间隔时间不得少于15

日，不得超过30日。

市场监督管理部门将企业列入经营异常名录的，应当作出列入决定，将列入经营异常名录的信息记录在该企业的公示信息中，并通过企业信用信息公示系统统一公示。列入决定应当包括企业名称、注册号、列入日期、列入事由、作出决定机关。

（二）企业移出经营异常名录

被列入经营异常名录的企业自列入之日起3年内依照《企业信息公示暂行条例》规定履行公示义务的，可以向作出列入决定的市场监督管理部门申请移出经营异常名录。

市场监督管理部门依照前款规定将企业移出经营异常名录的，应当作出移出决定，并通过企业信用信息公示系统公示。移出决定应当包括企业名称、注册号、移出日期、移出事由、作出决定机关。

因未及时填报上年年度报告被列入经营异常名录的企业，可以在补报未报年份的年度报告并公示后，申请移出经营异常名录，市场监督管理部门应当自收到申请之日起5个工作日内作出移出决定。

依照市场监督管理部门责令填报上年年度报告被列入经营异常名录的企业履行公示义务后，申请移出经营异常名录的，市场监督管理部门应当自收到申请之日起5个工作日内作出移出决定。

依照市场监督管理部门抽查或者根据举报核实企业公示信息隐瞒真实情况、弄虚作假被列入经营异常名录的企业更正其公示的信息后，可以向市场监督管理部门申请移出经营异常名录，市场监督管理部门应当自查实之日起5个工作日内作出移出决定。

依照市场监督管理部门通过登记的住所或者经营场所无法与企业取得联系被列入经营异常名录的企业，依法办理住所或者经营场所变更登记，或者企业提出通过登记的住所或者经营场所可以重新取得联系，申请移出经营异常名录的，市场监督管理部门应当自查实之日起 5 个工作日内作出移出决定。

市场监督管理部门应当在企业被列入经营异常名录届满 3 年前 60 日内,通过企业信用信息公示系统以公告方式提示其履行相关义务;届满 3 年仍未履行公示义务的,将其列入严重违法企业名单,并通过企业信用信息公示系统向社会公示。企业被载入永久经营异常名录,用注册号代替名称,不得恢复记载于企业登记簿,不得办理变更登记和公示年度报告,企业应当依法办理注销登记。

四、严重违法企业名录

在企业信用信息公示系统中设置严重违法企业名录,将严重违法企业列入名录。严重违法企业名录制度即“黑名单”制度,它是对严重违法的企业采取的信用监管措施,将严重失信的经营者列入“黑名单”。

(一)企业列入严重违法企业名录

企业被列入严重违法企业名录的情形包括:(1)被永久载入经营异常名录的。(2)公示信息隐瞒真实情况、弄虚作假,情节严重的。(3)被吊销营业执照的。(4)其他严重违法行为的。

(二)企业移出严重违法企业名录

企业自被列入严重违法企业名单之日起满 5 年均按照规定要求的期限公示年度报告或者按照市场监督管理部门责令的期限公示有关企业信息的,由国务院市场监督管理部门或者省、自治区、直辖市人民政府市场监督管理部门移出严重违法企业名单。

五、救济制度

政府部门发现其公示的信息不准确的,应当及时更正。公民、法人或者其他组织有证据证明政府部门公示的信息不准确的,有权要求该政府部门予以更正。

企业发现其公示的信息不准确的,应当及时更正;但是,企业年度报告公示信息的更正应当在每年 6 月 30 日之前完成。更正前后的信息应当同时公示。因企业公示信息错误、遗留引起的法律责任由企业承担。

公民、法人或者其他组织发现企业公示的信息虚假的，可以向市场监督管理部门举报，接到举报的市场监督管理部门应当自接到举报材料之日起 20 个工作日内进行核查，予以处理，并将处理情况书面告知举报人。

公民、法人或者其他组织对依法规定公示的企业信息有疑问的，可以向政府部门申请查询，收到查询申请的政府部门应当自收到申请之日起 20 个工作日内书面答复申请人。

公民、法人或者其他组织认为政府部门在企业信息公示工作中的具体行政行为侵犯其合法权益的，可以依法申请行政复议或者提起行政诉讼。

企业对被列入经营异常名录有异议的，可以自公示之日起 30 日内向作出决定的市场监督管理部门提出书面申请并提交相关证明材料，市场监督管理部门应当在 5 个工作日内决定是否受理。予以受理的，应当在 20 个工作日内核实，并将核实结果书面告知申请人；不予受理的，将不予受理的理由书面告知申请人。

市场监督管理部门通过核实发现将企业列入经营异常名录存在错误的，应当自查实之日起 5 个工作日内予以更正。

对企业被列入、移出经营异常名录的决定，可以依法申请行政复议或者提起行政诉讼。

六、维护监管职责

省、自治区、直辖市人民政府领导本行政区域的企业信息公示工作，按照国家社会信用信息平台建设的总体要求，推动本行政区域企业信用信息公示系统的建设。

国务院市场监督管理部门负责制定企业信用信息公示系统的技术规范。国务院市场监督管理部门推进、监督企业信息公示工作，组织企业信用信息公示系统的建设。国务院其他有关部门依法做好企业信息公示相关工作。县级以上地方人民政府有关部门依法做好企业信息公示工作。

其他政府部门可以通过企业信用信息公示系统,也可以通过其他系统公示前款规定的企业信息。市场监督管理部门和其他政府部门应当按照国家社会信用信息平台建设的总体要求,实现企业信息的互联共享。

由企业对所报送年度报告的真实性、合法性负责。市场监督管理对企业的年度报告不再审查。市场监督管理部门通过抽查方式,对企业通过信用信息公示平台公示的信息进行监督检查。对未依法参加企业年度申报的市场主体,工商登记机关将其从工商登记簿中移出,载入经营异常名录,并纳入信用监管体系。

抽查。国务院市场监督管理部门和省、自治区、直辖市人民政府市场监督管理部门应当按照公平规范的要求,根据企业注册号等随机摇号,确定抽查的企业,组织对企业公示信息的情况进行检查。市场监督管理部门抽查企业公示的信息,可以采取书面检查、实地核查、网络监测等方式。市场监督管理部门抽查企业公示的信息,可以委托会计师事务所、税务师事务所、律师事务所等专业机构开展相关工作,并依法利用其他政府部门作出的检查、核查结果或者专业机构作出的专业结论。抽查结果由市场监督管理部门通过企业信用信息公示系统向社会公布。

核查。市场监督管理部门对企业公示的信息依法开展抽查或者根据举报进行核查,企业应当配合,接受询问调查,如实反映情况,提供相关材料。对不予配合情节严重的企业,市场监督管理部门应当通过企业信用信息公示系统公示。

第七节　商事登记中的法律责任

一、违反商事登记中的法律责任

违反商事登记规定，承担商事责任和行政责任，构成犯罪的，依法追究刑事责任。违反法律规定的，登记机关确定罚款金额时，应当综合考虑市场主体的类型、规模、违法情节等因素。登记机关及其工作人员违反法律规定未履行职责或者履行职责不当的，对直接负责的主管人员和其他直接责任人员依法给予处分。违反法律规定，构成犯罪的，依法追究刑事责任。法律、行政法规对市场主体登记管理违法行为处罚另有规定的，从其规定。

1. 未经设立登记从事经营活动的，由登记机关责令改正，没收违法所得；拒不改正的，处 1 万元以上 10 万元以下的罚款；情节严重的，依法责令关闭停业，并处 10 万元以上 50 万元以下的罚款。

2. 提交虚假材料或者采取其他欺诈手段隐瞒重要事实取得商主体登记的，由登记机关责令改正，没收违法所得，并处 5 万元以上 20 万元以下的罚款；情节严重的，处 20 万元以上 100 万元以下的罚款，吊销营业执照。

3. 实行注册资本实缴登记制的商主体虚报注册资本取得商主体登记的，由登记机关责令改正，处虚报注册资本金额 5%以上 15%以下的罚款；情节严重的，吊销营业执照。

实行注册资本实缴登记制的商主体的发起人、股东虚假出资，未交付或者未按期交付作为出资的货币或者非货币财产的，或者在商主体成立后抽逃出资的，由登记机关责令改正，处虚假出资金额 5%以上 15%以下的罚款。

4. 商主体未依法办理变更登记的，由登记机关责令改正；拒不改正的，处 1 万元以上 10 万元以下的罚款；情节严重的，吊销营业执照。

5. 商主体未依法办理备案的，由登记机关责令改正；拒不改正的，处 5 万元以下的罚款。

6. 商主体未依法将营业执照置于住所或者主要经营场所醒目位置的，由登记机关责令改正；拒不改正的，处 3 万元以下的罚款。

从事电子商务经营的商主体未在其首页显著位置持续公示营业执照信息或者相关链接标识的，由登记机关依照《中华人民共和国电子商务法》处罚。

商主体伪造、涂改、出租、出借、转让营业执照的，由登记机关没收违法所得，处 10 万元以下的罚款；情节严重的，处 10 万元以上 50 万元以下的罚款，吊销营业执照。

二、企业信用信息动态公示法律责任

企业信用信息动态公示系统公示的信息来自市场监督管理管理部门、其他政府部门及市场主体，政府部门和市场主体分别对其公示信息的真实性负责。任何公民、法人或者其他组织不得非法修改公示的企业信息，不得非法获取企业信息。

企业载入经营异常名录的法定代表人（负责人）、投资人、董事、监事、高级管理人员的信息由登记机关纳入信用监管体系。被列入严重违法企业名单（“黑名单”）的企业法定代表人（负责人），三年内不得担任其他企业的法定代表人（负责人）。该企业法定代人（负责人）证明其不负有个人责任的除外。除此以外，相关部门在资质资格认定、许可审批、监督管理中可以采取相应的信用约束措施。

企业未按规定的期限公示年度报告或者未按照市场监督管理部门责令的期限公示有关企业信息的或企业公示信息隐瞒真实情况、弄虚作假的，由县级以上市场监督管理部门列入经营异常名录，通过企业信用信息公示系统向社会公示，提醒其履行公示义务；情节严重的，由有关主管部门依照有关法律、行政法规规定给予行政处罚;造成他人损失的,依法承担赔偿责任;构成犯罪的,依法追究刑事责任。

被列入经营异常名录的企业依法履行公示义务的,由县级以上市场监督管理部门移出经营异常名录;满3年未依法履行公示义务的,由国务院市场监督管理部门或者省、自治区、直辖市人民政府市场监督管理部门列入严重违法企业名单,并通过企业信用信息公示系统向社会公示。

县级以上地方人民政府及其有关部门应当建立健全信用约束机制,在政府采购、工程招投标、国有土地出让、授予荣誉称号等工作中,将企业信息作为重要考量因素,对被列入经营异常名录或者严重违法企业名单的企业依法予以限制或者禁入。

市场监督管理部门未依法履行职责的,由上一级市场监督管理部门责令改正;情节严重的,对负有责任的主管人员和其他直接责任人员依照有关规定予以处理。

政府部门未依法履行职责的,由监察机关、上一级政府部门责令改正;情节严重的,对负有责任的主管人员和其他直接责任人员依法给予处分;构成犯罪的,依法追究刑事责任。

非法修改公示的企业信息,或者非法获取企业信息的,依照有关法律、行政法规规定追究法律责任。

第六章　商事运行制度

商业实践中应对特定的交易需要，借助商事组织技术设置相应的商事运行制度，通过这些制度功能保障快捷、安全、低成本地完成商事交易。商法需要处理面向公众的大规模的、远程的、连续性的复杂交易，实现简单交易形式所不能实现的交易目标，商法通过商事技术设计使本来难以实现的交易具备可操作性。商法从运行制度层面进行整体安排设计，保障和规范商事流转关系和商事运行活动。在商业制度规则的实际运行状态中，商事法律行为往往嵌入商事运行制度之中。例如，在证券交易制度中，由证券公司、证券交易所和证券登记结算公司这样的特定的第三方机构对于交易的达成、履行进行过程接管，当事人的交易指令下达后，由证券公司和交易所来完成竞价、成交与交割，以制度的确定性保障替代买卖双方道德的确定性保障；由中立专业方的确定性替代利益当事人的确定性，由高级信用替代低级信用。由商事运行制度设置所提供的功能来降低识别成本、行使权利成本和监督管理成本，也便于纠纷解决。

第一节 商事运行制度概述

法学理论一般认为,私法奉行意思自治,法律行为是实现意思自治的基本手段,但是,这种实现方式是最基础的、最简单的实现方式。民法中依据当事人意思内容赋予相应的法律效力,单一的法律行为就能够产生相应的法律后果。虽然商事流转中存在法律行为,但是,单一性的法律行为不具有完备功能,不能解决全部问题,单个法律行为不足以实现商事目标。商事运行中的特定当事人的利益和意志存在于商事运行的特定环节,只有通过商事运行制度进行整体设计,才能实现预定功能,只有从商事运行制度层面上才能有效解释动态的商事运行法律体系。在商事关系中,商事运行制度是私法自治的升级版实现形式。商事运行制度中的基本构成包括:商事行为制度、商事运行模式、商事运行工具、标准化制度和商事运行设施。

一、商事行为制度

商事法律规范只提供抽象的行为模式,而商事关系是客观存在的社会关系,从逻辑上分析,商事法律规范调整商事关系,需要通过商事法律事实为中介来实现。商事法律事实是指能够引起商事法律关系产生、变更与消灭的客观情况。商事法律事实包括商事法律行为和商事法律事件,其中,商事法律行为是以主观意志为要素的,是商事法律关系中的主要法律事实。商事法律行为引起商事法律关系的产生、变更与消灭,形成相应的权利义务关系。商事运行关系领域是当事人积极行为的领域,商事行为是最基本的法律事实。①

① 商事关系中两个最基本的构成部分是商事组织关系和商事交易关系,在这两个领域中,商事法律行为的本质是一致的,但是,所嵌入的制度框架存在区别。

商事行为有其特殊的运行机制。一方面，商事法律行为只能从总体上概括性地说明商事运行。例如，“证券交易行为”一词粗略地涵盖了交易指示、集中竞价交易、成交、清算、交割等复杂的行为集合，不能准确地阐述和实现证券交易。另一方面，商事行为制度只能解决商事运行中特定环节的问题，因为商事法律行为总是嵌入商事制度之中，与相关制度要素结合才能产生相应的法律效果。只有在商事制度环境之中才能理解特定商行为的意义和功能，以某种简单化的程式表现的商事行为往往能够依据交易制度规则发生预定的法律效果，这些法律效果的内容往往已经进行了社会性的预设。或者说，商事关系中准备了一系列的交易制度框架和组织制度框架，某种行为的法律效果预先固化于制度框架之中，特定商行为的性质、功能和运行规则需要在商事运行关系中才能正确理解。

在商事法律行为体系中，商主体的行为与非商主体的行为在性质、地位上存在明显的差异，大陆法系中的商行为是与具有专业市场能力的商主体密切联系的概念。德国、意大利等国家商法规定，商行为必须是商人所从事的营利行为，这种规定的优点在于通过对商主体的严格要求以保障交易安全、秩序和公开。法国商法规定，商行为可以是任何主体所从事的营利行为，即使普通个人也可以直接运用商法的某些特有技术。法国商法规定的优点在于体现了商事运行中参与当事人的多样性，保障商事参与的平等和自由。

二、商事运行模式

商法对于动态的商事流转关系一般通过设计商事运行模式进行实现、保障和规范。商法以实现特定产品和服务交换功能为导向，整体设计运行模式、安排制度结构、使用相应的技术设施、设置相应的运行规则。从市场运行层面看，商事运行模式表现为商业模式；从经营者层面看，表现为营利模式；从消费者层面看，表现为理财或消费方式;从具体交易层面看,表现为商业操作模式。

特定商事运行模式一般由经营者设计,由市场参与者和社会公众学习使用,并由法律权威确认。在特定商事运行模式中,某个环节的法律行为只能部分地或者间接地指向最终的整体性效果,很多行为人的行为仅仅起到辅助作用。嵌入商事运行模式中的商事法律行为不但要重视当事人的内在意思以及外在表现形式,而且只能实现所嵌入制度框架所预设的意思效果。这种意思效果来源于商业社会的一般性判断,通过商事技术标准化处理,而后通过商事惯例或者商事立法赋予强制效力。对特定商事行为的法律效果不能仅仅依据当事人的意思设定,而是依据所嵌入的特定商事运行模式作出社会化界定。

因为商事关系是经过商业技术整合的复杂社会关系,商事法律行为也受制于技术整合的过程和结果,商事法律行为存在于商事交易制度所设置的预定空间,所以,商事法律行为只有结合特定商事交易制度才能发挥相应功能。商事交易领域的变迁过程通常表现为一些新的制度安排逐步代替旧的制度安排、一些新的行为规则逐渐代替旧的行为规则的社会过程。正是因为嵌入于商事运行制度之中,某个特定法律行为中的意思效果不仅要实现其直接目的,还要与相关环节要求和整个制度功能的要求相适应。理解商事法律行为的性质必须将它放在商事运行制度中来理解。

三、商事运行工具

为了能够高效便捷地实现商事流转,商法设置商事运行工具制度,以其商业功能来实现商事运行。通过规则结构安排,形成相应的制度功能,并依托载体实现实体化,成为商事运行中的实体工具。通过市场参与者认同、学习和使用,这些商业设计成为商业共同体中共同使用的工具,在商事运行中发挥制度功能。典型的商事运行工具包括货币、票据、信用证等。

1. 货币

货币是由权威机构发行的由交易各方使用的购买货物、保存财富的媒介。作为一般等价物,货币的出现突破了物物交换模式的局限性,使“买”和“卖”在时间上分离,从而便利了货物流通。在现代商事关系中,货币发挥价值尺度、支付手段、流通手段、贮藏手段功能,是最基本的商事运行工具。

2. 票据

票据是指出票人依法签发的由自己或指示他人无条件支付一定金额给收款人或持票人的有价证券。票据包括汇票、本票和支票。汇票是出票人签发的,委托付款人在见票时,或者在指定日期无条件支付确定的金额给收款人或者持票人的票据。汇票是国际结算中使用最广泛的一种信用工具。本票是出票人自己于到期日无条件支付一定金额给受款人的票据,这种票据只涉及出票人和受款人两方,出票人签发本票并自负付款义务。支票是出票人签发的,委托办理支票存款业务的银行或者其他金融机构在见票时无条件支付确定的金额给收款人或者持票人的票据。票据发挥支付、汇兑、结算、信用、融资功能,在远程和大额交易中票据是比现金货币更有效的商事支付工具。

3. 信用证

信用证是指银行根据进口人(买方)的请求,开给出口人(卖方)的一种保证承担支付货款责任的书面凭证。开证银行授权出口人在符合信用证所规定的条件下,以该行或其指定的银行为付款人,开具约定金额的汇票,并按规定随附装运单据,按期在指定地点收取货款。信用证通过以银行信用替代企业信用,有效地解决了国际贸易中买卖双方互不信任的问题,促成了互不信任的买卖双方完成交易。

信用证运行的基本程序是:(1)进出口双方当事人在买卖合同中约定采用信用证方式付款。(2)进口方向其所在地银行(开证行)申请开证,并交纳一定的开证押金或提供其他保证,请开证行向出口方开出信用证。(3)开证银行开立以出口方为受益人的信用证,通过其在出口方所在地的协作银行(通知行)通知出口方。(4)出口人发运货物并取得相应的装运单据,按信用证规定向其所在地议付行(通知行或其他银行)议付货款。(5)议付行支付货款、收取单据,成为付款行。(6)付款行依银行间协议向开证行求偿并寄交单据。(7)开证行偿付资金、收取单据,通知开证申请人付款赎单。

任何交易的达成均以买卖双方之间存在信用为前提,远程交易发生在陌生人之间,交易双方之间不存在人身信用。卖方希望收款后发货,而买方希望收货后付款,双方对于自身交易安全的考虑导致交易无法达成。信用证制度通过引进作为第三方的银行,以银行信用为双方保障交易安全,从而实现远程交易。

4. 电子支付

电子支付是指交易各方之间使用电子手段把支付信息通过信息网络安全地传送到银行或相应的处理机构,来实现货币支付或资金流转的行为。20 世纪 90 年代,互联网应用于商业领域,依托因特网形成电子商务模式,电子支付成为电子商务中的基本支付工具。电子支付快捷便利,可以克服现金保管、携带、找零等不方便,也可以克服支付空间障碍,从而提升支付效率。

5. 债券

债券是政府、企业、银行为筹集资金,按照法定程序发行并向债权人承诺于指定日期还本付息的有价证券。债券包括政府债券、金融债券和企业债券。债券的本质是债的证明书,债券购买者与发行者之间是债权债务关系,债券发行人即债务人,债券购买者即债权人。债券是一种有价证券,债券可以上市流通。通过发行债券,企业获得资金的使用权,可以组织生产经营;通过购买债券,投资者实现投资活动,可以获得债权并获取债券利息。

6. 股票

股票是股份有限公司向出资人发行的股份凭证。股票体现了股东对于公司的投资关系,持股人为公司股东,有权参加股东大会、投票表决、参与公司的重大决策、收取股息或主张分配剩余财产等,同时承担公司经营失败风险。股份有限公司将资本划分为标准化的等额股份作为投资的最小单位,同股同权、同股同利,便于行使表决权、计算利润和损失份额,便于转让。股票可以转让、买卖,是资本市场上的主要流通工具。通过发行股票,企业获得资本金,可以组织生产经营;通过购买股票,投资者实现投资活动,可以获得股权并分享经营利润。

7. 贸易术语

贸易术语是在长期的国际贸易实践中产生的,用来表示成交价格的构成和交货条件,确定买卖双方风险、责任、费用划分等问题的交易制度安排。每一种贸易术语对买卖双方的义务都有统一解释,有利于买卖双方明确各自的权利和义务。各种贸易术语明确界定成本、运费和保险费等由哪方负担,买卖双方比较容易核算价格和成本。采用贸易术语不仅简化了国际贸易中的缔约方式,而且依据相关的国际惯例解释,可以避免买卖双方在交易中发生争议。

8. 智能合约

智能合约是以信息化方式传播、验证或执行合同的计算机协议。合约写入计算机可读的代码中,通过触发条件达成协定,智能合约建立的权利和义务是由一台计算机或者计算机网络执行的。参与方通过计算机可读的代码在合约宿主平台上安装合约,致力于合约的执行时,执行意味着通过技术手段实施交易意思。智能合约允许在没有第三方的情况下进行可信交易,这些交易可追踪且不可逆转。智能合约提供了优于传统合约的安全方法,并减少了违约、强制执行等交易成本。

四、标准化制度

现代工商业社会中进行大规模生产和大规模消费;企业组织将商业要素大规模地集中组织并便利化流通,其基本的技术保障是标准化制度。首先,产品和服务的标准化。在生产过程中统一技术标准,生产出标准化的产品和服务,使交易对象可以用品名、规格、型号、数量进行界定。其次,商业要素的标准化处理。通过舍弃资本等商业要素的个性,保留同质的类别品质、类别功能标准,以实现基本品质保障;通过节约识别成本,以实现规模化组织和自由化流通。例如,股份技术对于投资者权益进行标准化处理,同股同权、同股同利,便于行使表决权、计算利润和风险损失份额。股份的同质性强化了资本流通性。最后,交易程序的标准化。城市地铁、公共汽车等公共交通服务系统借助线路、站点、车号、公交卡等设施,设计了标准化的交易程式;超市通过货架、标签、收银台等设施,设计了标准化的交易程式。

五、商事运行设施

现代商业运行不仅在主观上依赖于参与人的自由意志,而且在客观上需要依赖于技术设施提供功能支持。例如,高铁运输中所依赖的铁轨、高速列车;电讯运营中所依赖的手机、基站设施;城市供水、电、气、暖所依赖的管道、管线。

随着交易内容和交易方式的复杂化,商业实践中形成结构复杂、技术性能和商业性能优越的设施系统。商事运行效率在更大程度上取决于商事硬件设施的功能,商事运行模式的升级和更新往往通过硬件设施的技术性能和商事功能的提升来实现。

第二节　商事运行法原则

商事运行法原则是指商事运行关系中的基本准则,它体现了商事运行的本质要求,对商事运行制度规则发挥指导功能。

一、鼓励交易原则

由于主体的需求不同,同一种商品对不同的人具有不同的效用,商事交易中的当事人对于交易标的具有不同的价值评价。例如,甲以一元钱购买乙的一个苹果,一个苹果对于买方甲的价值高于付出的对价一元钱,而一元钱对于卖方乙的价值则高于一个苹果,交易的结果是甲乙均获得了效用和价值增值,即合作剩余。经济学理论认为,通过交易,商品与服务流向最需要的地方,经济资源流向最能够实现其价值的主体手中,交易可以优化资源配置并实现增殖,带来经济的发展和社会进步。交易是市场中的基础活动,国家立法对商事活动的干预不是为了限制交易,而是通过建立良好的交易秩序以保障交易,鼓励交易原则充分体现在商法规则和制度之中。通过交易自由、意思自治,在合法前提之下最大限度地尊重当事人的交易意愿以促进交易。商法中基本的倾向是最大可能地维护交易的有效性,不会轻易否定一项可能有效的交易。合同法中设置可撤销制度、效力待定制度,缓和了合同无效的绝对性;对于有缺陷的交易行为,最大限度地为交易行为人提供补救机会。

二、交易简便、迅捷原则

商事交易之目标在于充分利用现有资源以追求最大经济效益,而资金与商品的流转频率与其所获得的效益成正比。商品流转规律客观上要求法律应充分保证商品交易之简便、迅捷。交易简便可以通过简化交易环节来节约成本,交易迅捷可以通过节约时间提高效率,简便、迅捷原则贯穿于商事运行制度规则之中,它主要体现在以下方面:

1. 交易简便

商行为一般采取要式行为方式和文义行为方式,并通过强行法和推定法对其内容预先予以确定。如在商事买卖中采用交互计算，以及在商事租赁、商事借贷、商事承揽、商事居间、商事行纪、商事信托等商行为中设有大量的推定条款，使这类商行为在法律效力上具有可推定性，简化了当事人的协议过程，简便了交易手续，保证了交易的迅捷。

2. 短期时效

商法对于各类商事请求权，如票据请求权、货物买卖中的质量异议等，普遍采取不同于民法上时效期间的短时效。短时效制度的目的在于促使当事人迅速行使权利，以保证交易的迅捷。

3. 定型化交易规则

商法中通过权利证券化和权利义务格式化使大量交易类型化。如广泛采用票据、提单、保险单等，通过这些要式文件和文义文件，使法律行为标准化、定型化，从而简化了权利转让和权利认定的程序。

三、交易的制度化原则

商事交易是一种社会化运作的交易，交易的制度化是其实现形式。在商事关系宏观领域，运行着票据制度、证券交易制度、保险制度、海商制度、电子商务制度等；在商事关系微观领域，运行着标准合同制度、商场交易制度、公共交通服务制度、信用证制度等。这些制度化的交易工具存在和运作情况构成了现实的商事交易存在形态，今天的商事交易活动总是采用这种或者那种交易制度。商主体只有通过各种交易制度才能有效地谋取利润，商主体必须熟练掌握和运用各种交易制度，所以，现代社会中的商主体具有专业的商事技术素养。商事交易的普遍制度化是市场竞争多方反复博弈的结果，它产生一种推动商事交易制度不断优化的力量。制度化依托商业技术理性，创造一系列具有操作性的规则、程序体系。这些制度规则可以超越国界，获得全球性的普适性，因此，我们可以看到沃尔玛在世界各地开设同一经营模式的连锁店。在这种制度化的交易过程之中，通过双方反复协商达成合意的典型交易形态几乎看不见。由于交易促进了生产,商业吞并了工业、农业,普通人作为消费者和劳动者进入商业运作关系之中,同样也必须在一定程度上掌握相关的商事交易制度规则,否则,他们无法正常生活。商业日常交易大量采用制度化操作,如超市购物、公交服务将合同的缔结、成立、生效制度化为履行行为,一旦完成履行行为,则可以从法律上推定存在合同的缔结、成立、生效;反之,则视为不存在合同的缔结、成立、生效。

第三节　商事运行中的法律行为

对于特定商行为,现代商法更加注重商事行为所嵌入的商业模式和商行为的形式,而不像传统民法那样过于关注商主体在从事商行为时的动机和内在意愿。因此,当商主体之间就契约的效力发生争议时,法官往往根据当事人所处特定商业模式限定范围所表现出来的内容赋予相应法律效力,而不是根据当事人内在的意思赋予相应法律效力。商法对于商行为往往采取表示主义而非意思主义,商行为中的意思一般依据外在行为来推定,这些行为的商法效果依托特定商事制度设计。在商事运行中,生产经营过程实现了科学化、逻辑化,通过一系列程序化的市场经济制度,个人所有的商业行为都只能在商业制度规则设置的空间内展开。商事运行制度设置实现了人的商业行为方式的理性化,也将人们实现商业目的之手段理性化,从而产生了个人行为对商业制度系统的高度依赖。

一、商事法律行为的概念

狭义的商事法律行为也称商行为,是指商主体所从事的以营利为目的的经营行为。在大陆法系民商分立制国家的商法中,商行为是一个法定概念。在奉行客观主义的国家中,以商行为为逻辑中心构建商法典，商行为着眼于行为的客观性质，并据此认为商行为可以是任何主体以营利为目的所为的法定行为。近代的《法国商法典》创造了这一立法模式，现为《西班牙商法典》所采用。在奉行主观主义的国家中，以商主体概念为前提，并在此基础上推导出商行为，即商行为必须是商主体以营利为目的所从事的法定营业行为。近代的《德国商法典》创造了这一立法模式。在德国商法中，商行为是商主体所从事的行为；德国学者根据《德国商法典》第343(1)条的规定，认为商行为是商人从事商事经营的全部行为。在这里，商行为应当符合两个要件：一是商行为必须是商人所进行的行为；二是商行为必须是商人在自己的商事活动中所进行的行为。[①] 在奉行折中主义立法模式的国家中，以折中的立场确定商行为，即商行为包括任何主体所从事的法定的客观商行为，以及商主体所从事的法定的主观商行为。因为，一方面，商人主义在界定商人资格和身份的同时亦对商行为的种类作出了规定；另一方面，商行为主义在界定商行为的种类的同时亦对商人的资格和身份作出了界定。这样，无论商法典采取什么样的立法体例，商人和商行为共同构成现代商法的两种同等重要的商事制度。[②] 折中主义实际上就是客观主义和主观主义的并用，新的《法国商法典》和现行《日本商法典》采用此立场规定商行为。

依据我国商法学界的一般理解，商事法律行为概念的含义包括：第一，商事法律行为以意思表示为要素。其意思以商事活动为内容，旨在实现商事利益。第二，商事法律行为是商法所确认的法律行为。其与商事法律规范联系，受商事法律规范调整，产生商法上的法律效果。第三，商行为是商主体所为的行为。其以商主体这种特定的身份为前提，非商主体不能从事商行为。第四，商事法

---

① V. Alfred Jauffert, Droit Commercial, 2e edition, Dalloz, p. 296.

② 参见张民安、龚赛红：《商法总则》，中山大学出版社2004年版，第205页。

律行为是商主体的营业行为。商事法律行为专指商主体在经营活动中的行为，非经营行为不属于商事法律行为。我国《深圳经济特区商事条例》第5条第3款规定：本条例所称商行为，是指商人从事的生产经营、商品批发及零售、科技开发和为他人提供咨询及其他服务的行为。

二、商事法律行为的性质

对于商行为性质，学界存在各种理论学说，有营利目的说、媒介流通说、企业行为说、交换行为说、功能说。[①] 每种学说都从特定方面揭示了商行为的本质，但是，这些学说只是反映了特定历史条件下的认识倾向。今天应该在当代商业实践的基础上讨论商行为性质，关注商事关系的社会化运作和技术化处理的事实。每个具体的商事法律行为在各自商事关系领域中均依据相应的功能需要，设计了特有的外在程式，嵌入相应的制度框架之中。作为一种法律行为，它具有表意性、预期目的性和法效性，即具有法律行为的一般性质。但是，商事法律行为又具有区别于其他法律行为的特有性质。

1. 具有商事制度设定的法律意义

现代商法意义上的商行为是商法规范中的行为，哪些行为被纳入商法调整范围，发生何种法律效果，这些均是法律选择确认的结果。在主体身份限制方面，只有商主体才有资格为商事行为，公法主体虽可依法进行一定形式的民事行为，但一般不得从事商行为，否则会导致市场混乱。特别需要注意的是，在商事法律制度规则的构建过程之中，一般预先设置典型行为的方式、程式要求和法

① 营利目的说认为商行为的本质在于其以营利为目的，不是以营利为目的的交换或交易不属于商行为。媒介流通说认为商行为的本质在于其功能，通过商行为媒介财货流通，实现商事运行。企业行为说认为商行为的本质在于其行为主体为企业，是企业开展商事活动的方式。交换行为说认为商行为的本质在于它是商品交换行为和与商品交换行为有关的行为。功能说认为商行为的本质在于它是实现商品交换功能的行为。

律后果。例如,票据法中的背书能够产生法律规定的权利义务。

2. 包含标准化的意志因素

商行为中的意思表示均需要结合既定的商事交易制度背景,在制度设计过程中已经将所要求的意志因素标准化。以契约为例,古典契约所强调的严格的合意已经不符合现代商业实际,现代商事契约中大量采用缔约强制、契约内容的规制、标准契约等形式。

3. 隐含营利目的

商事法律行为的主观方面是营利目的,这与商事关系的属性相协调,营利目的使商事法律行为区别于其他法律行为。

4. 嵌入于营业活动背景环境的外在程式

商行为存在于营业活动之中,某项具体的商事行为总是存在于特定的商事交易制度框架之中,只有在这个交易系统环境中才能理解其意义。某一单独的行为往往已经预设了相应的商事功能,会启动一连串的商事法律效果。这就类似于手机照相过程,行为人只要点击拍照键,就能够拍出照片。拍照行为人通过点击手机拍照键完成拍照意愿表达,但是,单凭拍照行为本身不能实现成像的结果。成像所需要的复杂的物理、化学和数字化处理机制由相机技术设计确定,成像的结果是拍照行为人的动作(意志)与手机拍照功能相结合的产物。

在商事秩序形成过程中,商事关系参加者对于商事制度规则的习得是一个基础性的行为活动。商主体必须掌握专业规则,普通消费者也必须在操作层面上熟悉商事规则和运作机制,只不过这种机制简单易学。例如,公共汽车的上车投币制度,超市的自选和付款,股票交易规则中的交易委托。因为这些商事活动是社会生活中的基本活动,所以成为现代人社会化内容的必要部分。

三、商事法律行为的特征

商事法律行为正是依据具有特定商事能力主体、以营利为目的、营业性行为这些特征才得以与民事法律行为相区分,并受到商法的特别确认和特殊控制。

1. 商事法律行为是商主体所为的行为

在商事关系中存在诸多行为主体,其中,商主体处于主导地位,商主体的行为引领整个商业运行,商主体的每一个行为均引起相关交易制度规则的预置效果。狭义的商事法律行为是商主体所为的行为,商行为与商主体之间常常互为因果。任何法律行为都是特定主体所从事的行为,主体的行为能力对于行为的有效性起着决定性作用,因此,商行为是商主体所从事的行为。一些国家法律明确规定,非商主体所从事的行为不能被认定为商行为,不能适用商法。广义的商行为包括商事关系中所有主体的具有商法意义的行为,普通社会成员在商事活动中处于顺应地位,遵循商主体制定的游戏规则。人们根据自己的位置和利益需要,在商业情境中,"判断什么是我最适当正确的反应和行为方式?在多数情况下,规则和程序(即制度)是清楚明确的,个人总是跟随惯例,按照惯例的要求采取行动,个人的行为是被动的,是不断适应的过程"①。

2. 商事法律行为是营业行为

从商主体角度观察,商行为是经营性行为。所谓经营性是指营利行为的连续性和不间断性,它表明商主体至少在一段时期内连续不断地从事某种同一性质的营利活动,因而是一种职业性营利行为。多数国家商法规定,一般民事主体偶尔从事营利活动,不属于商行为。由于经营性活动是一种重复性的、经常性的活动,它已经被纳入国家专门管理的范围,因此它与商事登记密切相关,即履行了商事登记的行为可以被推定为商行为。"商人们为了在操作方面满足追逐效益的目的,充满知识地创设和恢复了有利于商

---

① 张静:《政治社会学及其主要研究方向》,载《社会学研究》1998 年第 3 期,第 5~8 页。

事经营、提高效率的各种方法,结果使商事营业维持原则从观念形态到规范性准则状态再到切实地运作。”①

3. 商事法律行为是以营利为目的的行为

商行为是以营利为目的的行为,营利性是商法的特性,同时也是商行为的特性。商行为作为一种以营利为目的的行为,着眼点在于行为的目标,而不在于行为的结果。是否实现了营利,并不是判断商行为成立与否的依据。因此,从理论上看,商行为是一种推定法律行为,许多国家商法明确规定,只要是以商主体的名义实施的行为,必然为商行为。

4. 商事法律行为是适应商事交易关系的制度化行为

制度的价值在于为社会经济活动提供一种稳定的长期服务,人们可以借此对社会经济互动作出长期的预期,并由此产生安全感。② 在一系列共享的商事规则制约下,商事运行制度可以增加社会、经济交换行为的稳定性和可预期性,从而减少非规范社会经济行为中的不确定性风险。同时,作为一种交易各方共享的社会规则,制度能够促进人们之间的相互信任与合作,使组织行为变成一个超越个体的集体行动,由此形成的规模经济将大大降低交易成本。在一些新兴的商事领域,一种新的商事运行模式能够得以制度的形式出现。这最初来源于经营者的制度设计,进而得到消费者的认同和使用,并得到监管者的确认。从某种意义上说,商事法律行为是交易各方共同选择和相互妥协的结果,体现了各方的利益均衡。商事交易是一种充分体现经济利益和经济效益的活动,它与一般的社会交往并不一样。商行为作为以商事交易为内

① 韩秀义:《商事营业维持原则》,载《现代法学》2001 年第 2 期,第 130~134 页。

② 参见李汉林、渠敬东、夏传玲、陈华珊:《组织和制度变迁的社会过程——一种拟议的综合分析》,载《中国社会科学》2005 年第 1 期,第 94~108 页。

容的法律行为，必然具有商事交易的特点。[①]

四、一般商行为的理论分类

一般商行为相对于特殊商行为而言，一般商行为和特殊商行为是从商法对商行为之特别调整的共性和个性的角度提出来的问题。一般商行为是指在商事交易中具有共性的，并受商法规则所调整的行为。多数学者认为，一般商行为主要分为绝对商行为与相对商行为、单方商行为与双方商行为、基本商行为与辅助商行为和固有商行为与推定商行为等几种类型。

（一）绝对商行为与相对商行为

绝对商行为又称客观商行为或当然商行为。绝对商行为是指依照行为的客观性和法律的规定而必然认定的商行为。它不以行为主体是否为商主体和行为本身是否具有营利性为认定要件，仅仅以行为的形式为认定要件。票据行为、证券交易行为、融资租赁行为、保险行为、海商行为等均为绝对商行为。绝对商行为通常由法律限定列举，不得作推定解释。绝对商行为是依行为客观的商

① 这些特点主要表现为三个方面：其一，商行为是与风险和风险防范紧密相连的行为。商事活动是一种风险与利益并存的活动，获利越高，风险越大；高风险下的高获利，这常常是推动商事发展的动力，也是商事交易的规律和特点。商行为作为一种受法律调整的行为，从行为的自发性而言，它具有高风险的特征；从法律对商行为的规范性而言，行为的有序性和受法律调整性又充分体现了其对风险的自觉防范。其二，商行为是保密性与公开性并存的行为。一方面，商行为作为一种具有经营性、竞争性特点的行为，它与经营手段、经营方法、经营经验等密切相关。经营手段、方法和经验等常常是导致竞争失败的重要因素，它常常构成商主体所特有的商业秘密，从这个意义上而言，商行为是一种具有一定保密性的行为。另一方面，商事交易行为是一种以交易相对人之存在为前提的行为，交易过程和交易结果都直接影响着交易相对人，甚至社会公众的利益。为了保证交易安全，交易相对人或社会公众对交易对方的情况、交易的内容有所了解则成为促成交易的先决条件，从这个意义上而言，商行为又是一种具有公开性的行为。商行为的公开性，常常通过强制性法律规范予以实现，如法律所规定的商事登记制度、商事年检制度、上市公司信息披露制度等。其三，商行为是注重商事效率的行为。商事交易的特点之一是商事效益与商事效率紧密相连，只有高效率才能实现高效益。从各国商法实践来看，商行为的高效率主要体现在交易形态定型化，如格式合同；交易客体证券化，如票据、提单等；筹资行为股票化，如上市公司股票发行。参见范健主编：《商法》（第 2 版），高等教育出版社、北京大学出版社 2002 年版，第 84 页。

的性质，由商法规定当然属于商行为的行为，不受行为主体是否为商人以及行为本身是否采用营业形式的影响，具有突出的客观性。例如，票据行为、海商行为、商事保险行为等均属于绝对商行为。绝对商行为范围由法律限定列举，不允许作类推性的扩大解释。

相对商行为又称主观商行为或营业商行为。相对商行为是指依行为的主观性和行为自身的性质而认定的商行为，它以行为主体是否为商主体和行为是否具有营利特性为认定要件，凡是由商主体所从事的营利行为就是商行为。相对商行为仅在法律列举范围内由商主体实施或由非商主体依法以日常营业方式所实施的商行为，具有相对性和附条件性。此类行为只有在行为主体或行为方式符合法定条件时，才能成为商行为并适用商法特别规定，否则视为一般民事行为而适用民法的有关规定。相对商行为是商法对商事实践中最为普遍的营业性的行为所作的高度概括。

（二）单方商行为与双方商行为

商事行为必有一方为商主体，双方均为商主体的行为属于典型的商行为；仅有一方为商主体的行为属于混合商事行为。混合商事行为中一方行为人为商主体，其行为性质为商行为；另一方行为人为民事主体，其行为性质为民事行为。例如，商场购物的一方为商场，属于商主体，其行为属于经营行为；另一方为消费者，其行为属于消费行为。混合商事行为将狭义的商事关系与民事关系相联结，通过这种关系实现商业利润。企业生产的产品和服务最终是为了满足消费者的需要，消费者会为此而支付货币。商主体只有与消费者进行交易，才会产生和实现利润。非商主体的行为也处在商事关系之中，其行为也会产生商法上的效果，但是，这种效果不是狭义商行为的效果，从某种意义上也可以看成民事法律行为。所以，混合商行为中只有一方的行为为商行为，也可以称为单方商行为。

单方商行为是指行为人一方是商主体而另一方不是商主体所

从事的行为。单方商行为中行为人之间的实质地位不平等、商业能力不相当、商业信息不对称，消费者不能有效识别、安排和规避商业风险。对于单方商行为的法律适用，各国商法的规定不尽相同。大陆法系国家商法通常规定，只要行为人中有一方为商人，其交易双方都应适用商法。但英美法系国家商法则规定，当行为人中只有一方为商人，该商人适用商法，作为另一方的非商人不适用商法。

双方商行为是指当事人双方都为商主体所实施的营利性经营行为。在双方商行为中，推定双方地位平等、能力相当，能够有效识别、安排和规避风险，双方商行为适用商法。

（三）基本商行为与辅助商行为

基本商行为是指直接从事营利性经营活动的商行为，如买卖商行为。辅助商行为是指其行为本身并不直接达到商主体所要达到的经营目的，但却可以对以营利为目的的商行为的实现起辅助作用，如广告行为、代理行为等。辅助商行为作为一种从属性商行为，它是相对于主商行为而言的。其实，从事辅助商行为的主体本身也是为了实现一定的营利目的而实施此行为的。

（四）固有商行为与推定商行为

这是大陆法系国家商法中的一种分类。固有商行为是指商主体所实施的营利行为或商法典所确定的商行为。推定商行为是指拟制商主体所实施的经营性商行为。这种商行为常常不能根据法律的规定来确认商行为的性质，而需要根据该行为本身的性质来推定其商行为性质，如非商主体所实施的信息咨询等。

五、特殊商行为的理论局限

特殊商行为是从商法对商行为之特别调整的个性角度提出来的，是指在商事交易中具有个性，并受商法中的特别法或特别规则调整的商行为。特殊商行为产生的基础是商事交易内部的特殊性以及商法对不同类型商事交易法律调整的特别需求。

在传统的商法理论中，特殊商行为主要分为商事买卖、商事行纪、商事居间、商事代理、商事运输、商事仓储、商事票据、商事担保、商事保险、海商等。现代商法中的特殊商行为，还包括商事信托、商事期货、商事融资租赁、商事证券交易、商事信息咨询以及商事银行交易、商事投资基金运作、营业转让等内容。各国商事立法对特殊商行为的法律调整，在立法技术上一般采取两种方法。在制定有商法典的国家中，一方面，在商法典中规定了一部分调整特殊商行为的规则，这些规则主要以传统的特殊商行为为调整对象；另一方面，由商事单行法调整特殊商行为，这些立法主要以现代商事交易中出现的新的特殊商行为为调整对象。而在未制定有商法典的国家中，特殊商行为基本上由商事特别立法或商事专门立法予以调整。

笔者认为，对于特殊商行为问题，传统商法理论存在根本性的误解，主要体现为特殊商行为范畴之上存在逻辑误置和功能超载。其实，从逻辑上分析，每一个具体的商行为均为特殊商行为。传统商法理论中所列举的特殊商行为类型实质为特定的商事运行模式。商事法律行为的要旨在于依据当事人的意思表示产生商事法律关系变动的法律效果，但是，所谓的特殊商行为中的意思内容无法精确化，最多只是一种总体性的指向。一个单纯的意思表示不足以支持一个复杂的商事运行过程，也不足以产生一系列复杂的商事法律效果。例如，国际贸易中单靠买卖意思并不能实现预期法律效果，只有结合货物运输、关税手续、海上保险、信用证等制度才能完成一项国际货物买卖活动。

第四节　商事运行制度的典型模式

随着现代商事交易复杂程度的提高和交易规模的扩大，现代商事交易的交易标的、交易种类、交易手段、交易方法等都变得复杂多样。例如，交易标的不仅是有形物，还有无形物、有价证券；交易的方法不仅是直接交易，更多地出现了间接交易、中介交易；交易的种类不仅仅是生产型和贸易型，还有服务贸易型、信息咨询型。

在商法之中，完成这些交易不能仅仅通过特殊商行为制度规范，所谓的特殊商行为已经不仅仅是单纯的法律行为，单纯依据当事人的意思确定法律效果，而是经过商法技术的进一步设计，形成具备特定功能的可操作的运行制度。典型的商事运行制度主要包括以下内容。

（一）商事货物买卖

商事货物买卖指以货物为交易标的的买卖制度。它是商法中最古老、最常见的商事运行制度，是以各种专门的商事交易形式展开的。商事买卖制度与民事买卖制度有共同的原则、制度和规则，但商事买卖与民事买卖的概念、性质、对象以及原则不尽相同。在欧洲大陆法系国家，商法典中都有对商事买卖行为的特别规定；在《美国统一商法典》中，货物买卖关系是构造商法典的核心关系。这些规定一般是从保证商事交易的迅速、明确、安全角度来进行设计的，商事法律规范首先设计或者认可商事惯例中已经存在的交易制度框架，赋予特定的行为以商法效果；其次规定商事买卖中的迟延责任、商事买卖中给付标的物瑕疵责任的特殊性问题。

（二）商事代理

商事代理是指在商事交易中，代理人为获得代理佣金，在代理权限内以被代理人的名义实施法律行为，其结果由被代理人承担的一种商事运行制度。大陆法系和英美法系商法中均对商事代理有专门规定。在英美法系国家，代理法主要规范商事代理法；而在大陆法系国家，民事代理与商事代理分别规定于民法典和商法典之中。在大陆法系的不同国家中，商法从不同角度调整商事代理关系。奉行主观主义立法原则的国家强调代理商的资格，奉行客观主义立法原则的国家强调代理行为的营利性。在我国，法律理论和立法上没有严格区分民事代理与商事代理。《民法典》第一编第七章对民事代理作了专门规定，而商事代理则散见于相关商事法律规范之中。

民事代理适用于民事关系，商事代理适用于商事交易关系；商事代理与民事代理在主体、客体和内容上都存在一定差异。商事代理人一般具有商事代理的专业知识能力，许多商事领域要求代理人具备法定职业资格；而民事代理人一般要求是完全民事行为能力人。商事代理法律规则一般更为明确具体；而民事代理的法律规制较为概括。民事代理的制度功能侧重于实现被代理人的利益和意志，重在实现被代理人和第三人之间的法律行为；而商事代理制度中，代理人有独立的商业利益，代理是代理人的一种营业活动，通过协助被代理人与第三人达成协议获得自己的经营利润。

（三）商事行纪

商事行纪是指商主体以自己的名义为他人（委托人）购买或销售货物、有价证券，由此获取报酬，并以此作为职业性经营的商事运行制度。行纪人是交易关系中的当事人，以自己的名义缔结商事关系，交易的结果归属于委托人。行纪制度是大陆法系国家传统商法中的一种典型商事运行模式。在民商分立的国家，只有商法典才规定有行纪商或行纪商行为，民法典中没有关于行纪的规定。

（四）商事居间

商事居间是指商主体为获取一定的报酬（佣金）而从事的为委托人与第三人订立合同提供缔约机会或者进行介绍，以促成合同订立的商事运行制度。居间商并非交易关系的当事人，其行为仅仅是为了促成交易，为了获得佣金而提供服务，对于交易结果是否达成不承担责任。例如，各种博览会、展销会制度。从行为角度分析，居间是典型的商行为，商事居间以民事居间法律关系为其构成和存在的基础，但两者在主体、客体和内容方面都存在差异，这种差异产生的根本原因在于商事居间的营利性和技术性特征，导致其行为的构成、行为的有效性以及行为之功能和法律后果等方面存在有别于民事居间的特殊性。

（五）商事信托

信托是指委托人将其财产移转到受托人，受托人以自己的名义依照委托人的指定，为受益人的利益或特定目的，管理或者处理财产的商事运行制度。信托是一种财产治理的法律方式，信托可分为民事信托和商事信托。民事信托是以安排个人资产移转、承继等为目的的民事法律制度，解决民事关系中的财产使用问题，主要是满足特定主体的生活需要，一般不具有营利目的，受托人不以获得报酬为条件为他人治理财产。商事信托是以获取商业利益为目的的商事法律制度，受托人以获取报酬为条件为他人治理财产。将信托适用于商事领域，最初的动因在于筹集有效资本，并基于此创造出适用于个人、企业和其他组织共同参与的资本经营模式。在当代经济生活中，常见的商事信托主要有投资基金信托、附担保的公司债信托、贷款信托、设备买卖融资担保信托、公司股东表决权信托、雇员受益信托等。

（六）商事交互计算

商事交互计算是一种活期账户结算方法。它通过双方的约定，以结算结果和结算后所产生的余额的确定来实现债务了结。交互计算借助于定期结算，交易双方当事人在商事业务往来中形成的债权和债务不断得以清算，通过规模化地处理债权债务关系，避免了每笔债权和债务的单独履行。因为每笔债务的履行都会产生履行成本，交互计算可以节约履行成本。商事交互计算中实际包含了大量的债的抵销，增加了履约的可能性。交互计算运作的规则需要法律的权威予以保证和确认，一般通过国家的商法典或者单行法来进行明确的规定,商事交互计算的概念、方法、原则,交互计算关系的形成条件,交互计算的法律效力,交互计算中的担保与抵押以及交互计算关系的解除等都有制定法上的依据。

(七)商事期货交易

商事期货交易是商事买卖的一种特殊形态,它是指按照期货交易所的规定,由期货买卖双方在交易所内预先签订产品买卖合同,而期货的支付和货物的交割要在约定的远期进行的一种商事运行制度。期货交易的标的是未来财产。从宏观上看,商事期货交易制度可以一定程度上克服单个企业组织生产经营的计划性和整个市场的盲目性之间的矛盾。商事期货交易制度的功能在于为商主体所生产产品的市场销路预先作出保证从而为经济发展作出预先安排。但是,生产计划和最终产品交易之间因存在时间差所产生的不确定性,不能完全有效地克服生产需求之间存在的实际风险,所以,期货市场存在巨大的风险。

(八)融资租赁

融资租赁是指融租人和承租人双方约定,融租人根据承租人的决定,向承租人选定的第三人(供货方)购买承租人选定的设备,然后将其租给承租人长期使用,以承租人支付租金的方式来收回投资的一种商事运行模式。在租赁期间,租赁物所有权归属于融租方,租赁期满后,租赁物一般归属于承租方。融资租赁可以满足生产商、金融服务商、销售商三方的需要,生产商可以克服资金短缺、担保困难而获得资金购置设备,开展生产活动;金融服务商可以获得高额回报,并且以留置所有权的取回权、别除权效力担保资金安全;销售商可以实现产品的变现,实现价值。融资租赁行为实质上是将传统民商法中的买卖行为、租赁行为、金融信贷行为三者结合一体而创造出的一种新的商事运行制度。

(九)商事仓储

商事仓储是指由商主体从事仓库经营行为的制度设计,即仓储商为客户提供货物储存和保管服务的商事运行模式。商事仓储属于服务性业务范畴，为商品提供保管服务，获得保管服务费用，满足商业流转的需要和营利的需要。在大陆法系国家商法典中，商事仓储是一种典型的商事运行制度，其功能在于规范仓储保管服务活动和仓储保管服务关系。

（十）商事运输

商事运输指运输企业提供有偿服务，将货物或者旅客从一个地点运送到另一个地点的商事运行模式。商事运输包括商事货运和商事客运。商事货运是以特定的货物为运输对象的运输，是运输服务中的基本方式。这种货物运输是一般商业运输服务的基础，并与客运等其他的运输服务类型保持密切联系。在一些没有制定统一运输法的国家，常常将运输法中的基本原则规定在货运制度规则之中。商事货运是典型的商业运输模式，是商法调整的对象。旅客运输由于涉及人身问题，它不仅仅由商法调整，更多地涉及民法、交通法等法律、法规的调整。商事运输模式之中，依据所设置的汽车、火车、轮船、管道、线路等运输工具不同，形成了公路、铁路、水运、空运、管道等不同的商事运输模式，各种模式对于货物交接、风险转移、费用支付、保险购买、海关手续等问题作出相应设置。

（十一）营业转让

营业转让指将营业体作为标的进行的概括性转让。营业转让以“营业体”为标的，营业转让的功能优势在于被转让的营业体保持生产经营功能，仍能进行正常的经营活动，经营中产生的合同能够继续履行。营业转让由股东（大）会经代表三分之二以上表决权的股东决议通过。除非公司章程另有规定，否则不得由经理或者董事会决定。

商号一般随营业资产一并转让给受让人。转让方负有竞业禁止义务，可以约定竞业禁止的区域和期限；未作约定的，即应以法律推定为准。《日本商法典》第25条规定,转让营业时,当事人如无另外意思表示,则转让人在20年内,不得于同一市镇村内或相邻市镇村内经营同一营业。韩国规定该期限为10年。

营业转让包括企业现有的全部财产和未来的权利义务。包括积极财产和消极财产。积极财产包括土地、建筑物等不动产;原材料、现金、商品等动产;地上权、抵押权等物权;债权以及无形财产权;商事主体的信誉、商事秘密、关系客户以及地理条件等具有财产价值的事实。法律规定必须通过明示意思表示转让的财产(如专利技术等)除外。消极财产指与营业有关的一切债务。企业在转让前因经营而发生之债,受让人要承担偿还责任,但以企业账簿上记载的数额为上限。如果营业受让人清偿了原企业转让前发生的债务,就取得了对转让人的求偿权。如果营业转让后,受让人及时进行了不承担转让人债务责任的登记或受让人与转让人及时向债权人作出了受让人不承担转让人债务的通知,受让人可以不承担清偿责任。但此项免责条款的效力仅及于被通知的第三人。营业受让人未继受被转让企业的商号时,受让人对转让人的债务不负清偿责任,由转让人自己负责。

营业转让对债务人的法律效力。企业转让时,与企业有关的债权将会自动让与营业受让人,但营业转让双方当事人另有约定的除外。营业受让人继受了被转让企业的商号,营业转让人的原债务人基于善意,向受让人偿还了债务的,则该偿还有效;营业受让人没有继受被转让企业的商号,营业受让人原则上虽不受让债权,但若其已作了继受债权的声明或表示的,债务人向受让人所作的清偿应为有效。

抵押权存续期间,抵押人可以转让抵押财产。当事人另有约定的,按照其约定。抵押财产转让的,抵押权不受影响。抵押人转让抵押财产的,应当及时通知抵押权人。抵押权人能够证明抵押财产转让可能损害抵押权的,可以请求抵押人将转让所得的价款向抵押权人提前清偿债务或者提存。转让的价款超过债权数额的部分归抵押人所有,不足部分由债务人清偿。受让人清偿债务后可以向抵押人追偿。如果抵押物未经登记的,抵押权不得对抗受让人,因此给抵押权人造成损失的,由抵押人承担赔偿责任。企业继受商号的,原抵押协议继续有效,由该企业以该抵押的财产承担清偿义务,给债权人或受让人造成损害的,由转让人承担赔偿责任。企业改变商号的,只要营业受让人支付了相应的对价,取得抵押物的全部所有权,抵押权不具有对抗抵押物受让人的法律效力,抵押权人只能依照一般的债权债务关系向债务人主张权利,要求抵押人赔偿因此而遭受的损失。

对于被转让企业为经营而订立的合同,受让人原则上应当继受该合同中的权利义务。为了保护合同对方当事人的权益,在其有确实充分的合理理由时,如有证据证实转让人恶意转让、移转资产,使企业丧失履约能力,合同对方当事人有解除合同的权利。合同对方当事人解除合同给营业受让人造成的损失,由营业转让人承担赔偿责任。

(十二)商事信用

商事信用是指在销售商品、提供服务、提供贷款等商事交易中取得商品、接受服务或贷款的一方,同意在将来规定的日期支付货款、服务报酬、贷款本息的承诺。信用是对于未来偿债能力的判断,商事信用交易使“买”和“卖”在时间上分离,这既是商家的促销手段,又为消费者提供方便。信用原意为信守诺言,但是,商事信用主要是“资信”,以当事人的责任财产为基础,目前的商事信用更多地与信用担保联系在一起。商法中的信用制度已经形成复杂的制度体系,包括商事担保制度、抵押登记制度、信用证制度、信用评估机构、信用评估标准和信用公示制度、评估师资格管理制度等。

(十三)公共交通制度

公共交通指公众支付服务费用,获得运输服务的商业模式,包括航空、铁路、公路、水路交通方式,其中,城市公共交通最具有代表性。城市公共交通属于城市生活中的基本商业运行模式,服务面广、数量大、成本低、效率高,它涉及民生和市政管理问题,一般享受政府补贴。

1. 交通设施制度系统

公共交通设施系统是指商主体依据公共交通运输需要进行规划设置的必要工具所组成的系统。公共交通制度的硬件部分是公共交通设施系统。包括:(1)线路设施,包括地面道路、隧道、地下通道和铁轨。(2)站点和站台,用于车辆停靠和旅客上下。(3)公交车、列车等交通车辆。(4)交通专用场地,车站等交通专用房屋。(5)信号设施等。公共交通设施的功能支持了公共交通的实际运行。

2. 交通信号指挥系统

交通信号指挥系统是指引驾驶人的交通行为、规范公共交通运行秩序的信号系统。全国实行统一的道路交通信号,交通信号指挥系统直接规范车辆的实际运行。交通信号包括交通标志、交通标线、交通信号灯和交通警察的指挥。交通信号灯、交通标志、交通标线的设置应当符合道路交通安全、畅通的要求和国家标准,并保持清晰、醒目、准确、完好。

(1)交通标志。交通标志是用文字或符号传递引导、限制、警告或指示信息的道路设施。各种交通信号配合使用,管制和引导交通。道路交通标志分为主标志和辅助标志两类。主标志包括:警告标志、禁令标志、指示标志、指路标志、旅游标志和道路施工安全标志。辅助标志附设于主标志下,辅助说明主标志无法完整表达或指示的内容。交通标志一般以简洁、明亮、醒目的标志设置于交通要道,作出及时提示。辅助标志包括:公交线路、公交站点、运行时间、票价、交通地图等。

(2)交通标线。交通标线是指在道路的路面上用线条、箭头、文字、立面标记、突起路标和轮廓标等向交通参与者传递引导、限制、警告等交通信息的标识。标线类型包括:白色虚线、白色实线、黄色虚线、黄色实线、双白虚线、双黄实线、黄色虚实线、双白实线。道路交通标线按功能分为三类:其一,指示标线,指示车行道、行车方向、路面边缘、人行道等设施的标线。其二,禁止标线,指告示道路交通的遵行、禁止、限制等特殊规定,车辆驾驶人及行人需严格遵守的标线。其三,警告标线,指促使车辆驾驶人及行人了解道路的特殊情况,提高警觉,准备防范或采取应变措施的标线。

(3)交通信号灯。交通信号灯由红灯、绿灯、黄灯组成。红灯表示禁止通行,绿灯表示准许通行,黄灯表示警示。

(4)交警指挥信号。交警指挥信号指通过执勤交通警察的手势形成的指挥信号系统。交警指挥信号通过交警指挥手势表示,包括直行手势、右转弯手势、左转弯待行手势、变道手势、减速慢行手势、靠边停车手势。

3. 交易操作系统

交易双方的运输服务交易操作完全程式化,运输服务合同的成立、生效、履行均嵌入操作程式之中。其基本环节包括:安检进站、购票、验票、上车、运行、到站停靠、下车。

4. 交通服务信息系统

交通服务信息系统为交通参与者提供的各种信息,包括:交通地图、交通电台、交通网站提供的公交线路信息、公交站点信息、运营时间信息、票价信息。通过车载移动交通信息设备,为驾驶员提供路线导行,播报实时路况。

5. 政府规制系统

(1)公共交通实行强制缔约制度,营运方不得拒绝载客。

(2)价格管理和补贴制度。公共交通价格一律采用政府定价方式，价格调整一般通过听证程序，最终由政府部门确定。公共交通实行低价制度，以减少市民出行成本。政府财政补贴公共交通运行部门，以维持其正常运营。

（3）营运车辆登记制度。车辆经公安机关交通管理部门登记后，方可上道路行驶。机动车登记应当发放机动车登记证书、号牌和行驶证。营运车辆上道路行驶，应当悬挂机动车号牌，放置检验合格标志、保险标志，并随车携带机动车行驶证。

（4）车辆质量安全管理制度。根据车辆用途、载客载货数量、使用年限等不同情况，依法定期进行安全技术检验。对符合机动车国家安全技术标准的，公安机关交通管理部门应当发给检验合格标志。国家实行机动车强制报废制度，根据机动车的安全技术状况和不同用途，规定不同的报废标准。报废的营运车辆应当在公安机关交通管理部门的监督下解体。

（5）驾驶员证照管理。驾驶机动车，应当依法取得机动车驾驶证。申请机动车驾驶证，应当符合国务院公安部门规定的驾驶许可条件；经考试合格后，由公安机关交通管理部门发给相应类别的机动车驾驶证。驾驶人应当按照驾驶证载明的准驾车型驾驶机动车；驾驶机动车时，应当随身携带机动车驾驶证。

（6）交通保险制度。国家实行机动车第三者责任强制保险制度，设立道路交通事故社会救助基金。

（十四）电、水、气、热力供用制度

城市电、水、气、热力供用是指城市供电、水、气、热力企业通过城市供电、水、气、热力设施向用水单位和个人（以下统称用户）提供生活、生产和其他用电、水、气、热力的行为。城市用电、水、气、热力，是指用户根据生活、生产等需要使用城市供电、水、气、热力的行为。电、水、气、热力供用制度实现居民日常生活中维持生存基本需要的交易，本书以供水为例进行阐述。

1. 电、水、气、热力供用设施

城市供水设施，是指净水配水厂、泵站、取水井、输水配水管网、闸阀、消火栓、结算水表、二次供水设施和其他附属设施。电、气、热力供用依赖相应的基础设施。

电、水、气、热力供用设施具有系统性。联结用户和供应方，完成电、水、气、热力的生产、传输、使用。

电、水、气、热力供用设施成本高。特定区域的设施具备唯一性，形成自然性垄断，不存在竞争性供应方。固定于地表、地下和建筑物上，电、水、气、热力供用设施具有稳定性。

2. 电、水、气、热力供用合同

供用电、水、气、热力合同是供应人向使用人供电、水、气、热力，使用人支付使用费的合同。供用电、水、气、热力合同的内容包括供应的标的、方式、质量、时间，使用的容量、地址、性质，计量方式，电价、电费的结算方式，供用电设施的维护责任等条款。

(1)履行地。供用电、水、气、热力合同的履行地点，按照当事人约定；当事人没有约定或者约定不明确的，供电设施的产权分界处为履行地点。

(2)安全供电义务及责任。供电、水、气、热力人应当按照国家规定的供电质量标准和约定安全供电、水、气、热力。供电、水、气、热力人未按照国家规定的供应质量标准和约定安全供应，造成使用人损失的，应当承担损害赔偿责任。

(3)中断供电的通知义务。供电、水、气、热力人因供电设施计划检修、临时检修、依法限电或者使用人违法用电等原因，需要中断供应时，应当按照国家有关规定事先通知使用人。未事先通知使用人中断供应，造成使用人损失的，应当承担损害赔偿责任。

(4)不可抗力断电的抢修义务。因自然灾害等原因断电，供电、水、气、热力人应当按照国家有关规定及时抢修。未及时抢修，造成使用人损失的，应当承担损害赔偿责任。

(5)使用人交付使用费义务。用电、水、气、热力人应当按照国家有关规定和当事人的约定及时交付使用费。使用人逾期不交付使用费的,应当按照约定支付违约金。经催告使用人在合理期限内仍不交付使用费和违约金的,供应人可以按照国家规定的程序中止供应。

(6)安全使用义务。使用人应当按照国家有关规定和当事人的约定安全用电。使用人未按照国家有关规定和当事人的约定安全用电,造成供应人损失的,应当承担损害赔偿责任。

3. 电、水、气、热力供用的政府规制

电、水、气、热力供用市政工程规划。电、水、气、热力供用的市政工程属于国家的基础建设,通过设施供应的电、水、气、热力是城市人们生活的基本保障。发展改革、规划、建设、环境保护、卫生、价格、质量技术监督等部门按照各自职责,负责城市供水用水的相关管理工作。

政府定价。城市市民生活所使用的电、水、气、热力供用价格按照统一领导、分级管理的原则,实行政府定价,具体定价权限按价格分工管理目录执行。政府价格主管部门或者其他有关部门,按照定价权限和范围制定价格。不经价格主管部门批准,任何单位和个人无权变动。制定城市供电、水、气、热力价格,实行听证会制度和公告制度;政府制定价格后,由制定价格的部门向消费者、经营者公布。例如,制定城市供水价格应遵循补偿成本、合理收益、节约用水、公平负担的原则。城市供水价格由供水成本、费用、税金和利润构成。城市供水实行分类水价,包括居民生活用水、工业用水、行政事业用水、经营服务用水、特种用水等五类。

电、水、气、热力供用设施的容忍义务。电、水、气、热力供用企业铺设供水、电、气、热力的管线等设施,需要使用土地地下、地表、房屋外墙等,使用所涉及的相关土地、房屋权利人承担容忍义务。

电、水、气、热力供应企业强制缔约义务。电、水、气、热力供应企业负有应适格相对人之请求，与其订立合同的义务，即对服务范围内的相对人的要约，电、水、气、热力供应企业没有正当理由不得拒绝承诺。电、水、气、热力供应具有独占性质，如果允许供应方享有是否缔约或选择相对人的自由，将危害公众的日常生活，因此，法律确认电、水、气、热力供应企业负有强制缔约义务，无正当理由，不得拒绝消费者的缔约请求。

第五节　电子商务模式

电子商务模式，是指经营者通过互联网等信息网络开展销售商品或者提供服务的商事运行模式。电子商务模式应用电子商务技术，在线上、线下开展商务活动，实现商事流转。[①] 电子商务与各类产业融合发展，形成新的商事流转方式，在各个领域形成相应的电子商务模式。电子商务模式的特征有四点：其一，依托电子商务网络平台环境。通过电子商务基础设施和物流网络实现运行，同时，电子商务还依托包装、仓储、运输等线下支持系统实现交付。其二，依托互联网实现交易的便捷高效。通过电子信息技术实现产品信息、供需信息、缔约信息的传播、交换与共享，经营者之间、经营者与消费者之间的商业活动突破传统的物理空间限制和营业时间限制，实现 24 小时营业。其三，信息传递和记录的电子化。通过电子商务平台汇聚电子商务用户信息，应用电子商务数据，实现电子商务数据有序自由流动。结合国家所提供的公共数据资源，完成电子商务活动的相关信息传递和记录。其四，协调监管的电子化。利用电子商务统计、电子商务标准体系进行协调监督，通

---

① 狭义的电子商务不包括：金融类产品电子化服务，网络新闻、娱乐节目、数字出版等方面服务。

过信用评价机构开展电子商务信用评价，向社会提供电子商务信用评价服务。

电子商务活动跨越国境形成跨境电子商务。跨境电子商务经营者凭电子单证完成缔约和履约行为，办理相应的海关、税收、进出境检验检疫、支付结算等管理手续。跨境电子商务平台经营者为跨境电子商务提供仓储物流、报关、报检等服务，降低跨境电子商务各环节运行成本。跨境电子商务需要不同国家、地区之间的合作，制定共同遵守的电子商务国际规则，实现电子签名、电子身份等国际互认，建立与不同国家、地区之间的跨境电子商务争议解决机制。国家进出口管理部门提供跨境电子商务海关申报、纳税、检验检疫等环节的综合服务和监管体系，通过国际化的信息共享、监管互认、执法互助，实现跨境电子商务服务和监管。

一、电子商务主体

电子商务法律关系中的主体包括两大类：其一，电子商务经营者。电子商务经营者是指通过互联网等信息网络从事销售商品或者提供服务等经营活动的自然人、法人和非法人组织，包括电子商务平台经营者、平台内经营者以及通过自建网站、其他网络服务销售商品或者提供服务的电子商务经营者。其二，电子商务在线用户。电子商务在线用户是电子商务经营者的交易相对方，在电子商务关系中处于弱势地位，其身份属于消费者。

（一）电子商务平台经营者

电子商务平台经营者，是指在电子商务中为交易各方提供网络经营场所、交易撮合、信息发布等服务，供交易各方开展交易活动的商事组织。

电子商务平台具备基础设施和服务提供者、缔约当事人和电子商务治理者三重身份。

1. 基础设施和服务提供者

电子商务平台经营者为交易各方提供网上交易经营场所、交易撮合、信息发布等基础服务，还可以按照平台服务协议和交易规则，为经营者之间的电子商务提供仓储、物流、支付结算、交收等服务。电子商务平台经营者依法向市场监督管理部门报送平台内经营者的身份信息，提示未办理市场主体登记的平台内经营者依法办理登记，并配合市场监督管理部门，为平台内经营者办理登记提供便利。电子商务平台经营者依法向税务部门报送平台内经营者的身份信息和与纳税有关的信息，并提示依法不需要办理市场主体登记的电子商务经营者依法办理税务登记。电子商务平台与平台内经营者和在线用户之间存在服务关系，电子商务平台经营者也为进入平台销售商品或者提供服务的非经营用户提供服务。正是因为依托电子商务平台所提供的基础设施和服务系统，电子商务活动才能开展，电子商务平台依据所提供的服务成为电子商务交易中的分利方。

2. 缔约当事人

电子商务平台经营者制定平台服务协议和交易规则，明确进入和退出平台、商品和服务质量保障、消费者权益保护、个人信息保护等方面的权利和义务。电子商务平台经营者在其首页显著位置持续公示平台服务协议和交易规则信息或者该信息的链接标识，并保证经营者和消费者能够便利、完整地阅览和下载。电子商务平台与平台内的经营者通过合同建立协作关系，用户通过注册形式与电子商务平台之间建立使用关系。电子商务平台经营者修改平台服务协议和交易规则，应当在其首页显著位置公开征求意见，采取合理措施确保有关各方能够及时、充分表达意见。修改内容应当至少在实施前 7 日予以公示。平台内经营者不接受修改内容，要求退出平台的，电子商务平台经营者不得阻止，并按照修改前的服务协议和交易规则承担相关责任。

3. 电子商务治理者

电子商务平台既是单一性的商主体，又是具有公共性的组织系统。一方面，通过电子商务平台汇聚了平台内经营者、用户消费者和相关政府部门的利益，整合了多方行为，形成了一种新的公共领域。另一方面，电子商务平台通过技术设施和技术系统掌控了电子商务的运行，相对于平台内经营者、用户消费者和相关政府部门，电子商务平台拥有信息、手段的支配优势，有能力承担治理责任。电子商务平台经营者应当采取技术措施和其他必要措施保证其网络安全、稳定运行，防范网络违法犯罪活动，有效应对网络安全事件，保障电子商务交易安全。电子商务平台经营者应当制定网络安全事件应急预案，发生网络安全事件时，应当立即启动应急预案，采取相应的补救措施，并向有关主管部门报告。

电子商务平台经营者应当记录、保存平台上发布的商品和服务信息、交易信息，并确保信息的完整性、保密性、可用性。商品和服务信息、交易信息保存时间自交易完成之日起不少于 3 年；法律、行政法规另有规定的，依照其规定。

电子商务平台经营者应当建立健全信用评价制度，公示信用评价规则，为消费者提供对平台内销售的商品或者提供的服务进行评价的途径，电子商务平台经营者不得删除消费者对其平台内销售的商品或者提供的服务的评价。电子商务平台经营者依据平台服务协议和交易规则对平台内经营者违反法律、法规的行为实施警示、暂停或者终止服务等措施的，应当及时公示。电子商务平台经营者发现平台内的商品或者服务信息存在违法情形的，应当依法采取必要的处置措施，并向有关主管部门报告。

（二）电子商务平台内经营者

电子商务平台内经营者，是指通过电子商务平台销售商品或者提供服务的经营者。

1. 电子商务平台内经营者是依法登记的商主体

个人销售自产农副产品、家庭手工业产品，个人利用自己的技能从事依法无须取得许可的便民劳务活动和零星小额交易活动，以及依照法律、行政法规不需要进行登记的除外。电子商务平台内经营者从事经营活动，依法需要取得相关行政许可的，应当依法取得行政许可。

2. 电子商务平台内经营者是电子商务平台的使用者

电子商务平台内经营者应当在其首页显著位置，持续公示营业执照信息、与其经营业务有关的行政许可信息、属于依法不需要办理市场主体登记情形等信息，或者该信息的链接标识。相关信息发生变更的，电子商务平台内经营者应当及时更新公示信息。电子商务平台内经营者自行终止从事电子商务的，应当提前 30 日在首页显著位置持续公示有关信息。

3. 电子商务平台内经营者与注册用户之间存在特殊的商务联系

通过注册，电子商务平台内经营者与用户之间建立了不同于普通市场主体之间的联系。电子商务平台内经营者应当明示用户信息查询、更正、删除以及用户注销的方式、程序，不得对用户信息查询、更正、删除以及用户注销设置不合理条件。电子商务平台内经营者收到用户信息查询或者更正、删除的申请的，应当在核实身份后及时提供查询或者更正、删除用户信息。用户注销的，电子商务平台内经营者应当立即删除该用户的信息；依照法律、行政法规的规定或者双方约定保存的，依照其规定。电子商务平台内经营者按照约定向消费者收取押金的，应当明示押金退还的方式、程序，不得对押金退还设置不合理条件。消费者申请退还押金，符合押金退还条件的，电子商务平台内经营者应当及时退还。

(三)电子商务在线用户

电子商务在线用户是指为满足生活需要而使用电子化渠道参与电子商务法律关系的当事人，包括自然人用户和组织用户。电子商务在线用户按照电子商务平台设置的规则与平台内电子商务经营者进行交易，在交易过程中处于弱势地位，其利益易于受到侵害。电子商务在线用户不仅享有消费者一般权益,还在电子商务法律关系中享有特殊权益。包括:(1)充分知情权。商家应充分履行告知义务,保障用户获得有效信息,进行独立自主的交易判断。(2)网络隐私权。电子商务中对使用的个人信息和个人数据享有隐私权。(3)虚拟财产权。用户对使用电子商务活动中形成的账号、优惠券、积分等虚拟财产享有所有权。(4)后悔权。电子商务消费者享有7天无理由退货的权利。

二、电子商务运行制度

电子商务运行依托网络环境,通过电子合同的订立和履行实现交易,涉及电子支付和电子签名、电子认证等问题。

(一)电子商务合同的订立与履行

1. 电子商务合同订立

电子商务经营者发布的商品或者服务信息符合要约条件的,用户选择该商品或者服务并提交订单成功,合同成立。当事人另有约定的,从其约定。电子商务当事人使用自动信息系统订立或者履行合同的行为对使用该系统的当事人具有法律效力。在电子商务中,一般推定当事人具有相应的民事行为能力,但有相反证据足以推翻的除外。

电子商务经营者应当清晰、全面、明确地告知用户订立合同的步骤、注意事项、下载方法等事项,并保证用户能够便利、完整地阅览和下载。电子商务经营者应当保证用户在提交订单前可以更正输入错误。电子商务经营者不得以格式条款等方式约定消费者支付价款后合同不成立;格式条款等含有该内容的,其内容无效。

电子商务合同通过数据电文订立,符合下列条件的数据电文,视为满足法律、法规规定的文件保存要求:(1)能够有效地表现所载内容并可供随时调取查用;(2)数据电文的格式与其生成、发送或者接收时的格式相同,或者格式不相同但是能够准确表现原来生成、发送或者接收的内容;(3)能够识别数据电文的发件人、收件人以及发送、接收的时间。数据电文有下列情形之一的，视为发件人发送：(1)经发件人授权发送的；(2)发件人的信息系统自动发送的；(3)收件人按照发件人认可的方法对数据电文进行验证后结果相符的。当事人对送达另有约定的，从其约定。法律、行政法规规定或者当事人约定数据电文需要确认收讫的，应当确认收讫。发件人收到收件人的收讫确认时，数据电文视为已经收到。

数据电文进入发件人控制之外的某个信息系统的时间，视为该数据电文的发送时间。收件人指定特定系统接收数据电文的，数据电文进入该特定系统的时间，视为该数据电文的接收时间；未指定特定系统的，数据电文进入收件人的任何系统的首次时间，视为该数据电文的接收时间。当事人对数据电文的发送时间、接收时间另有约定的，从其约定。发件人的主营业地为数据电文的发送地点，收件人的主营业地为数据电文的接收地点。没有主营业地的，其经常居住地为发送或者接收地点。当事人对数据电文的发送地点、接收地点另有约定的，从其约定。

2. 电子商务合同履行

合同标的为交付商品并采用快递物流方式交付的，收货人签收时间为交付时间。合同标的为提供服务的，生成的电子凭证或者实物凭证中载明的时间为交付时间；交易凭证没有载明时间或者载明时间与实际提供服务时间不一致的，实际提供服务的时间为交付时间。

合同标的为采用在线传输方式交付的，合同标的进入对方当事人指定的特定系统并且能够检索识别的时间为交付时间。合同当事人对交付方式、交付时间另有约定的，从其约定。

电子商务经营者应当按照承诺或者与消费者约定的方式、时限向消费者交付商品或者服务，并承担商品运输中的风险和责任。但是，消费者另行选择快递物流服务提供者的除外。电子商务经营者销售商品或者提供服务应当依法出具纸质发票或者电子发票等购货凭证或者服务单据，电子发票与纸质发票具有同等法律效力。

电子商务当事人可以约定采用快递物流方式交付商品。快递物流服务提供者为电子商务提供快递物流服务，应当遵守法律、行政法规，并应当符合承诺的服务规范和时限。快递物流服务提供者在交付商品时，应当提示收货人当面查验；交由他人代收的，应当经收货人同意。快递物流服务提供者应当按照规定使用环保包装材料，实现包装材料的减量化和再利用。快递物流服务提供者在提供快递物流服务的同时，可以接受电子商务经营者的委托提供代收货款服务。

（二）电子支付制度

电子商务当事人可以约定采用电子支付方式支付价款。用户在发出支付指令前，应当核对支付指令所包含的金额、收款人等完整信息。支付指令发生错误的，电子支付服务提供者应当及时查找原因，并采取相关措施予以纠正。造成用户损失的，电子支付服务提供者应当承担赔偿责任，但能够证明支付错误非自身原因造成的除外。电子支付服务提供者完成电子支付后，应当及时准确地向用户提供符合约定方式的确认支付的信息。

电子支付服务提供者为电子商务提供电子支付服务，应当告知用户电子支付服务的功能、使用方法、注意事项、相关风险和收费标准等事项，不得附加不合理交易条件。电子支付服务提供者应当确保电子支付指令的完整性、一致性、可跟踪稽核和不可篡改。电子支付服务提供者应当向用户免费提供对账服务以及最近3年的交易记录。电子支付服务提供者提供电子支付服务不符合国家有关支付安全管理要求，造成用户损失的，应当承担赔偿责任。

用户应当妥善保管交易密码、电子签名数据等安全工具。用户发现安全工具遗失、被盗用或者未经授权的支付的,应当及时通知电子支付服务提供者。未经授权的支付造成的损失,由电子支付服务提供者承担;电子支付服务提供者能够证明未经授权的支付是因用户的过错造成的,不承担责任。电子支付服务提供者发现支付指令未经授权,或者收到用户支付指令未经授权的通知时,应当立即采取措施防止损失扩大。电子支付服务提供者未及时采取措施导致损失扩大的,对损失扩大部分承担责任。

(三)电子签名与电子认证

电子商务中的当事人订立合同或者其他文件、单证等文书一般使用电子签名、数据电文。电子签名,是指数据电文中以电子形式所含、所附用于识别签名人身份并表明签名人认可其中内容的数据。数据电文,是指以电子、光学、磁或者类似手段生成、发送、接收或者储存的信息。电子签名人,是指持有电子签名制作数据并以本人身份或者以其所代表的人的名义实施电子签名的人。电子签名依赖方,是指基于对电子签名认证证书或者电子签名的信赖从事有关活动的人。电子签名认证证书,是指可证实电子签名人与电子签名制作数据有联系的数据电文或者其他电子记录。电子签名制作数据,是指在电子签名过程中使用的,将电子签名与电子签名人可靠地联系起来的字符、编码等数据;电子签名验证数据,是指用于验证电子签名的数据,包括代码、口令、算法或者公钥等。

可靠的电子签名与手写签名或者盖章具有同等的法律效力。视为可靠的电子签名需要符合下列条件:(1)电子签名制作数据用于电子签名时,属于电子签名人专有;(2)签署时电子签名制作数据仅由电子签名人控制;(3)签署后对电子签名的任何改动能够被发现;(4)签署后对数据电文内容和形式的任何改动能够被发现。当事人也可以选择使用符合其约定的可靠条件的电子签名。

电子签名人应当妥善保管电子签名制作数据。电子签名人知悉电子签名制作数据已经失密或者可能已经失密时,应当及时告知有关各方,并终止使用该电子签名制作数据。

电子签名需要第三方认证的,由依法设立的电子认证服务提供者提供认证服务。取得认证资格的电子认证服务提供者,应当按照国务院信息产业主管部门的规定在互联网上公布其名称、许可证号等信息。电子认证服务提供者应当制定、公布符合国家有关规定的电子认证业务规则,并向国务院信息产业主管部门备案。电子认证业务规则应当包括责任范围、作业操作规范、信息安全保障措施等事项。

电子签名人向电子认证服务提供者申请电子签名认证证书,应当提供真实、完整和准确的信息。电子认证服务提供者收到电子签名认证证书申请后,应当对申请人的身份进行查验,并对有关材料进行审查。

电子认证服务提供者签发的电子签名认证证书应当准确无误,并应当载明下列内容:(1)电子认证服务提供者名称;(2)证书持有人名称;(3)证书序列号;(4)证书有效期;(5)证书持有人的电子签名验证数据;(6)电子认证服务提供者的电子签名;(7)国务院信息产业主管部门规定的其他内容。

电子认证服务提供者应当保证电子签名认证证书内容在有效期内完整、准确,并保证电子签名依赖方能够证实或者了解电子签名认证证书所载内容及其他有关事项。电子认证服务提供者应当妥善保存与认证相关的信息,信息保存期限至少为电子签名认证证书失效后5年。

三、电子商务协调监管

电子商务模式中存在复杂的关系,易于产生利益冲突和争议,为了保障电子商务存在和运行的安全与秩序,有关主管部门需要依法监管。跨境电子商务需要国际协调监管。

(一)身份信息确认与保护

国家制定《电子签名法》，国务院信息产业主管部门依法制定《商用密码管理条例》《电子认证服务密码管理办法》，规定电子认证服务业的具体管理规则，对电子认证服务提供者依法实施监督管理。经国务院信息产业主管部门根据有关协议或者对等原则核准后，中华人民共和国境外的电子认证服务提供者在境外签发的电子签名认证证书与依照《电子签名法》设立的电子认证服务提供者签发的电子签名认证证书具有同等的法律效力。

电子商务平台经营者应当要求申请进入平台销售商品或者提供服务的经营者提交其身份、地址、联系方式、行政许可等真实信息，进行核验、登记，建立登记档案，并定期核验更新。

(二)消费者权益保护

电子商务经营者销售的商品或者提供的服务应当符合保障人身、财产安全的要求和环境保护要求，不得销售或者提供法律、行政法规禁止交易的商品或者服务。

电子商务经营者应当全面、真实、准确、及时地披露商品或者服务信息，保障消费者的知情权和选择权。电子商务经营者不得以虚构交易、编造用户评价等方式进行虚假或者引人误解的商业宣传，欺骗、误导消费者。

电子商务经营者收集、使用其用户的个人信息，应当遵守法律、行政法规有关个人信息保护的规定。电子商务经营者根据消费者的兴趣爱好、消费习惯等特征向其提供商品或者服务的搜索结果的，应当同时向该消费者提供不针对其个人特征的选项，尊重和平等保护消费者合法权益。电子商务经营者向消费者发送广告的，应当遵守《广告法》的有关规定。

电子商务经营者搭售商品或者服务，应当以显著方式提请消费者注意，不得将搭售商品或者服务作为默认同意的选项。

消费者要求电子商务平台经营者承担先行赔偿责任以及电子

商务平台经营者赔偿后向平台内经营者的追偿，适用《消费者权益保护法》的有关规定。

电子商务平台经营者在其平台上开展自营业务的，应当以显著方式区分标记自营业务和平台内经营者开展的业务，不得误导消费者。电子商务平台经营者对其标记为自营的业务依法承担商品销售者或者服务提供者的民事责任。

电子商务平台经营者知道或者应当知道平台内经营者销售的商品或者提供的服务不符合保障人身、财产安全的要求，或者有其他侵害消费者合法权益行为，未采取必要措施的，依法与该平台内经营者承担连带责任。对关系消费者生命健康的商品或者服务，电子商务平台经营者对平台内经营者的资质资格未尽到审核义务，或者对消费者未尽到安全保障义务，造成消费者损害的，依法承担相应的责任。

国家鼓励电子商务平台经营者建立有利于电子商务发展和消费者权益保护的商品、服务质量担保机制。电子商务平台经营者与平台内经营者协议设立消费者权益保证金的，双方应当就消费者权益保证金的提取数额、管理、使用和退还办法等作出明确约定。

(三)不正当限制与不正当竞争的抑制

电子商务平台经营者不得利用服务协议、交易规则以及技术等手段，对平台内经营者在平台内的交易、交易价格以及与其他经营者的交易等进行不合理限制或者附加不合理条件，或者向平台内经营者收取不合理费用。

电子商务平台经营者为经营者之间的电子商务提供服务，不得采取集中竞价、做市商等集中交易方式进行交易，不得进行标准化合约交易。

电子商务平台经营者应当根据商品或者服务的价格、销量、信用等以多种方式向消费者显示商品或者服务的搜索结果；对于竞价排名的商品或者服务，应当显著标明“广告”。

电子商务经营者因其技术优势、用户数量、对相关行业的控制能力以及其他经营者对该电子商务经营者在交易上的依赖程度等因素而具有市场支配地位的，不得滥用市场支配地位，排除、限制竞争。

(四)相关知识产权保护

电子商务平台经营者应当建立知识产权保护规则，与知识产权权利人加强合作，依法保护知识产权。电子商务平台经营者应当及时公示收到知识产权侵权相关的通知、声明及处理结果。电子商务平台经营者知道或者应当知道平台内经营者侵犯知识产权的，应当采取删除、屏蔽、断开链接、终止交易和服务等必要措施；未采取必要措施的，与侵权人承担连带责任。

知识产权权利人认为其知识产权受到侵害的，有权通知电子商务平台经营者采取删除、屏蔽、断开链接、终止交易和服务等必要措施。通知应当包括构成侵权的初步证据。电子商务平台经营者接到通知后，应当及时采取必要措施，并将该通知转送平台内经营者。

平台内经营者接到转送的通知后，可以向电子商务平台经营者提交不存在侵权行为的声明。声明应当包括不存在侵权行为的初步证据。电子商务平台经营者接到声明后，应当将该声明转送发出通知的知识产权权利人，并告知其可以向有关主管部门投诉或者向人民法院起诉。电子商务平台经营者在转送声明到达知识产权权利人后 15 日内，未收到权利人已经投诉或者起诉通知的，应当及时终止所采取的措施。电子商务平台经营者未及时采取必要措施的，对损害的扩大部分与平台内经营者承担连带责任。知识产权人因通知错误造成平台内经营者损害的，依法承担民事责任。恶意发出错误通知，造成平台内经营者损失的，加倍承担赔偿责任。

(五)电子商务争议解决

电子商务争议可以通过协商和解,请求消费者组织、行业协会或者其他依法成立的调解组织调解,也可以向有关部门投诉,提请仲裁,或者提起诉讼等方式解决。

电子商务经营者应当建立便捷、有效的投诉、举报机制,公开投诉、举报方式等信息,及时受理并处理投诉、举报。在电子商务争议处理中,电子商务经营者应当提供原始合同和交易记录。因电子商务经营者丢失、伪造、篡改、销毁、隐匿或者拒绝提供前述资料,致使人民法院、仲裁机构或者有关机关无法查明事实的,电子商务经营者应当承担相应的法律责任。

消费者在电子商务平台购买商品或者接受服务,与平台内经营者发生争议时,电子商务平台经营者应当积极协助消费者维护合法权益。电子商务平台经营者可以建立争议在线解决机制,制定并公示争议解决规则,根据自愿原则,公平、公正地解决当事人的争议。

四、电子商务中的法律责任

电子商务中的各方行为人,违反民商事法律规定,产生私法责任;违反行政法律规定,依法给予行政处罚;构成犯罪的,依法追究刑事责任。

(一)电子商务经营者的法律责任

电子商务经营者销售商品或者提供服务,不履行合同义务或者履行合同义务不符合约定,或者造成他人损害的,依法承担民事责任。电子商务经营者有违反《电子商务法》规定的违法行为的,依照有关法律、行政法规的规定记入信用档案,并予以公示。

电子商务经营者未依法取得相关行政许可从事经营活动,销售的商品或者提供的服务不符合保障人身、财产安全的要求和环境保护要求,或者销售、提供法律、行政法规禁止交易的商品、服务,电子商务经营者不按照有关主管部门依法要求电子商务经营者提供有关电子商务数据信息的,未尽数据信息安全保障义务,泄露、出售或者非法向他人提供用户的个人信息、隐私和商业秘密。

电子商务经营者有下列行为之一的,由市场监督管理部门责令限期改正,可以处1万元以下的罚款:(1)未在首页显著位置公示营业执照信息、行政许可信息、属于不需要办理市场主体登记情形等信息,或者上述信息的链接标识的;(2)未在首页显著位置持续公示终止电子商务的有关信息的;(3)未明示用户信息查询、更正、删除以及用户注销的方式、程序,或者对用户信息查询、更正、删除以及用户注销设置不合理条件的。

电子商务经营者违反法律规定提供搜索结果,或者违反法律规定搭售商品、服务的,由市场监督管理部门责令限期改正,没收违法所得,可以并处5万元以上20万元以下的罚款;情节严重的,并处20万元以上50万元以下的罚款。

电子商务经营者违反法律规定,未向消费者明示押金退还的方式、程序,对押金退还设置不合理条件,或者不及时退还押金的,由有关主管部门责令限期改正,可以处5万元以上20万元以下的罚款;情节严重的,处20万元以上50万元以下的罚款。

电子商务经营者违反法律、行政法规有关个人信息保护的规定,或者不履行法律规定的网络安全保障义务的,依照相关规定处罚。

电子商务经营者违反法律规定,销售的商品或者提供的服务不符合保障人身、财产安全的要求,实施虚假或者引人误解的商业宣传等不正当竞争行为,滥用市场支配地位,或者实施侵犯知识产权、侵害消费者权益等行为的,依照有关法律的规定处罚。

(二)电子商务平台经营者的法律责任

电子商务平台经营者有下列行为之一的,由有关主管部门责令限期改正;逾期不改正的,处2万元以上10万元以下的罚款;情节严重的,责令停业整顿,并处10万元以上50万元以下的罚款:

(1)不履行法定的核验、登记义务的;(2)不依法向市场监督管理部门、税务部门报送有关信息的;(3)不依法对违法情形采取必要的处置措施,或者未向有关主管部门报告的;(4)不履行法定的商品和服务信息、交易信息保存义务的。法律、行政法规对这些违法行为的处罚另有规定的,依照其规定。

电子商务平台经营者有下列违法行为之一的,由市场监督管理部门责令限期改正,可以处2万元以上10万元以下的罚款;情节严重的,处10万元以上50万元以下的罚款:(1)未在首页显著位置持续公示平台服务协议、交易规则信息或者上述信息的链接标识的;(2)修改交易规则未在首页显著位置公开征求意见,未按照规定的时间提前公示修改内容,或者阻止平台内经营者退出的;(3)未以显著方式区分标记自营业务和平台内经营者开展的业务的;(4)未为消费者提供对平台内销售的商品或者提供的服务进行评价的途径,或者擅自删除消费者的评价的。电子商务平台经营者违反法律规定,对竞价排名的商品或者服务未显著标明"广告"的,依照《广告法》的规定处罚。

电子商务平台经营者违反法律规定,对平台内经营者在平台内的交易、交易价格或者与其他经营者的交易等进行不合理限制或者附加不合理条件,或者向平台内经营者收取不合理费用的,由市场监督管理部门责令限期改正,可以处5万元以上50万元以下的罚款;情节严重的,处50万元以上200万元以下的罚款。电子商务平台经营者违法采取集中交易方式进行交易,或者进行标准化合约交易的,依照有关法律、行政法规的规定处罚。

电子商务平台经营者违反法律规定,对平台内经营者侵害消费者合法权益行为未采取必要措施,或者对平台内经营者未尽到资质资格审核义务,或者对消费者未尽到安全保障义务的,由市场监督管理部门责令限期改正,可以处5万元以上50万元以下的罚款;情节严重的,责令停业整顿,并处50万元以上200万元以下的罚款。

电子商务平台经营者违反法律规定，对平台内经营者实施侵犯知识产权行为未依法采取必要措施的，由有关知识产权行政部门责令限期改正；逾期不改正的，处 5 万元以上 50 万元以下的罚款；情节严重的，处 50 万元以上 200 万元以下的罚款。

（三）电子认证服务者的法律责任

未经许可提供电子认证服务的，由国务院信息产业主管部门责令停止违法行为；有违法所得的，没收违法所得；违法所得 30 万元以上的，处违法所得 1 倍以上 3 倍以下的罚款；没有违法所得或者违法所得不足 30 万元的，处 10 万元以上 30 万元以下的罚款。

电子认证服务提供者暂停或者终止电子认证服务，未在暂停或者终止服务 60 日前向国务院信息产业主管部门报告的，由国务院信息产业主管部门对其直接负责的主管人员处 1 万元以上 5 万元以下的罚款。

电子认证服务提供者不遵守认证业务规则、未妥善保存与认证相关的信息，或者有其他违法行为的，由国务院信息产业主管部门责令限期改正；逾期未改正的，吊销电子认证许可证书，其直接负责的主管人员和其他直接责任人员 10 年内不得从事电子认证服务。吊销电子认证许可证书的，应当予以公告并通知工商行政管理部门。①

（四）电子商务监督管理部门的法律责任

有关主管部门应当采取必要措施保护电子商务经营者提供的数据信息的安全，并对其中的个人信息、隐私和商业秘密严格保密，不得泄露、出售或者非法向他人提供。

依法负有电子商务监督管理职责的部门的工作人员，玩忽职

---

① 电子签名人或者电子签名依赖方因依据电子认证服务提供者提供的电子签名认证服务从事民事活动遭受损失，电子认证服务提供者不能证明自己无过错的，承担赔偿责任。

守、滥用职权、徇私舞弊,或者泄露、出售或者非法向他人提供在履行职责中所知悉的个人信息、隐私和商业秘密的,依法追究法律责任。

依法负责电子认证服务业监督管理工作的部门的工作人员,不依法履行行政许可、监督管理职责的,依法给予行政处分;构成犯罪的,依法追究刑事责任。

(五)电子商务在线用户的法律责任

电子签名人知悉电子签名制作数据已经失密或者可能已经失密未及时告知有关各方,并终止使用电子签名制作数据,未向电子认证服务提供者提供真实、完整和准确的信息,或者有其他过错,给电子签名依赖方、电子认证服务提供者造成损失的,承担赔偿责任。

伪造、冒用、盗用他人的电子签名,构成犯罪的,依法追究刑事责任;给他人造成损失的,依法承担民事责任。

第七章　商事协调制度

在现代社会中，商事关系日趋复杂，围绕商业利益，在经营者、消费者、企业、市场、国家和社会之间形成利益共享和利益冲突关系。单纯依赖当事人之间平等协商的意思自治已经无法维护商事效率、秩序、安全，甚至无法维护商事关系的日常运行。所以，商事关系需要多方协调、控制、监督，商法需要设计商事协调机制。商法需要设置权威的协调机构来平衡相互冲突利益的取舍，监督市场形势和市场活动、规范和矫正商事行为，通过规范商事关系中的社会化运作和集体行动，实现商事制度的整体性功能。商事协调的宗旨在于：其一，维护经营者、消费者、企业、市场和社会整体利益，实现各方利益平衡和公平正义。商事关系中的当事人和利益相关人在市场关系中处于不同的地位，对于商事关系存在不同的利益需求，一方的商事活动会影响他方的利益，需要通过协调监管防止商业活动损害社会利益。其二，确保市场的平稳、有序、高效运行。通过维护商事基本制度规则，排除市场障碍，保障市场的基本秩序。其三，维护自由竞争，保障市场整体活力。排除垄断和不正当竞争，调整市场结构，防止市场机制效能衰退。其四，防范商业风险，保障经济社会的整体安全。商业风险带来经济危机和社会危机,甚至诱发世界大战。只有有效地化解商业风险,才能促进社会平稳地长期发展。

第一节 商事协调原则

在商事协调活动中,需要遵循一些基本原则,这些基本原则体现了商事协调关系的性质要求,规范协调者和协调对象的行为,指导商事协调制度规则。

一、利益平衡原则

在商业关系体系中,存在多层次的参与主体,需要衡平多方利益,只有在利益平衡的基础上才能实现公平正义,维护市场秩序,保证商业持续发展。

(一)工具价值与伦理价值的平衡

商事活动具有极强的功利性,所有商事活动的参与者均从自我利益出发,追求自我利益最大化,商事制度规则的设计和使用首先追求工具价值。在工具价值之下,评价商事制度规则的基本标准是效率,在市场竞争中缺乏效率优势的制度规则就会被替代或弃用。这种工具价值指引商主体追求自我利益。同时,在市场竞争的情形中,主体之间的利益具有相互性,一方获得利益意味着他方利益受损。例如,证券市场中存在的一般规律是:十个交易者中“一赚、二平、七亏”,证券市场在交易者之间重新配置了财富,对市场结构和社会生活发生实质性影响。但是,商事活动不能最终摆脱伦理价值的约束,法律要求商业活动的结果能够增进社会物质财富,提升民众生活福祉,维护经济社会安全,体现社会公平。在实践中,一些在市场竞争中逐利的成功企业家,在社会生活中成为乐善好施的慈善家。例如,香港企业家邵逸夫先生在内地的许多大中小学校捐建“逸夫楼”,总数达3万座。所以,商法需要追求工具价值与伦理价值的平衡。

（二）效率与安全的平衡

任何商事制度规则的设计首先是追求效率。虽然商主体在设计和选择某种商事制度时也从自身利益出发设计安全机制，但是，单个商主体的理性安排甚至行业的理性安排并不能抑制整体的商业风险。效率与安全互为基础，没有效率的安全会抑制商主体的积极性与创造性，导致社会发展停滞；没有安全的效率会导致经济社会的畸形发展，引发破产甚至经济危机和社会危机。所以，商法需要追求效率与安全的平衡。

（三）短期利益与长期利益的平衡

商主体在市场之中一般也会从自身利益出发追求短期利益和长期利益的平衡。企业首先注重当前市场占有份额，努力增加投入创新，开发新的产品和服务，以保障发展潜力，在未来竞争中不被淘汰并进一步发展壮大。但是，个体企业和特定行业的理性行为并不能保障市场和社会的整体结构优化和发展潜力，长期利益的平衡需要更多地依赖国家的商业政策。例如，我国长期实行的负债刺激经济增长模式和房地产等行业的金融化操作，带来大量的空置房屋，导致经济资源的严重浪费，社会中出现家庭、企业、政府的高杠杆率，产生经济危机的隐患。所以，商法追求短期与长期利益的平衡。

（四）个体利益与整体利益的平衡

在商业社会中，只有商主体的地位得到尊重，个体利益得到保护，才能保障投资和创造的积极性，保证市场活力和经济活力。但是，单个商主体的商业利益追求可能会侵害其他经营者和消费者的利益，也可能带来垄断和不正当竞争的风险，造成社会不公；单个经营者利益追求机制的优化可能为经营者带来更多的利润，但是，这可能会破坏一般的市场秩序，造成市场的结构畸形，导致整体的无效益。[①] 如果缺乏对于商主体利益的有效保护,则消灭了整体利益的源头;如果过度放纵商主体的逐利行为,则会带来经济社会危机。商事协调中应该注重经营者之间的平衡、经营者与消费者之间的平衡、行业之间的平衡、行业利益与社会利益平衡。所以,商事协调中需要追求保护个体利益和维护整体利益的平衡。

二、合法合规原则

合法是指符合国家的法律规则,合规,是指商事主体的经营行为不仅要符合国家法律和政策,符合行业规则和准则,也要符合企业内部规章。

合法性要求中的"法"是指商事专门法、商事普通法、民法、行政法、经济法和宪法。合法性要求直接体现了国家意志,旨在保障宏观的、全局的、长远的利益,实现更为基础性的社会利益。

商事协调不仅仅依赖于法律这一种机制,而是需要依赖具有层次结构的协调机制体系。

合规性往往是基于行业或企业的特殊性要求,所依据的行业或企业规章能够更为直接有效地规范商事活动。合规性中的"规则"是指行业规则和企业内部规章,法律容许、授权并保障行业协会和企业内部协调。行业协调和企业内部协调机构拥有协调职权,对于协调对象具有强制力。一般而言,合规性的要求高于合法性的要求,合规性要求具有针对性和妥当性,即使一些企业内部人员的违规行为可能不直接损害企业利益,但是直接损害行业利益或社会利益。各行业均需要建立和执行合规管理制度,防范违规风险。但是,合规性要求不得违反法律基本原则和强制性规定,不得侵害个人和商主体的基本商事利益,法律的基本原则和强制性规范为行业规范和企业规范设置了底线。

---

① 例如,信息公司开发的抢票软件,以其效率帮助抢票获得服务费,严重扰乱电子购票秩序,侵害其他消费者利益。

三、内部协调优先原则

现代国家建立符合行业特点的协调体系,形成有关政府部门、商事行业组织、经营者、消费者等共同参与的商业市场治理体系。企业内部依据章程和组织规则形成自有的协调监管体系,协调企业运行;行业组织按照章程开展行业自律,建立行业规范,维护行业诚信和社会信誉,监督、引导本行业经营者公平参与市场竞争;政府通过相关行政部门的职权职责,形成协调监管商事活动和市场形势的监管体系。

在企业协调、行业协调和政府协调构成的体系之中,各种协调机制的选择顺序应该奉行内部协调优先原则,即企业内部协调优先于行业协调和政府协调,行业协调优先于政府协调。商事冲突应该首先在企业内部解决,其次在行业内部解决,最后诉诸国家公权机构解决。内部协调优先的依据包括:其一,效率优势。内部机构利益关切度高,具备协调的利益动力。内部协调机构离监管对象和监管事件的距离近,可能获得的信息充分,在更全面的信息基础上作出更准确的判断。其二,公平优势。由企业或者行业承担协调成本,协调成本内化,可以节约社会公共资源。

四、相机调整原则

相机调整原则指商事协调监管机构依据对市场中的商业形势进行分析和判断,根据商事运行的实际状况决定采取相应的调整政策,选择相应的调整措施。相机调整是动态的适时调整,要求商事协调机构采取积极主动的态度干预商业运行,采用契合市场发展不同阶段、契合特定行业性质和发展要求的监管方式,根据商业状况和调控需要采取相应的政策措施。相机调整原则要求干预选择应该充分考量当时的情境,选择何种政策措施组合应该根据具体情况确定。由于干预协调措施执行以后,需要经过一段时间才能发生实际效果;同时,由于存在信息不全、定性错误、处置不当、其他因素介入等原因,会出现非预期效果。所以,商事协调中需要通过信息反馈,及时修正错误,采用新的弥补措施。

(一)动态协调监管

动态协调监管指在商事组织、行业领域或整个市场运行中,为准确掌握商业运行状态,依法对各种商业活动和状态进行实时跟踪的协调监管方式。现代商业领域结构复杂,商业博弈参与人数量众多,商业手段丰富复杂并且高度技术化,市场形势变幻莫测,固定静止的商事调整模式难以满足实际需要。协调机构必须有权积极主动地介入干预,能够灵活便利地运用裁断权,及时采取针对性措施。动态协调监管适用于整个商事运行过程,旨在准确掌握目标领域的商事运行状态、趋势和风险,以便随时采取调控措施。企业、行业协会、政府监管部门均需要进行动态协调监管。动态协调监管的基本手段包括:其一,信息收集。包括:财务等经营信息披露、报告,市场宏观数据采集分析,突发事件的关注等。其二,协调监督部门的抽查、接受举报、裁断纠纷等。其三,事后的跟踪反馈、效果评估等。

(二)适时协调监管

适时协调监管原则指协调监管参与商事运行的全过程,及时解决商事运行中的问题。适时协调监管要求在商事运行的各个关键性环节设置相应的协调监管机构,配置相应的监管职权和职责,设置相应的协调监管程序、手段,从而尽快排除商事运行障碍,化解商事运行风险。协调者需要及时掌握市场信息,及时发现风险和危机,准确把握问题要害。应对新出现的重大商业弊端和突发性商业风险,需要及时制定出相应的规则、措施、办法,在短时间内实现协调监管目的。

(三)穿透式协调监管

穿透式协调监管是指从整体上和全过程考察效果,追溯问题源头,突破特定形式和特定环节的限制,对商事关系准确定性,依据实际要求采取相应的协调监管措施。穿透式协调监管以实现协调监管的功能为宗旨,针对实质性的违法违规行为,按照“实质重于形式”的原则,突破无效规则或者形式上的合法性,按照商事协调监管的实际需要,运用积极的裁量权弥补商业规则和协调监管规则的漏洞。现代商业中的穿透式监管借助现代信息技术,在“一户一码”和开户实名制基础上,运用基于大数据、人工智能等技术的穿透式监管方法,可以建立覆盖全市场、穿透式信息的交易报告制度。穿透式监管的适用范围包括:企业内部协调监管、行业协调监管、部分领域的政府监管。

企业内部协调监管以穿透式监管为常态。对于公司经营范围的选择、公司治理能力、融资结构、资产负债结构、市场竞争能力、风险防范等方面的问题,都不能停留在形式合法合规层面,均需要追溯到问题的源头,并且追求最优方案选择。公司内部的信息反馈、财务会计控制,均要求揭示真正问题,以便决策者能够作出准确的判断,采取有效的应对措施。公司股东会(大会)、董事会、监事会、经理等机关在履职过程中,公司权力运行机制中的集体决策、权力制衡、明晰职权职责等制度设计均要从实质上保障公司目标和利益实现。

行业协调监管以穿透式监管为优势。行业协调监管是自律性协调监管,相比较政府、社会而言,能够明晰行业内部不为外界所知的缺陷、弊端、伎俩。站在行业整体利益立场,对于危害行业整体利益的行为和状态,能够提出比合法性更高层次的合规性要求。例如,中国证券投资基金业协会在 2017 年 2 月 13 日发布《证券期货经营机构私募资产管理计划备案管理规范第 4 号》,要求资产管理人“履行向下穿透审查义务”。要求穿透审查投资者是否属于合格投资者,并对各种产品的资金来源、资金运用、投资方向、基础资产方面进行穿透核查。但是,行业监管也存在行业利益本位问题,可能蕴含放任商事行为侵害其他行业利益、社会公共利益和消费者利益的风险。

政府协调监管以穿透式监管满足特殊需要。穿透式监管的特殊需要表现为特定情势和特定领域。特定情势是指一些新兴行业或商事领域由于法律规则供给不足等原因，存在大量实质性违法违规行为，严重侵害消费者、竞争者和社会公共利益，带来巨大市场风险和社会风险，在一定时期内，需要通过穿透式协调监管来整治市场乱象。特定领域主要是指金融等领域，由于商业利益重大，商事技术设计结构复杂，存在巨大风险隐患；特别是一些跨市场、跨行业的新业务，其交易结构复杂、交易链条较长、信息不透明，需要依赖穿透式监管才能维护市场安全。

金融领域存在金融产品结构复杂、多层嵌套、杠杆不清、名股实债、监管套利、非法从事资产管理业务、刚性兑付、规避金融监管等问题。尤其是在互联网金融领域，通过互联网开展资产管理及跨界从事金融业务中，通过层层掩盖模糊业务本质属性，规避监管规则与监管要求。大量复杂、重叠、嵌套的融资行为使普通金融消费者丧失辨别能力；互联网突破了空间局限，其中的金融产品纠纷模糊了现行的地域管辖。一些金融业者利用不同监管部门职能分工漏洞，设计了表面合规但整体上实质违法的商业操作模式，逃避金融监管。为了防范互联网金融风险，应该透过表面判定业务本质属性、监管职责和应遵循的行为规则与监管要求，在权益持有、资质认定、关系认定、业务认定、信息披露、资金流向等方面，根据业务实质明确责任、认定业务属性，执行相应的监管规定。明晰资本金的最终来源和流向，识别金融企业的最终控制人；对于已经发行的多层嵌套资产管理产品，向上识别产品的最终投资者，向下识别产品的底层资产。对于私募投资基金中的合格投资者资质进行穿透式核查，对理财、合伙、分拆发行证券等穿透核查投资者是否为合格投资者，合并计算投资者人数；公开募集开放式证券投资基金活动中，基金管理人对交易对手进行尽职调查；在 IPO（首次公开募股）的重大资产重组活动中要披露主体的充分信息，合伙企业披露至最终出资人，全面披露第一大股东或者持股5%以上的股东基本商业信息。

针对银行业中存在“监管套利、空转套利、关联套利”现象，要按照穿透原则认定关联方和关联交易；针对银行业不当创新、不当交易、不当激励、不当收费，要求对同业投资业务实施穿透式管理至基础资产；针对银行业服务实体经济质效下降现象，要求对银行业穿透监测资金流向；针对银行业风险防控问题，同业业务中采用穿透管理直至基础资产；针对金融业监管短板，加强股东准入监管，穿透识别实际控制人、最终受益所有权人，并审查其资质。

在保险领域，对保险公司股东资质进行穿透式核查，要求详细说明股东资质变化的情况及原因。原保监会要求：对信用保证保险开展穿透式排查，加强入股资金真实性审查，强化投资人背景、资质和关联关系穿透性审查，严禁代持、违规关联持股等行为；按照基础资产实施穿透式监管；偿付能力数据真实性要求采用穿透法核算基础资产；对相关股东资质需要详细说明股东资质变化的情况及原因，保险公司关联交易要穿透至实际权益持有人认定关联关系。

基金管理人要对交易对手的财务状况、偿付能力及杠杆水平等进行必要的尽职调查与严格的准入管理。对于股东资质要穿透识别实际控制人、最终受益所有权人，并审查其资质，也要排查和禁止代持、分拆、关联持股、与关联方联合持股或者联合行动等情形，强化对股东的背景、资质和关联关系的穿透性审查。

第二节　商事协调监管体系

现代社会的商事协调监管表现为一个多层次的立体制度体系。既包括对于整体市场状态和商业环境的协调监管，也包括对于特定商主体以及商主体内部运行的协调监管;既包括对于商事主体的监管,也包括对于商业行为的监管。商事协调监管主要通过四个层次的机制实现,即商主体内部协调监管、行业协调监管、政府协调监管和社会协调监管,四个层次的协调监管机制各自具备独特的功能,在各自的固有领域内具备合理性和功能优势,不能相互替代。

一、商主体内部协调监管

在企业内部,设置了自上而下的垂直管理的行政系统和相互制衡的监督系统,以实现商主体内部的协调。其一,权力制衡的监督系统。标准的公司治理设置为股东会(大会)、董事会和监事会三权分置,实现权力制衡。其二,行政管理体系的权力系统。上下级之间通过"命令—服从"模式进行协调监管。其三,职位设置所负载的职权职责系统。为控股股东和高管设置职权职责,赋予信义义务,协调监管企业权力运行。其四,财务信息的专业协同系统。通过财务信息反映、控制、调整企业各项业务运行。

二、行业协调监管

行业协调代表行业全体企业的共同利益,维护行业整体利益和整体形象,维护行业信誉。行业协调监管主要通过行业协会实现。

(1)制定规则。制定并执行行规行约和各类标准,协调本行业企业之间、行业企业与消费者之间的经营行为规范。

(2)行业统计预测。对本行业的基本情况进行调查、统计、分析,发现行业发展存在的问题,提出发展建议,发布统计分析报告。

(3)行业基础服务。提供信息服务、教育与培训服务、咨询服务、举办展览、组织会议等。

(4)行业监督。对本行业产品和服务质量、竞争手段、经营作风进行严格监督,鼓励公平竞争,打击违法、违规行为。

(5)公证公信。依法进行资格审查、签发证照,如市场准入资格认证,发放产地证、质量检验证、生产许可证和进出口许可证等。

(6)沟通政府。沟通政府与企业,向政府传达企业的共同要求,协助政府制定和实施行业发展规划、产业政策、行政法规和有关法律。

三、政府协调监管

一般的政府部门从各个领域发挥相应的协调监管职能。国家市场监督管理总局是专门的市场监督管理部门。国家市场监督管理总局主要职责是:

(1)负责市场综合监督管理。起草市场监督管理有关法律法规草案,制定有关规章、政策、标准,组织实施质量提高战略、食品安全战略和标准化战略,拟订并组织实施有关规划,规范和维护市场秩序,营造诚实守信、公平竞争的市场环境。

(2)负责市场主体统一登记注册。指导各类企业、农民专业合作社和从事经营活动的单位、个体工商户以及外国(地区)企业常驻代表机构等市场主体的登记注册工作。建立市场主体信息公示和共享机制,依法公示和共享有关信息,加强信用监管,推动市场主体信用体系建设。

(3)负责组织和指导市场监管综合执法工作。指导地方市场监管综合执法队伍整合和建设,推动实行统一的市场监管。组织查处重大违法案件。规范市场监管行政执法行为。

(4)负责反垄断统一执法。统筹推进竞争政策实施,指导实施公平竞争审查制度。依法对经营者集中行为进行反垄断审查,负责垄断协议、滥用市场支配地位和滥用行政权力排除、限制竞争等反垄断执法工作。指导企业在国外的反垄断应诉工作。承担国务院反垄断委员会日常工作。

(5)负责监督管理市场秩序。依法监督管理市场交易、网络商品交易及有关服务的行为。组织指导查处价格收费违法违规、不正当竞争、违法直销、传销、侵犯商标专利知识产权和制售假冒伪劣行为。指导广告业发展,监督管理广告活动。指导查处无照生产经营和相关无证生产经营行为。指导中国消费者协会开展消费维权工作。

(6)负责宏观质量管理。拟订并实施质量发展的制度措施。统筹国家质量基础设施建设与应用,会同有关部门组织实施重大工程设备质量监理制度,组织重大质量事故调查,建立并统一实施缺陷产品召回制度,监督管理产品防伪工作。

(7)负责产品质量安全监督管理。管理产品质量安全风险监控、国家监督抽查工作。建立并组织实施质量分级制度、质量安全追溯制度。指导工业产品生产许可管理。负责纤维质量监督工作。

(8)负责特种设备安全监督管理。综合管理特种设备安全监察、监督工作,监督检查高耗能特种设备节能标准和锅炉环境保护标准的执行情况。

(9)负责食品安全监督管理综合协调。组织制定食品安全重大政策并组织实施。负责食品安全应急体系建设,组织指导重大食品安全事件应急处置和调查处理工作。建立健全食品安全重要信息直报制度。承担国务院食品安全委员会日常工作。

(10)负责食品安全监督管理。建立覆盖食品生产、流通、消费全过程的监督检查制度和隐患排查治理机制并组织实施,防范区域性、系统性食品安全风险。推动建立食品生产经营者落实主体责任的机制,健全食品安全追溯体系。组织开展食品安全监督抽检、风险监测、核查处置和风险预警、风险交流工作。组织实施特殊食品注册、备案和监督管理。

(11)负责统一管理计量工作。推行法定计量单位和国家计量制度,管理计量器具及量值传递和比对工作。规范、监督商品量和市场计量行为。

(12)负责统一管理标准化工作。依法承担强制性国家标准的立项、编号、对外通报和授权批准发布工作。依法协调指导和监督行业标准、地方标准、团体标准制定工作。组织开展标准化国际合作和参与制定、采用国际标准工作,制定推荐性国家标准。

(13)负责统一管理检验检测工作。推进检验检测机构改革,规范检验检测市场,完善检验检测体系,指导协调检验检测行业发展。

(14)负责统一管理、监督和综合协调全国认证认可工作。建立并组织实施国家统一的认证认可和合格评定监督管理制度。

四、社会协调监管

社会协调监管指站在社会公众立场,以社会利益为本位,运用社会力量进行的协调监管。国家赋权的正式社会机构可以行使协调监管权,组织工会实现劳动者保护,并对劳动用工行为进行监督,组织消费者协会实现消费者保护,并对生活消费行为进行监督。

第三节　商事协调技术

商事协调需要借助一系列技术手段实现其可操作性,通过这些技术手段所具备的制度功能,以实现商事协调监管。

一、信息监控

在现代商事组织和商事运行关系中,信息不对称成为常态。不同商主体之间,财务信息和经营信息一般作为商业秘密。在企业内部关系中,经营者相对于投资者处于信息优势;在企业外部关系中,经营者相对于消费者存在信息优势。在协调监管关系中,执业者相对于协调监管者具有信息优势。一方面,特定经营者应当全面、真实、准确、及时地披露商品或者服务信息,保障消费者的知情权和选择权。经营者不得以虚构交易、编造用户评价等方式进行虚假或者引人误解的商业宣传,欺骗、误导消费者。另一方面,很多反映商业结构状态和动态趋势的信息需要发掘收集。信息监控需要一系列制度实现,包括:其一,基本信息公示公开制度。其二,告知、披露制度。其三,汇报、报告制度。其四,会议制度。其五,财务信息制度。

信息披露的人员范围限制在企业重要的决策者、管理者。有权获取信息的利益相关者一般为股东、债权人、消费者、公众、监管者。

二、职权职责配置

职权是协调者的法律自由和法律手段,体现了协调机构的意志和利益要求。职责是协调者的法律约束和法律督促,体现了协调执行者必须落实协调机构意志和利益的要求。通过职权职责体系建立商事协调的制度框架,通过确认职权职责人明确协调监督执行者资格和职权职责范围。

三、标准化技术

1. 标准化单位

在现代社会大工业生产过程中,产品和服务实现了标准化,市场活动中设置的产品和服务标准化单位成为商事运行的基础。例如,在公司中采用标准化的股份处理投资者权益。

2. 质量合格标准

任何一种通用的产品和服务,均建立相应的统一的合格标准。包括:(1)强制性国家标准。(2)推荐性国家标准。(3)行业标准、地方标准、团体标准。(4)国际标准。例如,欧盟标准。

3. 合同的标准化

商事领域普遍存在标准化合同处理面向公众的大规模交易。商品房销售合同、银行存贷合同、保险合同等均实现标准化,通过合同的标准化协调规范特定类型的交易。

4. 交易方式的程式化

通过标准化设施,形成程式化的交易运行方式,通过制度的信用保障安全和效率。

四、惩罚制度体系

商事协调能够取得实际效果，依赖于有效的制度惩罚体系。惩罚权力制度具体表现为监管职权、调查取证权、裁决权、执行权。商事处罚的权力来源包括社团权力、社会权力、政府权力。惩罚措施包括声誉减损、资格限制、财产处罚、行为限制、人身自由限制等，体现为相应的民事责任、行政法责任、经济法责任和刑事责任。

第八章　商事账簿制度

第一节　商事账簿概述

商事账簿是商事活动中最重要的内部控制工具，商事账簿系统、客观地反映商事经营和财产状况。从12世纪中期起，商事账簿的统计方法已为企业广泛采用。近代以来，随着商品经济的发展完善，商事账簿制度进一步完善，并出现了标准化、国际化、电子化趋势。

一、商事账簿的含义

商事账簿，是指商主体依法制作的记载其营业及财产状况的书面簿册。形式意义上的账簿是指商主体依据商事立法要求必须置备的账簿。国家一般实行统一的会计制度，要求设置标准化的账簿，实现账务规则统一，便于经济运行与监督管理。实质意义上的商事账簿指商主体所置备的一切账簿，既包括法律所要求的账簿，也包括商主体依据自己需要而设置的账簿。

二、商事账簿的法律特征

（一）商事账簿是为商事服务的账簿

商事账簿是商主体置备的账簿，是对商业活动进行分析、控制的财务工具。商事账簿主要记载营业活动中的财产存在与运行状态，通常包括资产负债表、损益表、财务状况变动表，账簿记载服务于营利活动。

（二）商事账簿设立的强制性

账簿制度是一项重要的商事制度，复杂的商事活动和商事关系离不开商事账簿，商主体有效的内部控制和国家对于经济的宏观调控监督均以此为基础。各国商事法的发展趋势是要求商主体依法设立账簿。在世界范围内，商事账簿的立法原则主要有三种：(1)放任主义原则。放任主义原则以《美国统一商法典》为代表，对于商主体是否设立账簿，未作强制性规定。但如果不置备商事账簿，在诉讼或破产程序中，对其极为不利，所以，在商事实践中，几乎没有不置备商事账簿的情况发生。(2)干涉主义原则。干涉主义原则以《法国商法典》为代表，立法对商事账簿作出详细规定，商主体必须设置账簿，商事账簿的种类、内容和记载方法均有明确规定，政府主管部门会随时监督检查。我国也采用此种原则。(3)折中主义原则。折中主义原则以德国为代表，法律仅规定商事主体有置备商事账簿的义务，而不规定商事账簿的内容和记载方法，商事账簿的具体内容和记载方法由行业规则调整。商事账簿制度是从微观领域保证市场安全的制度设置，关系企业内部利害关系人、公众、国家和社会利益，商事账簿设立的强制性要求成为各国商事立法的趋势。

（三）商事账簿的标准化与国际化

发达国家于20世纪70年代普遍成立会计职业团体，如英国1970年成立"会计标准筹划委员会"，美国1973年成立"财务会计准则委员会"。这些职业组织成立后，组织专家制定会计准则，成为会计工作指南，并且，这些会计准则一般得到政府确认或支持，具有实质性的法律约束力。为了解决各国会计准则存在的差异，1973年英国伦敦成立了"国际会计准则委员会"，该会自成立以来已颁布了 30 多项国际会计准则。该会已有 30 多个成员方,虽系民间组织,但其会计准则被不少国家和地区所承认和接受。[1] 我国的现行会计准则体系基本实现了与国际财务报告准则的趋同。

三、商事账簿的分类

按照商事账簿内部各构成要素的功能特征,商事账簿可以作会计凭证、会计账簿和财务会计报告等基本分类。

(一)会计凭证

会计凭证是指记录商主体日常经营活动情况并作为依据的书面证明,是登记商事账簿的依据。每一项具体的经济活动和每一种经济存在状态均通过会计凭证表述,商主体在经营活动中所作出的货币收付、款项结算、货物进出、财产增减等,都必须由经办人员取得或填制会计凭证。会计凭证包括原始凭证和记账凭证。办理法定范围的经济业务事项,必须填制或者取得原始凭证并及时送交会计机构。会计机构、会计人员必须按照国家统一的会计制度的规定对原始凭证进行审核,对不真实、不合法的原始凭证有权不予接受,并向单位负责人报告;对记载不准确、不完整的原始凭证予以退回,并要求按照国家统一的会计制度的规定更正、补充。原始凭证记载的各项内容均不得涂改;原始凭证有错误的,应当由出具单位重开或者更正,更正处应当加盖出具单位印章。例如,原始凭证金额有错误的,应当由出具单位重开,不得在原始凭证上更正。记账凭证应当根据经过审核的原始凭证及有关资料编制。

(二)会计账簿

会计账簿是指按照一定的机构、程序和方法持续记载商业主体营业活动和财产的存在及变动状况的簿册。依据我国法律规

---

① 参见雷兴虎主编:《商法学》,人民法院出版社、中国人民公安大学出版社 2003 年版,第 63 页。

定,商主体发生的各项经济业务事项应当在依法设置的会计账簿上统一登记、核算,不得违反法律和国家统一的会计制度的规定私设会计账簿登记、核算。会计账簿登记,必须以经过审核的会计凭证为依据,并符合有关法律、行政法规和国家统一的会计制度的规定。会计账簿包括总账、明细账、日记账和其他辅助性账簿。会计账簿应当按照连续编号的页码顺序登记。会计账簿记录发生错误或者隔页、缺号、跳行的,应当按照国家统一的会计制度规定的方法更正,并由会计人员和会计机构负责人(会计主管人员)在更正处盖章。使用电子计算机进行会计核算的,其会计账簿的登记、更正,应当符合国家统一的会计制度的规定。各单位应当定期将会计账簿记录与实物、款项及有关资料相互核对,保证会计账簿记录与实物及款项的实有数额相符、会计账簿记录与会计凭证的有关内容相符、会计账簿之间相对应的记录相符、会计账簿记录与会计报表的有关内容相符。以设置会计账簿目的与功能不同为依据,可以划分为序时账簿、分类账簿和备查账簿。序时账簿是指以事实发生的时间为顺序作记载的账簿,即流水账。分类账簿包括资产、负债、所有者权益、成本及费用、收益等类账簿。备查账簿是指对于日记账和分类账未能记载的事项进行补充登记,以供查考的账簿。

(三)财务会计报告

财务会计报告是指以货币形式总括反应营业体在一定时期的财务状况和经营成果的书面报告。财务会计报告应当根据经过审核的会计账簿记录和有关资料编制,并符合会计法和国家统一的会计制度关于财务会计报告的编制要求、提供对象和提供期限的规定。其他法律、行政法规另有规定的,从其规定。财务会计报告由会计报表、会计报表附注和财务情况说明书组成。会计报表是对日常核算的会计资料按一定的表格形式进行汇总以综合反映企业财务状况的报告文件。它是由会计人员对于月、季、年等时期的企业会计记录,按照规范格式和种类编制的系统的报告文件。

会计报表附注是对会计报表所作的解释和说明。包括会计报表的编制基础、编制原理、编制方法及主要项目等内容。

财务情况说明书是企业对一定时期财务、成本等情况进行总结、分析的书面说明。一般包括:财务、成本计划的执行情况,企业财务反映的问题,固定资金、流动资金的使用情况及增减变化的原因,企业改善经营管理的措施等。向不同的会计资料使用者提供的财务会计报告,其编制依据应当一致。有关法律、行政法规规定会计报表、会计报表附注和财务情况说明书须经注册会计师审计的,注册会计师及其所在的会计师事务所出具的审计报告应当随同财务会计报告一并提供。财务会计报告应当由单位负责人和主管会计工作的负责人、会计机构负责人(会计主管人员)签名并盖章;设置总会计师的单位,还须由总会计师签名并盖章。单位负责人应当保证财务会计报告真实、完整。

会计报表依据不同内容,可以分为资金报表、成本报表和利润报表;依据编报的时间,可以分为月报表、季报表和年报表;根据资金状态,可以分为静态报表和动态报表等。

第二节　商事账簿中的关系与功能

围绕商事账簿发生多种法律关系,在每种法律关系中商事账簿均具有相应的功能。

一、在商主体经营管理关系中的功能

在商主体经营管理关系中,商事账簿发挥诸多功能。第一,具有信息反映功能。商事账簿将商主体自身的营业状况和财务状况以一种可以阅读的量化的方式显示出来,这种功能是其他功能的基础。第二,可以作为营业状况分析依据。商事账簿反映的财务

指标是判断经营成败的依据并从中发现问题的线索,公司股东可以据此来判断经营者的业绩。第三,可以作为企业发展决策依据。商事账簿是提供企业内部情况的最准确有效的渠道,通过对于商事账簿的分析,依据企业外部的市场条件,设计企业的发展战略、规划。第四,可以作为企业内部控制手段。企业组织体内部关系复杂,通过监督控制实现内部的制衡机制是主要的治理机制,商事账簿通过规范地反映企业财务信息,可以作为企业内部控制的最基本手段。第五,可以作为商主体内部各利益主体之间利益划分的依据。通过计算工资、奖金、成本、亏损、盈利及利润分配活动,明确企业内部各利益主体的利益边界。

二、对于商业组织的利害关系人的功能

利害关系人可以通过商事组织制作的商事账簿,了解其营业状况、资信能力和发展前景,由此来作出商业判断、决定商业行为选择。投资者可以依据财务会计报告,预测企业的发展前景,决定买进或卖出特定企业的股票;银行可以依据商事账簿信息对企业进行信用评估,以确定贷款的风险与贷款的条件;交易相对人可以依据公开的商事账簿信息判断并决定是否和依据什么条件与企业进行交易。

三、在国家监管关系中的功能

会计监督是国家对商事主体和市场监管的重要手段,一般通过立法明确这种监管关系。微观领域中的商事主体制作的商事账簿信息汇集成为总体的经济信息,成为政府分析国家经济形势、作出政策选择的依据;商事主体制作的商事账簿是政府审核其营业情况的依据,进而成为征收税款的依据。

四、在诉讼中的功能

在商事关系中,发生纠纷不可避免,解决纠纷的最权威方式是诉讼。在诉讼中,证据是权利主张的依据,也是法院作出判决或裁定的依据。商事账簿是一种重要的书证材料。

第三节 商事账簿的监管

一、商事账簿的国家监管

商事账簿原本是企业等商主体的内部事务，早期的法律对此持放任态度，认为是否设置账簿是企业自己的事。随着商事组织的发展，尤其是大型股份公司的出现，公司在经济和社会生活中的地位和作用发生了变化。公司成为现代社会的权力中心之一，公司的活动决定了人们衣食住行的生活基本内容与社会生活方式；商事组织的组织活动与交易行为涉及广大社会公众的利益，关系交易安全和社会经济秩序，易于诱发经济危机。在 1929~1933 年世界性的经济危机之后，美国政府认识到以商事账簿为核心的企业信息不仅是企业内部事务，而且关系公共利益和经济安全，对商事企业的财务信息加强了监管。要求公司除法定的会计账簿外，不得另立会计账簿。对公司资产，不得以任何个人名义开立账户存储。

二、商事账簿的置备与保管义务

各国法律一般规定商主体发生的各项经济业务事项应当在依法设置的会计账簿上统一登记、核算，不得违反国家统一的会计制度的规定私设会计账簿进行登记、核算。会计账簿登记，必须以经过审核的会计凭证为依据，并符合有关法律、行政法规和国家统一的会计制度的规定。公司应当依照法律、行政法规和国务院财政部门的规定建立本公司的财务、会计制度。

由于商事账簿的社会功能，各国法律均要求商主体保存商事账簿，并直接规定保存年限。有些国家和地区对保存年限规定了确定期限，如德国、意大利、比利时、法国、日本及我国台湾为至少 10 年，西班牙规定为 5 年，荷兰规定为 30 年；有些国家和地区采取不确定期间,如智利以营业继续时间为准,巴西以债权时效消灭以前为限。①

三、企业领导人与职业会计的账簿责任

企业负责人对本企业的会计工作和会计资料的真实性、完整性负责。会计机构、会计人员依法进行会计核算,实行会计监督。任何单位或者个人不得以任何方式授意、指使、强令会计机构、会计人员伪造、变造会计凭证、会计账簿和其他会计资料,提供虚假财务会计报告。任何单位或者个人不得对依法履行职责、抵制违反法律规定行为的会计人员实行打击报复。企业负责人应当保证会计机构、会计人员依法履行职责,不得授意、指使、强令会计机构、会计人员违法办理会计事项。会计机构、会计人员对违反法律和国家统一的会计制度规定的会计事项,有权拒绝办理或者按照职权予以纠正。

会计机构、会计人员发现会计账簿记录与实物、款项及有关资料不相符的,按照国家统一的会计制度的规定有权自行处理的,应当及时处理;无权处理的,应当立即向企业负责人报告,请求查明原因,作出处理。因有提供虚假财务会计报告,做假账,隐匿或者故意销毁会计凭证、会计账簿、财务会计报告,贪污,挪用公款,职务侵占等与会计职务有关的违法行为被依法追究刑事责任的人员,不得再从事会计工作。

各企业应当根据会计业务的需要,设置会计机构,或者在有关机构中设置会计人员并指定会计主管人员;不具备设置条件的,应当委托经批准设立从事会计代理记账业务的中介机构代理记账。国有的和国有资产占控股地位或者主导地位的大、中型企业必须设置总会计师。总会计师的任职资格、任免程序、职责权限由国务院规定。

---

① 参见赵中孚主编:《商法总论》,中国人民大学出版社1999年版,第190页。

会计机构内部应当建立稽核制度。出纳人员不得兼任稽核、会计档案保管和收入、支出、费用、债权债务账目的登记工作。会计人员调动工作或者离职,必须与接管人员办清交接手续。一般会计人员办理交接手续,由会计机构负责人(会计主管人员)监交;会计机构负责人(会计主管人员)办理交接手续,由单位负责人监交,必要时主管单位可以派人会同监交。

1. 内部控制要求

《会计法》明确了企业的会计核算制度。各单位采用的会计处理方法,前后各期应当一致,不得随意变更;确有必要变更的,应当按照国家统一的会计制度的规定变更,并将变更的原因、情况及影响在财务会计报告中说明。单位提供的担保、未决诉讼等有关事项,应当按照国家统一的会计制度的规定,在财务会计报告中予以说明。各单位对会计凭证、会计账簿、财务会计报告和其他会计资料应当建立档案,妥善保管。会计档案的保管期限和销毁办法,由国务院财政部门会同有关部门制定。

2. 商事账簿的披露

公司应当在每一会计年度终了时编制财务会计报告,并依法经会计师事务所审计。财务会计报告应当依照法律、行政法规和国务院财政部门的规定制作。有限责任公司应当依照公司章程规定的期限将财务会计报告送交各股东。股份有限公司的财务会计报告应当在召开股东大会年会的20日前置备于本公司,供股东查阅;公开发行股票的股份有限公司必须公告其财务会计报告。

公司聘用、解聘承办公司审计业务的会计师事务所,依照公司章程的规定,由股东会(大会)或者董事会决定。公司股东会(大会)或者董事会就解聘会计师事务所进行表决时,应当允许会计师事务所陈述意见。公司应当向聘用的会计师事务所提供真实、完整的会计凭证、会计账簿、财务会计报告及其他会计资料,不得拒绝、隐匿、谎报。

公司合并，应当由合并各方签订合并协议，并编制资产负债表及财产清单。公司分立，其财产作相应的分割，编制资产负债表及财产清单。公司应当自作出分立决议之日起 10 日内通知债权人，并于 30 日内在报纸上公告。承担资产评估、验资或者验证的机构因过失提供有重大遗漏的报告的，由公司登记机关责令改正，情节较重的，处以所得收入 1 倍以上 5 倍以下的罚款，并可以由有关主管部门依法责令该机构停业、吊销直接责任人员的资格证书，吊销营业执照。承担资产评估、验资或者验证的机构因其出具的评估结果、验资或者验证证明不实，给公司债权人造成损失的，除能够证明自己没有过错的外，在其评估或者证明不实的金额范围内承担赔偿责任。

3. 行政部门的监管权力与职责

国务院财政部门依法制定的关于会计核算、会计监督、会计机构和会计人员以及会计工作管理的制度。任何单位和个人对违反《会计法》和国家统一的会计制度规定的行为，有权检举。收到检举的部门有权处理的，应当依法按照职责分工及时处理；无权处理的，应当及时移送有权处理的部门处理。收到检举的部门、负责处理的部门应当为检举人保密，不得将检举人姓名和检举材料转给被检举单位和被检举人个人。

财政部门对各单位的下列情况实施监督：(1)是否依法设置会计账簿；(2)会计凭证、会计账簿、财务会计报告和其他会计资料是否真实、完整；(3)会计核算是否符合《会计法》和国家统一的会计制度的规定；(4)从事会计工作的人员是否具备从业资格。在对会计资料实施监督，发现重大违法嫌疑时，国务院财政部门及其派出机构可以向与被监督单位有经济业务往来的单位和被监督单位开立账户的金融机构查询有关情况，有关单位和金融机构应当给予支持。

财政、审计、税务、人民银行、证券监管、保险监管等部门应当依照有关法律、行政法规规定的职责,对有关单位的会计资料实施监督检查。监督检查部门对有关单位的会计资料依法实施监督检查后,应当出具检查结论。有关监督检查部门已经作出的检查结论能够满足其他监督检查部门履行本部门职责需要的,其他监督检查部门应当加以利用,避免重复查账。依法对有关单位的会计资料实施监督检查的部门及其工作人员对在监督检查中知悉的国家秘密和商业秘密负有保密义务。各单位必须依照有关法律、行政法规的规定,接受有关监督检查部门依法实施的监督检查,如实提供会计凭证、会计账簿、财务会计报告和其他会计资料以及有关情况,不得拒绝、隐匿、谎报。

第四节　会计监督

各单位应当建立、健全本单位内部会计监督制度。单位内部会计监督制度应当符合下列要求:(1)记账人员与经济业务事项和会计事项的审批人员、经办人员、财物保管人员的职责权限应当明确,并相互分离、相互制约;(2)重大对外投资、资产处置、资金调度和其他重要经济业务事项的决策和执行的相互监督、相互制约程序应当明确;(3)财产清查的范围、期限和组织程序应当明确;(4)对会计资料定期进行内部审计的办法和程序应当明确。

单位负责人应当保证会计机构、会计人员依法履行职责,不得授意、指使、强令会计机构、会计人员违法办理会计事项。会计机构、会计人员对违法和国家统一的会计制度规定的会计事项,有权拒绝办理或者按照职权予以纠正。

会计机构、会计人员发现会计账簿记录与实物、款项及有关资料不相符的,按照国家统一的会计制度的规定有权自行处理的,应当及时处理;无权处理的,应当立即向单位负责人报告,请求查明原因,作出处理。

任何单位和个人对违反法律和国家统一的会计制度规定的行为,有权检举。收到检举的部门有权处理的,应当依法按照职责分工及时处理;无权处理的,应当及时移送有权处理的部门处理。收到检举的部门、负责处理的部门应当为检举人保密,不得将检举人姓名和检举材料转给被检举单位和被检举人个人。

有关法律、行政法规规定,须经注册会计师进行审计的单位,应当向受委托的会计师事务所如实提供会计凭证、会计账簿、财务会计报告和其他会计资料以及有关情况。任何单位或者个人不得以任何方式要求或者示意注册会计师及其所在的会计师事务所出具不实或者不当的审计报告。财政部门有权对会计师事务所出具审计报告的程序和内容进行监督。

第五节　商事账簿中的法律责任

《会计法》第42条规定,这些违法行为由县级以上人民政府财政部门责令限期改正,可以对单位并处3000元以上5万元以下的罚款;对其直接负责的主管人员和其他直接责任人员,可以处2000元以上2万元以下的罚款;属于国家工作人员的,还应当由其所在单位或者有关单位依法给予行政处分:(1)不依法设置会计账簿的;(2)私设会计账簿的;(3)未按照规定填制、取得原始凭证或者填制、取得的原始凭证不符合规定的;(4)以未经审核的会计凭证为依据登记会计账簿或者登记会计账簿不符合规定的;(5)随意变更会计处理方法的;(6)向不同的会计资料使用者提供的财务会计报告编制依据不一致的;(7)未按照规定使用会计记录文字或者记账本位币的;(8)未按照规定保管会计资料,致使会计资料毁损、灭失的;(9)未按照规定建立并实施单位内部会计监督制度或者拒绝依法实施的监督或者不如实提供有关会计资料及有关情况的;(10)任用会计人员不符合法律规定的。财务违法行为严重,构成犯罪的,依法追究刑事责任。会计人员有《会计法》第42条第1款所列行为之一,情节严重的,五年内不得从事会计工作。有关法律对《会计法》第42条第1款所列财务违法行为的处罚另有规定的,依照有关法律的规定办理。

伪造、变造会计凭证、会计账簿,编制虚假财务会计报告,构成犯罪的,依法追究刑事责任。有《会计法》第43条第1款行为,尚不构成犯罪的,由县级以上人民政府财政部门予以通报,可以对单位并处5000元以上10万元以下的罚款;对其直接负责的主管人员和其他直接责任人员,可以处3000元以上5万元以下的罚款;属于国家工作人员的,还应当由其所在单位或者有关单位依法给予撤职直至开除的行政处分;其中的会计人员,5年内不得从事会计工作。

隐匿或者故意销毁依法应当保存的会计凭证、会计账簿、财务会计报告,构成犯罪的,依法追究刑事责任。有《会计法》第44条第1款行为,尚不构成犯罪的,由县级以上人民政府财政部门予以通报,可以对单位并处5000元以上10万元以下的罚款;对其直接负责的主管人员和其他直接责任人员,可以处3000元以上5万元以下的罚款;属于国家工作人员的,还应当由其所在单位或者有关单位依法给予撤职直至开除的行政处分;其中的会计人员,5年内不得从事会计工作。

授意、指使、强令会计机构、会计人员及其他人员伪造、变造会计凭证、会计账簿,编制虚假财务会计报告或者隐匿、故意销毁依法应当保存的会计凭证、会计账簿、财务会计报告,构成犯罪的,依法追究刑事责任;尚不构成犯罪的,可以处5000元以上5万元以下的罚款;属于国家工作人员的,还应当由其所在单位或者有关单位依法给予降级、撤职、开除的行政处分。

单位负责人对依法履行职责、抵制违反法律规定行为的会计人员以降级、撤职、调离工作岗位、解聘或者开除等方式实行打击报复，构成犯罪的，依法追究刑事责任；尚不构成犯罪的，由其所在单位或者有关单位依法给予行政处分。对受打击报复的会计人员，应当恢复其名誉和原有职务、级别。

财政部门及有关行政部门的工作人员在实施监督管理中滥用职权、玩忽职守、徇私舞弊或者泄露国家秘密、商业秘密，构成犯罪的，依法追究刑事责任；尚不构成犯罪的，依法给予行政处分。

违反法律规定，将检举人姓名和检举材料转给被检举单位和被检举人个人的，由所在单位或者有关单位依法给予行政处分。

财务违法行为同时违反其他法律规定的，由有关部门在各自职权范围内依法进行处罚。

第九章　商事权力制度

私权的基本内容包含三个部分:权利、法益和权力。私法关系和私法文本中大量存在权力制度。在商事组织内部,商事权力规则一直存在并发挥作用,运用商事权力维持内部秩序、主导对外交易,借此形成了一套自洽的权力制度规则,并为商事法律明文规定。商事权力是指由商法确认的依据商事职位所享有的能够将商事主体意志推行到所辖范围的事务和职员行为之上的资格。商事关系中涉及权力制度的领域有三个:一是商事组织内部权力。商主体运用权力协调商事组织关系和运行关系,此种权力性质为纯粹的私权力,是狭义上的商事权力。二是商会中所拥有的权力。商会运用这种权力进行行业协调,并衍生出仲裁机构准司法性质的仲裁权,此种权力性质为社会权力,属于广义的商事权力。三是在国家、政府进行社会管理活动中运用权力调整商事关系,这些权力的性质是公权力,属于商事相关权力。本书使用狭义上的商事权力。

第一节　商事组织中的权力设置

在商事组织内部关系中所存在的权力制度既非传统观点中的

公法手段，也非传统观点中的权利变形，它是发挥私法功能的私法制度规则，其性质为私权力。

一、商事组织中存在权力制度

私法调整市民社会生活关系，“权利”无疑是私法调整社会关系的基本手段，私法旨在确认和保障权利，所以一般性地称“私法是权利法”，但是，在“权利”之外，私法还需要借助其他调整手段以实现其功能，“权力”就是其借助的重要手段。公法调整政治生活关系，“权力”是公法调整政治生活关系的基本手段，公法旨在规范“权力”，一方面确认“公权力”的权威性以保障其运行，另一方面设置约束机制，以防止“公权力”的滥用，在这个意义上可以说“公法是权力法”；但是，“权力”并非公法独有的手段，社会法、私法之中也存在权力制度。传统观念僵化地理解私权与公权界限划分，将“权利”简单地等同于私法关系，将“权力”简单地等同于公法关系，忽略了“权利”和“权力”只是具有各自特性的制度工具，其制度功能既可以满足私法关系也可以满足公法关系调整需要，私法或公法依据制度设计需要选择相应的权利或权力手段，以实现其制度功能。其实，权力制度规则的功能优势在于规范不对等关系，采用“命令—服从”模式，与调整平等关系的权利制度规则所采用的“平等协商”模式性质相异，这些特性既是使其不容于传统私法理论之处，也是其在商事关系之中发挥特定功能的依托。市民社会在不断进化，市场结构日益复杂，商事组织在近代工业革命以后迅速发展，成为型塑市民社会结构和市民社会生活关系的基础性力量。生产经营活动被整合进商事组织之中，商事组织内部成为现代人的基本生存空间，商事组织内部的社会关系成为市民社会中基础性的社会关系，其相关制度规范成为现代法制的基本内容。在商事组织之中，投资者与经营者之间是“控制与被控制”关系，经营者与员工之间是“管理与被管理”关系，监事与经营者之间是“监督与被监督”关系，这些关系均属于不对等关系，这些关系中的当事人之间不能通过协商解决问题、形成秩序，人们必须依据这种客观关系的性质选择相应的法制手段。哪里有权力需要，哪里就有权力制度规则；因为商事关系中存在不对等领域，只有通过权力制度才能有效地进行协调，所以，商法中就会设置相应的权力制度；并且，自企业制度诞生之日起，商事权力制度就在其中发挥作用，数百年来的制度实践证明了权力制度是协调这些关系的最有效方式。

二、商事权力的制度逻辑

商事组织通过合约安排将各种商业资源集中于企业之中，产生系列人际关系和财产关系，形成企业内部的公共空间，在公共空间设置公共权力，通过内部权力规则整合商业资源，协调内部运行和外部运行，实现主体功能。商事权力依据内部与外部运行协调功能需要进行配置。商事权力制度之所以在商事组织中出现，在于其具备实现商事组织的内部协调和外部运行的制度功能，具体设置哪些权力岗位需要依据企业内部关系协调和外部运行需要进行安排。

商事权力安排体现相关当事人的利益与意志。现代市场将经济资源、生产过程、经营渠道、就业机会整合进商事组织和商事运行机制之中。大部分人以进入商事组织的形式参与经济生活，谋取生存利益；多数人通过获得企业权力实现个人理想。商事组织将个体所拥有的权利和资源进行整合，其本身就是一个“利益共同体”，是投资者、经营者、员工之间的“利益联合”。投资者是企业的创造者，其投资成为企业利益的最初来源，投资者希望通过企业的生产经营获取利润，实现自我利益。经营者在企业之中获得就业和发挥才能的机会，通过企业获取报酬；员工通过企业获取就业机会，以工资形式获得生活来源；各方当事人的利益均以企业利益为中介才能实现。商事权力就在这些商事利益关系中孕育，为保障、协调和实现当事人利益而存在。商事权力体现了相关利益主体的意志,在形式上表现为企业意志,实质上是以企业意志形式体现的当事人意志。第一个层次是投资者的资本意志。投资者因持股转化为企业股东,股东通过会议表达意志,在议事和表决程序之中,股东之间依据资本民主采取“少数服从多数”的规则,依据拥有资本数量多少区分出小股东和大股东。大股东成为“控股股东”,掌握企业的控制权,大股东的意志一般被视为企业意志;小股东利益依赖大股东操控的企业来实现,既希望企业利益实现,也期望自己的应有利益份额实现,但是,小股东依据企业内部的表决规则无法独立实现自我意志,法律只能赋予其保护性的异议权、诉权和退出权。第二个层次是经营者意志。投资者的财产转化为投资,资本通过企业内部生产过程和外部交易过程进行循环运行,以实现增殖;但是,这些商业过程由经营者意志进行主导。经营者提供人力资本,以其商业禀赋和专业技能主导企业内部运作和外部交易,其主观意志转化为企业的经营意志,通过实现企业利益来实现股东利益和自我利益。第三个层次是普通员工意志。职工在企业组织中处于顺应和服从地位,其个人意志并不具备扩张性,从这个意义上说,职工并不拥有商事权力;但是,职工处于商事权力作用之下,对商事权力作用需要作出保护性的回应,即要求职工只在合法和适当的范围内受制于商事权力,权力约束的范围限定在生产经营等特定环节的目的范围。员工在职责范围内服从上级的指令,在职责领域范围之外,上下级之间是平等关系。同时,各方当事人受制于生产经营活动中的各种专业标准,兼顾服从商事权力意志和科学技术规则。

商事权力依据合约安排与制度结构进行设置。商事组织关系处于私法领域,在一般性的私法关系之中,当事人地位平等,人格独立自由,其个人意志得到尊重和保护,“平等协商”是当事人之间的基本行为模式。在商事组织之中,“平等协商关系”已经演变为“命令—服从”关系,这中间经过了合约安排和制度安排。其一,合约安排。收益最大化始终是人类活动的根本动力,为此,人们设法选择成本最低的方式去实现目的。人们以转让权利和接受约束为对价进入商事组织,在企业内部,当事人接受商事权力约束出于自愿,这种自愿通过劳动合同、委任合同、发起协议方式表达;这些法律文书为当事人设置在特定期限、特定范围接受商事权力约束的义务,也保留有依据规则退出商事权力约束的自由。其二,制度安排。市场关系发展到一定水平就会形成特定市场结构,这种结构具有某种客观性,对于企业内部权力设置产生约束力。在人类商业活动的整体实践中,设计、优化商业制度规则,形成模式化的企业形态和运行制度规则。在企业制度安排中,一方面,以投资者自治和资本民主为治理逻辑,协商具有一定的生存空间;另一方面,企业管理体制中设置自上而下的科层化结构,奉行"命令—服从"逻辑,依据商事权力规则运行。商事权力制度安排已经成为社会共识,成为当事人共同遵守的制度规范,服从商事权力成为任何商事组织内部关系中的默示条款,商事权力规则得到了法律和道德的确认和保障。

三、商事权力的要素与结构

商事权力的制度要素包括:权力人、职权、职责、支配对象、权力位阶、权力行使的程序、权力行使的手段。权力人的个人能力内化为权力的品质,同一个权力,由不同的人来执掌,会产生不同的效果,如企业经营效果不佳,常见的整顿措施就是改组董事会、更换经理。经营者的人力资本是公司中最能动的部分,不能标准化,只能通过事先设置任职条件和事后对一定时间的经营成果进行评价来进行保证。职权是指依据特定的职位所享有的权力,从正面规定权力人的权力自由。其在法律上的规定方法包含两个层次,对于一般性的事务依据权力性质概括性地授权,如经营者的执行权;对于重要事项,依据列举方式明文规定,如董事会、经理的职权。职责指处在特定职位所需要承担的权力约束。职责从反面规定权力人当为和必为哪些行为。除在抽象层面上为商事权力人设置注意、忠诚、勤勉义务之外，同时对于权力人职责的重要事项采取列举方式明文规定。例如，《公司法》第94条规定：“股份有限公司的发起人应当承担下列责任：（一）公司不能成立时，对设立行为所产生的债务和费用负连带责任；（二）公司不能成立时，对认股人已缴纳的股款，负返还股款并加算银行同期存款利息的连带责任；（三）在公司设立过程中，由于发起人的过失致使公司利益受到损害的，应当对公司承担赔偿责任。”支配对象主要指商事权力可以安排哪些事务、支配哪些资源、约束哪些员工。每种具体的权力岗位均有确定的支配范围，在不同支配范围上建立商事权力位阶，权力位阶指权力之间的排位与效力高低顺序。权力行使程序指有效的权力行为所应该包含的形式、步骤、环节及其顺序。违反程序将导致商事权力行为的效力瑕疵。公司权力行使中的议事、决议、通知、指令、检查、监督等行为均须遵守程序规则。例如，《公司法》第112条规定，“董事会会议，应由董事本人出席；董事因故不能出席，可以书面委托其他董事代为出席，委托书中应载明授权范围。董事会应当对会议所议事项的决定作成会议记录，出席会议的董事应当在会议记录上签名。董事应当对董事会的决议承担责任。董事会的决议违反法律、行政法规或者公司章程、股东大会决议，致使公司遭受严重损失的，参与决议的董事对公司负赔偿责任。但经证明在表决时曾表明异议并记载于会议记录的，该董事可以免除责任。”权力行使手段主要采用奖惩办法，同时，薪酬、资质评定等均是权力行使手段。

商事权力的制度结构。在企业之中，一般依据“决策权—执行权—监督权”三权分立模式设置总体权力架构。奠定权力秩序的基础性规则是“资本雇佣劳动”，所以，股东的决策权具有最高地位，凌驾于经营者的经营权和监督者的监督权之上。执行权是企业内部最重要的权力，具体安排企业的日常运行，并负责经营决策,直接影响企业经营目的能否实现,所以现代公司中出现“权力向经理集中”的趋势。在小企业中,由于受组织成本约束,只能设置综合性的权力机构,如合伙企业中的合伙人享有综合性的决策、监督和执行权;小规模的有限责任公司中不要求设立董事会和监事会,可以由股东兼任董事、监事、经理。大规模的公司之中,一方面,由于事务繁多;另一方面,由于能够摊薄组织成本,一般设置规范化的权力机构、执行机构和监督机构。商事权力机关组成的一般规则是:议事、决策、监督机关采取会议制,便于集思广益;执行机关采取独任制,便于当机立断,把握商机。在会议体内部,股东之间实行资本民主,股东之间的抽象地位平等;但是,股东身份的取得依据是投资,股东随着资本进入企业,作为民事主体的投资人仅仅是资本的化身,那么,其出资额的多少意味着其利益转让对价的多少,出资数量成为其行使权力的量化依据。并且,这种权力的直接目的在于形成股东的权力意志以约束董事、经理和员工的行为,来保障商主体利益和投资者的利益实现。董事会是执行权力的主体,其内部实行议事和表决的民主,以实现科学决策,由董事各自运用专业技能优势,从各自委托人的立场表达意志,最终形成执行意志,这种执行意志通过董事会决议形式实现。经理掌握日常经营管理权,直接面对变化不定的市场形势和虚实难辨的市场信息,在所掌握的企业自有资源基础上,充分运用自由裁量权来行使权力意志,主导企业的日常运行。股东对于董事、监事、经理是监督关系,监事对于董事、经理是专业监督关系,以保障执行机关按照法律、章程、公司目的和内部决议行为;行政管理系统是领导关系,上级有权直接对下级发出命令,下级以服从命令为原则。董事、监事依据选举而产生,经理及其他行政岗位依据任命而产生。会议体制中的议事和决策通过决议形式形成意志,执行活动中以裁决形式形成意志。

四、商事权力的正当性

商事组织内部存在社会关联，组织成员在商事组织内部结成各种关系，商事组织内部员工之间、员工与商事组织之间存在互动和相互依赖关系。在组织目标功能实现过程中，有许多关系需要协调，需要确立组织内部的权威来促成集体性的目的行为，所以，在组织体之中需要一种公共权威和权力中心。权力制度规则是商事组织解决内部运作、外部经营，协调投资者与经营者、经营者与员工之间关系的途径。在商事组织内部，平等、抽象、均质的人已经角色化，个人依据角色行为；有些角色掌握权力，有些角色受制于权力，人们之间的关系依据角色之间的关系进行安排。通过选任董事、监事和经理，赋予职权，并借助各项职权的履行使商事组织能够有效地运行。投资者通过委任和监督经营者使商主体成为真正能够获得利润的工具。商事权力关系中的规则是“在我的职责范围内服从你的职权意志”。

第二节　商事权力依附于职位

在商事组织内部设置职位体系对商事权力作出一般安排，通过职位来固定商事权力，商事权力的取得、行使、丧失均依据个人职位的变化而变化。

一、职位固定了抽象的权力

在商事组织中，通过职位体系设置安排商事权力结构，通过职位来吸附商事权力。商事组织中的权力分配直接取决于其在组织中的身份与地位，潜在的应然依据是其行使权力的能力，取决于其掌握商业信息、组织生产经营、协调内部资源和把握外部商机的能力。最典型的是公司内部权力设置，将最高决策权、监督权归属于股东会或者股东大会，以股东会或股东大会吸附最高决策权和监督权;在股东会或股东大会中设股东职位,将最高决策权和监督权归属于特定的人。将经营管理权赋予董事会和经理,以董事会和经理职位吸附经营管理权;董事会中设董事职位、另外设置辅助执行的经理职位,将经营管理权归属于特定的人。将专业的监督权赋予监事会,以监事会吸附监督权;监事会中设立监事岗位,将监督权归属于特定的人。由此,股东、监事、董事和经理职位分别吸附了决策权、监督权和执行权。

二、个人通过入职取得商事权力

在个人与商事组织之间,入职行为具有双重意义。一方面,对于个人而言,有职位才有权力,个人通过获得商事组织内部的职位获得商事权力,个人取得商事权力的直接依据是入职行为。另一方面,商事组织通过提供岗位吸收人力资源,将自然人的商业禀赋进行吸收,任职者的个人资质内化为商主体的能力。商事权力的行使是专业行为,要求具备专业技能,商事权力包含的专业能力来源于入职者的个人专业素质。投资者以放弃投资所有权为对价,换取股权和股东身份,在股东会或股东大会之中获得职位,然后按照股东会或者股东大会的议事和表决程序行使权力。董事、监事和经理以自身拥有的专业经营能力、监督能力等商业禀赋作为人力资本归属于公司,作为对价获得相应的职位和相应的商事权力。

三、个人通过履职行使商事权力

在商事权力制度构造中,权力人的个人身份被角色身份吸收,商事权力属于商事组织而非掌权者个人。在个人行使权力过程中,一般应该从商事组织利益出发,表达商事组织的意志,权力行使的法律效果归属于商事组织。每一个商事权力均设置特定的功能范围,在法律文件中表现为以列举方式作出明文规定的职权。个人行使商事权力的过程是商主体实现其意志的过程。权力人在其职务身份之外,仍然具有自然人身份和其他身份,以这些身份所从事的民事活动不属于职务行为，不得使用商事权力。但是，由于商事权力所造成的优势地位，商事权力的效果不可避免地外溢于非职务领域，如果掌权者模糊界限，在行使商事权力过程的同时，利用职权谋取个人利益则构成权力滥用。商事关系中的理想状态是经营者通过履行职责来换取个人利益最大化；但是，基于理性人的假设，每个行为中的人首先追求自我利益最大化，个人利益与职责利益冲突在所难免，所以，需要对掌权者设置忠实义务。

四、个人通过去职丧失商事权力

个人一旦丧失在商事组织中的职位，就会丧失商事权力。职位的获得和保有需要特定条件，一旦这些条件缺失，职位保有就丧失依据。股东职位的保有依据是在企业内部拥有股份，一旦转让股份或者抽回出资，就会作为对价丧失股东职位。监事、董事、经理职位的保有需要企业与入职者个人之间存在聘任协议，监事、董事、经理均存在聘任期限，正常情况下，聘任期满就会丧失职位和职权。在协议之外，双方就职位存有其他的考量因素。对于企业而言，需要确认入职者具有相应的专业能力，能够有效行使职权，以实现企业生产经营目标，为投资者带来预期利润，一旦入职者不符合这些要求，就会通过解聘程序剥夺其职位和权力。对于入职者而言，需要通过服务于商事权力以换取薪酬，同时，需要在自我拥有的人力资本与市场机会之间进行权衡，以评估现有企业职位和权力报酬，如果权力报酬符合预期，则会接受或保有职位；如果职位报酬达不到预期，则会辞去职位，交出商事权力。普通员工在职期间受到商事权力约束，在工作关系结束后解脱约束。

第三节　商事权力的法律效力

商事权力作为具备法律效力的制度，要具有权威性，拥有权力自由和权力约束，通过权力位序安排权力之间秩序，并设置强制手段以保障执行力。

一、商事权力的权威性赋予

商事组织内部权力的权威性存在多重来源，一是源于国家立法。商事权力的权威不仅源于个人和商事组织的自由意志，更为重要的是来自国家法的赋予，在体现国家意志的立法文本中明文规定商事组织的机关和岗位职权。例如，我国《公司法》第 91 条规定了创立大会职权；第 38 条第 1 款规定有限责任公司股东会职权，第 99 条、第 100 条规定股份有限公司股东大会职权；第 47 条规定有限责任公司董事会职权，第 109 条规定股份有限公司董事会职权；第 50 条规定有限责任公司经理职权，第 114 条规定股份有限公司经理职权；第 54 条、第 55 条规定有限责任公司监事会职权，第 119 条规定股份有限公司监事会职权；第 185 条规定了清算组职权。据此，法律不但系统地规定了商事权力体系，而且体制性地确认商事权力的权威，商事组织内部规则借助法律而又超越法律实现权力功能，法律作为潜在的威慑力对于公司权力运行和执行力起着保障作用。公共权威机构为商事权力提供保护，赋予了最高效力保障；同时，商事权力的成本也不仅由个人和商事组织负担，其部分是由全体纳税人分担的。二是合约安排。在特定公司中，发起协议、公司章程、聘任协议、劳动合同等合约形式具体安排了这种强制性的私权力，形成了商事权力的制度基础。三是社会一般标准。从宏观结构分析，社会中形成了合伙、有限责任公司、股份有限公司等企业组织形式，在这些企业制度模式中分别安排了示范性的权力制度结构；这种权力制度设计构成了市场交易和组织活动的基础性条件，形成标准化的一般社会标准，成为商业社会中的共识。只要加入公司，就需要遵守公司法律制度规则，服从公司的权力约束，这种社会共识也赋予另一种权威性。四是商事组织内部程序。通过任命程序体现了股东意志，赋予董事、监事、经理来自商事组织的内生性权威;通过选举、决议、命令等程序赋予特定商事权力行为以权威性。五是来自任职者的禀赋素质。商事权力还得到任职者个人资质的技术性支持,资质性、专业性也带来权威性。因为权力人具有的专业商事技能使其能够更为准确地把握商业机遇,更为有效地安排商业事务,其意见可能更为正确,有利于实现企业利润等商业目标。

二、职权赋予权力自由

权力自由是一种对外支配性的自由,涉及对他人意志的支配、利益的处分和行为的限制,并非仅仅是对于自我利益和意志的表达。作为商事关系中的行为主体,企业权力者的主体意志发挥积极作用,作为合法支配商事组织的人力和经济资源、主导商事组织运行和外部交易的强势群体,他们在商事组织制度和结构所给定的框架内进行思考、判断、决策、发出指令和进行奖惩。商事权力自由也存在边界:其一,权力目的。权力是公共资源,只能为公共目的而存在,否则就违背权力存在的本旨。掌权者本身也已经被内化为权力制度中的要素,个人因为服务于权力而获得权力,其意志和利益须服从权力制度本身需要。其二,企业目的。商事组织中存在的权力制度工具服务于商事企业本身目的,旨在实现企业内部运作、参与市场交易,商事权力自由的抽象边界是企业目的范围。由于特定的商事权力是在特定规模的经济资源、人力资源和内部机构框架之中产生、存在和运行,特定商事权力自由仅及于所辖范围内的物资、事务和职员行为。其三,列举的职权本身构成了自由的边界。一般而言,未列举的事项视为无权力;但是,由于市场的复杂多变,立法不宜封闭性地列举职权,内部章程也无法穷尽职权事项,有效的解决办法是规定出弹性的职权范围,并在司法中通过法官的自由裁量权确认权力人在商事权力的目的范围之内享有权力自由。

三、职责赋予权力约束

职责是处于特定职位上必为特定行为或负责特定事务的约束,商事权力人的职责是个人对于企业的责任。职责属于法律上的限制,是法律配置的第一性义务,在企业法中作出了明确列举;在列举之外,依据职位本身的性质,受到某些诸如企业目的事业等自然性职责约束。因为商事权力并非权力人的个人利益,它是负载企业特定制度功能的工具。对于企业而言,商事权力是一种手段和资源,权力是企业的意志,如果权力行使与否取决于权力人的个人意志,则会违背权力设置的目的,所以,权力不得随意处分,怠于行使商事权力会导致企业损失。商事权力对于权力人个人而言则是一种负担,要求其通过个人智慧、知识、精力支出来实现权力运行,企业以支付薪酬为对价要求个人承担职责,同时要求权力人积极行使权力。

四、职级关系安排权力位序

任何商事组织内部,商事权力并非单一性的存在,而是存在相互作用的权力体系,各种权力之间存在横向和纵向联系。在商事权力体系内部,横向的权力之间存在权力效力的制约与衔接;纵向权力之间存在权力意志的执行与贯彻。职位有高低之分,形成上级与下级关系,通过职级关系安排了纵向的"支配—服从"关系,职位之间的基本规则是"下级服从上级",职工服从班组干部,班组干部服从部门经理,部门经理服从总经理。

五、社团罚则赋予权力执行力

"权力是指个人、群体和组织通过各种手段以获取他人服从的能力。"①权力的运行必须依赖于某种强制手段,拥有依据单方意志损益对方利益的能力。因为商事组织内部存在利益,进入商事

---

① [美]杜赞奇:《文化、权力与国家:1900—1942 年的华北农村》,王福明译,江苏人民出版社 2003 年版,前言,第 4 页。

组织内部的人员均是为了利益而来，他们需要通过商事组织内部制度规则获取利益，以满足自身营利或日常生活需要，所以，成员对于商事组织存在利益依赖。商事组织中支出的利润、薪酬、奖金、福利等构成成员的物质利益来源，资格认定、职位赋予、权威性的表彰等措施也能够为成员带来精神利益和无形财产。商事权力在掌握这些利益提供的基础上形成利益约束能力，建立社团罚则作为执行商事权力的基本手段。为维持社团的纪律与秩序，社团对成员常须给予一定的制裁，诸如开除、停权、罚款、不许使用社团设施等，称为社团罚。[①] 一旦成员违反商事组织内部规则，企业运用自身的权力即可以进行惩罚，正是这种惩罚构成了商事权力的执行力。

第四节　商事权力的制约方式

权力只有在有效的制约之下，才能发挥正面功能。商事权力作为商事关系当事人运用的工具，受到一系列制度的制约。

一、以利益制约权力

首先，职权利益是企业利益。为了企业功能实现而设置了商事权力，为了商事权力的实现将其赋予行权者。所以，行权者的职权是一种服役权，其本质并非为了自身利益。其次，以商事权力人有效行使权力为支付薪酬利益的对价。董事、经理服役于商事权力是为了获得酬金等物质利益和职位所带来的精神性利益，这些利益取得的对价是有效行使商事权力，否则就会丧失这些利益。最后，对商事权力的行使效果及时考评以确定利益数量。企业建立了严密的会计制度和信息公开制度，各种报表及时反映了企业

① 王泽鉴：《民法总则》（增订版），中国政法大学出版社 2001 年版，第 191~192 页。

的生产经营效果,及时评价商事权力的行使效果,依据考评结果确认商事权力人是否能够获得预期利益。

二、以权限制约权力

商事组织中的权力人扮演企业“当家人”和股东“代理人”的双重角色。一方面,出于实现企业运作功能的需要,企业权力人需要扮演“当家人”的角色;另一方面,企业权力人又是投资者选出来的,为股东利益服务,充当代理人角色。虽然企业权力人的双重角色从根本利益上是一致的,但在一定时间和空间上也会产生冲突。所以,在商事组织中,为每个岗位上的权力设定范围而形成权限。在企业内部的不同权力之间,设置权限是权力协调的主要手段。权限范围之内的权力意志和自由得到保障,权限之外的权力意志和自由被法律所否定。权限构成每种商事权力的边界,超越这个边界就构成越权。由于权力本身的侵略性,越权在法律上是在“无权力处行使权力”,越权一般会侵害他人利益或企业利益,所以越权为法律所否定,属于非法行为并成为追责事由。同时,权限本身又构成对于权力人职权的确认和保护,具有对抗力。例如,股东要在自己的权限范围内部行使决策权、重大人事权和监督权,不得影响董事、经理在权限范围内部行使经营职权以及监事在自己权限范围内部行使监督职权;董事和经理的权限、监事的权限又构成对股东权的反向制约,以权力制约权力。同理,监事在权限范围内监督董事、经理,董事和经理的权限也对监事权构成反向制约。

三、以程序制约权力

权力行使的程序赋予权力行为合法性和正当性,赋予其法律效力;反之,违反程序的权力行为丧失合法性和正当性,其法律效力存在瑕疵;如果权力行为导致损失,正当程序可以成为权力者的行为责任的免责事由,而违反程序则成为追究权力人责任的追责要件。以程序制约权力、将权力行使纳入程序规范,主要目的是约束权力人,以防止权力的滥用。商事企业之中主要的程序包括:第一,选任程序。以保障权力的赋予具备有效性。第二,议事程序。规定出席人数、信息公开、报告义务。第三,决议程序。例如,表决权的基数、比例、记录,通过这些程序确保能够形成符合企业利益的有效决议。第四,执行程序。执行程序指董事、经理依据企业目的、股东会(大会)决议,实施企业计划、组织生产经营的程序,包括制定目标、下达任务、通知、指令、调度等程序。第五,监督程序。企业内部的监督包括:股东的最高监督、监事的专门监督、小股东对控股股东的监督、董事之间的监督、监事之间的监督、董事会对经理的监督。这些监督均通过信息披露、财务报告等程序制度实现,以保障监督权的正当行使。

四、以权利制约权力

日本法学家美浓部达吉认为:"在私法关系,当事人双方的意思具有彼此对等的效力;任何一方的意思都没有不顾对方的意思而决定何者为合法的力量。反之,在公法上的关系,国家的意思具有优越的效力,可以不顾对方的意思去单独决定何者为合法;而对方不得否认其效力。"①企业内部关系处于私法关系领域,当事人均拥有一般私法主体的原始身份,拥有人身权和财产权等原始权利。劳动合同、聘用协议之中转让了部分权利以换取岗位和薪酬利益。其中的默示条款就包括对于原始的自有权利作出部分的、有期限的限制,并接受所属企业内部商事权力的约束,当事人各方拥有的原始权利的转让或者限制构成商事权力的权力来源。但是,个人拥有的一些基本权利是不可让渡、不能限制的,它受到国家法的严格保护。在职工和企业及其内部的商事权力之间,当事人的各种权利尚处于国家公共权力保护作用之下,职工拥有法

---

① [日]美浓部达吉:《公法与私法》,黄冯明译,周旋勘校,中国政法大学出版社 2003 年版,第 113 页。

律上的独立人格和平等地位，各方当事人会从自己的利益需求出发寻求国家法的支持，并存在通过诉权启动司法程序的可能性。原来转让部分的权利和受到约束的原始权利仍然会突破企业内部规则，受到法律保护，这种法律保护对于商事权力构成制约。

五、以外部制度制约权力

特定阶段的商事组织内部权力制度是它所处环境的创造物，它与其他法律制度相互联系、支持、牵制和适应，共同发挥制度功能，这些外部制度构成商事权力的制约。其一，社会习俗的约束。张五常认为："'习俗'可定义为一组隐含的社会规则，这些规则可同时约束几个阶层的人，一般无需协商。"[①]例如，我国的富士康集团公司员工连续跳楼事件引起社会广泛关注，所形成的社会舆论反过来会影响企业内部的权力行使状态，间接约束企业权力滥用。其二，政治形态的约束。"二战"以后，西方社会中国家与工人之间达成了战略性妥协：资本主义民主允许工人阶级争取和扩大福利权利；而工人阶级放弃推翻资本主义，转而争取改革资本主义。[②] 工人罢工等政治性手段具有约束商事权力的效果，福利国家、和谐社会等大政方针也间接约束商事权力。其三，法制结构的约束。社会中的法制结构为商事权力设置了底线，商事组织内部权力的压迫性从外部得到限制。早期的商事组织之中，工厂主以吸收学徒的方式组织生产经营，在劳动关系之外，学徒与工厂主之间还存在人身依附关系；近代资产阶级革命以后，商事组织中劳动者的身份发生了"从学徒到雇员"的转换，人身限制性质淡化，商事权力功能被纯化为商事运行需要。人权保护、人格独立、地位平

---

① 张五常：《经济解释——张五常经济论文选》，易宪容、张卫东译，朱泱校，商务印书馆2000年版，第123页。

② Adam Przeworski, *Capitalism and Social Democrary*, Cambridge University Press, 1985.

等等法律制度规则处于更高效力位阶，对商事权力进行限制。其四，外部救济制度的约束。行政部门的劳动管理、工商管理、质量监督等行政机构，商事争议调解、仲裁、诉讼机制均构成对企业内部商事权力的约束。

第十章　商事责任制度

商事责任是指商事主体在违反商事法律规范时，应当对受害者、行业协会或者国家承担相应的法律后果。法律规范的基本构成是："行为模式+法律后果"，在出现违反法律要求的行为模式之后，就会产生否定性的法律后果，除了判定为"违法"这样的一般性否定之外，还要依据其产生的损害或危害承担相应的法律责任。商事责任是商事法律制度中的基本成分，但是，现有商法理论借用或者套用民事法律责任理论解释商事法律责任，这种做法导致商事责任理论难以正确解释相关制度规范，也难以指导商事立法、司法实践，从而影响了制度规则的规范效果；同时，没有成熟的商事责任理论，也难以形成自足的商法理论。

第一节　商事责任的独特性

商事责任针对商事关系中当事人违反忠实义务、注意义务等违法情形而设置，由商法明文规定，由国家机关等专门机构认定和归结，并运用国家强制力等措施保障执行。商事责任是商事活动、商事关系中的保障机制,正是由于商事责任附加于商事权利、职权、法益、义务和职责之上,这些商事制度才具有法律拘束力。

在每一个商事关系中,只要设计商事法律规范将其纳入商法调整,必定设计相应的法律责任。商事责任是商事法律规范中的基本要素,每一个商事法律规范均包含了相应的商事责任。商事责任是商法所特有的制度,发挥着不可替代的功能;在商法学中,商事责任是具有特定内涵和外延的基本范畴,具备独特的逻辑。研究商事责任可以沿两条线索展开:其一,法律责任的一般要素。涉及归责基础理论、责任形态理论、责任构成理论、归责原则理论、责任证明理论、责任竞合理论、责任免除理论。[①] 其二,商事责任的特有属性。商事责任所剥夺的利益是商事主体拥有的商业性质的利益,商事责任的主体、归责原则、构成要件等均由商法规定。只有结合商事关系性质、商事利益性质、商法的立法宗旨、调整技术、制度规范结构开展研究,考察它与其他法律责任形式之间的关联性,才能探讨商事责任的特殊性质,发现商事责任的自有逻辑,明晰商事责任的自有体系。

第二节　商事责任的制度逻辑

商事责任设置既要符合法律责任的一般规律,又要契合商事关系的性质、特点和调整需要,体现商业社会的基本规律和价值观念。立法者需要回应商事关系特有的调整需要,以商事责任制度的预定功能为导向,以特定的可剥夺利益为基础,设计相应的商事责任制度。

---

① 参见张守文:《经济法责任理论之拓补》,载《中国法学》2003 年第 4 期,第 15 页。

一、商事责任回应商事关系的特殊矫正诉求

商事责任直接针对商业社会中出现的不正常商事关系，商法在有可能损害商事利益的地方设置商事责任；商事责任既要衡平商主体之间的利益，也要衡平商主体与非商主体之间的利益，还要保证国家和行业组织对于商事关系的协调监管。商事关系基本领域包括：商事组织关系；商事运行关系；金融关系；商事协调和监管关系。每一种类型的商事关系对商事责任均提出特殊的矫正诉求，形成相应的责任类型，这些责任类型只有契合相应商事关系的特质，才能发挥相应制度功能。

在利益最大化驱动下，商业领域实现组织化，自然人与经济资源一同被整合进企业组织之中，并通过企业的整体性行为来表达其意志、实现其利益。为适应不同层次市场空间的经营要求，出现了不同形态的组织结构，形成了各种典型企业模式，由商法确认为法定的企业形态、标准化的内部结构和关系模式。商事组织内部实行科层结构的治理模式，“命令—服从”“管理—被管理”“监督—被监督”成为组织体内部基本的行为模式。企业依据任职条件选择入职者，通过劳务、聘任、委任合同赋予个人以职业身份，配置相应的职权、职责。商法界定每一个职员的利益、自由、职权、职责的界限，依据不同的身份设置不同的行为规范，并配置相应的商事责任。商事组织关系中的任何一个当事人均受到相应的职责规范约束，而掌握商事权力的优势身份者还要受到相应的职权规范约束，在商事组织关系中，商事责任往往来源于职责的懈怠和职权的滥用。

在商事运行关系中，大量商事交易已经不再是面对面地即时交易，而是交易相对人抽象化的远程交易和信用交易；也不仅是一次性的行为，而是具有连续性的连锁交易行为。交易对象的抽象化、大众化隐藏了巨大的交易风险和社会风险，商法需要设计更为有效的制度规则以保障交易安全，如通过信息披露义务以保障交

易对方可依据可靠的信息作出判断;通过专业认证标准和认证结果弥补交易当事人对于产品和服务质量识别能力的不足;通过银行信用证制度弥补异地交易中商业信用的不足。交易环节的增加会增加交易成本,这就要求商法设计更为便捷的交易制度规则,并将当事人的交易意思嵌入各种交易制度、工具和程式之中;交易的法律效果不仅依赖“合意”这个单一要素,而且是当事人的意思与交易制度工具效用共同发挥作用的产物。商事运行关系中的责任制度设计更多地体现了技术化、社会化的安排。

市场活动种类复杂,利益相关人众多,多种因素的参与使商事关系网络内部结构复杂,还关涉相互作用的其他社会关系。商业风险并非仅仅来源于个体的不法行为,而是整个商业社会系统孕育的结果;唯利是图的商业精神和效率至上的商事制度规则进一步累加了商业风险与社会风险,现代社会中的环境侵权、人身伤害、劳动伤害等案件多发生在商业领域。特定行为不仅关涉商事关系中当事人利益,而且会影响公众利益和市场秩序、社会秩序。只有引进利益中立,并拥有足够权威性的公共权力对商事经营活动进行协调和监督,才能保护相关当事人利益,保证商事交易的安全和秩序。由行业协会代表行业利益,由政府部门代表社会利益,对商事关系进行协调、监督和服务。一方面,行业协会和政府部门所拥有的“制度化暴力”需要严加监管,需要通过配置商事责任防止其权力滥用。另一方面,行业协会和政府部门成为商事责任的追责机构,利用商事责任制度工具实现监管职能。在商事协调和监管关系中,商事责任制度规则必须兼顾当事人、行业和社会利益。商法需要同时运用行政责任、刑事责任和民事责任、商事责任,其中,行政责任、刑事责任主要用来均衡社会成本,民事责任、商事责任主要用来均衡私人成本。

二、商事责任负载预定的商事功能

商事责任是由于故意违反或疏于履行法定的第一性商事义务

而产生,在违反法定义务及契约义务或不当行使法定职权情形中,商法为了衡平各方利益关系,恢复商事秩序,进一步配置了约束力更强的第二性义务,即商事责任。责任产生和承担以违法性为前提,这种违法性在道德评价上是否定性的,在利益上体现为对责任人人身和财产利益的剥夺。通过商事法律责任制度将法律义务引向法律制裁,迫使行为人或其关系人处于受制裁、强制和给他人以补救的必为状态。

商事责任制度的功能包括:其一,强化评价功能。对于符合规范的行为,商法给予肯定的评价、承认合法性并提供法律保护;对违反规范的行为,给予否定的评价、确认其非法并课以法律责任,责任人依法承受某种不利的法律后果,强化了对违法行为所作的否定性评价。其二,补偿和惩罚功能。由于应责事由对受害人造成损失,受害人利益需要通过商事责任来实现救济。商事责任要求责任人输出利益以补偿受害人的利益损失,因而具有补偿功能。由于商事违法行为损害了行业利益和社会利益,需要依法强制违法者承担法定的惩罚性后果,因而具有惩罚功能。其三,修复功能。商事责任的确定和强制执行,一方面是为了维护商业社会秩序,另一方面是为了使违法者接受商业规则,以重新适应商业社会环境。所以,商事责任是恢复被破坏的商事关系和商事秩序的手段,具备修复功能。其四,预防功能。通过对商事责任人追究责任,从而警示他人遵守商事法律,维护正常的商事关系,其中,惩罚性赔偿责任的预防功能尤为明显。

三、商事责任以商事主体的可剥夺利益为基础

法律责任的本质就是对责任主体利益的限制或剥夺。商事责任建立于商事利益基础之上,商事责任主体能够被剥夺的利益是建立商事责任的物质基础,商法在此基础上发展出各种不同的责任形式,具体设置哪些责任形式,需要看商事关系中的当事人有哪些商业利益可供剥夺。具体包括:其一,在财产利益基础上建立财产罚,如公司归入权。其二,在行为自由基础上建立行为罚。如撤销股东会(大会)决议。其三,在商业信用利益基础上建立信用罚。如记载不良信用。其四,在商事特权利益基础上建立资格罚。如吊销药品经营许可证。其五,在程序利益基础上建立权利罚。特定程序事实会导致失权和不利推定,如未在异议期内提出质量异议,视为质量合格。其六,在经营资格的基础上建立能力罚。如吊销营业执照。其七,在尊严利益基础上建立申诫罚。如证券法规定的训诫、警告。其八,在商业信誉基础上建立声誉罚。如撤销名牌称号。其九,在优惠利益基础上建立优惠罚。如公司人格否定,恢复股东个人无限责任。其十,在参与利益的基础上建立驱逐罚,剥夺其参与商业活动资格,驱逐出商业社会。例如责令关闭、宣告破产。其十一,在固有利益基础上建立株连罚。参加商事关系的自然人带着个人投资、个人的其他财产和人身权益进入商事关系领域,其中一部分利益属于商事利益,另一部分属于固有利益。在突破商事责任范围时,触发民事责任、行政责任、刑事责任,会以固有利益承担责任。如自然人破产后限制奢侈型消费、行政处分中剥夺准入资格、商业犯罪中剥夺人身自由。

第三节　商事责任的体系安排

在商法制度中,以财产责任、行为责任、声誉责任、能力责任为主,也涉及自由责任和“生命”责任。这些具体责任形式之间相互协调,形成了商事责任体系,共同发挥调整功能。

一、商事责任体系安排的法技术

商事责任的制度设计和功能实现需要相应的法技术支持,立法者借助独特的法技术,在商事法律中确认了独立的商事责任形式。

(一)商事责任的财产化

商主体总是围绕“投入—产出”“成本—收益”的计算来进行行动选择,所以,商事责任设置是否有效,取决于其能否有效地衡平违法行为人的财产损益。例如,企业环境污染责任制度设计中,一定要使企业违法成本高于可能的收益,否则,追求利益最大化的企业会怠于治理污染。一般情况下的商事责任多为财产的不利益,即使是惩罚性责任,主要也是落实为多倍赔偿。对于侵害商主体“人身”性的利益(如侵害商誉等)造成的损失也归结为无形资产损失,对商事侵权中组织性受害人的救济,不包括精神损害赔偿。最高人民法院《关于确定民事侵权精神损害赔偿责任若干问题的解释》第5条规定:“法人或者其他组织以人格权利遭受侵害为由,向人民法院起诉请求赔偿精神损害的,人民法院不予受理。”理由在于:精神损害赔偿的主体仅限于自然人,非自然人不能请求精神损害赔偿。商业自由限制、商业特权剥夺的本质在于损害其谋利的可能性和便利性,甚至以破产、解散、关闭等形式实现最严厉的“人身性”责任,也可以理解为股东由此丧失营利工具,导致投资损失。只有对企业及其中的自然人责任人实施行政和刑事处罚,才体现了非财产性;而近年来的中国刑法修订中,商业犯罪出现了轻刑化趋势。

(二)商事责任的角色化

主体的角色不同,其身份地位、行为目标和宗旨有别,所享有的权利或权力各异,所需承担的违法责任自然不同,从而会形成不同的“角色责任”。[①] 在商法中,通过法律责任的角色化配置以提高调整的针对性和有效性。首先,商主体与普通人角色责任不同。商法区分了经营者与消费者、雇佣者与劳动者,配置了不同的身份责任。商主体是“强而智的人”,在商事关系中处于强势地位,商

① 参见张守文:《经济法责任理论之拓补》,载《中国法学》2003年第4期,第19页。

法对其课以更高的注意义务，即谨慎义务。相应的责任承担方式包括职位的丧失、信用的丧失、资格的丧失。在归责原则方面，商主体除适用过错责任原则之外，无过错责任原则及连带责任原则被大量运用。其次，在商主体内部，按照各自职位需要作出相应责任安排。在商主体中依据需要设置岗位，每个岗位对入职者提出不同的资质要求；按照入职者的职务身份规范其角色行为，立法从正面确定权利与职权，从反面确定角色义务与职责。在商法文件中，对于股东、董事、监事、经理等优势身份角色明文列举职责的基本项，同时，确认信义义务，包括忠实义务、注意义务、勤勉义务。

（三）有限责任的创造

商法以无限责任为基础，以有限责任为优待。无限责任指责任人以其全部财产对外承担责任，要求商主体在其财产不足以清偿到期债务之时，应以投资人自己的全部财产用于清偿。如果是自然人责任主体，指以扣除自由财产以外的财产承担责任；如果是组织性责任主体，指以全部财产承担责任。另外，在合伙企业之中，企业责任与个人责任连为一体。有限责任指投资人以投入企业的特定财产对企业债务承担清偿责任，在资不抵债情形中，不足清偿的债务成为由债权人承担的商业风险。在有限责任公司中，法律上的责任主体是公司，投资人退出至幕后，在公司相关责任未能够得到全部承担之时，投资人也能够脱责，据此保护投资者的积极性。有限责任公司的股东仅以出资额为限对公司债务承担责任，这属于“人的有限责任”。另一种有限责任是指就债务人的特定财产得为强制执行，属于“物的有限责任”。例如，《海商法》第56条、第57条、第116条、第117条、第210条、第211条规定，船舶所有人对于某种债务以本次船舶价值、运费及其他附属费用作为应负责任限度。

（四）公法要素的内置化

商法从整体性商事关系、相互信任、相互责任出发，创造了大量包含公法要素的商事责任,公法要素的强制力优化了商事责任的制度功能。其一,在商事组织关系中,公司等商主体内部采用了机关体系和职权职责技术,自然人依据其职位身份承担不同的商事责任。其二,在商事运行关系中,人们发明了票据、股票、债券、信用证、提单等交易制度工具,其中设计了大量的强制性规范以落实运行责任。其三,在商事协调监督关系中,配置了相应的具有公法性质的法律责任,以强化协调监督机构的执行力和执法效果。一方面,在特定领域的经营者之间形成了行会、商会;另一方面,市场监督管理局、质量技术监督局、标准化管理局等国家机关成为商事关系中的基本存在。其四,商法文件中大量引致行政责任和刑事责任,借助公法技术将公权机构的权威性和公法的强制性引入商事责任,以优化其制度中的惩罚功能。

二、商事责任的宏观安排

在商事风险中,资不抵债是常态,相对于巨大的商业损失,单个商主体的责任财产远不足以补偿受害人损失,受害人利益的实现需要依赖更为有效的社会机制。在商法中,责任人的主观可谴责性已经退居其次,受害人的利益补偿才至关重要。商法设计了责任基金、风险基金和保险行业,对于商事责任作出整体性安排。

(一)赋权投资者的责任限制

商主体是工具性主体,仅仅是商事交易的践行者,是投资者创造的营利工具。有些经营者提供的产品和服务在人们社会生活中不可或缺,应优先保障其经营安全,限制其责任承担。为了扶持邮电、航运、供电等特定行业的存在和发展,化解其破产风险,对于这些行业实行限额赔偿。例如,未保价的邮件丢失,按件定额赔偿。为了调动投资者的投资积极性,设置了有限责任制公司,投资者仅以投入企业的资产额为限对经营风险承担责任,商法通过有限责任为投资者锁定风险,在个人的其他财产和企业的经营风险之间设置了“防火墙”。但公司本身并不直接涉及责任限制,并不妨碍其承担最严厉的破产、解散、关闭责任。

(二)设计商事组织内部的责任准备财产制度

在商事组织之中,集中了诸多人的利益,形成了诸多的利益相关人,同时外接上下游企业,形成产业链,商事组织本身蕴含了系统的商业风险,需要具有更好功能的替代责任机制。在大规模组织的商事主体内部,设置各种专项基金以应对经营风险,如公司制度中的公积金和商业银行制度中的准备金等,这些储备性资产制度保障营业体的正常功能和营业活动的正常进行。

(三)以机构职责化解交易信用风险

合同成立生效以后,仍然存在当事人违约的风险,有许多生效合同不能履行。在大规模社会化的交易之中,大量的违约风险会影响正常的营业运行,需要从制度上消灭合同不履行的风险。证券法通过会员制安排,在交易当事人之间建立不同于普通人的规则体系,通过开户手续建立资金账户和证券账户,资金与证券存放于账户之中,对责任财产进行集中托管,成交以后由证券公司依据规则交割。在交易履行的程式化制度安排中,机构职责行为代替了当事人的履约行为,从制度上消灭了成交以后不履约的风险。

(四)建立产业化的责任实现制度

将同样面临灾害性损失可能性的市场主体组织起来,通过缴纳保险费,形成保险基金来应对风险,并由专门机构负责保险业务的运作,这样,集中和分散风险业务的产业化发展形成了保险业。商法确认了责任的可交易性,保险公司依据保险合同承受违法行为的赔偿责任。在保险法中,保险公司承担保险金赔付责任的条件是发生了保险责任事故,这个责任事故相对于保险公司而言,并不具有道德上的可谴责性,甚至不具有善意、恶意的可评价性。保险中的赔偿责任并不以违法性为前提,保险人只是继受了被保险人的侵权责任,保险公司自身承担责任的直接依据仅仅是发生了保险事故。

(五)实行政府承担与社会分摊商事责任的补充形式

商事责任主要是财产责任,商事主体拥有财产的多寡成为责任承担能力大小的依据。破产还债是商事主体承担商事责任的极限形式,在商事主体破产之后,受害人的损失仍然未能够得到补偿。在大规模的商事侵权情形中,受害者多为普通人,承受的一般是生命、健康等基本利益损失;这些灾难性后果成为危害广泛的公共事件,演变为留给政府解决的社会问题。例如,蚁力神公开非法集资案件中,各级政府动用财政资金退补集资本金;三鹿奶粉事件中,最后由政府承担受害人医疗费部分损失。① 这种从商家责任转至社会和政府责任机制也具有法理上的依据。一方面,商业活动并非仅为商家带来利润,同时为社会带来经济利益,为政府带来就业、税收贡献。既然商业利益由多方分享,那么,商业活动带来的风险、损害等不利益也不该仅由商家承担,除商家全力承担之

---

① 辽宁蚁力神公司以委托养殖蚂蚁为名义,承诺养户交纳 1 万元保证金租养蚂蚁,14 个月后利息返还 3250 元。这种名为养蚂蚁,实际是钻中国法律对合同保证金监管空白的空子的行为,变相集资 100 多亿元。公司先后荣获"感动沈阳慈善贡献奖""全国质量诚信放心示范品牌"等荣誉,蚁力神董事长王奉友本人也获得了"2006 中国民营企业产业领袖人物""最具社会责任感企业家"等荣誉。后来,蚁力神突然中断向蚂蚁养殖户收购蚂蚁,也没有依照还款计划向养殖户分期支付投资回报,还传出公司已破产、高层出逃消息。2007 年 11 月 20 日,上万名"蚁力神"的养殖户聚集在保健品企业"蚁力神"的总部索讨款项,并包围了辽宁省政府表示抗议。在蚁力神案件中,商业性的民间集资演变为群体事件,47 万"蚁民"的集资无法返回,最后由中央财政和地方财政支付,退回商业集资的本金。参见《小曹反洗钱》,载《中国非法集资大案排行榜》(下),载新浪博客,http://blog.sina.com.cn/s/blog_51ed4b530100do03.html,2013 年 11 月 27 日访问。

2008 年 9 月,三鹿集团由于其生产的婴儿奶粉中含有"三聚氰胺",被发现导致多名食用婴儿出现肾结石症状。此后曝出更多企业卷入"问题奶粉事件"。卫生部 2008 年 12 月 1 日通报的数据显示,全国累计报告因食用三鹿牌奶粉和其他个别问题奶粉导致泌尿系统出现异常的患儿共 29 万余人。问题奶粉事件中的受害婴儿有望获得巨额保险资金的"跟踪式"赔付,中国拟设 2 亿元保险基金跟踪赔付问题奶粉受害婴儿。中国保监会(现为中国银行保险监督管理委员会)主席吴定富在全国保险工作会议上透露,目前讨论的方案是,问题奶粉事件中的问题企业上缴 2 亿元资金,然后由中国人寿成立专项的风险保障基金,承保受害婴儿直至他们成长到 18 岁。"如果 2 亿资金不够完成赔付,国家将兜底给予保障。"参见吴志华:《保险业,2008 大回眸》,载中国保险网,http://www.china-insurance.com/news-center/newslist.asp? id=124271,2013 年 5 月 8 日访问。

外,社会和政府也应该成为后备的责任承担者。另一方面,如果从得不到救济的无辜受害者视角分析,商家的违法行为仅具有原因意义,受害人所遭受的危害本身还属于灾难性的社会公共事件,社会和政府有责任解决这些问题。

(六)转至民事责任、行政责任和刑事责任

商法处于现代法治环境之中,商事关系受到多种法律规范;商事违法行为如果侵害其他法律保护的权益,同时还要承担其他法律责任,包括民事责任、行政责任和刑事责任。《公司法》第12章、《合伙企业法》第5章、《个人独资企业法》第5章、《票据法》第6章均设"法律责任"专章,规定了民事责任、行政责任和刑事责任。也可以认为这些责任形式均为商事责任,例如,吊销营业执照,既是行政法上的制裁手段,也是商法上的责任形式;商业贿赂罪,既是刑法中的罪名,也是商法中责任形式。这些责任形式借助行政法、刑法手段服务商法目的,保护商主体利益和商业秩序。从立法技术上分析,商法无须为同质的法律责任作出另行规定,商事法律责任在许多情形中直接借用民事责任、行政责任、刑事责任,这些大量借用并不影响商事责任的独立性。

三、商事责任的基本类型

依据不同标准,商事责任可以划分为不同类型,每一种类型具备不同功能,在不同商事关系领域发挥相应作用。

按照责任作用于商事关系过程的阶段不同,商事责任可以分为事前责任、事中责任、事后责任。其一,事前责任。事前责任是指在商事关系运行的前期所设置的商事责任。事前责任并不针对具体违法行为,只是针对客观存在的违法可能性,事前责任的设置重在预防。例如,商事组织法中设置的任职条件、注意义务、信息告知、披露义务等。其二,事中责任。事中责任指在商事关系运行过程中所设置的商事法律责任,事中责任规范商事运行过程,重在监督。例如,董事之间的相互监督责任、发起人之间的连带责任、会议议决程序责任、招标活动中的程序责任。其三,事后责任。事后责任是指在商事关系运行结束阶段所设置的责任。事后责任针对已经发生的违法行为和已经造成的损害后果,重在补偿、赔偿、追偿和惩罚。例如,破产责任。

依据责任对应的商事关系领域不同,商事责任可以区分为商事组织中责任、商事运行中责任、商事协调监管中责任。其一,商事组织中责任。在商事组织关系中,商事责任包括商主体设立中的责任、商主体存续中的责任、商主体解散及清算中的责任及内部人员的责任等。例如,证券监督管理机构工作人员不得利用职务便利谋取不正当利益,不得泄露所知悉的有关单位和个人的商业秘密。其二,商事运行中责任。商事运行关系中,商事责任包括运行制度规则、交易工具设计等方面的责任以及商事违约责任、商事侵权责任等。例如,证券公司不得违背客户的委托买卖证券、办理交易事项,或者违背客户真实意思表示,办理交易以外的其他事项。其三,商事协调监管中责任。在商事协调监管关系中,商事责任既要保证权力机构依法行使职权、规范商业协调和监管行为,又要运用商事责任制度对弱势的劳动者、消费者和小股东进行保护。例如,国务院证券监督管理机构不得对不符合法律规定的设立证券公司等申请予以批准。

按照追究责任的目的不同,商事责任可以分为预防性责任、补偿性责任、惩罚性责任。其一,预防性责任。预防性责任指以预防商事危险和损害发生为宗旨的商事责任。在商事运行法中,规定交易主体的资质、设置招标拍卖程序;在商事组织法中,规定公司设立条件和相关职位的任职条件、法定准备金的提取责任。其二,补偿性责任。补偿性责任是指通过当事人要求或者国家强制力要求责任主体承担弥补或赔偿的责任方式,旨在实现利益平衡。例如,替代责任中的追偿权和竞业禁止中的归入权所对应的责任。其三,惩罚性责任。惩罚性责任是指通过国家强制力对责任主体实施惩罚的责任方式，重在通过威慑以减少相关违法行为的发生。商事责任制度中的利益衡平不仅需要对受害人损失进行补偿，而且要对具有整体价值的行业损害和社会成本进行补偿，所以，惩罚性赔偿往往实行加重责任制度。例如，《消费者权益保护法》第 55 条第 1 款规定，"经营者提供商品或者服务有欺诈行为的，应当按照消费者的要求增加赔偿其受到的损失，增加赔偿的金额为消费者购买商品的价款或者接受服务的费用的三倍"。一方面，是因为违法者在更大的范围内给不特定的主体造成秩序上的损害，且无法通过一般的个别补偿办法来弥补。另一方面，除补偿个别消费者受损害的利益之外，还要通过赔偿剥夺经营者获得的非法利益，使其无利可图，以惩罚、威慑的方式来防止违法行为再次发生。

依据责任发生的法律依据不同，商事责任可以分为商事违约责任和侵权责任。商事违约责任是指商事关系当事人不履行合同义务或者履行合同义务不符合约定条件产生的商事法律后果。在商事关系中，合同必须信守，违约行为必须承担违约责任。商事侵权责任是指商事主体因实施侵权行为而应承担的商事法律后果。在商事关系中，任何人均有义务尊重他人的合法权益，当侵害他人合法权益时，要对受害方承担商事侵权责任。"侵权责任法应当规定商业诽谤、违反竞业禁止、商业欺诈、盗用商业信息交易、强制交易、妨害经营，诱使违约、阻止债务履行以及侵害消费者权益九种侵权行为的侵权责任及责任规则。"①

依据责任的性质不同，商事责任可以分为财产性责任和非财产性责任。财产性责任是指直接以财产利益为内容的责任。在财产性责任之中，依据产业政策和立法政策不同，又可以分为统一责任与差别责任。统一责任依据标准的责任单位计量，并非依据受

① 杨立新：《侵权责任法应当规定商事侵权责任》，载《法制日报》2009 年 3 月 18 日，第 12 版。

害人的实际损失;有些采用限定损害赔偿的范围和最高赔偿数额。非财产性责任是指不直接以经济价值表现的商事利益为内容的责任,如声誉责任、资格责任和行为责任。其中,行为责任指以特定行为为内容的商事责任形式,如产品召回。

依据承担责任的主体不同,商事责任可以分为自己责任、替代责任和转至责任。商事关系中的当事人依据自由意志作出行为选择,违法行为是自主选择的结果。因此,违法者应对其选择的违法行为及所造成的后果负责。法人作为直接责任主体,也属于自己责任。社团成员基于其成员地位与社团发生一定的法律关系,在内部关系中,成员依据社团职位承担职责也属于自己责任范畴。替代责任指依法为他人的行为承担责任。商主体内部组织关系产生了商事责任承担的层次,在替代责任制度中,因为法定或约定的利益关联而产生商事责任。在用人单位的责任制度之中,虽然对于特定工作人员的行为过错需要考虑,但用人单位承担替代责任并不考虑自身有无过错。如果工作人员应该承担责任,单位就须相应承担责任。转至责任是依据商事法定事由承担受让的商事责任。保险行业中,通过保险合同连接,以缴纳保险金为对价将商主体责任转移至保险公司承担,保险公司通过建立风险基金形成巨大的责任承担能力,将商主体责任进行社会化分摊。一旦发生保险事故,保险公司即承担赔付责任,保险公司承担责任的依据是保险法规定的转至责任。

第四节　商事责任的实现方式

商事责任通过责任的承担而实现,需要依据法定归责原则,由权威机关认定、追究,依法承担责任以后,还要依据公平正义要求向原始责任主体追偿。同时,相关当事人需要依赖特定规则从商事责任中解脱,恢复正常生活。

一、商事责任的追责机构

虽然商事责任可以通过责任人自觉履行得以实现,但是商事责任的不利益本性决定了其实现需要依赖具有执行力的强权机关来认定、归结和执行。除司法、行政机关之外,还包括企业内部机关、行业仲裁机关。不过,这些机构对于法律责任认定和归结的有效性最终由国家权威来保证。商事责任的追责机构主要有:

其一,内部权力机构。在社团存续期间,社员因滥用权利或者违反社团义务,使社团或其他成员利益受损。"为维持社团的纪律及秩序,社团对社员常须为一定的制裁,诸如开除、停权、罚款、不许使用社团设施等,称为社团罚。"[①]社团罚是商事组织内部治理的基本形式,表现为股东会(大会)、董事会、监事会、高级管理者的裁决。股东会(大会)依据股权产生的公司主权,对董事、监事、经理进行监督并追究其责任。监事会依据委托与授权获得的监督权,对董事、经理进行监督并追究其责任。经理依据管理权,对所辖员工进行监督并追究责任。商事责任一般要以穷竭商事组织内部手段为前置程序,首先通过商事组织的自治权实现责任追究。一方面是为了节约公共司法资源,另一方面是这些内部机制具有比较优势。追责者对于商事责任具有利益关切,追责制度运行具备动力保证;追责机构离责任事件信息源近,作出判断所依据的信息充分、真实;裁决者熟悉内部关系,具备专业知识,对于商事责任的认定、归结和度量可能更准确,裁决更接近公正。

其二,社会权力机构。各个行业均要建立相应的标准,以规范相关执业者的商业行为,通过行业自律来维护行业在社会中的整体形象,从而维护经营者利益。为了使社会标准具有可操作性,需要形成社会权力中心来保障执行。商事关系中的社会权力源于两

---

① 王泽鉴:《民法总则》(增订版),中国政法大学出版社 2001 年版,第 191~192 页。

个方面的组织,即商主体之间的行业协会和消费者之间的消费者协会。在行业协会组织中产生行业协会权力来实现行业自治和治理活动,并形成具有准司法性质的商事仲裁活动来落实商事责任。在商事活动中,商家通过与消费者之间的交易来实现利润,消费者的一般认同是商家生存的基础。但是,现代商业社会中的消费者处于弱势地位,市场信息缺乏、专业知识欠缺、谈判能力低下,在存在大量垄断的市场结构中,消费者无法依据独立、平等的地位,通过讨价还价的方式保护自身利益;所以,消费者需要结社,形成整合群体力量的消费者协会,以便和经营者形成制衡力量,法律赋予消费者协会以追责的权力。

其三,国家司法机构。司法机关拥有国家强制力,能够对商事责任给予权威裁判和强制执行保障。商事责任具备可诉性,利益相关人通过行使诉权,启动司法机关的裁判权和执行权以保证商事责任实现。

二、商事责任的承担

"当特定的违法行为发生后,法律责任的存在就是客观的,专门国家机关所能做的,只是通过法律程序把客观存在的责任权威性地归结于有责主体。"①在具体案件中,归责指国家机关或其他社会组织根据法律规定,依照法定程序判断、认定、归结和执行法律责任的活动,通过过错责任、无过错责任、公平责任归责原则,将法律责任归结为特定责任主体。商事责任的承担者包括:行为人;关系人;专业机构;政府。首先,行为人是原始的责任主体。商事关系主体是行为人,通过自由意志开展商事活动,形成商事关系,成为商事责任主体,对债务承担无限责任。对于单个商主体而言,责任的最终保证是商主体的责任财产,破产还债是终极的责任承担形式。在大规模侵权案件中,由于受害人数量众多,总体损失

---

① 张文显:《法律责任论纲》,载《吉林大学社会科学学报》1991 年第 1 期,第 6 页。

巨大，相比较而言，责任人自己的全部责任财产微不足道，以侵权人责任财产为保障的责任制度丧失了补偿功能。其次，关系人是替代责任主体。商事关系中的行为人经过雇佣关系、管理关系、师徒关系、委托关系的连接，彼此之间存在密切的利益关联。商法要求在行为人不能有效承担责任时，依据法律上的替代关系，由其关系人承担责任，以保证受害人利益能够更好地实现。再次，保险公司等专业机构是社会化分摊责任的承担主体。保险机构专门为承担责任而设置，通过潜在的责任人缴纳保费形成保险责任基金，在出现责任事故后依法承担约定责任。保险等专业机构承担责任的法律依据是保险合同。保险法规定，受害人可以自由选择向保险公司或者侵权人主张损害赔偿。最后，政府是商事责任的补充主体。在大规模商事侵权中，商主体的行为造成重大社会影响之时，依托商事主体责任财产为基础的商事责任机制失效，政府往往作为商事责任的最后承担者。

三、商事责任的追偿

商法遵循整体主义逻辑，个人进入团体，或者以契约进行联结，产生相关的责任分担共同体。商事责任主体是经营者、股东、董事、监事、经理、职员、中介组织和协调主体（包括商会和商事登记、监管机关），这些责任主体同时处于外部关系和内部关系之中。公司等商主体对外是一个独立的行为主体，而对内则为投资者、经营者、采购人、代办人、店员和操作工等要素的组合，内部通过契约、商事权利制度进行安排。在外部关系中，商事责任制度设计置重于受害人利益补偿。例如，张三开车撞人，雇佣他的老板或接受其投保的保险公司会实际承担责任。优先保护受害人利益实现之后，需要通过追责实现替代或连带责任人与原始责任人之间的利益平衡。一方面，为了避免双重赔偿，防止受害人因受侵权而获得暴利，允许保险公司获得代位求偿权；另一方面，对真正责任人落实责任，可以达到惩戒和预防违法行为的效果。当公司股东滥用有限责任地位损害第三人利益和社会利益时,应当追偿其个人财产来承担公司债务,严重违法行为需要承担惩罚性的刑事责任。

四、商事责任的解脱

商事活动与人们的日常生活是相互关联而又相互区别的领域,为了避免商业活动中的商事责任可能危及自然人日常生活,一般将商业领域与民事生活领域进行风险隔离,以退出商业领域作为代价实现脱责,商事责任的解脱是现代商法中的基本机制。在私法上,最常见的方式是因依法承担责任而脱责。近代以来的私法淡化了人身责任,凸显了财产责任和行为责任,其中,债务人责任财产构成其债务的总担保。任何民事主体均应以其全部资产承担清偿债务的责任并有权扣除自由财产以维持基本生存,债务责任与人身自由责任之间的切断使自然人可以通过人权保护脱责。在消费社会之中,一些国家的破产法设立自然人破产制度,自然人通过破产制度可以脱责。在企业出现资不抵债情形中,可以依法破产还债,作为最终承担责任的形式。破产还债是以丧失商主体资格为条件,通过法定程序集中处理责任,以现有财产按照同一比例偿还债务,得不到偿还的部分不再偿还。这样,投资者可以通过有限责任制度脱责。在保险关系之中,原始的责任人可以通过转移责任而脱责,如交通强制保险。商事关系领域通过风险结清制度规则,使利益相关人忍受和承担商业风险损失,使不正常的商事关系能够及时得到清理,从而保障商事关系的健康运行。

第十一章　公司法

第一节　公司与公司法

一、公司

（一）公司的概念

公司是指由股东出资组成的、从事营利性营业活动的企业法人。

（二）公司的特点

（1）社团性组织。社团性是指公司为人的结合，公司股东具有多元性。公司以多元化的社员为基础，投资人的多元性使公司能够广泛集资，形成规模经营，获得更强的生产经营能力和市场竞争优势；同时，多元化的社团性包含了相互监督制衡的机制。一人公司为例外，但不会从整体上影响公司的社团性。

（2）营利性组织。投资人设立公司的目的在于获取利润，成立后的公司连续地从事同一性质的经营活动以追求利润。营利性特征使公司区别于行政机关、公益社团法人。

（3）营业性组织。公司存在的基础是其所具备的生产经营功能，公司能够稳定性地、持续性地为社会提供产品和服务，通过营业活动实现社会功能和营利目的。

(4)法人性组织。公司在法律上拥有独立的人格,拥有商法上的商主体资格和民法上的法人资格,也是经济法、行政法等法律中的主体性存在。公司成为市场活动中单一性的交易对象,可以简化交易。公司人格独立于公司的股东人格,对外以法人财产独立承担法律责任。法人性使公司有别于合伙、独资企业。

(三)公司的分类

1. 无限责任公司、有限责任公司、股份有限公司、两合公司与股份两合公司

分类标准依据:股东最终对公司债务所负责任不同。

(1)无限责任公司指由两个以上股东组成、股东对公司债务负连带无限责任的公司。无限责任公司的特征在于:其一,具有独立人格。可以以自己名义独立自主地开展生产经营活动。其二,公司股东人数少。由于负担无限连带责任,要求股东之间存在高度信任,所以股东规模无法扩大。其三,属于典型的人合性公司。公司信用基础是股东的人身信用。其四,股东对于公司债务承担无限连带责任。

(2)有限责任公司指由50个以下股东出资设立、股东以其出资额为限对公司承担责任,公司以其全部资产承担责任的公司。有限责任公司的特征在于:其一,股东人数一般存在上下限,公司资本具有封闭性。其二,公司信用兼具资合性与人合性。其三,股东出资的非股份性。其四,公司内部组织简便性。其五,股东以其出资额为限承担公司经营债务责任。

(3)股份有限公司指注册资本分成等额股份,并通过发行股票筹集资本,股东以其认购股份的出资额为限对公司承担责任,公司以其全部资产承担责任的公司。股份有限公司的资本分为等额的股份,每股金额相等。公司资本的股份化,便于资金筹集、股权行使、利润分配和风险分摊。股份有限公司的特征:其一,股东责

任的有限性;其二,股东出资以标准化的股份为单位;其三,资本募集可能具有公开性,公司股票可能具有流通性。

(4)两合公司指由一个以上的无限责任股东与一个以上有限责任股东所组成的公司,其中无限责任股东对于公司债务负连带无限责任,有限责任股东以其出资额为限对公司承担责任。

(5)股份两合公司指在两合公司中的有限责任股东以认购股份的形式出资的两合公司。

2. 人合公司、资合公司与人合兼资合公司

这是大陆法系国家对公司的学理分类。分类标准依据:公司经营活动的信用基础不同。

(1)人合公司指公司经营活动依赖于股东个人信用的公司。人合公司的信用基础是股东个人信用,股东对公司债务负无限连带责任。公司股东之间相互了解,公司具有封闭性,无限责任公司为典型的人合公司。

(2)资合公司指公司经营活动依赖于公司资本信用的公司。资合公司信用基础是公司资本,股东最终以其出资额为限承担公司债务。股东之间无须了解信任,任何人均依据出资成为公司股东,公司可以广泛集资,股份有限公司为典型的资合公司。

(3)人合兼资合公司指公司经营活动依赖于股东个人信用和资本信用的公司。凡公司的经营活动兼具人的信用和资本信用两个方面,即为人合兼资合公司,两合公司和股份两合公司是典型的人合兼资合公司。两合公司至少有一名无限责任股东,对外承担无限责任,无限责任股东责任重大,一般负责公司的经营管理。两合公司中的有限责任股东以其出资额为限对外承担责任,锁定投资风险,便于公司集资。

3. 封闭式公司与开放式公司

这是英美公司法上的分类,分类标准依据:公司筹资范围不同。

(1)封闭式公司指资本全部由设立该公司的股东认购,不能

对外发行股份,股东的出资证明不能在股份市场上自由流通的公司。封闭公司一般社会影响面小,具有人合性,出资转让方式受到原有股东优先权限制,财务等信息可以不公开披露。

(2)开放式公司指资本由发起人认购一部分,其余部分可以公开招股,股票可以在股票市场上自由流通的公司。开放式公司一般社会影响面大,一般具有资合性,出资转让可以在公开市场自由进行,财务等信息要求公开披露。

4. 母公司与子公司

分类标准依据:两个公司之间存在控制与被控制关系。

(1)母公司是指通过拥有另一公司的股份或其他方式能够控制其他公司的经营活动的公司。实践中的主要控制方式是拥有另一公司的股份已达到控制程度。

(2)子公司是指资本大部分受其他公司控制或通过其他方式受其他公司控制的公司。

母公司与子公司均具有独立法律人格,对外一般独立承担责任。母子公司关系是控制与依附关系,母子公司之间属于关联公司。

5. 总公司与分公司

分类标准依据:两个公司性组织之间存在管理与被管理关系。

(1)总公司指具有独立法人资格并管辖该公司全部组织的总机构。

(2)分公司指不具有独立法人资格并受总公司所管辖的分支机构。

总公司在先成立,有独立法律人格,统一管理公司的业务、资金、人事等。分公司一般设立于总公司成立之时或成立之后,它是总公司所管辖的分支机构,没有独立法律人格,分公司的业务、资金、人事受制于总公司。分公司以总公司的名义活动,可以在总公司的名称之后加上“××分公司”的字样。分公司的财产属于总公司,并列入总公司的资产负债表中。分公司业务活动的结果均由总公司承受,总公司对分公司的债务负责。

6. 本国公司、外国公司与跨国公司

分类标准依据:公司国籍的不同。各国法律对公司国籍的认定标准有:其一,依据设立公司的准据法。公司依据本国法律设立为本国公司,公司依据外国法律设立为外国公司。其二,依据股东国籍。以公司股东的国籍确定公司的国籍,本国股东设立的为本国公司,外国股东设立的为外国公司。其三,依据设立行为地法。即依公司设立登记行为所在地来确定公司的国籍。在本国登记的为本国公司,在外国登记的为外国公司。其四,依据公司住所地国籍。即以公司住所地的国家为其国籍。公司住所地在本国的为本国公司,公司住所地在外国的为外国公司。我国公司法兼采设立准据法和设立行为地标准确认公司国籍。即依据我国法律在我国登记设立的公司为我国公司。

(1)本国公司指具有本国国籍的公司。本国公司受该国法律管辖,受到该国法律保护。我国的中外合资经营公司、中外合作经营公司、外商独资公司等均为中国本国公司。

(2)外国公司指具有他国国籍的公司。各国一般允许外国公司在其境内开展业务活动,但其业务范围有所限制。外国公司一般在东道国享受国民待遇,适用普通公司法,但受到特别法的限制。

外国公司依外国法律登记设立,如果外国公司得到所在国的认许或批准,并办理必要的登记手续,可在该国营业。外国公司业务活动的机构为外国总公司在他国设立的分公司,东道国称之为外国公司。我国公司法上的外国公司是指依照外国法律在中国境外设立的公司。外国公司在中国境内设立分支机构,必须向中国主管机关提出申请,并提交其公司章程、所属国的公司登记证书等有关文件,经批准后,向公司登记机关依法办理登记,领取营业执照。外国公司分支机构的审批办法由国务院另行规定。

外国公司在中国境内设立分支机构,必须在中国境内指定负责该分支机构的代表人或者代理人,并向该分支机构拨付与其所从事的经营活动相适应的资金。对外国公司分支机构的经营资金需要规定最低限额的,由国务院另行规定。外国公司的分支机构应当在其名称中标明该外国公司的国籍及责任形式。外国公司的分支机构应当在本机构中置备该外国公司章程。外国公司在中国境内设立的分支机构不具有中国法人资格。外国公司对其分支机构在中国境内进行经营活动承担民事责任。经批准设立的外国公司分支机构,在中国境内从事业务活动,必须遵守中国的法律,不得损害中国的社会公共利益,其合法权益受中国法律保护。外国公司撤销其在中国境内的分支机构时,必须依法清偿债务,依照有关公司清算程序进行清算。未清偿债务之前,不得将其分支机构的财产移至中国境外。

(3)跨国公司是指以本国为基地,通过对外投资,在世界各地设立分支机构或子公司,从事国际化生产和经营活动的公司。跨国公司的基本特征:其一,经营活动范围的跨国性;其二,公司体系内部存在全球性战略;其三,公司内部密切联系、有效控制或集中管理。

跨国公司在不同国家或地区设立分公司、子公司,生产经营活动范围具有国际性。跨国公司不是一个独立的商法主体,而是公司之间所形成的一种特殊的联系。相关立法重在规范母公司与子公司、总公司与分公司之间的法律关系,规范母公司与子公司、总公司与分公司及其他参股投资关系,以及相应的关联交易、债权保护、税收分享以及破产问题。

(四)我国公司的种类

按照企业法定原则,我国的公司种类就是由我国法律所确认的公司类型。我国公司法所称的公司是指依法在中国境内设立的有限责任公司和股份有限公司。同时,在理论和立法上还存在具有特殊性的公司形态：

1. 一人有限责任公司

(1) 一人有限责任公司的概念。一人有限责任公司，是指只有一个自然人股东或者一个法人股东的有限责任公司。一人公司具有独立的法人资格，其章程由股东制定。

(2) 一人有限责任公司的设立限制。一个自然人只能投资设立一个一人有限责任公司，该一人有限责任公司不能投资设立新的一人有限责任公司。

(3) 一人有限责任公司的登记注明事项。一人有限责任公司应当在公司登记中注明自然人独资或者法人独资，并在公司营业执照中载明。

(4) 一人有限责任公司的股东决议。一人有限责任公司不设股东会。一人公司决定公司的经营方针和投资计划，变更公司经营层人事和报酬事项，审议批准董事会和监事会报告，审议批准公司的年度财务预算方案、决算方案、利润分配方案和弥补亏损方案，作出对公司融资决议、公司组织变更、修改公司章程等重大决定时，应当采用书面形式，并由股东签名后置备于公司。

(5) 一人有限责任公司的财务会计报告。一人有限责任公司应当在每一会计年度终了时编制财务会计报告，并经会计师事务所审计。

(6) 一人有限责任公司的债务承担。一人有限责任公司的股东不能证明公司财产独立于股东自有财产的，应当对公司债务承担连带责任。

2. 国有独资公司

(1) 国有独资公司的内涵

国有独资公司，是指国家单独出资、由国务院或者地方人民政府授权本级人民政府国有资产监督管理机构履行出资人职责的有限责任公司。国有独资公司具有独立人格，拥有法人财产权，国有独资公司的设立和组织机构存在特殊规定；国有独资公司章程由国有资产监督管理机构制定，或者由董事会制订报国有资产监督管理机构批准。

(2)国有独资公司的内部组织机构

其一，国有独资公司股东权的行使。国有独资公司不设股东会，由国有资产监督管理机构行使股东会职权。国有资产监督管理机构可以授权公司董事会行使股东会的部分职权，决定公司的重大事项，但公司的合并、分立、解散、增加或者减少注册资本和发行公司债券，必须由国有资产监督管理机构决定；其中，重要的国有独资公司合并、分立、解散、申请破产的，应当由国有资产监督管理机构审核后，报本级人民政府批准。

其二，国有独资公司的董事会。国有独资公司设董事会，依法行使职权。董事每届任期不得超过3年。董事会成员中应当有公司职工代表。董事会成员由国有资产监督管理机构委派；但是，董事会成员中的职工代表由公司职工代表大会选举产生。董事会设董事长一人，可以设副董事长。董事长、副董事长由国有资产监督管理机构从董事会成员中指定。

其三，国有独资公司的监事会。国有独资公司监事会成员不得少于5人，其中职工代表的比例不得低于1/3，具体比例由公司章程规定。监事会成员由国有资产监督管理机构委派；但是，监事会成员中的职工代表由公司职工代表大会选举产生。监事会主席由国有资产监督管理机构从监事会成员中指定。监事会有权检查公司财务；对董事、高级管理人员执行公司职务的行为进行监督，对违反法律、行政法规、公司章程或者股东会决议的董事、高级管理人员提出罢免的建议；当董事、高级管理人员的行为损害公司利益时，要求董事、高级管理人员予以纠正；监事会还享有国务院规定的其他职权。

其四，国有独资公司的经理。国有独资公司设经理，由董事会聘任或者解聘。经理依法行使日常经营管理职权。经国有资产监督管理机构同意,董事会成员可以兼任经理。

(3)国有独资公司负责人的专任制度

国有独资公司高层人员实行兼职禁止制度。国有独资公司的董事长、副董事长、董事、高级管理人员,未经国有资产监督管理机构同意,不得在其他有限责任公司、股份有限公司或者其他经济组织兼职。在公司负责人兼职方面,专任制度较之竞业禁止的规定更为严格。

3. 上市公司

上市公司,是指其股票在证券交易所进行交易的股份有限公司。股份有限公司申请其股票上市应当符合《证券法》规定的条件,且须经过证券监管部门核准。申请股票及其衍生品种在交易所上市,应当经交易所审核同意,并在上市前与交易所签订上市协议,明确双方的权利、义务和有关事项。上市公司设独立董事。上市公司设董事会秘书,负责公司股东大会和董事会会议的筹备、文件保管以及公司股东资料的管理,办理信息披露事务等事宜。上市公司董事与董事会会议决议事项所涉及的企业有关联关系的,不得对该项决议行使表决权,也不得代理其他董事行使表决权。该董事会会议由过半数的无关联关系董事出席即可举行,董事会会议所作决议须经无关联关系董事过半数通过。出席董事会的无关联关系董事人数不足 3 人的,应将该事项提交上市公司股东大会审议。

二、公司法概述

(一)公司法的概念及其调整对象

1. 公司法的概念

公司法是调整公司在设立、组织、运行和解散过程中所发生的社会关系的法律规范的总称。公司法旨在构建公司营业体并确认其商法上的主体资格,公司法属于商主体法的基本部分。

2. 公司法的调整对象

公司与其他市场主体进行交易的外部经营关系由合同法调整,公司法调整的公司关系包括:

(1)公司的人格关系

公司是人造的主体,以组织体为人格基础。公司法需要规范发起人如何塑造具备生产经营机能的营业体的行为,并在此基础上通过商事登记确认公司的商事主体资格。

(2)公司的组织关系

公司的组织关系是公司设立、变更、终止所发生的商事关系。公司的组织关系包括:出资人相互间或股东相互间的关系;股东与公司间的相互关系;公司内部组织机构相互间关系;公司与相关国家管理机关之间所发生的社会关系。

(3)公司的融资关系

公司的融资关系指围绕公司融资所发生的关系。主要是股票的发行、交易;债券的发行、交易;资本的增加、减少和出资转让。

(4)公司的运行关系

公司的运行关系指公司在运行过程中所产生的关系。涉及公司的治理架构,包括决策机构、执行机构和监督机构及其职位、职权、职责;还涉及公司内部运行机制、会议的召集程序、决议生效的条件等。

(二)公司法的特征

1. 公司法是组织法与行为法相结合

从公司法的内容看,公司法是组织法与行为法相结合。公司法规范公司的设立、变更、终止,旨在将人、物、技术等经济要素依据商事组织技术安排形成营利功能体,形成商事主体,赋予法律人格,维护生产经营功能,所以,公司法是组织法。公司法规范公司的设立行为、融资行为、治理行为、解散行为,所以,公司法又是行为法。

2. 公司法是实体法与程序法相结合

从公司法的体例看,公司法是实体法与程序法相结合的法律。公司法明确公司机关设置及职权职责,划分股东与公司财产责任,规定股东、董事、监事、经理的权利、义务、责任,公司法主要是实体法。公司法规定公司运行程序,规定各种会议的召集权人、召集、通知、表决、记录等程序规则,公司法也具有程序法要素。

3. 公司法是强制性规范与任意性规范相结合

从公司法的规范性质看,公司法是强制性规范与任意性规范相结合的法律。

公司法作为组织法,以强制性规范为主。公司法多为强制性规范,目的是为了保证主体适格,以维护社会交易的安全和经济秩序的稳定。公司法在性质上属于私法,以当事人意思自治为制度基础,通过任意性规范实现股东和公司的意愿。

4. 公司法是具有一定国际性的国内法

公司法是各个国家分别制定的,回应各个国家政治、经济、社会条件下的公司关系规范要求,公司法在本质上属于国内法。同时,公司活动和公司关系中存在共性的要求,公司遵循共同的组织原则和活动准则,各国公司法相互借鉴和吸收,形成世界通行的公司规则。所以,公司法具有国际普适性,是具有一定国际性的国内法。

三、公司的人格与能力

(一)公司的独立人格

1. 公司独立人格的内涵

公司的独立人格是指公司拥有独立于其他法律主体和公司投资人的独立人格。公司在其出现的法律领域拥有法律上的主体资格。首先,公司拥有商法上的主体资格,能够以自己名义独立参与商事活动。发起人设立公司,通过特定的设立行为形成相应的营业体,履行法定的设立程序,经核准登记,即取得商主体资格和法人资格。其次,公司拥有民法上的主体资格,称为民法上的法人。公司具有独立的民事权利能力和行为能力,能够独立享有民事权利并承担民事义务。再次,公司在宪法、经济法、行政法、刑法上均可以作为独立的规范对象,具有相应的主体资格。最后,公司人格是团体人格,是在商事组织之上赋予的法律人格。

2. 公司人格独立的基本要素

其一,独立财产。公司是企业法人,有独立的法人财产,享有法人财产权。其二,独立名称。公司有独立的名称,以自己的名义参与法律关系,享有权利、承担义务。其三,独立意思。公司有自己的意思机关,依据自己的独立意志进行商业行为。其四,独立利益。在直接意义上,公司是为自己的利益进行生产经营活动,按照公司利益最大化进行决策、交易。其五,独立责任。公司以其全部财产对公司的债务承担责任。有限责任公司的股东以其认缴的出资额为限对公司承担责任;股份有限公司的股东以其认购的股份为限对公司承担责任。

3. 公司人格独立的功能

其一,公司人格独立能够简化交易。公司是社团组织,内部包含了数量众多的股东。但是,在外部关系中公司是单一性的主体,交易人可以与单一性的法人交易,而无须与公司背后的众多股东协商,从而简化交易。

其二,公司人格独立能够鼓励股东投资。公司与股东人格相分离,公司以其全部财产对公司的债务承担责任,即公司对于自己的债务承担无限责任。股东与公司人格分离,在法律上是两个独立的人,股东对于公司债务不承担法律责任。在法律上,公司对外的债务是公司的债务,由公司用自有的责任财产承担;股东并非公司债务的债务人,在最终意义上,股东以投资额为限承担公司经营风险。独立人格是有限责任的前提,正是因为责任有限,才有效地化解了投资风险,调动了股东投资积极性。

4. 公司人格否认

(1)公司人格否认定义

公司人格否认是指在股东滥用公司独立人格损害公司债权人利益及社会公共利益时，就具体法律关系中的特定事实，否认公司独立的人格，要求股东对公司债务直接负责的法律制度。法律禁止股东滥用公司法人独立地位和股东有限责任，损害公司债权人利益。公司人格否认并非对于公司独立人格的彻底否定，也并非一般性地否定股东的有限责任，而是仅就法定情形要求股东对于公司债务承担责任。公司人格否认原则是公司人格独立原则的补充。

(2)我国公司法关于公司人格否认的规定

公司股东应当遵守法律、行政法规和公司章程，依法行使股东权利，不得滥用股东权利损害公司或者其他股东的利益；不得滥用公司法人独立地位和股东有限责任损害公司债权人利益。公司股东滥用股东权利给公司或者其他股东造成损失的，应当依法承担赔偿责任。公司股东滥用公司法人独立地位和股东有限责任，逃避债务，严重损害公司债权人利益的，应当对公司债务承担连带责任。一人有限责任公司的股东不能证明公司财产独立于股东自己的财产的，应当对公司债务承担连带责任。

(3)公司人格否认原则的适用要件

其一，股东有滥用公司人格的行为。股东客观上存在滥用公司人格行为，在司法解释中一般对这些行为作出类型化规定。

其二，股东行为时为故意。滥用公司人格行为主观上为故意，这种故意一般依据行为本身的性质推定。

其三，股东的滥用公司人格行为使债权人遭受损失。股东的滥用公司人格行为使公司的债务承担能力减弱，使债权人的债权难以实现。

其四，股东的滥用公司人格行为与债权受损害之间存在因果关系。股东的滥用公司人格行为是公司无力偿债的原因，债权受损是股东滥用公司人格行为的结果。

(4)公司人格否认原则的适用情形

其一,公司与股东人格混同。公司没有独立性,成为股东的面纱。具体包括:股东与公司财产混同;股东与公司业务混同;股东与公司组织机构混同。

其二,公司资本显著不足。公司对债权人偿债以公司责任财产为基础,股东的未足额出资行为造成了公司资本不足,股东应该承担责任。例如,公司股东实际投入公司的资本额与经营需求不匹配,不能覆盖公司经营所隐含的风险。

其三,利用公司独立人格逃避合同义务。主要情形包括:为逃避合同特定义务而设立新公司从事相关活动;利用公司逃避合同规定义务;利用公司名义转移财产以逃避合同义务。

其四,滥用公司法律人格规避法律义务。利用公司规避法律所规定的强制性义务,有损社会公共利益,如回避竞业禁止等不作为义务;抽逃资产成立新公司,并通过原有公司破产逃废债务;设立公司从事缺乏合法性和正当性的业务。

(二)公司的权利能力

1. 公司权利能力的内涵

公司权利能力指公司具有的以自己名义参与商事关系享有权利和承担义务的法律资格。权利能力是确认主体资格的法律制度,有权利能力意味着具有商法上的主体资格。公司的权利能力与公司的主体资格具有同一性,公司从成立到注销都享有权利能力。在公司法理论上,设立中的公司是无权利能力社团,发起人只能以设立中公司名义从事与设立活动有关的活动,其对内、对外关系均适用有关合伙的法律规定。解散后的公司,在依法进行清算阶段,其权利能力虽仍然存在,但仅限于清算范围内的活动,不得从事与清算无关的业务活动。设立中公司不享有法人的权利能力,解散后的公司只能在清算范围内享有权利和承担义务。

2. 公司权利能力的特征

(1)公司权利能力是公司法确认的。公司权利能力是公司法制度,其直接依据是公司法的确认。公司是市民社会中的基本存在,在民法上将公司看作法人,确认为民法上的主体,享有民法上的权利能力。

(2)公司权利能力是一种抽象资格。公司权利能力的制度功能在于确认了商主体合法地位,公司权利能力不是从事某种具体经营活动的资格。所有公司的权利能力性质相同,体现了法律上的平等和依法参与经营、归属权利义务和承担法律责任的可能性。

(3)公司权利能力是商主体经营活动的资格。公司的权利能力表彰了公司合法经营的资格、一般性的市场主体准入资格。在司法实践中,公司是否具有权利能力是对于经营活动合法性的初步判断。

(三)公司的经营能力

公司行为能力指公司以自己的意思或行为独立地取得权利、承担义务的资格。法人作为一个法律主体,在民事生活中具有行为能力,法人民事行为能力体现了私法自治。但是,公司是工具性主体,以营业体为其人格基础,通过公司机关形成、表达和执行公司意思。因为公司机关职位均由具备专业经营能力的成年人来担任,所以,所有的公司均具备完全民事行为能力,各种公司之间不存在行为能力的差异。因此,公司的外部行为法律效力的差异不能通过行为能力制度甄别,只能通过经营能力制度甄别。

1. 公司经营能力的内涵

公司的经营能力指公司具备从事特定营业活动的资格。公司的经营能力制度的功能类似于自然人的行为能力制度。不同公司之间的差别主要体现为经营能力的差别,特定商事活动的法律效力依据其经营能力状态进行判断。

2. 公司经营能力的特征

(1)公司经营能力是公司合法经营的资格

法律确认使经营能力成为法律资格,具备经营能力则意味着公司能够合法地参与市场经营活动,能够产生有效的法律关系,其相关权益受法律保护。

(2)公司经营能力以公司营业体的客观能力为基础

公司经营能力并非仅仅是法律所确认的一种资格,还是营业体所具备的客观能力。公司创始人通过建立营业体形成经营能力,企业设立活动按照预置的经营能力目标,适应性地安排生产要素,形成特定化的经营能力。

(3)公司通过机关职能实现经营能力

公司的经营活动通过机关职能来实现,通过股东会(大会)、董事会、经理、监事会等机关来形成、表达和执行公司的意志。通过公司的生产部门提供合格的产品和服务,通过公司的销售部门完成买卖,实现公司的商事利益。

(4)公司经营能力以公司经营范围为标志

公司目的范围是公司法中的基础性制度,其基本功能在于界定公司的经营能力。在我国相关立法中体现为公司经营范围制度的规定。《公司法》第 12 条规定,公司的经营范围由公司章程规定,并依法登记。公司可以修改公司章程,改变经营范围,但是应当办理变更登记。公司的经营范围中属于法律、行政法规规定须经批准的项目,应当依法经过批准。公司经营范围构成公司经营能力的范围与边界。原《民法通则》第 42 条规定,企业法人应当在核准登记的经营范围内从事经营。只有企业在经营范围内从事经营才能保障市场的一般秩序。

依法设立的公司由公司登记机关发给公司营业执照,公司营业执照签发日期为公司成立日期。公司营业执照应当载明公司的名称、住所、注册资本、经营范围、法定代表人姓名等事项。公司营业执照记载的事项发生变更的，公司应当依法办理变更登记，由公司登记机关换发营业执照。

(四)公司能力的相关问题

1. 公司的自然性质限制

公司的能力受到公司的自然性质限制，这是自然法上的规制。在民法上，公司作为法人，不享有自然人享有的生命、健康、身体、婚姻、亲属等方面的权利，因为这些权利是基于生命体的生命活动产生的权利需要。

2. 转投资的限制

公司作为民事、商事主体应具有向其他公司或经济组织投资的权利能力，但为了保证公司的正常运作，维护公司债权人的利益，公司法一般对公司转投资作出限制。我国法律对于公司转投资限制体现为对投资对象的限制，《公司法》第 15 条规定，公司可以向其他企业投资；但是，除法律另有规定外，不得成为对所投资企业的债务承担连带责任的出资人。

3. 贷放款项的限制

公司资本是公司运营的物质基础和对外承担责任的保证，将公司资金借贷给他人，不仅违背了股东的投资目的，也超越了公司的经营范围，大多数国家的公司立法禁止公司将资金借贷给他人。《公司法》规定：违反公司章程的规定，未经股东会、股东大会或者董事会同意，不得将公司资金借贷给他人。

《公司法》第 115 条规定公司不得直接或者通过子公司向董事、监事、高级管理人员提供借款。《公司法》第 148 条规定，董事、高级管理人员不得违反公司章程的规定，未经股东会、股东大会或者董事会同意，将公司资金借贷给他人或者以公司财产为他人提供担保。

4. 担保的限制

担保应为公司的自主权利，这种权利既体现对股东投资的保护,又充分尊重了公司合法的意思自治。《公司法》第 16 条规定,公司向其他企业投资或者为他人提供担保,依照公司章程的规定,由董事会或者股东会、股东大会决议;公司章程对投资或者担保的总额及单项投资或者担保的数额有限额规定的,不得超过规定的限额。

第二节　公司的设立、变更、终止

公司并非自然存在物,而是人为设计的产物。公司的设立、变更、终止活动影响了公司的组织形态。

一、公司的设立

(一)公司设立的概念

公司设立是指发起人为组建公司,使其取得法人资格所进行的一系列法律行为的总称。公司设立旨在从无到有地组织一个具有生产经营功能的营业体,并获得法律上的主体资格。公司设立行为主要包括:订立发起协议、认购出资、制订公司章程、购置生产经营设施、招募员工、设立公司治理机关、召开成立大会、申请公司登记等。公司设立的结果有两种:一是设立成功。依法核准登记,取得法人资格。二是设立失败。不能成立公司或公司设立无效和被撤销。

(二)公司设立与公司成立

公司设立与公司成立是最为相关的两个概念。

公司设立是发起人为创设一个具有法律人格的公司而进行的一系列的行为。公司设立的理想结果是公司成立。公司成立是指公司具备法定条件,经主管机关核准登记,颁发营业执照,取得法人资格的法律状态。公司成立意味着公司获得了法律上的主体资格。两者区别在于:

(1)因果关系发生的阶段不同。公司设立是公司成立的原因,公司成立是公司设立的结果。公司设立行为在先,设立活动符合法定条件和法定程序,被依法核准登记之后,公司成立。公司成立是设立行为被法律认可后,公司获得主体资格,成为合法经营的商主体。如果公司设立不符合法定条件或法定程序,导致公司设立无效时,公司不能成立。

(2)法律性质不同。公司设立由一系列的私法行为构成,形成一系列私法关系。包括发起人之间的关系,发起人与认股人之间的关系,发起人与交易对象之间的关系,员工与设立中公司之间的关系、员工与发起人之间的关系,发起人与设立中公司之间的关系,设立中公司与成立后公司之间的关系。公司成立需要经过发起人申请登记,公司登记主管机关受理登记,颁发营业执照确认法人资格。公司成立是借助公权权威手段确认公司合法存在的法律状态,其中的登记行为主要是登记主管机关的行政行为,具有公法性质。

(3)法律效力不同。在公司设立阶段,设立中公司一定程度上具备了组织体的要素,但公司没有独立的法律主体资格,属于无权利能力社团,其对内、对外关系视同合伙。公司被核准成立,公司获得商事主体资格和民事主体资格,发起人为设立公司所实施的法律行为的后果归属于公司。

(4)解决有关争议的程序不同。设立过程中的争议,一般依照发起人之间订立的协议作为准则,可以协商解决,也可以提起民事诉讼。而成立过程中的争议涉及能否得到登记机关或审批机关的批准,其争议对象为行政机关,一般依照有关行政法规解决,当事人可以提起行政诉讼。

(三)公司设立的原则

1. 自由主义

自由主义又名放任主义,指公司的设立依据当事人自由行为,国家不加任何干预。自由设立主义主要是早期国家对公司设立所采取的立法态度。从古罗马时代到中世纪,商业社团在商业社会中设立,需要得到行业认可,受到行业规则的约束,无须依法创设。早期的公司规模小、社会影响小,其商业风险不足以严重危害社会。自由设立主义便于公司产生,但易于导致公司欺诈,危害债权人利益,进而影响市场秩序和社会安全。早期的国家对于社会的管理能力有限,法律对于公司活动关注较少。随着公司在社会生活中的重要性上升,国家治理能力的加强,法律中法人制度的完善,放任主义原则被各国法律放弃。

2. 特许主义

特许主义是指公司必须依据王室或议会颁发专门的令状而设立。特许主义起源于13~15世纪,盛行于十七八世纪的英国。在特许主义下,设立公司是一种特权,同时,王室或议会颁发令状的程序过于严格,且效率低下,不利于公司的设立。到19世纪初,资产阶级国家立法摒弃一般性的特许主义原则,只对某些特殊公司继续采用。

3. 核准主义

核准主义又名许可主义或审批主义,指公司设立除符合一般法定要件外,还须通过政府行政主管机关审查批准。在核准主义原则之下,即使符合法律规定的公司设立的一般条件,也可能得不到行政机关的批准。设立公司具有行政上的特权性质,易于导致政府审批部门的腐败。核准主义妨碍了市场准入的公平与自由,妨碍了公司的设立和发展。

4. 准则主义

准则主义又名登记主义,包括单纯准则主义和严格准则主义两种形态。单纯准则主义指只要符合成立公司的法定条件就可直接向登记机关申请登记成立公司,设立公司一般无须经过主管机关审批。单纯准则主义优势在于简化公司设立程序,方便公司设立;劣势在于容易造成公司滥设,影响市场秩序。严格准则主义要求公司设立除具备法定的一般要件外,还要符合法律规定的限制性条款,否则即应承担相应的法律责任。严格准则主义兼顾了程序的简便和设立公司的公平,又保留了适度干预的可能性。严格准则主义为现代大多数国家立法所采用。

我国《公司法》第6条规定:“设立公司,应当依法向公司登记机关申请设立登记。符合本法规定的设立条件的,由公司登记机关分别登记为有限责任公司或者股份有限公司;不符合本法规定的设立条件的,不得登记为有限责任公司或者股份有限公司。法律、行政法规规定设立公司必须报经批准的,应当在公司登记前依法办理批准手续。公众可以向公司登记机关申请查询公司登记事项,公司登记机关应当提供查询服务。”其中规定的“法律、行政法规规定设立公司必须报经批准的,应当在公司登记前依法办理批准手续”,其性质为“营业许可”,而非公司设立的“行政许可”。我国公司法在公司设立中奉行准则主义。根据《国务院关于取消和调整一批行政审批项目等事项的决定》(国发〔2014〕27号)规定,公共场所卫生许可(不含公园、体育场馆、公共交通工具卫生许可)、设立内资娱乐场所审批、互联网上网服务营业场所经营单位审批等31项前置许可审批改为后置许可审批,各地工商部门一律不再将其作为登记前置,申请人可以直接申请相关经营范围登记,办理营业执照,取得营业执照后再到相关审批部门办理许可手续。

(四)公司设立的方式

公司设立的方式包括发起设立和募集设立。

1. 发起设立

发起设立又名共同设立或单纯设立,是指由发起人认购公司应发行的全部股份而设立公司。封闭性公司性质的无限责任公司、两合公司和有限责任公司只能采取发起设立方式,股份有限公司也可以采取发起设立方式。股份有限公司采取发起设立方式设立的,注册资本为在公司登记机关登记的全体发起人认购的股本总额。以发起设立方式设立股份有限公司的,发起人应当书面认足公司章程规定其认购的全部股份,并按照公司章程规定缴纳出资。以非货币财产出资的,应当依法办理其财产权的转移手续。发起人不依照规定缴纳出资的,应当按照发起人协议承担违约责任。发起人认足公司章程规定的出资后,应当选举董事会和监事会,由董事会向公司登记机关报送公司章程以及法律、行政法规规定的其他文件,申请设立登记。

发起设立的优点在于:设立程序简单,无须复杂的招股程序;缩短公司的设立周期,减少公司的设立费用,降低公司的设立成本。其不足在于:发起人需要认购全部股本,出资责任重,不利于需要巨资的大型公司设立。

2. 募集设立

募集设立又名渐次设立、复杂设立,是指由发起人认购公司应发行股份的一部分,其余部分向社会公开募集或向特定对象募集的公司设立方式。股份有限公司的设立,可以采取发起设立或者募集设立的方式。公司法要求采取募集方式设立公司时发起人认购的股份必须占发行资本总数的一定比例,在发起人认购的股份缴足前,不得向他人募集股份。目的在于使发起人在所发起的公司中保有重大利益,加重发起人责任,以保护广大投资者利益。我国《公司法》第 84 条规定,以募集设立方式设立股份有限公司的,发起人认购的股份不得少于公司股份总数的 35%;但是,法律、行政法规另有规定的,从其规定。股份有限公司采取募集方式设立的,注册资本为在公司登记机关登记的实收股本总额。法律、行政法规以及国务院决定对股份有限公司注册资本实缴、注册资本最低限额另有规定的,从其规定。我国的募集设立存在两种形式:第一,社会公开募集设立。发行股份除由发起人认购外,其余股份应向社会公众公开发行。《证券法》第 9 条规定:公开发行证券,必须符合法律、行政法规规定的条件,并依法报经国务院证券监督管理机构或者国务院授权的部门注册。未经依法注册,任何单位和个人不得公开发行证券。证券发行注册制的具体范围、实施步骤,由国务院规定。公开发行的情形包括:(1)向不特定对象发行证券;(2)向特定对象发行证券累计超过200人,但依法实施员工持股计划的员工人数不计算在内;(3)法律、行政法规规定的其他发行行为。非公开发行证券,不得采用广告、公开劝诱和变相公开方式。第二,定向募集设立。指公司发行的股份除由发起人认购以外,其余部分可以向特定法人或者特定自然人发行,但不公开向社会发行。定向募集的优点在于,公司可以不受股票发行配额的限制。

(五)公司设立的条件

依据我国《公司法》,设立有限责任公司,应当具备下列条件:(1)股东符合法定人数;(2)有符合公司章程规定的全体股东认缴的出资额;(3)股东共同制定公司章程;(4)有公司名称,建立符合有限责任公司要求的组织机构;(5)有公司住所。设立股份有限公司,应当具备下列条件:(1)发起人符合法定人数;(2)有符合公司章程规定的全体发起人认购的股本总额或者募集的实收股本总额;(3)股份发行、筹办事项符合法律规定;(4)发起人制订公司章程,采用募集方式设立的经创立大会通过;(5)有公司名称,建立符合股份有限公司要求的组织机构;(6)有公司住所。这些条件可以从理论上归类为:

1. 组织要件

公司组织要件包括:公司名称、公司种类、公司章程、组织机构、公司资本、公司住所等。

(1)公司名称。公司的名称指公司的称谓。公司名称是表彰公司并区别于其他主体的语言符号。公司名称属于公司的标表型人格要素,以便公司的商业交往和社会活动。

(2)公司种类。公司种类是指公司属于何种法定类型,在我国是指公司属于有限责任公司还是股份有限公司。

(3)公司章程。公司章程是指公司依法制定的、规定公司名称、住所、经营范围、经营管理制度等重大事项的必备文件。公司章程是股东共同意志的体现,是公司的自治规则。公司章程中明确了公司组织与行为的基本准则,它是公司成立及运营的规则基础,是公司内部的宪章。

(4)公司组织机构。公司组织机构是按照公司法技术和原则设置的,实现公司运行和治理职能的内部机构。组织机构的设计原理是:围绕公司组织目标,设置并赋予各机构相应的职能,各机构之间分工协作制衡,以实现公司生产经营功能。

(5)公司资本。资本是公司的物质基础,任何公司必须以相应的资本为前提,资本的充实程度决定了公司设立的质量。在我国,除法律、行政法规以及国务院决定对公司注册资本实缴另有规定的外,由公司股东(发起人)自主约定认缴出资额、出资方式、出资期限等,并记载于公司章程。有限责任公司股东认缴出资额、公司实收资本不再作为公司登记事项。

(6)公司住所。公司住所指公司的主要办事机构所在地,即公司开展业务活动、处理公司事务的业务中枢机构所在地。公司的住所是公司章程的必要记载事项,也是公司注册登记的必要事项,公司登记的住所必须唯一,且应当在公司登记机关的辖区内。公司住所对外具有公示效力,公司住所变更必须履行法定的变更手续,否则不得对抗第三人。公司住所的法律意义:其一,公司住所是公司的活动中枢地,是公司主要的行为地、权利发生地和义务履行地。其二,公司住所是诉讼管辖的根据。其三,公司住所是法律文书的送达处所。其四,公司住所是税收的征纳地。

2. 发起人要件

发起人又名创办人,是指筹办公司设立事务并对公司设立承担责任的投资人。发起人订立公司发起协议,向公司出资或认购股份,召开成立大会、选举公司机关、对外签订相关合同、提出公司登记申请。发起人在公司成立后即成为公司的股东。设立公司依赖发起人的创设活动,在发起活动中,发起人的地位类似于设立中公司的机关。发起人必须具备完全民事行为能力,发起人还存在人数和资格限制。其一,发起人的人数限制。我国《公司法》规定,有限责任公司由 50 个以下股东为发起人,股份有限公司应当有 2 人以上 200 人以下股东为发起人。其二,发起人的身份限制。公司的发起人可以是自然人或者法人。自然人发起人必须具有民事权利能力和民事行为能力,不得为禁治产人。法人应在法律上不受特别限制。其三,发起人的国籍限制。发起人可以是本国人或者外国人。有些国家的公司法对发起人的身份作了特殊要求,我国《公司法》对发起人国籍不作限制。其四,发起人的住所限制。一些国家对股份有限公司发起人的住所作出特殊要求,我国《公司法》规定股份有限公司的发起人须有半数以上在中国境内有住所。

3. 规则要件

第一,公司章程是公司设立的规则要件。公司章程是指规定公司组织及活动的基本规则的书面文件,一般记载公司的名称、宗旨、资本总额、组织机构等重要事项。公司章程由股东制定,国有独资公司章程由国有资产监督管理机构制定,或者由董事会制订并报国有资产监督管理机构批准。公司章程经登记发生效力。公司章程属于公司内部的自治规则,章程反映了股东的共同意志,公司章程中规定了公司组织和运行中的基本规则。公司章程的法律效力表现在:其一,法律授权章程的规范效力,保障章程的约束力。其二,章程规定优于法律规定,但是不得与法律原则和强制性规定相冲突。其三,章程规则提供更有针对性的规范,章程规定补充法律规定。章程对于股东、董事、监事、经理具有约束力。同时,章程作为公开文件,对于员工和外部债权人也产生影响。

第二,公司章程的记载事项可分为绝对必要记载事项、相对必要记载事项和任意记载事项。绝对必要记载事项是指章程中必须予以记载的、不可缺少的事项,公司章程缺少其中任何一项或任何一项记载不合法,均会导致整个章程无效。绝对必要记载事项主要是公司性质所要求的章程的必备条款,通常包括公司的名称、住所地、公司的宗旨、注册资本、财产责任等。相对必要记载事项,是指法律列举规定的一些事项,可以听凭章程制订人自主决定是否载入章程。一旦章程予以记载,便发生效力。如果不予记载或某项记载不合法,则仅该事项无效,章程的其他事项仍然有效,不影响整个章程的效力。任意记载事项,是指法律并不列举,只要不违反法律的强行规定、公共秩序和善良风俗,章程制定人便可根据实际需要载入章程的诸事项。在公司章程中,这些事项与其他事项同样具有约束力,非依股东会(大会)的特别决议不能变更。如不加以记载,不影响整个章程的效力;如记载不合法,也仅该事项无效,章程的其他事项仍具有效力。

我国有限责任公司章程应当载明下列事项:(1)公司名称和住所;(2)公司经营范围;(3)公司注册资本;(4)股东的姓名或者名称;(5)股东的出资方式、出资额和出资时间;(6)公司的机构及其产生办法、职权、议事规则;(7)公司法定代表人;(8)股东会会议认为需要规定的其他事项。股东应当在公司章程上签名、盖章。股份有限公司章程应当载明下列事项:(1)公司名称和住所;(2)公司经营范围;(3)公司设立方式;(4)公司股份总数、每股金额和注册资本;(5)发起人的姓名或者名称、认购的股份数、出资方式和出资时间;(6)董事会的组成、职权和议事规则;(7)公司法定代表人;(8)监事会的组成、职权和议事规则;(9)公司利润分配办法;(10)公司的解散事由与清算办法;(11)公司的通知和公告办法;(12)股东大会会议认为需要规定的其他事项。

第三,公司章程的变更。公司章程应保持稳定性,但是,一旦公司外部环境和内部情况发生变化,公司章程需要进行相应修改。章程修改一般在股东会作出决议后生效,变更依法需要主管机关批准的章程事项,经过批准后才发生效力。变更公司章程,公司应向公司登记机关申请变更登记。

4. 物质要件

物质要件是指设立公司所应具备的必要的物质条件。

第一,资产。资产是公司存在和运行的物质基础,公司必须拥有与其生产经营规模相适应的独立的财产。公司财产是公司信用的基础,是公司在市场活动中对债务的总担保。公司最初的资产来源于全体发起人或股东认缴的股金总额。第二,生产经营设施。每一个公司依据其目的事业设计生产相应的产品和服务,这些均依赖相应的生产设施。公司设立需要按照生产经营需要购置、安排相应的机器、生产线等生产设施。第三,经营场所。指公司从事生产经营活动的场所。经营场所需要进行适应性安排以适合开展相应的经营活动,并设置相应的营业标记。

(六)公司设立的程序

1. 发起人订立发起协议

股份有限公司发起人承担公司筹办事务,发起人应当签订发起人协议,明确各自在公司设立过程中的权利和义务。

2. 制定公司章程

有限责任公司的章程应当由全体股东共同制定;股份有限公司的章程应当由全体发起人共同制订,并经创立大会通过;国有独资公司的章程由国有资产监督管理机构制定,或者授权董事会制订并报国有资产监督管理机构批准。

3. 认缴出资

以发起设立方式设立股份有限公司的,发起人应当书面认足公司章程规定其认购的股份,并按照公司章程规定缴纳出资。以非货币财产出资的，应当依法办理其财产权的转移手续。

4. 召开创立会议

发行股份的股款缴足后，必须经依法设立的验资机构验资并出具证明。发起人应当自股款缴足之日起 30 日内主持召开公司创立大会。创立大会由发起人、认股人组成。发行的股份超过招股说明书规定的截止期限尚未募足的，或者发行股份的股款缴足后，发起人在 30 日内未召开创立大会的，认股人可以按照所缴股款并加算银行同期存款利息，要求发起人返还。发起人应当在创立大会召开 15 日前将会议日期通知各认股人或者予以公告。创立大会应有代表股份总数过半数的发起人、认股人出席，方可举行。创立大会行使下列职权：(1) 审议发起人关于公司筹办情况的报告；(2) 通过公司章程；(3) 选举董事会成员；(4) 选举监事会成员；(5) 对公司的设立费用进行审核；(6) 对发起人用于抵作股款的财产的作价进行审核；(7) 发生不可抗力或者经营条件发生重大变化直接影响公司设立的，可以作出不设立公司的决议。创立大会对这些事项作出决议，必须经出席会议的认股人所持表决权过半数通过。

5. 办理公司设立登记

股东认足公司章程规定的出资后，由全体股东指定的代表或者共同委托的代理人向公司登记机关报送公司登记申请书、公司章程等文件，申请设立登记。股份公司的董事会应于创立大会结束后 30 日内，向公司登记机关报送下列文件，申请设立登记：(1) 公司登记申请书；(2) 创立大会的会议记录；(3) 公司章程；(4) 验资证明；(5) 法定代表人、董事、监事的任职文件及其身份证明；(6) 发起人的法人资格证明或者自然人身份证明；(7) 公司住所证明。以募集方式设立股份有限公司公开发行股票的，还应当向公司登记机关报送国务院证券监督管理机构的核准文件。

（七）公司设立的效力与责任

1. 公司设立的效力

公司设立活动所产生的法律后果分为两种：其一，公司成立。公司设立符合法定条件，被依法核准登记取得法人资格，公司设立成功。其二，公司设立失败。具体包括：经过公司设立程序未能形成营业体，未能最终完成公司设立；公司设立不符合法定条件或者违反法律强制性规定，使公司不能获得登记，或者导致公司设立无效或撤销。

2. 设立中公司的地位

从发起人设立公司到公司正式成立这一段时间的组织，称为设立中的公司。

设立中公司的法律地位为无权利能力社团，而发起人则为设立中公司之执行机关。设立中公司所享有的财产权利及形成的债权债务关系依据公司设立成败作出不同的处理。公司设立成功时，设立中公司权益由成立后的公司承继。与设立行为无关的民事行为后果不能由其后成立的公司承担，但得到成立后的公司的机关确认的，也可以由成立后的公司承担。

3. 发起人的责任

发起人对公司设立行为承担责任。

公司设立失败时发起人的责任包括：其一，公司不能成立时，对设立行为所产生的债务和费用负连带责任；其二，公司不能成立时，对认股人已缴纳的股款，负返还股款并加算银行同期存款利息的连带责任；其三，在公司设立过程中，由于发起人的过失致使公司利益受到损害的，应当对公司承担赔偿责任。

公司成立时发起人的责任包括：其一，资本充实责任。有限责任公司成立后，发现作为设立公司出资的非货币财产的实际价额显著低于公司章程所定价额的，应当由交付该出资的股东补足其差额；公司设立时的其他股东承担连带责任。股份有限公司成立后,发起人未按照公司章程的规定缴足出资的,应当补缴;其他发起人承担连带责任。其二,损害赔偿责任。发起人因履行公司设立职责造成他人损害,公司未成立,全体发起人承担连带赔偿责任。无过错的发起人承担赔偿责任后,可以向有过错的发起人追偿。其三,承担未经认可的费用。与设立行为无关的民事行为所产生的费用,未得到成立后的公司的机关确认的,由发起人承担。

(八)公司设立无效和设立可撤销

公司设立无效指公司设立行为违反法律规定导致公司不能产生预期法律效果。公司设立可撤销指公司设立行为违反法定程序,导致公司设立产生瑕疵,可以依法定程序撤销,表现为公司设立行为违反强制性规定或存在其他可撤销或无效条件,如欺诈、胁迫等。公司登记机关发现公司设立违法的,可以不予登记。公司登记机关通过调查核实,认定股东和公司存在公司设立无效情形,应撤销公司登记,宣告公司设立无效,收缴营业执照。股东、董事、监事、债权人等利害关系人有权提起公司设立无效之诉或设立撤销之诉,该诉讼只能在公司成立后的法定期限内提出。法院作出的公司法中的设立无效判决和设立撤销判决无溯及力,不影响判决确定前公司、股东及第三人间产生的权利和义务。

二、公司的变更

公司的变更包括公司的合并与分立以及公司组织形态的变更。

(一)公司的合并

1. 公司合并的含义

公司合并,是指由两个或两个以上的公司依法达成合意,归并为一个公司或创设一个新的公司的法律行为。

公司合并的法定方式有:吸收合并和新设合并。一个公司吸收其他公司为吸收合并,被吸收的公司解散。两个以上的公司合并设立一个新的公司为新设合并,合并各方解散。

2. 公司合并的程序

其一，各公司的合并决议。公司合并应由董事会提出合并的议案，交股东会(大会)以特别决议确定。

其二，签订合并协议。公司合并应当由合并各方签订合并协议。

其三，编制资产负债表及财产清单。

其四，通知和处理债权。公司应当自作出合并决议之日起 10 日内通知债权人，并于 30 日内在报纸上公告。债权人自接到通知书之日起 30 日内，未接到通知书的自公告之日起 45 日内，可以要求公司清偿债务或者提供相应的担保。

其五，变更登记。合并后存续的公司，登记事项发生变更，应办理变更登记；因合并而解散的公司办理注销登记；因合并而新设的公司办理设立登记。

3. 公司合并的效力

其一，公司人格的变化。公司合并涉及公司人格的产生、变更和消灭。因新设合并而发生新设公司设立，吸收合并后存续的公司发生公司变更，被合并的公司发生公司消灭。

其二，公司合并后债权债务的承继。公司合并时，合并各方的债权、债务，应当由合并后存续的公司或者新设的公司承继。

其三，股东资格的承继。合并前的股东成为合并后公司的股东，所持有股份比例需要重新界定，原公司的股票需要置换为新公司的股票。

(二)公司的分立

1. 公司分立的含义

公司分立是指一个公司依法定程序分为两个或两个以上公司的法律行为。

公司分立分为新设分立和派生分立。新设分立是指将一个公司财产分拆设立两个或两个以上的公司，原公司消灭。例如，甲公司分为乙公司和丙公司。派生分立是指将原公司资产分出一部分再设立一个或数个公司的行为。例如,将甲公司分为甲公司和乙公司。

2. 公司分立的程序

其一,公司分立决议。公司分立应由董事会提出分立的议案,交股东会(大会)以特别决议确定。

其二,公司财产分割。公司分立,其财产作相应的分割,应当编制资产负债表及财产清单。

其三,通知债权人。公司应当自作出分立决议之日起 10 日内通知债权人,并于 30 日内在报纸上公告。

其四,变更登记。分立后存续的公司,登记事项发生变更,应办理变更登记;因分立而新设的公司办理设立登记。分立后解散的公司,应依法办理注销登记。

3. 公司分立的效力

其一,公司人格的变化。公司分立引起公司的变更、解散和新设。分立引起其与原公司股东的股权归属和数量的变化,分立引起原公司债权人的债务人主体的变化。

其二,公司分立前的债务承担。公司分立前的债务由分立后的公司承担连带责任。但是,公司在分立前与债权人就债务清偿达成的书面协议另有约定的除外。

(三)公司组织变更

1. 公司组织变更的含义

公司组织变更是指公司保持法人人格持续性,将公司从一种组织形态转变为另一种组织形态。

公司组织形态变更包括无限责任公司之间变更,有限责任公司之间变更,有限责任公司之间与无限责任公司之间的形式变更。由于我国法律上只确认了有限责任公司和股份有限公司,所以,我国法律上的公司组织形式变更主要是指有限责任公司和股份有限公司之间的变更,也包括非公司企业变更为公司、有限责任公司中的普通有限责任公司与一人公司之间的组织形式变更、国有独资公司与混合所有制股份公司之间的变更。公司组织变更的优势在于保持公司经营的连续性和法人人格持续性,并节省了解散、重新设立等程序成本。

2. 公司组织变更的条件

其一,符合变更后的公司组织形态的设立条件。有限责任公司变更为股份有限公司,应当符合股份有限公司设立条件;股份有限公司变更为有限责任公司,应当符合有限责任公司的法定条件。非公司企业变更为公司,应当符合相应公司的设立条件;普通有限责任公司与一人公司之间的组织形式变更,应当符合存续的相应公司的设立条件;国有独资公司与混合所有制股份公司之间的变更,应当符合存续的相应公司的设立条件。

其二,符合变更后的公司组织形态的设立程序。设立变更后形成的公司需要特殊的审批手续,变更公司组织形式也要履行相应的审批手续。

其三,不得侵害公司、所有者、债权人利益。出资人的所有者权益保持同一性,有限责任公司变更为股份有限公司时,折合的实收股本总额不得高于公司净资产额。债权债务关系保持同一性,由变更后的存续公司概括承受。

3. 公司组织变更的程序

其一,拟订变更方案。由公司经营层拟定公司变更方案。

其二,通过变更决议。由公司决策层按照公司重大事项决定程序表决公司变更方案,形成公司变更决议。国有独资企业等需要审批的企业履行审批手续。

其三,编制资产负债表和财产目录。评估计算公司资产状况,重新界定所有者权益。

其四,通过修改公司章程决议。章程记载的事项发生变更需要经过公司内部表决程序、变更商事登记事项。

其五，向债权人进行通知和公告。如果因为公司组织变更可能增加债务风险的，应该提前向债权人清偿或者提供担保。

其六，申请办理登记手续。公司组织变更涉及登记事项的变更，需要办理变更登记手续，收回原营业执照，换发新的营业执照。变更税务登记、公章、银行账号等。

4. 公司组织变更的法律效力

公司人格具有持续性，原公司股东成为变更后公司的股东，原公司劳动关系保持不变，公司变更前的债权、债务由变更后的公司承继。

三、公司的终止

（一）公司的解散

1. 公司解散的含义

公司解散，是指公司出现法律或章程规定的解散事由而停止营业活动并终止其法人资格的行为。公司解散一般导致公司主体资格消灭，应当依法办理公司注销登记；因破产和合并、分立而解散除外。

2. 公司解散原因

公司自愿解散的原因：(1) 公司章程规定的营业期限届满或者公司章程规定的其他解散事由出现。(2) 股东会或者股东大会决议解散。(3) 因公司合并或者分立需要解散。

公司被迫解散的原因：(1) 公司破产。自法院作出破产宣告之日起，公司即告解散。(2) 依法被吊销营业执照、责令关闭或者被撤销。利用公司名义从事危害国家安全、社会公共利益的严重违法行为的，吊销营业执照。(3) 人民法院依照请求解散公司。公司经营管理发生严重困难，继续存续会使股东利益受到重大损失，通过其他途径不能解决的，持有公司全部股东表决权百分之十以上的股东，可以请求人民法院解散公司。

3. 解散后存续公司的性质

解散后清算中的公司不得从事经营范围内的活动，只能从事符合清算目的相关事务。其法人资格在清算终结前视为继续存在，在清算的目的范围内与解散前的公司一样具有权利能力。清算中公司承受其正常存续期间所产生的权利义务，清算中公司与原公司保持同一性人格直至注销登记。

4. 公司解散的登记

解散登记，是指公司进入解散状态的登记。公司因存续期间届满，章程规定的解散事由出现，依行政命令、法院裁判解散，应进行解散登记。公司解散登记旨在公示公司解散的信息，便于相关政府部门监督管理，便于有关利害关系人知悉公司解散的事实，保障公司的债权人及时行使权利，从而保护社会交易的安全。公司解散要进行登记是各国公司法的通例，我国法律上没有规定一般性的解散登记制度。

5. 公司解散的效力

公司解散产生一系列的法律后果。首先，丧失生产经营资格。公司一经解散，除为了清算的必要外，公司不得进行经营业务活动。其次，公司机关丧失职权。原代表机关和业务执行机关不得代表公司行使职权，公司事务管理权由清算组织行使，原机关人员具有协助职责。公司的股东会（大会）和监事会在必要时可以行使法律或章程规定的职权。

（二）公司的清算

公司的清算，是指为消灭公司法人资格而进行的清理和处分其财产，终结公司相关法律关系的法律程序。除因合并或分立而解散外，公司解散应经过清算程序。

1. 公司清算的种类

（1）依据是否在破产制度中进行，可以区分为破产清算和非破产清算

破产清算，是指在公司宣告破产时，由法院组织清算组对公司

资产进行的清算。破产清算始终在法院的严格监督下进行，通过整理破产财产并公平地分配给债权人，最终消灭公司法人资格。

非破产清算，是指公司在非破产情况下进行的清算，包括自愿解散的清算和强制解散的清算。这种清算中的资产足以清偿全部债务，还可能有剩余财产分配给公司的股东。非破产清算的清算人如果发现公司的资产不足以清偿债务时，应转为破产清算。

(2)依据法律的干预程度不同，可以分为任意清算和法定清算

任意清算指公司按照股东的意志和公司章程进行的清算。任意清算的程序自主规定，未清偿的债务不因清算结束而消灭。

法定清算，是指依照法律规定的程序进行的公司清算。法定清算对公司财产的清算有顺序规定，法定清算结束，公司法人资格依程序消灭。

任意清算适用于无限责任公司，法定清算适用于有限责任公司和股份有限公司。

(3)普通清算和特别清算

普通清算，是指由公司自行组织清算组所进行的清算。在普通清算时，公司的董事一般担任清算人，普通清算一般不受公权机构干预。

特别清算，是指当解散的公司实行普通清算有困难时，依法院或行政机关命令组织清算组进行的清算。特别清算由法院或行政机关进行一定的干预和监督。

2. 清算义务人

清算义务人，是指法人解散后依法负有启动清算程序的责任主体。清算义务人的义务是负责依法及时启动清算程序，完成清算事务，以终止法人。《民法典》第 70 条第 2 款、第 3 款规定："法人的董事、理事等执行机构或者决策机构的成员为清算义务人。法律、行政法规另有规定的，依照其规定。清算义务人未及时履行清算义务，造成损害的，应当承担民事责任；主管机关或者利害关

系人可以申请人民法院指定有关人员组成清算组进行清算。”《公司法》第 183 条规定，有限责任公司的清算组由股东组成。最高人民法院关于《适用〈中华人民共和国公司法〉若干问题的规定（二）》第 18 条第 2 款规定：“有限责任公司的股东、股份有限公司的董事和控股股东因怠于履行义务，导致公司主要财产、账册、重要文件等灭失，无法进行清算，债权人主张其对公司债务承担连带清偿责任的，人民法院应依法予以支持。”

3. 清算组

（1）清算组的成立、组成与解任

公司为终止而解散的，应当在解散事由出现之日起 15 日内成立清算组，开始清算。有限责任公司的清算组由股东组成，股份有限公司的清算组由董事或者股东大会确定的人员组成。逾期不成立清算组进行清算的，债权人可以申请人民法院指定有关人员组成清算组进行清算。人民法院应当受理该申请，并及时组织清算组进行清算。

清算组有不当行为或不称职的行为时，可以依法解任。其一，股东会解任。股东选任的清算组，由股东决议解任。其二，法院依利害关系人申请将清算人解任。法院选任的清算组，由法院依法解任。

（2）清算组职权

清算组的地位属于清算中公司的机关，清算组在清算目的范围内代表公司处理公司事务，依法行使职权，承担相应的义务和责任。清算中公司的董事、经理丧失职权，由清算组接管公司的财产和事务。

清算组的具体职权包括：（1）清理公司财产，分别编制资产负债表和财产清单；（2）通知、公告债权人；（3）处理与清算有关的公司未了结的业务；（4）清缴所欠税款以及清算过程中产生的税款；（5）清理债权、债务；（6）处理公司清偿债务后的剩余财产；（7）代表公司参与民事诉讼活动。

清算组应当自成立之日起10日内通知债权人,并于60日内在报纸上公告。债权人应当自接到通知书之日起30日内,未接到通知书的自公告之日起45日内,向清算组申报其债权。债权人申报债权,应当说明债权的有关事项,并提供证明材料。清算组应当对债权进行登记。在申报债权期间,清算组不得对债权人进行清偿。清算组在清理公司财产、编制资产负债表和财产清单后,发现公司财产不足以清偿债务的,应当依法向人民法院申请宣告破产。公司经人民法院裁定宣告破产后,清算组应当将清算事务移交给人民法院。

清算组成员的义务与责任包括:清算组成员应当忠于职守、依法履行清算义务。清算组成员不得利用职权收受贿赂或者其他非法收入,不得侵占公司财产。清算组成员因故意或者重大过失给公司或者债权人造成损失的,应当承担赔偿责任。

4. 清算程序

清算组在清理公司财产、编制资产负债表和财产清单后,应当制定清算方案,并报股东会、股东大会或者人民法院确认。公司财产在分别支付清算费用、职工的工资、社会保险费用和法定补偿金,缴纳所欠税款,清偿公司债务后的剩余财产,有限责任公司按照股东的出资比例分配,股份有限公司按照股东持有的股份比例分配。清算期间公司存续,但不得开展与清算无关的经营活动。公司财产在未依法清偿前,不得分配给股东。

公司清算结束后,清算组应当制作清算报告,报股东会、股东大会或者人民法院确认,并报送公司登记机关,申请注销公司登记,公告公司终止。

第三节　股东与股权

一、股东

(一)股东定义

股东,是指向公司出资并在公司中享有权利和承担义务的人。

股东是公司的出资人,也是公司的创造者,公司是股东的谋利工具。在公司获得独立人格后,股东是公司内部的一种身份,依法享有股东权。

有限责任公司的股东是指出资成立有限责任公司或取得有限责任公司股权而在有限责任公司中享有权利和承担义务的人。

股份有限公司的股东是指出资成立股份有限公司或取得股份有限公司股权而在股份有限公司中享有权利和承担义务的人。

(二)公司发起人与股东

1. 公司发起人定义

公司的发起人,是指参加订立发起协议,提出设立公司的申请,认购公司股份,承担公司发起事务,并对公司设立承担责任者。

2. 公司发起人与股东的关系

发起人是公司最初始的出资人,在公司成立后转化为公司股东。如果公司设立失败,公司不成立,则发起人不能转化为公司的股东。

发起人只是公司股东的一部分来源,任何在公司设立阶段和公司成立后获得公司股份的人都可以成为公司的股东。在有限责任公司设立时,股东一般都是公司的发起人。公司在成立后又吸收新的投资,会产生新的股东。

3. 公司发起人的限制

其一,公司发起人资格的限制。自然人作为发起人应具有完全行为能力,法人作为发起人应是法律上不受投资限制的法人。法人为发起人仅以营利法人为限,非营利法人不得为公司发起人。我国的党政军机关、公益性社会团体不得作为公司的发起人。在我国,国家作为特殊的股东,由国务院或者地方人民政府授权本级人民政府的国有资产监督管理机构履行出资人职责。

其二,公司发起人必须符合法定最低人数。各国公司法对有限责任公司股东人数设定上限,对股份有限公司发起人人数设有上下限。我国《公司法》规定,有限责任公司由 50 个以下股东出资设立,股份有限公司应当有 2 人以上 200 人以下为发起人。

其三,公司发起人的国籍和居住地的限制。一些国家公司法对公司发起人的国籍和居住地作出限制。我国《公司法》规定,设立股份有限公司须有半数以上的发起人在中国境内有住所。

(三)股东的分类

1. 原始股东和继受股东

出资人依据出资取得股东资格,依据股东资格的取得时间及原因不同,可分为原始股东和继受股东。

原始股东指在公司成立时认购公司首次发行的股份而产生的股东。原始股东包括:公司的发起人或创办人,股份有限公司募集设立时的股份认购人。

继受股东指因转让、继承、公司合并等方式从他人手中取得公司股份而产生的股东,主要包括:受让原股东的股份、继承原股东的股份、因公司合并从原股东手中取得的股份。

2. 投资股东、经营股东和投机股东

依据出资人成为公司股东的动机不同,可将公司股东分为投资股东、经营股东和投机股东。

投资股东,是指向公司投资的目的在于通过长期持有公司股权赚取股息及红利等收益的股东。

经营股东,是指投资的主要目的在于取得经营企业的权利并赚取股息及红利等收益的股东。经营股东控制公司的经营决策,能够将自己的意志和利益转化为公司的意志和利益。

投机股东指通过短线投资伺机谋利的股东。投机股东较少参与公司治理,更为关注股市的涨跌。小股东在公司中没有发言权和决定权,易于成为投机股东。

(四)股东的地位

股东的地位包括股东在公司中的地位和股东之间的地位。

1. 股东在公司中享有股东权

股东权是股东与公司之间的法律关系和股东在公司中法律地位的集中表现。公司是由股东出资成立的营利组织,股东将自己的投资所有权转移给公司,即在公司中获得股东身份,按其出资份额对公司享有一系列的权利并承担相应的义务,这种集合性的权利和义务总称为股东权。股东是公司中的主权者,股东行使权利的组织是股东会或股东大会,股东通过股东会或股东大会的形式行使公司的最高决策权、监督权和最终收益权。

2. 股东之间遵循股东平等原则

在股东之间,股东的抽象法律地位一律平等。

(1)股东平等体现资本平等。公司法中的股东平等,是在资本平等基础上的平等,即同股同权、同股同利、一股一票表决权。

(2)同类股东相同对待。同类股东在法律上相同对待,不同类别的股东在法律上区别对待。普通股、优先股和劣后股之间区别对待,同类股权同等对待。

(3)股东最基本权益上的平等。所有股东在公司中的基本权益平等地受到保护,股东平等地享有抽象的参与权、表决权、监督权和收益权。

(4)超越差异上的平等。股东之间存在实质性的差异,法律基于股东资格,对其权利义务给予平等对待。各股东按出资比例享有权利、承担义务,享有不同类型股权的股东和持有不同数量股份的股东享有不同的权利和义务。

(五)股东的权利

由于公司具有独立的法律人格,股东对公司缴纳出资,则投资财产所有权从投资人转移至公司。作为对价,投资人获得公司股权,在公司中获得股东身份,依法在公司中享有股东权。公司股东依法享有资产收益、参与重大决策和选择管理者等权利。股东的一般权利包括:

其一,参与权与表决权。股东会(大会)会议由股东按照出资比例行使表决权;但是,公司章程另有规定的除外。出席或委托代理人出席股东会(大会)并行使表决权,但无表决权股除外。

其二,查阅、复制权。股东有权查阅、复制公司章程、股东会(大会)会议记录、董事会会议决议、监事会会议决议和财务会计报告。股东可以要求查阅公司会计账簿。股东要求查阅公司会计账簿的,应当向公司提出书面请求,说明目的。公司有合理根据认为股东查阅会计账簿有不正当目的,可能损害公司合法利益的,可以拒绝提供查阅,并应当自股东提出书面请求之日起 15 日内书面答复股东并说明理由。公司拒绝提供查阅的,股东可以请求人民法院要求公司提供查阅。

其三,监督权。监督公司的经营,提出建议或质询。

其四,转让权。按照公司法及公司章程的规定转让出资或股份。有限责任公司的股东之间可以相互转让其全部或者部分股权。股东向股东以外的人转让股权,应当经其他股东过半数同意。股东应就其股权转让事项书面通知其他股东征求同意,其他股东自接到书面通知之日起满 30 日未答复的,视为同意转让。其他股东半数以上不同意转让的,不同意的股东应当购买该转让的股权;不购买的,视为同意转让。经股东同意转让的股权,在同等条件下,其他股东有优先购买权。两个以上股东主张行使优先购买权的,协商确定各自的购买比例;协商不成的,按照转让时各自的出资比例行使优先购买权。公司章程对股权转让另有规定的,从其规定。

其五,分红权与优先认购权。股东按照实缴的出资比例分取红利;公司新增资本时,股东有权优先按照实缴的出资比例认缴出资。但是,全体股东约定不按照出资比例分取红利或者不按照出资比例优先认缴出资的除外。人民法院依照法律规定的强制执行程序转让有限责任公司股东的股权时,应当通知公司及全体股东,其他股东在同等条件下有优先购买权。其他股东自人民法院通知之日起满 20 日不行使优先购买权的,视为放弃优先购买权。

其六,剩余财产索取权。公司终止后依法取得公司的剩余财产的分配请求权。

其七,异议股东退出权。在有限责任公司中有下列情形之一的,对股东会该项决议投反对票的股东可以请求公司按照合理的价格收购其股权:(1)公司连续五年不向股东分配利润,而公司该五年连续盈利,并且符合本法规定的分配利润条件的;(2)公司合并、分立、转让主要财产的;(3)公司章程规定的营业期限届满或者章程规定的其他解散事由出现,股东会会议通过决议修改章程使公司存续的。自股东会会议决议通过之日起 60 日内,股东与公司不能达成股权收购协议的,股东可以自股东会会议决议通过之日起 90 日内向人民法院提起诉讼。

其八,股东诉讼权利。股东可依法提起股东诉权和代位诉权。《公司法》第 152 条规定了股东权益受损的诉讼。董事、高级管理人员违反法律、行政法规或者公司章程的规定,损害股东利益的,股东可以向人民法院提起诉讼。《公司法》第 151 条规定了公司权益受损的股东救济制度。董事、高级管理人员执行公司职务时违反法律、行政法规或者公司章程的规定,给公司造成损失的,有限责任公司的股东、股份有限公司连续 180 日以上单独或者合计持有公司 1%以上股份的股东,可以书面请求监事会或者不设监事会的有限责任公司的监事向人民法院提起诉讼;监事执行公司职务时违反法律、行政法规或者公司章程的规定,给公司造成损失的。适格股东可以书面请求董事会或者不设董事会的有限责任公司的执行董事向人民法院提起诉讼。监事会、不设监事会的有限责任公司的监事,或者董事会、执行董事收到前款规定的股东书面请求后拒绝提起诉讼,或者自收到请求之日起 30 日内未提起诉讼,或者情况紧急、不立即提起诉讼将会使公司利益受到难以弥补的损害的,适格股东有权为了公司的利益以自己的名义直接向人民法院提起诉讼。他人侵犯公司合法权益,给公司造成损失的,适格的股东可以依法向人民法院提起诉讼。

(六)股东的义务

其一,出资义务。首先,股东应当按期足额缴纳公司章程中规定的各自所认缴的出资额。股东以货币出资的,应当将货币出资足额存入有限责任公司在银行开设的账户;以非货币财产出资的,应当依法办理其财产权的转移手续。股东不按照规定缴纳出资的,除应当向公司足额缴纳外,还应当向已按期足额缴纳出资的股东承担违约责任。有限责任公司成立后,发现作为设立公司出资的非货币财产的实际价额显著低于公司章程所定价额的,应当由交付该出资的股东补足其差额;公司设立时的其他股东承担连带责任。其次,在公司登记后不得抽回出资。发起人、认股人缴纳股款或者交付抵作股款的出资后,除未按期募足股份、发起人未按期召开创立大会或者创立大会决议不设立公司的情形外,不得抽回其股本。

其二,承担公司所负债务的义务。无限责任公司的股东及两合公司中的无限责任股东,对公司所负的债务承担无限责任。有限责任公司及股份有限公司的股东对公司的债务不直接承担责任,其最终承担的责任仅以其出资额或认缴的股款为限。

其三,遵守公司章程的义务。公司股东应遵守公司章程。

二、股权

股权是投资人对公司转让投资所有权的对价，股东对公司享有股权。

（一）股权的概念

股权，是指股份持有人在公司关系中享有的权利，从权利主体的视角看即股东权。狭义上的股权是指股东因向公司出资而享有的权利。广义上的股权是对股东权利和义务的总称。股权的数量界定和行使需要依赖一定的载体。有限责任公司成立后，应当向股东签发出资证明书。出资证明书应当载明下列事项：（1）公司名称；（2）公司成立日期；（3）公司注册资本；（4）股东的姓名或者名称、缴纳的出资额和出资日期；（5）出资证明书的编号和核发日期。出资证明书由公司盖章。股份有限公司的资本划分为股份，每一股的金额相等。公司的股份采取股票的形式，股票是公司签发的证明股东所持股份的凭证。

（二）股权的理论分类

1. 自益权与共益权

按股权利益归属主体不同为标准，股权分为自益权与共益权。

自益权是股东为实现自己的利益而行使的权利。主要包括：发给出资证明请求权、股份转让权、分利请求权、剩余财产索取权以及大部分股东诉权等。

共益权是股东直接为实现公司的利益并为实现自己的利益而行使的权利。主要包括：股东会（大会）的出席权与表决权、对董事和监事的监督权、查阅公司章程及簿册的请求权以及代位诉权等。

自益权与共益权的区别：自益权直接为股东自己的利益，主要是财产性权利；共益权直接为公司的利益，间接实现股东个人利益，主要是公司事务的参与权。

2. 固有权与非固有权

按股权性质不同,将股权分为固有权与非固有权。

固有权,是指不得以章程或股东会决议予以剥夺或限制的股东权利。

非固有权,是指可依章程或股东会决议剥夺或限制的股东权利。

固有权与非固有权的区别:其一,固有权的性质体现了股东和公司的根本性利益,非固有权的性质体现了股东和公司的一般性利益。其二,固有权不得以章程或决议予以限制,非固有权得以章程或决议予以限制。其三,共益权多属固有权,自益权则多属非固有权。

3. 单独股东权与少数股东权

按股权行使主体要求不同,将股权分为单独股东权与少数股东权。

单独股东权是指可以由股东一人单独行使的权利,包括股东的表决权、对董事和监事的监督权。股东持有一股即可享有单独股东权,股东都可依自己的意志单独行使。

少数股东权,是指持有一定比例以上股份的股东才能行使的权利。设立少数股东权是为了防止利益微薄的小股东滥用程序,保证慎重行使股东权。我国《公司法》规定,有限责任公司代表十分之一以上表决权的股东,有权提议召开临时会议。股份有限公司的股东大会会议在董事会、监事会不召集和主持时,连续90日以上单独或者合计持有公司10%以上股份的股东可以自行召集和主持。

(三)股权的行使

股东可以亲自行使股权,也可以委托代理人代为行使股权。

国有独资公司股东权的行使。国有独资公司不设股东会,由国有资产监督管理机构行使股东会职权。国有资产监督管理机构可以授权公司董事会行使股东会的部分职权，决定公司的重大事项，但公司的合并、分立、解散、增加或者减少注册资本和发行公司债券，必须由国有资产监督管理机构决定；其中，重要的国有独资公司合并、分立、解散、申请破产的，应当由国有资产监督管理机构审核后，报本级人民政府批准。

代理行使股权。每个代理人代为行使的股权总数应有限制，并且每次委托只能在一次会议上行使，不得授予长久的代理权。有些国家的上市公司的散户将表决权委托给持股银行，集中行使表决权。

代理行使股权可能产生小股东招揽代理权问题。小股东可以通过招揽代理权的方式来抗衡大股东，影响公司决定。因为出资利益多少与风险负担大小相一致，大股东一般会比小股东更加关心公司的发展与安全，更能够审慎决策。所以，对小股东招揽代理权行为一般应该限制或禁止。

(四)股权的转让

股权可以依法转让。依法转让股权后，公司应当注销原股东的出资证明书，向新股东签发出资证明书，并相应修改公司章程和股东名册中有关股东及其出资额的记载。对公司章程的该项修改不需再由股东会(大会)表决。依据公司原理，公司不得持有本公司的股份，公司不能成为本公司的股东，因特殊情形出现公司持有本公司股份的，应在规定期限注销或转让。

1. 有限责任公司的股权转让

其一，有限责任公司的股东之间可以相互转让其全部或者部分股权。

其二，股东向股东以外的人转让股权，应当经其他股东过半数同意。股东应就其股权转让事项书面通知其他股东征求同意，其他股东自接到书面通知之日起满 30 日未答复的，视为同意转让。其他股东半数以上不同意转让的，不同意的股东应当购买该转让的股权;不购买的,视为同意转让。

其三,经股东同意转让的股权,在同等条件下,其他股东有优先购买权。两个以上股东主张行使优先购买权的,协商确定各自的购买比例;协商不成的,按照转让时各自的出资比例行使优先购买权。

其四,公司章程对股权转让另有规定的,从其规定。

其五,股权因法院依照强制执行程序而转让。人民法院依照法律规定的强制执行程序转让股东的股权时,应当通知公司及全体股东,其他股东在同等条件下有优先购买权。其他股东自人民法院通知之日起满 20 日不行使优先购买权的,视为放弃优先购买权。

其六,股权的继承。自然人股东死亡后,其合法继承人可以继承股东资格;但是,公司章程另有规定的除外。有限责任公司具有人合性因素,可以通过章程约定限制继承人继承股东资格。

2. 股份有限公司的股份转让

股东持有的股份可以依法转让。股东转让其股份,应当在依法设立的证券交易场所进行或者按照国务院规定的其他方式进行。股份转让可以分为记名股票的转让、无记名股票的转让和特定持有人的股份转让。

(1)记名股票的转让。记名股票,由股东以背书方式或者法律、行政法规规定的其他方式转让;转让后由公司将受让人的姓名或者名称及住所记载于股东名册。股东大会召开前 20 日内或者公司决定分配股利的基准日前 5 日内,不得进行公司的股东名册的变更登记。但是,法律对上市公司股东名册变更登记另有规定的,从其规定。

(2)无记名股票的转让。无记名股票的转让由股东将该股票交付给受让人后即发生转让的效力。

(3)特定持有人的股份转让。发起人持有的本公司股份,自公司成立之日起1年内不得转让。公司公开发行股份前已发行的股份,自公司股票在证券交易所上市交易之日起1年内不得转让。公司董事、监事、高级管理人员应当向公司申报所持有的本公司的股份及其变动情况,在任职期间每年转让的股份不得超过其所持有本公司股份总数的25%;所持本公司股份自公司股票上市交易之日起1年内不得转让。这些人员离职后半年内,不得转让其所持有的本公司股份。公司章程可以对公司董事、监事、高级管理人员转让其所持有的本公司股份作出其他限制性规定。

第四节 公司的融资制度

公司的融资制度包括直接融资和间接融资,法律对于直接类融资以信息披露为规制重点,对于间接类融资以银行的资金安全和审慎运行为规制重点。直接融资包括股权类融资和债权类融资。公司发行股票进行融资,投资者获得公司股权并成为公司股东,为股权类融资。公司发行债券进行融资,投资者获得公司债券并成为公司债权人,为债权类融资。在所有类型的公司中,股权类的融资是最基本的形式,公司的资本制度是最重要的制度。

一、公司资本制度概述

(一)公司资本的含义

1. 公司资本的概念

公司资本,是指由章程所确定的由股东出资构成的公司财产总额。

注册资本,是指公司在公司登记机关登记的全体股东认缴的出资额。我国公司法规定,有限责任公司的注册资本为在公司登记机关登记的全体股东认缴的出资额。法律、行政法规以及国务院决定对有限责任公司注册资本实缴、注册资本最低限额另有规定的，从其规定。

2. 公司资本与公司资金、公司资产

公司资金是指公司拥有所有权和使用权的以货币形式表现出来的公司资产，主要包括公司股东投入公司的资本、公司发行债券募集的资金、银行贷款等借入资金、经营结余资金等。公司资金可供公司支配，用于生产经营周转过程，通过形成产品和服务以产生经营利润。公司资本是公司资金的组成部分，在公司设立阶段，资合公司的成立必须具备一定的资本，不允许以公司贷款和公司债充作公司资本。

公司资产是指公司拥有的法人财产，主要包括公司股东对公司的永久性投资、公司发行的债券、向银行的贷款等。其中，公司营业资产是指直接投入生产经营过程中使用的、直接参与营业收入创造的资产。公司非营业资产指不直接投入本公司生产经营过程中使用的资产。例如，出租生产设施。

3. 公司的资本信用

（1）公司对外的资本信用。任何公司设立都必须有一定的资本，公司生产经营所属的行业、规模对于公司资本数量提出相应要求。例如，从事金融行业，公司需要较大数额的资本，存在高额的最低注册资本要求，实行实缴资本制。在资合公司中，资本信用是公司对外信用的基础。

（2）股东之间的资本信用。资合公司股东之间更看重资本信用，股东之间"认钱不认人"，无须考虑其他股东的人身信用。人合公司股东之间更看重人身信用，股东之间"认人重于认钱"，更多地考虑其他股东的人身信用。无限责任公司的股东可以用信用、劳务作为出资。

（二）公司资本的功能

公司资本是公司存在运营的物质基础，公司依赖资本而设立，形成公司的生产经营能力，公司的生产经营活动均以资本为物质基础。在公司外部关系中,公司具有独立人格,独立承担责任,资合公司的股东都承担有限责任,资本是股东对公司债务的总担保;在公司设立初期,公司资产近乎等于公司资本;在公司存续一定期限之后,公司的总资产是公司对于其债务的总担保。

为保护公司的健康成立和运行、合理维护债权人的利益和交易的安全,就必须确定和维持一定数额的公司资本,并进行公示,便于公司利益相关人掌握公司的基本资本信息,能够作出正常的商业判断。

二、公司资本的原则

在大陆法系国家的公司法理论中,为了保障公司的健康发展,维护交易安全和市场秩序,形成了公司资本三原则。

(一)资本确定原则

资本确定原则,是指公司在设立时,必须在章程中确定公司的资本总额,并须由股东全部认足,否则公司不得成立。即法律要求公司资本总额必须明确记载于公司章程,确定其公司资本的数额;要求章程确定的资本总额在公司设立时必须全部落实到人。

公司资本数额体现了公司资本实力,是有限责任股东最终承担公司责任的限定额。无限责任公司股东最终承担公司责任的范围不以其认缴的资本额为限,但可以作为无限责任股东之间明确各自应当承担的债务比例。资本确定原则能够保证公司资本的真实、可靠,防范公司设立中的欺诈行为。

(二)资本维持原则

资本维持原则又名资本充实原则,要求公司在存续过程中必须保持与其资本额相当的财产。公司经营亏损、股东过度分配以及财产的无形损耗等因素会导致公司的实有财产的价值低于公司的资本,当公司的实际财产价值低于其资本时,就出现资本亏空。为了确保公司正常生产经营、交易相对人能够准确判断,维护公司正常信用,公司法确认了资本维持原则。具体制度规则包括:

1. 出资不足的补充

有限责任公司成立后,发现作为设立公司出资的非货币财产的实际价额显著低于公司章程所定价额的,应当由交付该出资的股东补足其差额;公司设立时的其他股东承担连带责任。股份有限公司成立后,发起人未按照公司章程的规定缴足出资的,应当补缴;其他发起人承担连带责任。股份有限公司成立后,发现作为设立公司出资的非货币财产的实际价额显著低于公司章程所定价额的,应当由交付该出资的发起人补足其差额;其他发起人承担连带责任。

2. 禁止抽逃出资

为维持公司资本真实,法律禁止股东抽逃出资。公司成立后,股东不得抽逃出资。发起人、认股人缴纳股款或者交付抵作股款的出资后,除未按期募足股份、发起人未按期召开创立大会或者创立大会决议不设立公司的情形外,不得抽回其股本。公司的发起人、股东在公司成立后,抽逃其出资的,由公司登记机关责令改正,处以所抽逃出资金额5%以上15%以下的罚款。《刑法》第159条规定了虚假出资、抽逃出资罪。公司发起人、股东违反公司法的规定未交付货币、实物或者未转移财产权,虚假出资,或者在公司成立后又抽逃其出资,数额巨大、后果严重或者有其他严重情节的,处5年以下有期徒刑或者拘役,并处或者单处虚假出资金额或者抽逃出资金额2%以上10%以下罚金。单位犯罪的,对单位判处罚金,并对其直接负责的主管人员和其他直接责任人员,处5年以下有期徒刑或者拘役。

3. 股票发行价格不得低于票面金额

公司通过发行股票筹集资本,股份面值的总和即为公司总的注册资本。股票发行价格可以按票面金额,也可以超过票面金额,但不得低于票面金额,以保障发行股票所实际募集的资本不低于注册资本。

4. 公司不得收购本公司的股票

公司发行股票就可以收进资本金，如果公司收购本公司股票，就要付出资金，导致资本实际减少。公司不得收购本公司的股票，但下列情形除外：(1)减少公司注册资本；(2)与持有本公司股份的其他公司合并；(3)将股份奖励给本公司职工；(4)股东因对股东大会作出的公司合并、分立决议持异议，要求公司收购其股份的。公司如果对自己发行股票，并不能实现募集资本功能，公司一般不能持有自己的股份。因减少公司注册资本收购本公司股份的，应当自收购之日起 10 日内注销；因将股份奖励给本公司职工所收购的股份，应当在 1 年内转让给职工；因公司合并或因对公司合并、分立持有异议收购本公司股份的，应当在 6 个月内转让或者注销。

5. 法定公积金与任意公积金

公司分配当年税后利润时，应当提取利润的 10%列入公司法定公积金。公司法定公积金累计额为公司注册资本的百分之五十以上的，可以不再提取。公司的法定公积金不足以弥补以前年度亏损的，在依法提取法定公积金之前，应当先用当年利润弥补亏损。公司从税后利润中提取法定公积金后，经股东会或者股东大会决议，还可以从税后利润中提取任意公积金。公司弥补亏损和提取公积金后所余税后利润应依法分配。股东会、股东大会或者董事会违反规定，在公司弥补亏损和提取法定公积金之前向股东分配利润的，股东必须将违反规定分配的利润退还公司。公司持有的本公司股份不得分配利润。

股份有限公司资本公积金。股份有限公司以超过股票票面金额的发行价格发行股份所得的溢价款以及国务院财政部门规定列入资本公积金的其他收入，应当列为公司资本公积金。公司的公积金用于弥补公司的亏损、扩大公司生产经营或者转为增加公司资本。但是，资本公积金不得用于弥补公司的亏损。法定公积金转为资本时，所留存的该项公积金不得少于转增前公司注册资本的25%。

（三）资本不变原则

资本不变原则，是指公司资本不得随意改变，增加或减少资本必须依照法定程序进行。公司资本一般需要依据公司生产经营的实际需要和公司内部的财务状况进行增加或减少，资本不变原则要求不得随意增减资本。资本不变原则功能在于防止因公司资本总额的减少而削弱公司承担责任能力，以保护债权人利益和交易安全。

三、公司的最低资本额

任何公司的存在和运行均需要一定量的资本，公司的最低资本额是公司资本制度的基本内容，最低资本额制度既是公司健康存在的客观需要，也是保护债权人等相关人利益的基本制度，公司法需要作出相应规定。

大陆法系的公司法一般采取法定资本制，其公司法对公司最低资本额一般作出明确规定。对于人合性有限责任公司最低资本额的要求不高，对于资合性的股份有限公司要求高额的最低资本额。对于中小公司的最低资本额的要求不高，对于大公司的最低资本额的要求高。英美法系公司法对于最低资本额则要求不严，有的公司法中并无明文规定最低资本额，公司设立的资本条件宽松。但是，美国一些州的公司法规定了董事在未筹足法定最低资本额之前，对公司的全部债务要承担个人责任，法律不承认此类公司具有独立的法人人格。在公司司法判例中，通过公司承办人的资本充实义务、董事对于公司债权的责任、公司人格否定等制度更为灵活地体现公司最低资本要求。

我国《公司法》对于有限责任公司和股份有限公司最低注册资本不再作出一般性的立法规定，特定行业的公司需要规定注册资本最低限额的，由法律、行政法规以及国务院决定进行特别规定。《公司法》第 23 条规定,有限责任公司的设立条件之一是:有符合公司章程规定的全体股东认缴的出资额。有限责任公司章程应当载明公司注册资本;股东的出资方式、出资额和出资时间。股份有限公司章程应当载明:公司股份总数、每股金额和注册资本;发起人的姓名或者名称、认购的股份数、出资方式和出资时间。

股份有限公司的设立条件包括:有符合公司章程规定的全体发起人认购的股本总额或者募集的实收股本总额。《公司法》第 26 条规定,有限责任公司的注册资本为在公司登记机关登记的全体股东认缴的出资额。法律、行政法规以及国务院决定对有限责任公司注册资本实缴、注册资本最低限额另有规定的,从其规定。《公司法》第 80 条规定,股份有限公司采取发起设立方式设立的,注册资本为在公司登记机关登记的全体发起人认购的股本总额。在发起人认购的股份缴足前,不得向他人募集股份。股份有限公司采取募集方式设立的,注册资本为在公司登记机关登记的实收股本总额。法律、行政法规以及国务院决定对股份有限公司注册资本实缴、注册资本最低限额另有规定的,从其规定。《公司法》第 84 条规定,以募集设立方式设立股份有限公司的,发起人认购的股份不得少于公司股份总数的 35%;但是,法律、行政法规另有规定的,从其规定。

四、公司资本制度的类型

(一)法定资本制

法定资本制,又名确定资本制,是指在公司设立时,必须在章程中对资本总额明确规定,并由股东全部认足,否则公司不得成立。法定资本制下,允许股东分期缴纳出资。在公司成立后,要增加或减少资本时,必须经股东会或股东大会作出决议,变更公司章程记载的资本数额,并办理相应变更登记手续。法定资本制由法国、德国公司法创立,并为许多大陆法系国家所效仿。

法定资本制优点在于:法定资本制强调公司资本确定、资本维持和资本不变三原则,要求在公司设立时认购全部注册资本,有效地保证了公司资本真实,避免公司设立中的欺诈和投机行为,有利于保障债权和交易安全。

法定资本制弊端在于:其一,公司发展是动态过程,资本规模随着发展状态变化,如果公司设立时即确认高额注册资本,可能导致资金闲置。其二,公司成立后需要增资时,必须通过股东会(大会)决议、变更章程、变更登记等程序,由此带来较高的程序成本,易于错失商机。

(二)授权资本制

授权资本制是这样的一种资本制度:公司设立时应在公司章程记载资本总额并由发起人认定并缴付一部分资本,即可成立公司。未认定部分,授权董事会依据生产经营需要,随时发行新股募集。公司董事会决定发行的新股没有超出公司章程中记载的资本总额范围的,无须变更章程和履行增资程序。授权资本制为英、美国家公司法创立。

授权资本制下资本表现为多种形态,具体包括:

(1)注册资本,又名名义资本、核定资本,是指公司章程记载的有权筹集的全部资本。注册资本不要求发起人或股东全部认足,它是依据公司发展规划所设定的公司发行资本的最高限额。

(2)发行资本,是指公司实际招募并由股东认购的股本总数。发行资本已经通过发起人或股东认购落实到人,但并非股东实缴的资本。

(3)实缴资本,又称实收资本,是指公司已经收到的出资的总额。

(4)储备资本,是指在正常营业限度内不得催缴的发行资本部分。储备资本并不实际投入公司的生产经营活动,只是作为股东对于公司债权担保的信用保障。一般在公司歇业时才能依股东会(大会)特别决议催缴。

授权资本制优点在于:其一,便于公司成立。发起人只需认购注册资本总额中的一部分,公司即可成立。其二,节约程序成本。授权董事会依据经营需要随时发行新股募资,公司增资无须变更章程和变更登记,便于公司决策随市场变化灵活调整。

授权资本制弊端在于:其一,公司设立中易于出现欺诈。公司实收资本微少,注册资本大多没有认购,易于利用设立公司进行欺诈,易于损害公司相关人利益。其二,公司存续中易于出现董事会过度控制。新股发行由董事会决定,易于损害股东权益。

(三)折中资本制

折中资本制又名认可资本制,是结合了法定资本制和授权资本制的一种公司资本制度。具体内容包括:

(1)将公司资本限定为发行资本。例如,日本1950年修正的《商法》规定:"公司的资本,除本法有特别规定外,是指已发行面额股份的股款总额及已发行无面额股份的发行价格的总额。"

(2)限定授权发行的期限和比例。授权董事会的资本发行权限必须在公司设立后一定期限内行使,例如,德国公司法规定为5年。要求首期发行数额不得少于资本总额的一定比例,例如,日本公司法规定首期发行比例为3/4。

(3)限定授权发行资本的阶段。例如,卢森堡《公司法》区分公司成立前后阶段,要求在公司设立时必须发行全部资本。公司增资时,可以设定授权而尚未发行的资本。

折中资本制旨在吸收法定资本制和授权资本制优点,避免两者的缺点。折中资本制由日本法创设,并为许多国家效仿。

(四)我国的资本制度选择

《公司法》第26条规定,有限责任公司的注册资本为在公司登记机关登记的全体股东认缴的出资额。法律、行政法规以及国务院决定对有限责任公司注册资本实缴、注册资本最低限额另有规定的，从其规定。《公司法》第80条规定，股份有限公司采取募集方式设立的，注册资本为在公司登记机关登记的实收股本总额。法律、行政法规以及国务院决定对股份有限公司注册资本实缴、注册资本最低限额另有规定的，从其规定。这些规定表明我国公司法采用法定资本制，但吸收了授权资本制的合理因素。

五、公司资本的构成

（一）公司出资的一般形式

我国《公司法》规定，股东可以用货币出资，也可以用实物、知识产权、土地使用权等可以用货币估价并可以依法转让的非货币财产作价出资；但是，法律、行政法规规定不得作为出资的财产除外。对作为出资的非货币财产应当评估作价，核实财产，不得高估或者低估作价。法律、行政法规对评估作价有规定的，从其规定。

货币是一般等价物，现金是最优质的出资，有些国家公司法规定现金出资应占公司资本的一定比例，以保障启动公司经营。另外，作为出资的建筑物、厂房和机器设备等实物应为公司运营所必需。出资人对出资实物必须拥有所有权和处分权。以实物出资的，应当依法办理其财产权的转移手续。

在有限责任公司中，股东应当按期足额缴纳公司章程中规定的各自所认缴的出资额。股东以货币出资的，应当将货币出资足额存入有限责任公司在银行开设的账户；以非货币财产出资的，应当依法办理其财产权的转移手续。股东不按照规定缴纳出资的，除应当向公司足额缴纳外，还应当向已按期足额缴纳出资的股东承担违约责任。

（二）公司出资的特殊问题

1. 非法财产出资

出资人以贪污、挪用等犯罪所得货币出资，在将货币投资后投资人获得公司股权，公司获得货币所有权。在追究犯罪行为的责任时，不得从公司抽回货币，只能用处置出资人股权后获得的价款补偿受害人。最高人民法院《关于适用〈中华人民共和国公司法〉若干问题的规定(三)》规定,在对以贪污、受贿、侵占、挪用等违法犯罪所得的货币出资后取得股权的,对违法犯罪行为予以追究、处罚时,应当采取拍卖或者变卖的方式处置其股权。

2. 贷款出资

投资人可以用自己的银行贷款向公司出资,获得公司股权,股东向银行承担债务。公司不能用贷款充当资本金,股东不能用所设立公司的贷款作自己对该公司的出资。

3. 股权出资

股东或者发起人可以以其持有的在我国境内设立的公司股权出资。以股权出资的,该股权应当权属清楚、权能完整、依法可以转让。具有下列情形的股权不得用作出资:(1)已被设立质权;(2)股权所在公司章程约定不得转让;(3)法律、行政法规或者国务院决定规定,股权所在公司股东转让股权应当报经批准而未经批准;(4)法律、行政法规或者国务院决定规定不得转让的其他情形。

六、股东的出资

(一)股东出资的方式

1. 有限责任公司股东的出资方式

(1)出资平等主义。出资平等主义要求有限责任公司股东的每份出资额是均等的,股东可以认购一份,也可以认购数份。出资的权利证书为股单,股单不可流通。

(2)出资不平等主义。出资不平等主义,即单一出资制,要求股东只能认购一份出资,但各股东所认的出资额可以不同。单一出资制有利于股东依公司资本需求出资;但不便于股东表决权的行使与计算。我国有限责任公司的出资多采用单一出资制,中外合资经营企业中,合营各方的出资采用单一出资制。

(3)基本出资制。基本出资制要求每一股东只能认购一份出资，每一份出资数额必须是基本出资数额的整倍数。《德国有限责任公司法》第 5 条规定，有限责任公司的每一份出资数额均须为 100 德国马克的整倍数。该出资方式有利于股东表决权的行使与计算。

2. 股份有限公司股东的出资方式

股份有限公司资本分为等额股份，股份总和为公司资本。股份是资本构成的最小基本单位，具有不可分性；股票是股份的载体和表现形式，出资人以认购股票方式进行出资。

(二) 股东出资的缴纳

出资是股东最基本的义务。在有限责任公司中，股东应当按期足额缴纳公司章程中规定的各自所认缴的出资额。股东以货币出资的，应当将货币出资足额存入有限责任公司在银行开设的账户；以非货币财产出资的，应当依法办理其财产权的转移手续。股东不依法缴纳出资的，除应当向公司足额缴纳外，还应当向已按期足额缴纳出资的股东承担违约责任。

七、股东违反出资义务的法律责任

(一) 有限责任公司股东违反出资义务的民事责任

股东违反出资义务，依法应承担下列责任：

其一，违约责任。公司股东不按照法律规定和合同约定缴纳出资的，除应当向公司足额缴纳外，还应当向已按期足额缴纳出资的股东承担违约责任。

其二，差额补足责任。有限责任公司成立后，发现作为设立公司出资的非货币财产的实际价额显著低于公司章程所定价额的，应当由交付该出资的股东补足其差额；公司设立时的其他股东承担连带责任。股份有限公司成立后，发现作为设立公司出资的非货币财产的实际价额显著低于公司章程所定价额的，应当由交付该出资的发起人补足其差额；其他发起人承担连带责任。

（二）出资的行政责任与刑事责任

1. 虚报注册资本

虚报注册资本、提交虚假材料或者采取其他欺诈手段隐瞒重要事实取得公司登记的，由公司登记机关责令改正，对虚报注册资本的公司，处以虚报注册资本金额5%以上15%以下的罚款；对提交虚假材料或者采取其他欺诈手段隐瞒重要事实的公司，处以5万元以上50万元以下的罚款；情节严重的，撤销公司登记或者吊销营业执照。

申请公司登记使用虚假证明文件或者采取其他欺诈手段虚报注册资本，欺骗公司登记主管部门，取得公司登记，虚报注册资本数额巨大、后果严重或者有其他严重情节的，处3年以下有期徒刑或者拘役，并处或者单处虚报注册资本金额1%以上5%以下罚金。单位犯罪的，对单位判处罚金，并对其直接负责的主管人员和其他直接责任人员，处3年以下有期徒刑或者拘役。

2. 虚假出资

公司的发起人、股东虚假出资，未交付或者未按期交付作为出资的货币或者非货币财产的，由公司登记机关责令改正，处以虚假出资金额5%以上15%以下的罚款。公司发起人、股东违反公司法的规定未交付货币、实物或者未转移财产权，虚假出资，数额巨大、后果严重或者有其他严重情节的，处5年以下有期徒刑或者拘役，并处或者单处虚假出资金额2%以上10%以下罚金。单位犯罪的，对单位判处罚金，并对其直接负责的主管人员和其他直接责任人员，处5年以下有期徒刑或者拘役。

3. 抽逃出资

公司的发起人、股东在公司成立后，抽逃其出资的，由公司登记机关责令改正，处以所抽逃出资金额5%以上15%以下的罚款。

公司发起人、股东违反公司法的规定在公司成立后又抽逃其出资，数额巨大、后果严重或者有其他严重情节的，处5年以下有期徒刑或者拘役,并处或者单处抽逃出资金额2%以上10%以下罚金。单位犯罪的,对单位判处罚金,并对其直接负责的主管人员和其他直接责任人员,处5年以下有期徒刑或者拘役。

第五节　增资与减资

一、增加资本

(一)增加资本的含义

增加资本,又名增资,是指公司为筹集资金、扩大营业,依照法定条件和程序增加公司资本总额。公司增资表现增资能够增强公司经济实力,提高公司的信用,有利于保障交易安全和债权人利益,公司法对增资的条件限制较少。

(二)公司增资程序

在法定资本制下,公司的增资程序要求:首先,股东会或股东大会以特别决议通过增资决议;股份有限公司增资需要履行相应审批手续。其次,股东认购新股;有限责任公司股东对新增注册资本额有优先认购权。再次,变更公司章程。最后,办理相应的变更登记手续。授权资本制下的股份有限公司增资经过董事会决议即可实施。

(三)公司增资的方式

1. 发行新资本

有限责任公司增加注册资本时,股东认缴新增资本的出资,依照设立有限责任公司缴纳出资的有关规定执行。

股份有限公司为增加注册资本发行新股时,股东认购新股,依照设立股份有限公司缴纳股款的有关规定执行。主要方式包括:其一,增加股份的数额,公司在原股份总数之外发行新股份。新增股份由原有股东优先认购或向社会发行,可以将股息转化为新增股份。其二,增加股份金额,即公司股份总数不变,增加每个股份的金额。其三,同时增加股份的数额和每股的金额。

2. 公积金转投资

公司可以将公积金转换为资本。公司经股东会或股东大会决议将公积金转换为资本时,按照股东原有股份比例派送新股或增加每股面值。法定公积金转为资本时,所留存的公积金不得少于注册资本的25%。

3. 可转换公司债券转换成公司的股份

已经发行可转换公司债券的股份有限公司还可以将可转换公司债券转换成公司的股份。

(四)股份有限公司发行新股的条件

《证券法》规定,公司公开发行新股,应当符合下列条件:(1)具备健全且运行良好的组织机构;(2)具有持续盈利能力,财务状况良好;(3)最近3年财务会计文件无虚假记载,无其他重大违法行为;(4)经国务院批准的国务院证券监督管理机构规定的其他条件。上市公司非公开发行新股,应当符合经国务院批准的国务院证券监督管理机构规定的条件,并报国务院证券监督管理机构核准。

二、减少资本

(一)减少资本的含义

减资,是指公司根据生产经营的实际需要,依照法定条件和程序减少公司资本总额。公司减资缩小了股东对于公司债务的责任范围,影响公司经济实力和债权人利益,也涉及股东权益变化,所以,法律对于公司减资条件和程序限制较严。

(二)公司的减资程序

公司的减资程序要求:其一,减资决议。公司由股东会或股东大会依法作出减少注册资本决议。特殊股份公司减资需要经过审批,履行相应审批手续。其二,编制资产负债表及财产清单。公司需要减少注册资本时,必须编制资产负债表及财产清单。其三,履行债权人利益保护程序。公司应当自作出减少注册资本决议之日起10日内通知债权人,并于30日内在报纸上公告。债权人自接到通知书之日起30日内,未接到通知书的自公告之日起45日内,有权要求公司清偿债务或者提供相应的担保。其四,办理变更登记。公司减少注册资本,应当依法向公司登记机关办理变更登记。

(三)公司的减资方法

有限责任公司减少注册资本时,具体方法可以是原股东同比例减少出资,也可以是部分股东减少出资。

股份有限公司减少注册资本方法包括:其一,减少股份数额,每股金额不变,减少股份总数额。其二,减少股份金额,即不改变股份总数,只减少每股的金额。其三,同时减少股份数额和股份金额。

第六节　股票与债券

股票反映投资关系,持有公司的股票者为公司股东,可以参与公司治理。债券反映借贷关系,持有公司债券者为公司债权人,不能参与公司治理。

一、股份

股份是股票的内容和实质,股票是股份的载体和形式。

(一)股份的含义

股份是股份有限公司资本构成的最小单位,即公司的全部资本分为金额均等的股份,全部股份金额的总和即为公司资本的总额。

股份的特点包括：

(1)股份具有不可分性。股份是公司资本构成的最小单位,具有不可分性。

(2)股份具有金额均等性。股份是对资本的等额划分、标准化处理,便于流通和股权行使。

(3)股份具有权利平等性。普通股同股同权、同股同利。

(4)股份具有自由转让性。股份有限公司一般为资合公司,股份可以自由转让。

(二)股份的种类

1.普通股、优先股和劣后股

以股东享有权益内容和承担风险的大小不同为标准,股份可以分为普通股、优先股和劣后股。

(1)普通股。普通股,是指对公司权利一律平等的股份。普通股是公司资本中最基本的股份,它具有三个特点:其一,普通股股东享有表决权,有权参与公司重大决策。其二,股息浮动。有利润才能够分红,分配顺序在公司债利息和优先股股息之后。其三,享有剩余财产索取权。在公司清算时,公司财产在支付债权和剩余财产优先股股东优先权之后,公司剩余财产分配给普通股股东。

(2)优先股。优先股是指对公司享有比普通股优先权利的股份。优先股特点包括:其一,权利优先。依据不同的设计,优先股可以享有更多的表决权,或者优先获得固定股息,或者优先分配剩余财产。其二,优先分红或者分配剩余财产的优先股一般无表决权。依据优先权利的内容不同表现为:表决权优先股、分红优先股和剩余财产索取优先股。

依据是否再参与分配为标准,分红优先股可分为:参与优先股与非参与优先股。参与优先股是指除按固定比率从每年度盈余中优先分配股息或剩余财产外,还参与同普通股一起分配其余利润或剩余财产,以补齐与普通股之间差异的优先股。非参与优先股是指其股东只能按原定比例分配公司盈余或剩余财产,即使普通股的分配更优厚,也不得再参加分配的优先股。

以固定股息未获得分配部分能否递延至下一年度分配为标准,分配优先股可以分为累积优先股与非累积优先股。累积优先股是指公司当年利润不足以分配优先股的股息,未获得分配的部分由下一年度的利润予以补足的优先股。非累积优先股是公司当年利润不足以分配优先股的股息,未获得分配的部分不得参与下一年度的利润分配。

(3)劣后股。劣后股又名后配股,指权利不及普通股的股份。包括在公司盈余、公司剩余财产分配顺序中在普通股之后参加分配的股份,或表决权受到限制的股份。

2. 表决权股和无表决权股

以股份有无表决权为标准,股份可以分为表决权股和无表决权股。

(1)表决权股。表决权股指享有表决权的股份,可分为普通表决权股和多数表决权股。普通表决权股一股享有一票表决权;多数表决权股一股享有多票表决权。设置多数表决权股旨在保持公司控制权,这也可能导致公司被少数股东操纵。

(2)无表决权股。无表决权股指依法或依据章程不具有表决权的股份主要包括:其一,法定的无表决权股。法定的无表决权股指公司的自持股份。其二,依据章程的无表决权股。依据章程的无表决权股主要指享有优先分配利益的优先股。其三,限制表决权股。有些国家公司法规定,股东持有股份占公司资本总额一定比例以上时,公司应以章程限制其表决权。

3. 额面股和无额面股

以在股票票面上是否标明一定金额为标准,股份可以分为额面股和无额面股。

(1)额面股。额面股指在股票上标明了一定金额的股份,每股金额一致。我国实践中以不低于人民币1元为限。额面股的发行价格高于股份金额为溢价发行,额面股份的发行价格等于股份金额为平价发行,额面股份的发行价格低于股份金额为折价发行。法律一般禁止折价发行股份,旨在防止公司资本虚空。

(2)无额面股。无额面股又名比例股或部分股,即股票票面只表示其所占公司资本总额比例的股份。当公司增资时,只要增减每个股东持有的资本比例即可。由于股东持有的股份比例不易直观确定,不便于股份转让。目前,允许发行无额面股的仅有美国、日本等少数国家,这些国家也对无额面股的发行进行诸多限制性规定。我国禁止发行无额面股。

4. 记名股和无记名股

以是否在股票上记载股东的姓名为标准,股份可以分为记名股和无记名股。

(1)记名股。记名股是将股东的姓名或名称记载于股票的股份。记名股份的权利只能由股东本人享有,非股东持有股票,无资格行使股权。记名股以背书形式转让,并变更公司股东名册的持股人记载。记名股票被盗、遗失或者灭失,股东可以依公示催告程序,请求人民法院宣告该股票失效,然后,股东可以向公司申请补发股票。

我国《公司法》第129条规定:公司发行的股票,可以为记名股票,也可以为无记名股票。公司向发起人、法人发行的股票,应当为记名股票,并应当记载该发起人、法人的名称或者姓名,不得另立户名或者以代表人姓名记名。

(2)无记名股。无记名股,是股票上不记载股东姓名或名称的股份。无记名股份与股票不可分离,持有股票即推定为公司股权人,无记名股票通过股票交付实现股权转让。

5. 我国实践中的股份种类

其一,依投资主体的不同,股份可以分为国家股、法人股、个人股和外资股。这些股份在一些法律规则上予以区别对待，一定程度上影响了市场的流通性和统一性。

其二，依据是否以人民币认购或交易股份，将股份分为 A 股与 B 股。A 股又名人民币股，指专供我国的法人和自然人以人民币认购或买卖的股份。B 股是指以人民币标明股票面值，以外币认购和交易，专供外国以及我国香港和澳门特别行政区和我国台湾地区的投资者买卖的股份。

二、股票

（一）股票的含义

股票，是指由股份有限公司签发的证明股东按其所持股份享有权利和承担义务的书面凭证。原始意义上的股票具有纸质载体，股票是股权的证券化形式。

股票具有以下特征：

（1）股票是一种证权证券。股票是证明投资关系的证券，持有股票的依据是持股人对于公司的投资。股票不同于票据等设权证券，设权证券是依据出票等行为设立了证券权利。

（2）股票是一种有价证券。股票是能够用货币标准衡量的证券，具有交易价值，不同于球票等赋予特定资格的证券。

（3）股票是一种流通证券。股票可以在依法设定的交易场所进行自由转让，具有流通性，不同于一些限制流通的证券。

（4）股票是一种要式证券。股票存在严格的形式要求，以保障股份利益安全，不同于一般债权的形式自由。

（5）股票是一种风险证券。股票反映公司的未来收益，其市场价值依据公司盈利状况浮动，股息收益具有风险，不同于债券等固定利息收益的证券。

（二）股票的发行

股票的发行指公司向投资者出售股票筹集资本的行为。发行的结果是：公司获得资本，投资人获得股票。

股票发行人必须是具有股票发行资格的股份有限公司,包括已经成立的股份有限公司和经批准拟成立的股份有限公司。除此外,任何其他类型的公司都无权发行股票。股票的发行涉及众多投资人的利益,影响金融秩序和经济秩序,法律一般对股票发行设定严格的条件。

依据不同的标准,股票发行可以分为不同的种类。

1. 设立发行与新股发行

依据股票发行的阶段和条件不同为标准,股票发行可以分为设立发行与新股发行。

(1)设立发行。设立发行指在股份有限公司设立过程中进行的股份发行。股份公司的设立方式包括发起设立和募集设立。设立发行的功能是募足资本以成立公司。

股份公司采取发起方式设立时,设立发行的股份由发起人全部认足。股份公司采取募集方式设立时,设立发行的股份由发起人认缴不低于法定比例的部分,其余股份向社会公众公开发行。

(2)新股发行。新股发行指在公司成立后再次发行股份。新股发行的功能是增加公司资本以提升公司能力。

2. 不公开发行与公开发行

以发行股份募资对象的范围不同为标准,股票发行分为公开发行与不公开发行。

(1)公开发行。公开发行是指向社会公众发行股份。因公开发行涉及社会公众利益,其法定发行条件更为严格。

(2)不公开发行。不公开发行又名定向发行,是指只由特定的法人、股东或公司内部雇员认购股份,而不向社会公众发行股份。

3. 增资的发行与非增资的发行

依据是否增加注册资本为标准,新股发行可以分为增资的发行与非增资的发行。

(1)增资的发行。增资的发行是指导致公司资本超过原注册资本的新股发行。在法定资本制下,公司注册资本在公司设立时全部发行完毕。成立后的公司再次发行股份导致增加资本。

(2)非增资的发行。非增资的发行是指不导致公司资本超过原注册资本的新股发行。授权资本制下,公司首次发行注册资本的一部分,公司新股发行一般不会超过章程记载的注册资本额。

4. 通常发行与特别发行

以股票发行是否具备直接增资目的为标准,可以将股票发行分为通常发行与特别发行。

(1)通常发行。通常发行即直接以增资为目的的新股发行。

(2)特别发行。特别发行指为了分配盈余、将公积金转为资本或将可转换公司债转变为股份所进行的新股发行。特别发行的结果导致公司资本增加。

三、公司债券

(一)公司债券的概念和发行条件

1. 公司债券的含义

公司债券,是指公司依照法定程序发行、约定在一定期限还本付息的有价证券。公司债券,可以为记名债券,也可以为无记名债券。公司以实物券方式发行公司债券的,必须在债券上载明公司名称、债券票面金额、利率、偿还期限等事项,并由法定代表人签名,公司盖章。

2. 公司债券的发行条件

《证券法》第15条规定,公开发行公司债券条件包括:(1)具备健全且运行良好的组织机构;(2)最近3年平均可分配利润足以支付公司债券1年的利息;(3)国务院规定的其他条件。

公开发行公司债券筹集的资金,必须按照公司债券募集办法所列资金用途使用;改变资金用途,必须经债券持有人会议作出决议。公开发行公司债券筹集的资金,不得用于弥补亏损和非生产性支出。

上市公司发行可转换为股票的公司债券,除应当符合发行债券的条件外,还应当符合发行股票的规定。但是,按照公司债券募集办法,上市公司通过收购本公司股份的方式进行公司债券转换的除外。

(二)公司债券募集办法

发行公司债券的申请经国务院授权的部门核准后,应当公告公司债券募集办法。公司债券募集办法中应当载明下列主要事项:(1)公司名称;(2)债券募集资金的用途;(3)债券总额和债券的票面金额;(4)债券利率的确定方式;(5)还本付息的期限和方式;(6)债券担保情况;(7)债券的发行价格、发行的起止日期;(8)公司净资产额;(9)已发行的尚未到期的公司债券总额;(10)公司债券的承销机构。

(三)公司债券存根簿与记名公司债券的登记结算

公司发行公司债券应当置备公司债券存根簿。发行记名公司债券的,应当在公司债券存根簿上载明下列事项:(1)债券持有人的姓名或者名称及住所;(2)债券持有人取得债券的日期及债券的编号;(3)债券总额,债券的票面金额、利率、还本付息的期限和方式;(4)债券的发行日期。发行无记名公司债券的,应当在公司债券存根簿上载明债券总额、利率、偿还期限和方式、发行日期及债券的编号。

记名公司债券的登记结算机构应当建立债券登记、存管、付息、兑付等相关制度。

(四)公司债券转让

公司债券可以转让,转让价格由转让人与受让人约定。公司债券在证券交易所上市交易的,按照证券交易所的交易规则转让。

公司债券的转让方式有记名公司债券的转让和无记名公司债券的转让。记名公司债券由债券持有人以背书方式或者法律、行政法规规定的其他方式转让;转让后由公司将受让人的姓名或者名称及住所记载于公司债券存根簿。无记名公司债券的转让,由债券持有人将该债券交付给受让人后即发生转让的效力。

(五)可转换公司债券

上市公司经股东大会决议可以发行可转换为股票的公司债券,并在公司债券募集办法中规定具体的转换办法。上市公司发行可转换为股票的公司债券,应当报国务院证券监督管理机构注册。发行可转换为股票的公司债券,应当在债券上标明可转换公司债券字样,并在公司债券存根簿上载明可转换公司债券的数额。

发行可转换为股票的公司债券的,公司应当按照其转换办法向债券持有人换发股票,但债券持有人对转换股票或者不转换股票有选择权。

第七节　公司治理

公司需要治理,需要通过规范公司的组织和行为,保护公司、股东和债权人的合法权益,实现公司本旨,维护公司利益相关人权益,维护社会经济秩序,促进市场经济发展。人合公司与资合公司存在不同的治理要求,上市公司治理则需要更多的外部干预和更为规范的制度安排。

一、公司治理基本理念和原则

(一)公司治理的基本内涵

公司治理是对公司进行管理和控制的活动,旨在维持公司正常运行并实现公司的功能。公司治理的基本手段是设置公司机关,配置公司机关的职权职责,设置机关成员的职务权限和职务行为准则,设计公司机关决策公司事务时应遵循的规则和程序。公司治理的核心是进行公司权力安排。公司法将公司的最高权力归属于作为资本所有者的股东,由股东授权给经营者并对其履行职务行为进行监管。在公司法人化制度中,投资人投入公司的财产所有权在法律上归属于公司;在经营权专业化条件下,持有股权的投资者不干预公司的日常经营,经营权委托公司经营层掌握;公司治理重点在于规范由于投资者和经营者利益不一致而产生的“委托—代理”关系。公司治理既需要追求降低代理成本,同时又需要保证经营层能以股东的利益和公司的利润最大化为目标。

如果将公司视为投资者谋利的工具,公司治理的主体为投资者。公司治理建立在“公司投资者主权”基础上,重在研究投资者如何科学合理地对职业经理人授权,并有效地监管职业经理人的权力使用。如果将公司视为独立的法人,公司治理的参与者包括股东、董事、监事、经理层和其他利害相关者。公司治理建立在“公司营利功能”基础上,重在研究公司如何科学合理地设置机关、分配权力并有效地维护运行秩序和权力运行效果。

(二)公司治理的基本理念

股东出资成立具有独立法人资格的有限责任公司,公司的有效性、安全性和成长性取决于公司内设机构履行职能的效果。公司治理的基本理念是科学赋予权力和有效控制权力,通过公司经营权体系的科学配置和有效行使,以实现公司制度目的。

(三)公司治理的基本原则

1. 公司治理应促进公司利益实现。投资人、经营者、雇员、债权人、交易相关方、政府、社区等与公司相关者的利益均汇聚在公司平台上,所有利益方的利益均需要通过公司利益实现。在直接意义上,公司治理应促进公司利益实现,公司利益实现是相关利益方利益实现的前提。

2. 公司治理应促进股东利益实现。其一,股东权利实现。公司的经营能够实现股东营利追求,股东享有剩余财产索取权。其二,所有股东平等对待。如果中小股东和国外股东的权益受到损害,能够得到有效补偿救济。

3. 公司治理应兼顾公司利益相关者合法权益。公司的运行应有利于促进劳动者、交易方、债权人、社区利益，不得损害利益相关者利益。

4. 公司治理应发挥经营机制的效能。公司的运行和经营目的通过经营层的经营活动实现，董事会对公司和股东负责。董事会应有效地对公司进行战略指导、对经营层体系进行有效控制。

5. 公司治理应保证公司信息的有效传递。公司治理应保证财务状况、经营状况、所有权结构以及公司治理的状况等信息真实准确，能够顺畅地在公司内部传递；应依据不同公司的性质，确保在法定范围内及时披露所有与公司有关的实质性事项的信息。

二、公司机关的效能

公司运行需要通过公司机关的职能来实现。公司治理需要科学设置公司机关，合理划分职权范围，设置高效运行机制，选择合格的机关人员并有效规范其行为，以保障公司机关实现正常的效能。

（一）公司机关的设置

公司机关按照三权分立原则设置，由股东（大）会、董事会和监事会分掌决策权、经营权和监督权。三种权力分工负责、相互制衡，以实现公司机关的功能。

1. 股东会或股东大会

有限责任公司设立股东会，股份有限公司设立股东大会。股东（大）会由全体股东组成，是公司的权力机构，股东（大）会行使下列职权：（1）决定公司的经营方针和投资计划；（2）选举和更换非由职工代表担任的董事、监事，决定有关董事、监事的报酬事项；（3）审议批准董事会的报告；（4）审议批准监事会或者监事的报告；（5）审议批准公司的年度财务预算方案、决算方案；（6）审议批准公司的利润分配方案和弥补亏损方案；（7）对公司增加或者减少注册资本作出决议；（8）对发行公司债券作出决议；（9）对公司合并、分立、解散、清算或者变更公司形式作出决议；（10）修改公司章程;(11)公司章程规定的其他职权。对前款所列事项股东以书面形式一致表示同意的,可以不召开股东会会议,直接作出决定,并由全体股东在决定文件上签名、盖章。

2. 董事会的设立与职权

公司设置董事会作为负责公司经营管理的执行机构,股东人数较少或者规模较小的有限责任公司可以不设董事会,只设 1 名执行董事。董事会对股东会负责,行使经营管理职权:(1)召集股东会会议,并向股东会报告工作;(2)执行股东会的决议;(3)决定公司的经营计划和投资方案;(4)制订公司的年度财务预算方案、决算方案;(5)制订公司的利润分配方案和弥补亏损方案;(6)制订公司增加或者减少注册资本以及发行公司债券的方案;(7)制订公司合并、分立、解散或者变更公司形式的方案;(8)决定公司内部管理机构的设置;(9)决定聘任或者解聘公司经理及其报酬事项,并根据经理的提名决定聘任或者解聘公司副经理、财务负责人及其报酬事项;(10)制定公司的基本管理制度;(11)公司章程规定的其他职权。

董事长的职权包括:召集和主持董事会会议,检查董事会决议的实施情况。副董事长协助董事长工作,董事长不能履行职务或者不履行职务的,由副董事长履行职务;副董事长不能履行职务或者不履行职务的,由半数以上董事共同推举一名董事履行职务。

3. 经理的设立与职权

公司设置经理作为负责公司日常管理的辅助执行机构,经理由董事会决定聘任或者解聘,对董事会负责,公司董事会可以决定由董事会成员兼任经理。经理行使日常管理职权:(1)主持公司的生产经营管理工作,组织实施董事会决议;(2)组织实施公司年度经营计划和投资方案;(3)拟订公司内部管理机构设置方案;(4)拟订公司的基本管理制度;(5)制定公司的具体规章;(6)提请聘任或者解聘公司副经理、财务负责人;(7)决定聘任或者解聘除应由董事会决定聘任或者解聘以外的负责管理人员;(8)董事会授予的其他职权。公司章程对经理职权另有规定的,从其规定。经理列席董事会会议。

4. 监事会的组成与职权

公司设置监事会作为专门监督机构,股东人数较少或者规模较小的有限责任公司可以不设监事会,只设立1~2名监事。监事会、不设监事会的公司的监事行使监督职权:(1)检查公司财务;(2)对董事、高级管理人员执行公司职务的行为进行监督,对违反法律、行政法规、公司章程或者股东会决议的董事、高级管理人员提出罢免的建议;(3)当董事、高级管理人员的行为损害公司的利益时,要求董事、高级管理人员予以纠正;(4)提议召开临时股东会会议,在董事会不履行公司法规定的召集和主持股东会会议职责时召集和主持股东会会议;(5)向股东会会议提出提案;(6)依照公司法相关规定,对董事、高级管理人员提起诉讼;(7)公司章程规定的其他职权。

监事可以列席董事会会议,并对董事会决议事项提出质询或者建议。监事会、不设监事会的公司的监事发现公司经营情况异常,可以进行调查;必要时,可以聘请会计师事务所等协助其工作,费用由公司承担。

5. 法定代表人

公司法定代表人依照公司章程的规定,由董事长、执行董事或者经理担任,并依法登记。公司法定代表人变更,应当办理变更登记。公司法定代表人对内是经营管理的负责人,对外代表公司,法定代表人的代表权来自公司法的明文授权,法定代表人的行为视为公司法人行为。

(二)公司机关的运作

1. 股东会的运作

其一,股东会会议召集与主持。股东会会议分为定期会议和临时会议。定期会议应当依照公司章程的规定按时召开。代表十分之一以上表决权的股东,三分之一以上的董事,监事会或者不设监事会的公司的监事提议召开临时会议的,应当召开临时会议。

首次股东(大)会会议由出资最多的股东召集和主持,依照公司法规定行使职权。公司设立董事会的,股东(大)会会议由董事会召集,董事长主持;董事长不能履行职务或者不履行职务的,由副董事长主持;副董事长不能履行职务或者不履行职务的,由半数以上董事共同推举一名董事主持。有限责任公司不设董事会的,股东会会议由执行董事召集和主持。董事会或者执行董事不能履行或者不履行召集股东(大)会会议职责的,由监事会或者不设监事会的公司的监事召集和主持;监事会或者监事不召集和主持的,代表十分之一以上表决权的股东(股份有限公司要求是连续九十日以上单独或者合计持有公司百分之十以上股份的股东)可以自行召集和主持。

其二,股东(大)会会议的通知与记录。召开股东会会议,应当于会议召开 15 日前通知全体股东;但是,公司章程另有规定或者全体股东另有约定的除外。召开股东大会会议,应当将会议召开的时间、地点和审议的事项于会议召开 20 日前通知各股东;临时股东大会应当于会议召开 15 日前通知各股东;发行无记名股票的,应当于会议召开 30 日前公告会议召开的时间、地点和审议事项。股东会应当对所议事项的决定作成会议记录,出席会议的股东应当在会议记录上签名。股东大会应当将所议事项的决定作成会议记录,主持人、出席会议的董事应当在会议记录上签名。会议记录应当与出席股东的签名册及代理出席的委托书一并保存。

其三,股东表决权的行使。股东(大)会会议由股东按照出资比例行使表决权;但是,公司章程另有规定的除外。股东会的议事方式和表决程序,除公司法有规定的外,由公司章程规定。股东会会议作出修改公司章程、增加或者减少注册资本的决议,以及公司合并、分立、解散或者变更公司形式的决议,必须经代表三分之二以上表决权的股东通过。股东出席股东大会会议,所持每一股份有一表决权。但是,公司持有的本公司股份没有表决权。股东大会作出决议,必须经出席会议的股东所持表决权过半数通过。但是,股东大会作出修改公司章程、增加或者减少注册资本的决议,以及公司合并、分立、解散或者变更公司形式的决议,必须经出席会议的股东所持表决权的三分之二以上通过。

股东可以委托代理人出席股东大会会议,代理人应当向公司提交股东授权委托书,并在授权范围内行使表决权。

其四,会议的召开。有限责任公司的股东会会议分为定期会议和临时会议。定期会议应当依照公司章程的规定按时召开。代表十分之一以上表决权的股东,三分之一以上的董事,监事会或者不设监事会的公司监事提议召开临时会议的,应当召开临时会议。股份有限公司的股东大会应当每年召开一次年会。有下列情形之一的,应当在两个月内召开临时股东大会:(1)董事人数不足公司法规定人数或者公司章程所定人数的三分之二时;(2)公司未弥补的亏损达实收股本总额三分之一时;(3)单独或者合计持有公司百分之十以上股份的股东请求时;(4)董事会认为必要时;(5)监事会提议召开时;(6)公司章程规定的其他情形。

其五,股东大会会议的提案。单独或者合计持有公司百分之三以上股份的股东,可以在股东大会召开10日前提出临时提案并书面提交董事会;董事会应当在收到提案后2日内通知其他股东,并将该临时提案提交股东大会审议。临时提案的内容应当属于股东大会职权范围,并有明确议题和具体决议事项。股东大会不得对前两款通知中未列明的事项作出决议。无记名股票持有人出席股东大会会议的,应当于会议召开5日前至股东大会闭会时将股票交存于公司。

其六,重要事项的股东大会决议权。公司法和公司章程规定公司转让、受让重大资产或者对外提供担保等事项必须经股东大会作出决议的,董事会应当及时召集股东大会会议,由股东大会就上述事项进行表决。

2. 董事会的运作

其一,董事会会议的召集。董事会每年度至少召开两次会议,每次会议应当于会议召开10日前通知全体董事和监事。代表十分之一以上表决权的股东、三分之一以上董事或者监事会,可以提议召开董事会临时会议。董事长应当自接到提议后十日内,召集和主持董事会会议。董事会召开临时会议,可以另定召集董事会的通知方式和通知时限。

其二,董事会会议的召集与主持。董事会会议由董事长召集和主持;董事长不能履行职务或者不履行职务的,由副董事长召集和主持;副董事长不能履行职务或者不履行职务的,由半数以上董事共同推举一名董事召集和主持。

其三,董事会的议事方式和表决程序。董事会的议事方式和表决程序,除公司法有规定的外,由公司章程规定。董事会应当对所议事项的决定作成会议记录,出席会议的董事应当在会议记录上签名。董事会决议的表决,实行一人一票。

其四,董事会会议的议事规则。董事会会议应有过半数的董事出席方可举行。董事会作出决议,必须经全体董事的过半数通过。董事会决议的表决,实行一人一票。

其五,董事会会议的出席及责任承担。董事会会议,应由董事本人出席;董事因故不能出席,可以书面委托其他董事代为出席,委托书中应载明授权范围。董事会应当对会议所议事项的决定作成会议记录,出席会议的董事应当在会议记录上签名。董事应当对董事会的决议承担责任。董事会的决议违反法律、行政法规或者公司章程、股东大会决议,致使公司遭受严重损失的,参与决议的董事对公司负赔偿责任。但经证明在表决时曾表明异议并记载于会议记录的,该董事可以免除责任。

其六,上市公司的独立董事。上市公司设独立董事。上市公司设董事会秘书,负责公司股东大会和董事会会议的筹备、文件保管以及公司股东资料的管理,办理信息披露事务等事宜。

3. 监事会的运作

其一,监事会的会议制度。监事会每年度至少召开一次会议,监事可以提议召开临时监事会会议。

其二,监事会主席召集和主持监事会会议。监事会主席不能履行职务或者不履行职务的,由半数以上监事共同推举一名监事召集和主持监事会会议。

其三,监事会的议事方式和表决程序。除公司法有规定的外,由公司章程规定。监事会决议应当经半数以上监事通过。

其四,监事会的会议记录。监事会应当对所议事项的决定作成会议记录,出席会议的监事应当在会议记录上签名。

(三)公司机关的成员

自然人获得公司机关职位,成为公司机关成员。通过公司机关成员的履职行为,实现公司机关职能。

1. 公司机关的组成、产生、任期及资质

(1)公司机关的组成

其一,股东(大)会的组成。股东(大)会由全体股东组成,股东依据向公司出资获得股东身份。在人合性公司中,股东之间存在人身信用;在资合性公司中,股东之间不要求存在人身信用。在认缴制下,公司股东包括实际缴纳出资的股东和认缴而未实际缴纳出资的股东。有限责任公司股东人数为 50 个以下,股份有限公司股东人数为 2 人以上。

其二,董事会的组成。有限责任公司董事会成员为 3 人至 13 人,股东人数较少或规模较小的有限责任公司设一名执行董事;股份有限公司董事会成员为 5 人至 19 人。两个以上的国有企业或者两个以上的其他国有投资主体投资设立的有限责任公司,其董事会成员中应当有公司职工代表;其他有限责任公司董事会成员中可以有公司职工代表。董事会设董事长一人,可以设副董事长。

其三,监事会的组成。有限责任公司监事会成员不得少于 3 人。股东人数较少或者规模较小的有限责任公司,可以设 1 至 2 名监事,不设监事会。

监事会应当包括股东代表和适当比例的公司职工代表,其中职工代表的比例不得低于三分之一,具体比例由公司章程规定。董事、高级管理人员不得兼任监事。

(2)公司机关的产生

其一,股东会的产生。股东会依据公司成立而产生,股东依据认缴出资而获得股东地位。

其二,董事会的产生。董事会由股东(大)会选举产生,董事会中的职工代表由公司职工通过职工代表大会、职工大会或者其他形式民主选举产生。董事长、副董事长的产生办法由公司章程规定。董事长和副董事长由董事会以全体董事的过半数选举产生。

其三,监事会的产生。监事会由股东会选举产生,监事会中的职工代表由公司职工通过职工代表大会、职工大会或者其他形式民主选举产生。监事会设主席一人,由全体监事过半数选举产生。监事会主席召集和主持监事会会议;监事会主席不能履行职务或者不履行职务的,由半数以上监事共同推举一名监事召集和主持监事会会议。董事、高级管理人员不得兼任监事。

(3)公司机关的任期

其一,股东的任期。股东依据持有股份保持股东身份,不再持股即丧失股东身份。

其二,董事任期。董事任期由公司章程规定,但每届任期不得超过三年。董事任期届满,连选可以连任。董事任期届满未及时改选,或者董事在任期内辞职导致董事会成员低于法定人数的,在改选出的董事就任前，原董事仍应当依照法律、行政法规和公司章程的规定，履行董事职务。

其三，监事的任期。监事的任期每届为 3 年。监事任期届满，连选可以连任。监事任期届满未及时改选，或者监事在任期内辞职导致监事会成员低于法定人数的，在改选出的监事就任前，原监事仍应当依照法律、行政法规和公司章程的规定，履行监事职务。

(4)公司机关成员的资质

其一，公司机关成员资质的一般要求。从民法视角，公司机关成员必须具备完全民事行为能力，或者视为具有完全民事行为能力。同时，董事、监事、高级管理人员应具备超越一般完全民事行为能力的市场经营能力，具备依据岗位所需要的专业的经营能力。公司法没有明确规定各个岗位的具体要求，而是交由公司依据需要自主制定选任标准。

其二，高管人员的资格禁止。公司法规定不得担任公司的董事、监事、高级管理人员的情形包括：(1)无民事行为能力或者限制民事行为能力；(2)因贪污、贿赂、侵占财产、挪用财产或者破坏社会主义市场经济秩序，被判处刑罚，执行期满未逾五年，或者因犯罪被剥夺政治权利，执行期满未逾 5 年；(3)担任破产清算的公司、企业的董事或者厂长、经理，对该公司、企业的破产负有个人责任的，自该公司、企业破产清算完结之日起未逾 3 年；(4)担任因违法被吊销营业执照、责令关闭的公司、企业的法定代表人，并负有个人责任的，自该公司、企业被吊销营业执照之日起未逾 3 年；(5)个人所负数额较大的债务到期未清偿。

公司违反公司法规定选举、委派董事、监事或者聘任高级管理人员的，该选举、委派或者聘任无效。董事、监事、高级管理人员在任职期间出现资格禁止情形的，公司应当解除其职务。

三、公司治理中的激励与约束机制

公司治理中的激励机制从正面激励公司机关任职人员发挥积

极性,公司治理中的约束机制从反面规范公司机关任职人员的行为,防止公司机关人员的职权滥用。

(一)公司激励机制

公司激励机制针对公司高层管理人员积极性问题,设计相应的利益机制,以激励经营者、调动其积极性,降低代理成本,提升治理绩效。

1. 公司职位

公司职位指在公司组织中执行一定任务的位置,特定职位连接了公司和特定员工,个人通过获得公司职位来获得公司职务。入职员工获得公司职务,享有职务赋予的职权、职责和相应的薪酬;职位也是个人的职业身份位置,公司职位本身是一种综合形态的利益。

2. 公司赋权

获得公司经营管理职位的员工,依据公司法和公司章程、管理规则获得职权,能够支配特定范围的物质资源和人力资源。

3. 利润和薪酬

股东可以通过积极有效地行使股东权,有效地约束规范经营权保障公司营利目的实现,从而获得利润。经营层通过积极有效地行使经营管理权,促进公司营利目的实现,从而获得岗位薪酬和绩效薪酬。

4. 经营期权机制

经营者一般依据聘用合同约定获得固定报酬,其考量依据是其履职期间的经营绩效,导致其缺乏对于公司长期发展利益的关心。上市公司授予董事等高管一定数量的股票期权,高管可以依据事先约定的条件以约定的价格购买公司股票。当公司股票价格高于授予期权约定的价格时,高管行使期权以约定价格购买股票,然后按照市场价格卖出以获取差价。经营期权制度是将存在任期的经营者利益与公司长期发展利益进行捆绑,提供长效激励。

(二)公司约束机制

1. 公司机关成员的行为规范

公司法明确列举了公司经营层禁止行为的类型,为公司经营层划定了行为边界。

其一,股东禁止行为。公司股东应当遵守法律、行政法规和公司章程,依法行使股东权利,不得滥用股东权利损害公司或者其他股东的利益;不得滥用公司法人独立地位和股东有限责任损害公司债权人的利益。公司股东滥用股东权利给公司或者其他股东造成损失的,应当依法承担赔偿责任。公司股东滥用公司法人独立地位和股东有限责任,逃避债务,严重损害公司债权人利益的,应当对公司债务承担连带责任。

其二,董事、监事、高管人员的义务和禁止行为。董事、监事、高级管理人员应当遵守法律、行政法规和公司章程,对公司负有忠实义务和勤勉义务。董事、监事、高级管理人员不得利用职权收受贿赂或者其他非法收入,不得侵占公司的财产。

其三,董事、高管人员的禁止行为。董事、高级管理人员不得有下列行为:(1)挪用公司资金;(2)将公司资金以其个人名义或者以其他个人名义开立账户存储;(3)违反公司章程的规定,未经股东会、股东大会或者董事会同意,将公司资金借贷给他人或者以公司财产为他人提供担保;(4)违反公司章程的规定或者未经股东会、股东大会同意,与本公司订立合同或者进行交易;(5)未经股东会或者股东大会同意,利用职务便利为自己或者他人谋取属于公司的商业机会,自营或者为他人经营与所任职公司同类的业务;(6)接受他人与公司交易的佣金归为己有;(7)擅自披露公司秘密;(8)违反对公司忠实义务的其他行为。董事、高级管理人员违反前款规定所得的收入应当归公司所有。

其四,董事、监事、高管人员的损害赔偿责任。董事、监事、高级管理人员执行公司职务时违反法律、行政法规或者公司章程的规定，给公司造成损失的，应当承担赔偿责任。

其五，董事、监事、高管人员对股东会、监事会的义务。股东会或者股东大会要求董事、监事、高级管理人员列席会议的，董事、监事、高级管理人员应当列席并接受股东的质询。董事、高级管理人员应当如实向监事会或者不设监事会的有限责任公司的监事提供有关情况和资料，不得妨碍监事会或者监事行使职权。

2. 公司处罚机制

公司依据法律和内部管理规则，运用内部管理权力，对于员工的违法违规行为进行处罚。包括：批评、警告，罚款、扣工资，待岗、调离相关岗位，记过，留用察看，辞退、解聘等。

3. 股东派生诉讼机制

公司权益受损的股东救济。出现董事、监事、高级管理人员执行公司职务时违反法律、行政法规或者公司章程的规定并给公司造成损失情形的，有限责任公司的股东、股份有限公司连续 180 日以上单独或者合计持有公司百分之一以上股份的股东，可以书面请求监事会或者不设监事会的有限责任公司的监事向人民法院提起诉讼；监事执行公司职务时违反法律、行政法规或者公司章程的规定并给公司造成损失情形的，前述股东可以书面请求董事会或者不设董事会的有限责任公司的执行董事向人民法院提起诉讼。

监事会、不设监事会的有限责任公司的监事，或者董事会、执行董事收到前款规定的股东书面请求后拒绝提起诉讼，或者自收到请求之日起 30 日内未提起诉讼，或者情况紧急、不立即提起诉讼将会使公司利益受到难以弥补的损害的，前款规定的股东有权为了公司的利益以自己的名义直接向人民法院提起诉讼。他人侵犯公司合法权益，给公司造成损失的，适格股东可以依法向人民法院提起诉讼。

4. 股东诉讼机制

董事、高级管理人员违反法律、行政法规或者公司章程的规定，损害股东利益的，股东可以向人民法院提起诉讼。

四、公司治理中的控制权规范

公司控制权具有两面性，一方面，公司控制权是公司治理中的关键性治理资源，公司控制权的稳定和有效性决定了公司存在发展的命运。另一方面，公司控制权是公司治理中的危险因素，公司控制权的滥用可能侵害其他股东和利益相关者的利益，并违背公司本旨。

1. 公司控制权的稳定性

在一般情形中，有效的公司治理需要保持公司控制权的稳定性，大股东在公司中利益重大，与公司发展具有更高的一致性。公司实践显示，公司控制权的稳定有利于公司平稳发展，而公司控制权的争夺则易于导致公司陷入危机。公司控制权通常通过控股股东或实际控制人实现。控股股东，是指其出资额占有限责任公司资本总额百分之五十以上或者其持有的股份占股份有限公司股本总额百分之五十以上的股东；出资额或者持有股份的比例虽然不足百分之五十，但依其出资额或者持有的股份所享有的表决权已足以对股东会、股东大会的决议产生重大影响的股东。实际控制人，是指虽不是公司的股东，但通过投资关系、协议或者其他安排，能够实际支配公司行为的人。

2. 公司控制权滥用的约束

其一，公司机关人员结构的平衡。累积投票制，是指股东大会选举董事或者监事时，每一股份拥有与应选董事或者监事人数相同的表决权，股东拥有的表决权可以集中使用。股东大会选举董事、监事，可以依照公司章程的规定或者股东大会的决议，实行累积投票制。

其二，控股股东及其关联方的行为规范。关联关系，是指公司控股股东、实际控制人、董事、监事、高级管理人员与其直接或者间接控制的企业之间的关系，以及可能导致公司利益转移的其他关系。但是,国家控股的企业之间不因为同受国家控股而具有关联关系。公司的控股股东、实际控制人、董事、监事、高级管理人员不得利用其关联关系损害公司利益。违反规定,给公司造成损失的,应当承担赔偿责任。

其三,表决权回避。会议决议的关联关系董事不得参与表决。上市公司董事与董事会会议决议事项所涉及的企业有关联关系的,不得对该项决议行使表决权,也不得代理其他董事行使表决权。该董事会会议由过半数的无关联关系董事出席即可举行,董事会会议所作决议须经无关联关系董事过半数通过。出席董事会的无关联关系董事人数不足三人的,应将该事项提交上市公司股东大会审议。

其四,公司担保规范。公司向其他企业投资或者为他人提供担保,依照公司章程的规定,由董事会或者股东会、股东大会决议;公司章程对投资或者担保的总额及单项投资或者担保的数额有限额规定的,不得超过规定的限额。公司为公司股东或者实际控制人提供担保的,必须经股东会或者股东大会决议。

接受公司担保的股东或者受实际控制人支配的股东,不得参加该担保事项的表决。该项表决由出席会议的其他股东所持表决权的过半数通过。

其五,特别事项的通过。上市公司在一年内购买、出售重大资产或者担保金额超过公司资产总额百分之三十的,应当由股东大会作出决议,并经出席会议的股东所持表决权的三分之二以上通过。

其六,公司决议的无效或撤销。公司股东会或者股东大会、董事会的决议内容违反法律、行政法规的无效。股东会或者股东大会、董事会的会议召集程序、表决方式违反法律、行政法规或者公司章程,或者决议内容违反公司章程的,股东可以自决议作出之日起 60 日内,请求人民法院撤销。股东依照规定提起诉讼的,人民法院可以应公司的请求，要求股东提供相应担保。公司根据股东会或者股东大会、董事会决议已办理变更登记的，人民法院宣告该决议无效或者撤销该决议后，公司应当向公司登记机关申请撤销变更登记。

五、公司运行中的信息控制

（一）重要资料的置备与披露

股份有限公司应当将公司章程、股东名册、公司债券存根、股东大会会议记录、董事会会议记录、监事会会议记录、财务会计报告置备于本公司。

公司应当定期向股东披露董事、监事、高级管理人员从公司获得报酬的情况。

（二）财务信息规范

其一，公司财务与会计制度。公司应当依照法律、行政法规和国务院财政部门的规定建立本公司的财务、会计制度。

其二，真实提供会计资料。公司应当向聘用的会计师事务所提供真实、完整的会计凭证、会计账簿、财务会计报告及其他会计资料，不得拒绝、隐匿、谎报。

其三，会计账簿。公司除法定的会计账簿外，不得另立会计账簿。对公司资产，不得以任何个人名义开立账户存储。

其四，财务会计报告。公司应当在每一会计年度终了时编制财务会计报告，并依法经会计师事务所审计。财务会计报告应当依照法律、行政法规和国务院财政部门的规定制作。

其五，财务会计报告的公示。有限责任公司应当依照公司章程规定的期限将财务会计报告送交各股东。股份有限公司的财务会计报告应当在召开股东大会年会的20日前置备于本公司，供股东查阅；公开发行股票的股份有限公司必须公告其财务会计报告。

其六，聘用、解聘会计师事务所。公司聘用、解聘承办公司审计业务的会计师事务所，依照公司章程的规定，由股东会、股东大会或者董事会决定。公司股东会、股东大会或者董事会就解聘会计师事务所进行表决时,应当允许会计师事务所陈述意见。

(三)知情权

1.股东查阅、复制权

股东有权查阅、复制公司章程、股东会会议记录、董事会会议决议、监事会会议决议和财务会计报告。股东可以要求查阅公司会计账簿。股东要求查阅公司会计账簿的,应当向公司提出书面请求,说明目的。公司有合理根据认为股东查阅会计账簿有不正当目的,可能损害公司合法利益的,可以拒绝提供查阅,并应当自股东提出书面请求之日起15日内书面答复股东并说明理由。公司拒绝提供查阅的,股东可以请求人民法院要求公司提供查阅。

2.监事的信息权

监事可以行使检查公司财务的职权。

监事可以列席董事会会议,现场了解公司经营决策信息,并对董事会决议事项提出质询或者建议。

监事会、不设监事会的公司的监事发现公司经营情况异常,可以进行调查;必要时,可以聘请会计师事务所等协助其工作,费用由公司承担。

3.上市公司的信息披露与透明度

公司相关信息对外属于公司商业秘密,公众对于封闭性公司不享有信息权。由于股票公开交易,公众成为上市公司的潜在投资人,上市公司对于公众依据《证券法》履行信息披露义务。

六、公司治理中的法律责任配置

(一)公司治理中的违法责任

公司法设计了严密的违法责任体系,具体包括:虚报注册资本的法律责任,虚假出资的法律责任,抽逃出资的法律责任,另立会计账簿的法律责任,提供虚假财会报告的法律责任,违法提取法定公积金的法律责任,公司合并、分立、减资、清算中违法行为的法律责任,公司在清算期间违法经营活动的法律责任,清算组违法活动的法律责任,资产评估、验资或者验证机构违法的法律责任,公司登记机关违法的法律责任,公司登记机关的上级部门违法的法律责任,假冒公司名义的法律责任,逾期开业、停业、不依法办理变更登记的法律责任,外国公司擅自设立分支机构的法律责任。

同时存在公法上的财产责任和民事赔偿责任时,民事赔偿优先。违反公司法规定构成犯罪的,依法追究刑事责任。

(二)公司治理中的社会责任

《公司法》第 5 条规定,公司从事经营活动,必须遵守法律、行政法规,遵守社会公德、商业道德,诚实守信,接受政府和社会公众的监督,承担社会责任。公司社会责任是指公司不能把利润作为唯一目标,在除对股东和员工承担法律责任外,还要承担对消费者、社区、政府、社会和环境承担责任。公司法还要求公司应遵守法律、法规的规定,合法经营、照章纳税,接受政府的管理、监督和依法干预,公司的经营管理行为应符合道德规范。上市公司对股东的资金安全和收益负责,向股东提供真实、可靠的经营和投资方面的信息,不得欺骗投资者。公司为消费者提供安全、优质的产品和服务,满足消费者的物质和精神需求。对消费者的社会责任要求企业不得欺诈消费者和谋取暴利,对提供的产品质量和服务质量承担责任。公司对员工的责任,考虑雇员的地位、待遇和满足感。公司对资源环境和可持续发展的责任,对环境施加积极的影响。公司应该回馈社区,为社区提供就业机会,进行社区慈善捐助,促进社区文化。

第十二章　合伙企业法

合伙企业法旨在规范合伙企业的行为，保护合伙企业及其合伙人、债权人的合法权益，维护社会经济秩序，促进市场经济的发展。合伙企业及其合伙人必须遵守法律、行政法规，遵守社会公德、商业道德，承担社会责任。合伙企业及其合伙人的合法财产及其权益受法律保护。

第一节　合伙企业概述

一、合伙企业的概念

合伙企业，是指自然人、法人和其他组织依法在中国境内设立的普通合伙企业和有限合伙企业。

普通合伙企业由普通合伙人组成，合伙人对合伙企业债务承担无限连带责任。普通合伙企业名称中应当标明“普通合伙”字样。普通合伙企业包含特殊的普通合伙企业。特殊的普通合伙企业是指非执业合伙人对于因执业合伙人主观故意或者重大过失的执业活动产生的企业债务承担有限责任的普通合伙企业。以专业知识和专门技能为客户提供有偿服务的专业服务机构，可以设立为特殊的普通合伙企业。特殊的普通合伙企业名称中应当标明“特殊普通合伙”字样。

有限合伙企业由普通合伙人和有限合伙人组成，普通合伙人对合伙企业债务承担无限连带责任，有限合伙人以其认缴的出资额为限对合伙企业债务承担责任。有限合伙企业名称中应当标明“有限合伙”字样。

二、合伙企业的法律特征

1. 合伙企业以合伙协议为规则要件。合伙企业存续和运行中涉及的重要事项均在合伙协议中规定，合伙协议是合伙人权利义务和合伙企业事务管理的规则依据。

2. 合伙企业以合伙人共同出资为财产要件。合伙人的出资构成了合伙企业财产，合伙企业的营业财产与合伙人的个人财产之间存在相对明晰的界限。

3. 合伙人共同经营、共享收益、共担风险。合伙人均有经营事务执行权，合伙经营收益共享、风险共担。合伙协议不得约定将全部利润分配给部分合伙人或者由部分合伙人承担全部亏损。

4. 合伙人享有同等的经营管理权。普通合伙企业合伙人享有同等的经营管理权，也可以在合伙协议中约定委托部分合伙人或者非合伙人执行事务。有限合伙企业中的普通合伙人享有经营管理权，有限合伙人不享有经营管理权。

5. 合伙企业是典型的人合性企业。合伙人对于合伙企业债务承担无限连带责任，合伙人之间相互信任，对外转让合伙份额需要得到其他合伙人的一致同意。

三、合伙企业的法律地位

在我国民法上，合伙企业不具有独立的法人资格，属于非法人组织。在商法上合伙企业是一类商事主体，依据商事登记获得主体资格。其法律地位表现在以下方面：

1. 合伙企业财产的相对独立性。合伙企业的财产是营业财产,归属于合伙企业,在常态下构成合伙企业运行和对外承担责任的财产基础。合伙企业应当依照法律、行政法规的规定建立企业财务、会计制度。

2. 合伙企业经营的相对独立性。合伙企业提供商品或服务,在市场中开展经营活动,获得经营利润。合伙企业的生产经营所得和其他所得,按照国家有关税收规定,由合伙人分别缴纳所得税。

3. 合伙企业人格的相对独立性。合伙企业具备相对独立的营业体,合伙企业经过登记取得营业执照,获得商主体资格,开立经营账户。合伙企业可以取字号,以自己的名义开展经营活动;拥有相对独立的利益,拥有相对独立的意志。

4. 合伙企业责任的相对独立性。在正常的生产经营活动中,合伙企业一般独立承担企业责任。只有在出现资不抵债或者解散之后,合伙企业的债务才由合伙人实际承担。

第二节　合伙企业的设立

一、合伙企业设立条件

设立合伙企业的条件包括:(1)有 2 个以上合伙人;(2)有书面合伙协议;(3)有合伙人认缴或者实际缴付的出资;(4)有合伙企业的名称和生产经营场所;(5)法律、行政法规规定的其他条件。

(一)合伙人

1. 合伙人的资格

有限合伙企业由 2 个以上 50 个以下合伙人设立;但是,法律另有规定的除外。有限合伙企业至少应当有一个普通合伙人。

合伙人为自然人的,应当具有完全民事行为能力。

国有独资公司、国有企业、上市公司以及公益性的事业单位、社会团体不得成为普通合伙人。

2. 合伙人的权利

(1)合伙财产的共有权。合伙人在合伙企业中享有所有权者地位,合伙人按份共有合伙企业财产。

(2)合伙企业中的优先权。合伙企业增资时,合伙人享有优先认购权;合伙人转让出资,其他合伙人享有优先受让权。

(3)经营管理权。合伙人对于合伙企业事务享有同等的执行权。

(4)监督权。合伙人有权监督合伙企业事务,有权查阅会计账目。

(5)执行事务合伙人的补偿请求权。执行事务合伙人执行合伙企业事务垫付的费用,应当由合伙企业补偿。

3. 合伙人的义务

(1)出资义务。合伙人应当按照合伙协议约定的出资方式、数额和缴付期限,履行出资义务。有限合伙人应当按照合伙协议的约定按期足额缴纳出资;未按期足额缴纳的,应当承担补缴义务,并对其他合伙人承担违约责任。

(2)信义义务。执行合伙人在执行业务中需要尽到忠诚义务、谨慎义务和勤勉义务。被聘任的合伙企业的经营管理人员,超越合伙企业授权范围履行职务,或者在履行职务过程中因故意或者重大过失给合伙企业造成损失的,依法承担赔偿责任。合伙人不得自营或者同他人合作经营与本合伙企业相竞争的业务。除合伙协议另有约定或者经全体合伙人一致同意外,合伙人不得同本合伙企业进行交易。合伙人不得从事损害本合伙企业利益的活动。

(3)竞业禁止义务。合伙人违反法律规定或者合伙协议的约定,从事与本合伙企业相竞争的业务或者与本合伙企业进行交易的,该收益归合伙企业所有;给合伙企业或者其他合伙人造成损失的,依法承担赔偿责任。

(二)合伙协议

合伙协议依法由全体合伙人协商一致、以书面形式订立。订立合伙协议、设立合伙企业,应当遵循自愿、平等、公平、诚实信用原则。

合伙协议应当载明的事项:(1)合伙企业的名称和主要经营场所的地点;(2)合伙目的和合伙经营范围;(3)合伙人的姓名或者名称、住所;(4)合伙人的出资方式、数额和缴付期限;(5)利润分配、亏损分担方式;(6)合伙事务的执行;(7)入伙与退伙;(8)争议解决办法;(9)合伙企业的解散与清算;(10)违约责任。

设立有限合伙的合伙协议还应当载明的事项:(1)普通合伙人和有限合伙人的姓名或者名称、住所;(2)执行事务合伙人应具备的条件和选择程序;(3)执行事务合伙人权限与违约处理办法;(4)执行事务合伙人的除名条件和更换程序;(5)有限合伙人入伙、退伙的条件、程序以及相关责任;(6)有限合伙人和普通合伙人相互转变程序。

合伙协议经全体合伙人签名、盖章后生效。合伙人按照合伙协议享有权利,履行义务。修改或者补充合伙协议,应当经全体合伙人一致同意;但是,合伙协议另有约定的除外。合伙协议未约定或者约定不明确的事项,由合伙人协商决定;协商不成的,依照有关法律、行政法规的规定处理。合伙人履行合伙协议发生争议的,合伙人可以通过协商或者调解解决。不愿通过协商、调解解决或者协商、调解不成的,可以按照合伙协议约定的仲裁条款或者事后达成的书面仲裁协议,向仲裁机构申请仲裁。合伙协议中未订立仲裁条款,事后又没有达成书面仲裁协议的,可以向人民法院起诉。

（三）合伙的出资

合伙人可以用货币、实物、知识产权、土地使用权或者其他财产权利出资，也可以用劳务出资。有限合伙人可以用货币、实物、知识产权、土地使用权或者其他财产权利作价出资。有限合伙人不得以劳务出资。

合伙人以实物、知识产权、土地使用权或者其他财产权利出资，需要评估作价的，可以由全体合伙人协商确定，也可以由全体合伙人委托法定评估机构评估。

合伙人以劳务出资的，其评估办法由全体合伙人协商确定，并在合伙协议中载明。

以非货币财产出资的，依照法律、行政法规的规定，需要办理财产权转移手续的，应当依法办理。

合伙人按照合伙协议的约定或者经全体合伙人决定，可以增加或者减少对合伙企业的出资。

二、合伙企业设立程序

1. 申请

申请设立合伙企业，应当向企业登记机关提交登记申请书、合伙协议书、合伙人身份证明等文件。

2. 审批

合伙企业的经营范围中有属于法律、行政法规规定在登记前须经批准的项目的，该项经营业务应当依法经过批准，并在登记时提交批准文件。

3. 登记

申请人提交的登记申请材料齐全、符合法定形式，企业登记机关能够当场登记的，应予当场登记，发给营业执照。企业登记机关应当自受理申请之日起 20 日内，作出是否登记的决定。予以登记的，发给营业执照；不予登记的，应当给予书面答复，并说明理由。

有限合伙企业登记事项中应当载明有限合伙人的姓名或者名

称及认缴的出资数额。

三、合伙企业成立

合伙企业的营业执照签发日期，为合伙企业成立日期。合伙企业领取营业执照前，合伙人不得以合伙企业名义从事合伙业务。

四、合伙企业设立分支机构

合伙企业设立分支机构，应当向分支机构所在地的企业登记机关申请登记，领取营业执照。

第三节　合伙企业的事务执行

合伙事务执行人代表企业执行事务，法律后果归属于合伙企业。合伙企业对合伙人执行合伙事务以及对外代表合伙企业权利的限制，不得对抗善意第三人。

一、合伙事务的执行方式

1. 合伙人的事务执行权

合伙人对执行合伙事务享有同等的权利。按照合伙协议的约定或者经全体合伙人决定，可以委托一个或者数个合伙人对外代表合伙企业，执行合伙事务；作为合伙人的法人、其他组织执行合伙事务的，由其委派的代表执行。

2. 合伙事务的委托执行

依法委托一个或者数个合伙人执行合伙事务的，其他合伙人不再执行合伙事务；不执行合伙事务的合伙人有权监督执行事务合伙人执行合伙事务的情况。被聘任的合伙企业的经营管理人员应当在合伙企业授权范围内履行职务。

3. 有限合伙企业的事务执行

有限合伙企业由普通合伙人执行合伙事务。执行事务合伙人可以要求在合伙协议中确定执行事务的报酬及报酬提取方式。

二、合伙企业事务的决定

由一个或者数个合伙人执行合伙事务的，执行事务合伙人应当定期向其他合伙人报告事务执行情况以及合伙企业的经营和财务状况，其执行合伙事务所产生的收益归合伙企业，所产生的费用和亏损由合伙企业承担。合伙人为了解合伙企业的经营状况和财务状况，有权查阅合伙企业会计账簿等财务资料。

合伙人分别执行合伙事务的，执行事务合伙人可以对其他合伙人执行的事务提出异议。提出异议时，应当暂停该项事务的执行。如果发生争议，依照合伙协议约定的表决办法作出决定。受委托执行合伙事务的合伙人不按照合伙协议或者全体合伙人的决定执行事务的，其他合伙人可以决定撤销该委托。

合伙人对合伙企业有关事项作出决议，按照合伙协议约定的表决办法办理。合伙协议未约定或者约定不明确的，实行合伙人一人一票并经全体合伙人过半数通过的表决办法。法律对合伙企业的表决办法另有规定的，从其规定。

除合伙协议另有约定外，合伙企业的下列事项应当经全体合伙人一致同意：(1)改变合伙企业的名称；(2)改变合伙企业的经营范围、主要经营场所的地点；(3)处分合伙企业的不动产；(4)转让或者处分合伙企业的知识产权和其他财产权利；(5)以合伙企业名义为他人提供担保；(6)聘任合伙人以外的人担任合伙企业的经营管理人员。

三、合伙企业的利润分配与亏损分担

合伙企业的利润分配、亏损分担，按照合伙协议的约定办理；合伙协议未约定或者约定不明确的，由合伙人协商决定；协商不成的，由合伙人按照实缴出资比例分配、分担；无法确定出资比例的，由合伙人平均分配、分担。

四、有限合伙人的权利与限制

1. 有限合伙人不执行合伙事务，不得对外代表有限合伙企业。

有限合伙人的下列行为,不视为执行合伙事务:(1)参与决定普通合伙人入伙、退伙;(2)对企业的经营管理提出建议;(3)参与选择承办有限合伙企业审计业务的会计师事务所;(4)获取经审计的有限合伙企业财务会计报告;(5)对涉及自身利益的情况,查阅有限合伙企业财务会计账簿等财务资料;(6)在有限合伙企业中的利益受到侵害时,向有责任的合伙人主张权利或者提起诉讼;(7)执行事务合伙人怠于行使权利时,督促其行使权利或者为了该企业的利益以自己的名义提起诉讼;(8)依法为该企业提供担保。

2. 有限合伙企业不得将全部利润分配给部分合伙人;但是,合伙协议另有约定的除外。

3. 有限合伙人可以同本有限合伙企业进行交易;但是,合伙协议另有约定的除外。

4. 有限合伙人可以自营或者同他人合作经营与本有限合伙企业相竞争的业务;但是,合伙协议另有约定的除外。

5. 有限合伙人可以将其在有限合伙企业中的财产份额出质;但是,合伙协议另有约定的除外。

6. 有限合伙人可以按照合伙协议的约定向合伙人以外的人转让其在有限合伙企业中的财产份额,但应当提前30日通知其他合伙人。

第四节　合伙企业的财产与责任形式

一、合伙企业财产

(一)合伙企业财产范围

合伙企业财产属于合伙人共有,合伙人的出资、以合伙企业名义取得的收益和依法取得的其他财产,均为合伙企业的财产。

合伙人在合伙企业清算前,不得请求分割合伙企业的财产;但是,法律另有规定的除外。

合伙人在合伙企业清算前私自转移或者处分合伙企业财产的,合伙企业不得以此对抗善意第三人。

(二)合伙企业财产份额转让

除合伙协议另有约定外,合伙人向合伙人以外的人转让其在合伙企业中的全部或者部分财产份额时,须经其他合伙人一致同意。合伙人之间转让在合伙企业中的全部或者部分财产份额时,应当通知其他合伙人。

合伙人向合伙人以外的人转让其在合伙企业中的财产份额的,在同等条件下,其他合伙人有优先购买权;但是,合伙协议另有约定的除外。

合伙人以外的人依法受让合伙人在合伙企业中的财产份额的,经修改合伙协议即成为合伙企业的合伙人,依照法律规定和修改后的合伙协议享有权利,履行义务。

(三)合伙企业财产份额出质

合伙人以其在合伙企业中的财产份额出质的,须经其他合伙人一致同意;未经其他合伙人一致同意,其行为无效,由此给善意第三人造成损失的,由行为人依法承担赔偿责任。

二、合伙企业中的责任

(一)合伙企业对外责任的一般规则

合伙企业对其债务应先以其全部财产进行清偿。合伙企业不能清偿到期债务的,合伙人承担无限连带责任。合伙人由于承担无限连带责任,清偿数额超过依法应承担的亏损分担比例的,有权向其他合伙人追偿。

合伙人发生与合伙企业无关的债务,相关债权人不得以其债权抵销其对合伙企业的债务;也不得代位行使合伙人在合伙企业中的权利。

合伙人的自有财产不足清偿其与合伙企业无关的债务的，该合伙人可以以其从合伙企业中分取的收益用于清偿；债权人也可以依法请求人民法院强制执行该合伙人在合伙企业中的财产份额用于清偿。人民法院强制执行合伙人的财产份额时，应当通知全体合伙人，其他合伙人有优先购买权；其他合伙人未购买，又不同意将该财产份额转让给他人的，依法为该合伙人办理退伙结算，或者办理削减该合伙人相应财产份额的结算。

（二）特殊的普通合伙企业的对外责任

一个合伙人或者数个合伙人在执业活动中因故意或者重大过失造成合伙企业债务的，应当承担无限责任或者无限连带责任，其他合伙人以其在合伙企业中的财产份额为限承担责任。合伙人在执业活动中非因故意或者重大过失造成的合伙企业债务以及合伙企业的其他债务，由全体合伙人承担无限连带责任。

合伙人执业活动中因故意或者重大过失造成的合伙企业债务，以合伙企业财产对外承担责任后，该合伙人应当按照合伙协议的约定对给合伙企业造成的损失承担赔偿责任。

特殊的普通合伙企业应当建立执业风险基金、办理职业保险。执业风险基金用于偿付合伙人执业活动造成的债务。执业风险基金应当单独立户管理。

（三）有限合伙人的责任

有限合伙人的自有财产不足清偿其与合伙企业无关的债务的，该合伙人可以以其从有限合伙企业中分取的收益用于清偿；债权人也可以依法请求人民法院强制执行该合伙人在有限合伙企业中的财产份额用于清偿。人民法院强制执行有限合伙人的财产份额时，应当通知全体合伙人。在同等条件下，其他合伙人有优先购买权。

第三人有理由相信有限合伙人为普通合伙人并与其交易的，该有限合伙人对该笔交易承担与普通合伙人同样的责任。有限合伙人未经授权以有限合伙企业名义与他人进行交易,给有限合伙企业或者其他合伙人造成损失的,该有限合伙人应当承担赔偿责任。

新入伙的有限合伙人对入伙前有限合伙企业的债务,以其认缴的出资额为限承担责任。

第五节　合伙企业的变更、解散、清算

一、合伙企业的变更

合伙企业的变更是指企业登记事项发生变更。合伙企业登记事项发生变更的,执行合伙事务的合伙人应当自作出变更决定或者发生变更事由之日起 15 日内,向企业登记机关申请办理变更登记。

(一)入伙

入伙涉及合伙人的增加和原有合伙企业内部的利益结构和信任关系改变。

1. 入伙定义

入伙指合伙人以外的第三人加入已经存在的合伙企业并获得合伙人地位。

2. 入伙程序

新合伙人入伙,除合伙协议另有约定外,应当经全体合伙人一致同意,并依法订立书面入伙协议。

订立入伙协议时,原合伙人应当向新合伙人如实告知原合伙企业的经营状况和财务状况。

3. 入伙效力

其一,获得合伙人身份。入伙的新合伙人与原合伙人享有同等权利,承担同等责任。入伙协议另有约定的,从其约定。

其二,新合伙人对入伙前合伙企业的债务承担无限连带责任。

(二)退伙

退伙涉及合伙企业的稳定和合伙企业债务的分摊问题,既要保障合伙人退伙自由,也要保障合伙企业、其他合伙人和债权人利益。

1. 退伙的定义

退伙指原合伙人依法退出合伙企业,丧失合伙人地位。

2. 退伙的类型

其一,自愿退伙。自愿退伙指依据合伙人意愿的退伙。合伙协议约定合伙期限的,在合伙企业存续期间,合伙人可以退伙的法定情形包括:(1)合伙协议约定的退伙事由出现;(2)经全体合伙人一致同意;(3)发生合伙人难以继续参加合伙的事由;(4)其他合伙人严重违反合伙协议约定的义务。

合伙协议未约定合伙期限的,合伙人在不给合伙企业事务执行造成不利影响的情况下,可以退伙,但应当提前 30 日通知其他合伙人。合伙人违反法律规定退伙的,应当赔偿由此给合伙企业造成的损失。

其二,开除退伙。开除退伙指合伙人在法定条件下经其他合伙人一致同意而被迫退伙。可以决议除名的情形包括:(1)未履行出资义务;(2)因故意或者重大过失给合伙企业造成损失;(3)执行合伙事务时有不正当行为;(4)发生合伙协议约定的事由。

对合伙人的除名决议应当书面通知被除名人。被除名人接到除名通知之日,除名生效,被除名人退伙。被除名人对除名决议有异议的,可以自接到除名通知之日起 30 日内,向人民法院起诉。

其三,当然退伙。当然退伙指依据法律直接规定的退伙,退伙事由实际发生之日为退伙生效日。合伙人当然退伙的情形包括:(1)作为合伙人的自然人死亡或者被依法宣告死亡;(2)个人丧失偿债能力;(3)作为合伙人的法人或者其他组织依法被吊销营业执照、责令关闭、撤销,或者被宣告破产;(4)法律规定或者合伙协议约定合伙人必须具有相关资格而丧失该资格;(5)合伙人在合伙企业中的全部财产份额被人民法院强制执行。

合伙人被依法认定为无民事行为能力人或者限制民事行为能力人的,经其他合伙人一致同意,可以依法转为有限合伙人,普通合伙企业依法转为有限合伙企业。其他合伙人未能一致同意的,该无民事行为能力或者限制民事行为能力的合伙人退伙。

3. 退伙的效力

其一,退伙人丧失合伙人身份。基于合伙协议产生的合伙人之间的关系、退伙人与合伙企业之间的关系以及与合伙企业债权人之间的关系解除。

其二,退伙合伙人财产份额退还。合伙人退伙,其他合伙人应当与该退伙人按照退伙时的合伙企业财产状况进行结算,退还退伙人的财产份额。退伙人对给合伙企业造成的损失负有赔偿责任的,相应扣减其应当赔偿的数额。退伙时有未了结的合伙企业事务的,待该事务了结后进行结算。退伙人在合伙企业中财产份额的退还办法,由合伙协议约定或者由全体合伙人决定,可以退还货币,也可以退还实物。

其三,退伙人对合伙企业债务的责任。退伙人对基于其退伙前的原因发生的合伙企业债务,承担无限连带责任。合伙人退伙时,合伙企业财产少于合伙企业债务的,退伙人应当依法分担亏损。

4. 有限合伙人的退伙

有限合伙人符合当然退伙法定情形的,当然退伙。但有限合伙人丧失偿债能力不构成当然退伙。作为有限合伙人的自然人在有限合伙企业存续期间丧失民事行为能力的,其他合伙人不得因此要求其退伙。

作为有限合伙人的自然人死亡、被依法宣告死亡或者作为有限合伙人的法人及其他组织终止时,其继承人或者权利承受人可以依法取得该有限合伙人在有限合伙企业中的资格。

有限合伙人退伙后,对基于其退伙前的原因发生的有限合伙企业债务,以其退伙时从有限合伙企业中取回的财产承担责任。

5. 合伙人的身份转换

除合伙协议另有约定外,普通合伙人转变为有限合伙人,或者有限合伙人转变为普通合伙人,应当经全体合伙人一致同意。

有限合伙人转变为普通合伙人的,对其作为有限合伙人期间有限合伙企业发生的债务承担无限连带责任。

普通合伙人转变为有限合伙人的,对其作为普通合伙人期间合伙企业发生的债务承担无限连带责任。

(三)合伙份额的继承

合伙人死亡或者被依法宣告死亡的,对该合伙人在合伙企业中的财产份额享有合法继承权的继承人,按照合伙协议的约定或者经全体合伙人一致同意,从继承开始之日起,取得该合伙企业的合伙人资格。

合伙企业应当向合伙人的继承人退还被继承合伙人的财产份额的情形包括:(1)继承人不愿意成为合伙人;(2)法律规定或者合伙协议约定合伙人必须具有相关资格,而该继承人未取得该资格;(3)合伙协议约定不能成为合伙人的其他情形。

合伙人的继承人为无民事行为能力人或者限制民事行为能力人的,经全体合伙人一致同意,可以依法成为有限合伙人,普通合伙企业依法转为有限合伙企业。全体合伙人未能一致同意的,合伙企业应当将被继承合伙人的财产份额退还该继承人。

二、合伙企业的解散

合伙企业应当解散的情形包括:(1)合伙期限届满,合伙人决定不再经营;(2)合伙协议约定的解散事由出现;(3)全体合伙人决定解散;(4)合伙人已不具备法定人数满30天;(5)合伙协议约定的合伙目的已经实现或者无法实现;(6)依法被吊销营业执照、责令关闭或者被撤销;(7)法律、行政法规规定的其他原因。

有限合伙企业仅剩有限合伙人的,应当解散;有限合伙企业仅剩普通合伙人的,转为普通合伙企业。

三、合伙企业的清算

合伙企业解散,应当由清算人进行清算。清算人由全体合伙人担任;经全体合伙人过半数同意,可以自合伙企业解散事由出现后15日内指定一个或者数个合伙人,或者委托第三人,担任清算人。自合伙企业解散事由出现之日起15日内未确定清算人的,合伙人或者其他利害关系人可以申请人民法院指定清算人。

清算人在清算期间执行下列事务:(1)清理合伙企业财产,分别编制资产负债表和财产清单;(2)处理与清算有关的合伙企业未了结事务;(3)清缴所欠税款;(4)清理债权、债务;(5)处理合伙企业清偿债务后的剩余财产;(6)代表合伙企业参加诉讼或者仲裁活动。

清算人自被确定之日起10日内将合伙企业解散事项通知债权人,并于60日内在报纸上公告。债权人应当自接到通知书之日起30日内,未接到通知书的自公告之日起45日内,向清算人申报债权。债权人申报债权,应当说明债权的有关事项,并提供证明材料。清算人应当对债权进行登记。清算期间,合伙企业存续,但不得开展与清算无关的经营活动。

合伙企业财产在支付清算费用和职工工资、社会保险费用、法定补偿金以及缴纳所欠税款、清偿债务后的剩余财产,依法进行分配。

清算结束,清算人应当编制清算报告,经全体合伙人签名、盖章后,在15日内向企业登记机关报送清算报告,申请办理合伙企业注销登记。

合伙企业注销后，原普通合伙人对合伙企业存续期间的债务仍应承担无限连带责任。

四、合伙企业的破产

合伙企业不能清偿到期债务的，债权人可以依法向人民法院提出破产清算申请，也可以要求普通合伙人清偿。合伙企业依法被宣告破产的，普通合伙人对合伙企业债务仍应承担无限连带责任。

第六节　合伙企业的法律责任

一、相关民事责任

合伙企业登记事项发生变更，执行合伙事务的合伙人未按期申请办理变更登记的，应当赔偿由此给合伙企业、其他合伙人或者善意第三人造成的损失。

合伙人执行合伙事务，或者合伙企业从业人员利用职务上的便利，将应当归合伙企业的利益据为己有的，或者采取其他手段侵占合伙企业财产的，应当将该利益和财产退还合伙企业；给合伙企业或者其他合伙人造成损失的，依法承担赔偿责任。

合伙人对法律规定或者合伙协议约定必须经全体合伙人一致同意始得执行的事务擅自处理，给合伙企业或者其他合伙人造成损失的，依法承担赔偿责任。

不具有事务执行权的合伙人擅自执行合伙事务，给合伙企业或者其他合伙人造成损失的，依法承担赔偿责任。

清算人未依法律规定向企业登记机关报送清算报告，或者报送清算报告隐瞒重要事实，或者有重大遗漏的，由企业登记机关责令改正。由此产生的费用和损失，由清算人承担和赔偿。

清算人执行清算事务，牟取非法收入或者侵占合伙企业财产的，应当将该收入和侵占的财产退还合伙企业；给合伙企业或者其他合伙人造成损失的，依法承担赔偿责任。

清算人违反法律规定，隐匿、转移合伙企业财产，对资产负债表或者财产清单作虚假记载，或者在未清偿债务前分配财产，损害债权人利益的，依法承担赔偿责任。

合伙人违反合伙协议的，应当依法承担违约责任。

二、相关行政责任

违反合伙企业法规定，提交虚假文件或者采取其他欺骗手段，取得合伙企业登记的，由企业登记机关责令改正，处以 5000 元以上 5 万元以下的罚款；情节严重的，撤销企业登记，并处以 5 万元以上 20 万元以下的罚款。

违反合伙企业法规定，合伙企业未在其名称中标明“普通合伙”、“特殊普通合伙”或者“有限合伙”字样的，由企业登记机关责令限期改正，处以 2000 元以上 1 万元以下的罚款。

违反合伙企业法规定，未领取营业执照，而以合伙企业或者合伙企业分支机构名义从事合伙业务的，由企业登记机关责令停止，处以 5000 元以上 5 万元以下的罚款。合伙企业登记事项发生变更时，未依照法律规定办理变更登记的，由企业登记机关责令限期登记；逾期不登记的，处以 2000 元以上 2 万元以下的罚款。

有关行政管理机关的工作人员违反合伙企业法规定，滥用职权、徇私舞弊、收受贿赂、侵害合伙企业合法权益的，依法给予行政处分。

三、相关刑事责任

违反合伙企业法规定，构成犯罪的，依法追究刑事责任。

四、相关责任冲突的承担顺序

违反合伙企业法规定，应当承担民事赔偿责任和缴纳罚款、罚金，其财产不足以同时支付的，先承担民事赔偿责任。

第十三章　个人企业法

第一节　个人独资企业法

个人独资企业法规范个人独资企业的行为，保护个人独资企业投资人和债权人的合法权益，维护社会经济秩序，促进社会主义市场经济的发展，国家依法保护个人独资企业的财产和其他合法权益。

一、个人独资企业概述

（一）个人独资企业的概念

个人独资企业，是指依法在中国境内设立，由一个自然人投资，财产为投资人个人所有，投资人以其个人财产对企业债务承担无限责任的经营实体。

个人独资企业以其主要办事机构所在地为住所。

个人独资企业从事经营活动必须遵守法律、行政法规，遵守诚实信用原则，不得损害社会公共利益。个人独资企业应当依法履行纳税义务。

（二）个人独资企业的保护政策

个人独资企业可以依法申请贷款、取得土地使用权，并享有法律、行政法规规定的其他权利。

任何单位和个人不得违反法律、行政法规的规定，以任何方式强制个人独资企业提供财力、物力、人力；对于违法强制提供财力、物力、人力的行为，个人独资企业有权拒绝。违反法律、行政法规的规定强制个人独资企业提供财力、物力、人力的，按照有关法律、行政法规予以处罚，并追究有关责任人员的责任。

二、个人独资企业的设立与变更

（一）个人独资企业的设立

1. 设立个人独资企业应当具备的条件

（1）投资人为一个自然人。法律、行政法规禁止从事营利性活动的人，不得作为投资人申请设立个人独资企业。（2）有合法的企业名称。个人独资企业的名称应当与其责任形式及从事的营业相符合。（3）有投资人申报的出资。（4）有固定的生产经营场所和必要的生产经营条件。（5）有必要的从业人员。

2. 设立个人独资企业程序

申请设立个人独资企业，应当由投资人或者其委托的代理人向个人独资企业所在地的登记机关提交设立申请书、投资人身份证明、生产经营场所使用证明等文件。委托代理人申请设立登记时，应当出具投资人的委托书和代理人的合法证明。

个人独资企业不得从事法律、行政法规禁止经营的业务；从事法律、行政法规规定须报经有关部门审批的业务，应当在申请设立登记时提交有关部门的批准文件。

个人独资企业设立申请书应当载明下列事项：（1）企业的名称和住所；（2）投资人的姓名和居所；（3）投资人的出资额和出资方式；（4）经营范围。

登记机关应当在收到设立申请文件之日起 15 日内，对符合法定条件的，予以登记，发给营业执照；对不符合法律规定条件的，不予登记，并应当给予书面答复，说明理由。

个人独资企业的营业执照的签发日期,为个人独资企业成立日期。在领取个人独资企业营业执照前,投资人不得以个人独资企业名义从事经营活动。

3. 个人独资企业的分支机构

个人独资企业设立分支机构,应当由投资人或者其委托的代理人向分支机构所在地的登记机关申请登记,领取营业执照。分支机构经核准登记后,应将登记情况报该分支机构隶属的个人独资企业的登记机关备案。分支机构的民事责任由设立该分支机构的个人独资企业承担。

(二)个人独资企业的变更

个人独资企业存续期间登记事项发生变更的,应当在作出变更决定之日起的 15 日内依法向登记机关申请办理变更登记。

三、个人独资企业的投资人及事务管理

(一)个人独资企业投资人的权责范围

个人独资企业投资人对本企业的财产依法享有所有权,其有关权利可以依法进行转让或继承。

个人独资企业投资人在申请企业设立登记时明确以其家庭共有财产作为个人出资的,应当依法以家庭共有财产对企业债务承担无限责任。

(二)个人独资企业的事务管理

1. 个人独资企业事务管理模式

个人独资企业投资人可以自行管理企业事务,也可以委托或者聘用其他具有民事行为能力的人负责企业的事务管理。投资人委托或者聘用他人管理个人独资企业事务,应当与受托人或者被聘用的人签订书面合同,明确委托的具体内容和授予的权利范围。

受托人或者被聘用的人员应当履行诚信、勤勉义务,按照与投资人签订的合同负责个人独资企业的事务管理。投资人对受托人或者被聘用的人员职权的限制,不得对抗善意第三人。

2. 个人独资企业事务管理人的禁止行为

投资人委托或者聘用的管理个人独资企业事务的人员不得有下列行为:(1)利用职务上的便利,索取或者收受贿赂;(2)利用职务或者工作上的便利侵占企业财产;(3)挪用企业的资金归个人使用或者借贷给他人;(4)擅自将企业资金以个人名义或者以他人名义开立账户储存;(5)擅自以企业财产提供担保;(6)未经投资人同意,从事与本企业相竞争的业务;(7)未经投资人同意,同本企业订立合同或者进行交易;(8)未经投资人同意,擅自将企业商标或者其他知识产权转让给他人使用;(9)泄露本企业的商业秘密;(10)法律、行政法规禁止的其他行为。

3. 个人独资企业的财务会计

个人独资企业应当依法设置会计账簿,进行会计核算。

4. 个人独资企业职工权益保护

个人独资企业应当依法招用职工。个人独资企业招用职工的,应当依法与职工签订劳动合同,保障职工的劳动安全,按时、足额发放职工工资。个人独资企业应当按照国家规定参加社会保险,为职工缴纳社会保险费。个人独资企业职工依法建立工会,工会依法开展活动。

四、个人独资企业的解散和清算

1. 个人独资企业应当解散的情形

个人独资企业应当解散的情形包括:(1)投资人决定解散;(2)投资人死亡或者被宣告死亡,无继承人或者继承人决定放弃继承;(3)被依法吊销营业执照;(4)法律、行政法规规定的其他情形。

2. 个人独资企业清算

个人独资企业解散,由投资人自行清算或者由债权人申请人民法院指定清算人进行清算。投资人自行清算的,应当在清算前

15日内书面通知债权人,无法通知的,应当予以公告。债权人应当在接到通知之日起30日内,未接到通知的应当在公告之日起60日内,向投资人申报其债权。

个人独资企业解散的,财产应当按照下列顺序清偿:(1)所欠职工工资和社会保险费用;(2)所欠税款;(3)其他债务。

清算期间,个人独资企业不得开展与清算目的无关的经营活动。在按前条规定清偿债务前,投资人不得转移、隐匿财产。

个人独资企业财产不足以清偿债务的,投资人应当以其个人的其他财产予以清偿。

个人独资企业清算结束后,投资人或者人民法院指定的清算人应当编制清算报告,并于15日内到登记机关办理注销登记。

个人独资企业解散后,原投资人对个人独资企业存续期间的债务仍应承担偿还责任,但债权人在5年内未向债务人提出偿债请求的,该责任消灭。

五、个人独资企业相关法律责任

(一)个人独资企业及投资人法律责任

提交虚假文件或采取其他欺骗手段,取得企业登记的,责令改正,处以5000元以下的罚款;情节严重的,并处吊销营业执照。

个人独资企业使用的名称与其在登记机关登记的名称不相符合的,责令限期改正,处以2000元以下的罚款。

涂改、出租、转让营业执照的,责令改正,没收违法所得,处以3000元以下的罚款;情节严重的,吊销营业执照。伪造营业执照的,责令停业,没收违法所得,处以5000元以下的罚款。构成犯罪的,依法追究刑事责任。

个人独资企业成立后无正当理由超过6个月未开业的,或者开业后自行停业连续6个月以上的,吊销营业执照。

未领取营业执照,以个人独资企业名义从事经营活动的,责令停止经营活动,处以3000元以下的罚款。

个人独资企业登记事项发生变更时，未按法律规定办理有关变更登记的，责令限期办理变更登记；逾期不办理的，处以 2000 元以下的罚款。

投资人委托或者聘用的人员管理个人独资企业事务时违反双方订立的合同，给投资人造成损害的，承担民事赔偿责任。

个人独资企业违反法律规定，侵犯职工合法权益，未保障职工劳动安全，不缴纳社会保险费用的，按照有关法律、行政法规予以处罚，并追究有关责任人员的责任。

投资人委托或者聘用的人员违反法律规定，侵犯个人独资企业财产权益的，责令退还侵占的财产；给企业造成损失的，依法承担赔偿责任；有违法所得的，没收违法所得；构成犯罪的，依法追究刑事责任。

个人独资企业及其投资人在清算前或清算期间隐匿或转移财产，逃避债务的，依法追回其财产，并按照有关规定予以处罚；构成犯罪的，依法追究刑事责任。

投资人违反法律规定，应当承担民事赔偿责任和缴纳罚款、罚金，其财产不足以支付的，或者被判处没收财产的，应当先承担民事赔偿责任。

（二）登记机关法律责任

登记机关对不符合法定条件的个人独资企业予以登记，或者对符合法律规定条件的企业不予登记的，对直接责任人员依法给予行政处分；构成犯罪的，依法追究刑事责任。

登记机关的上级部门的有关主管人员强令登记机关对不符合法律规定条件的企业予以登记，或者对符合法定条件的企业不予登记的，或者对登记机关的违法登记行为进行包庇的，对直接责任人员依法给予行政处分；构成犯罪的，依法追究刑事责任。

登记机关对符合法定条件的申请不予登记或者超过法定时限不予答复的，当事人可依法申请行政复议或提起行政诉讼。

第二节　个体工商户

个体工商户是在我国改革开放过程中形成的生产经营组织，是我国本土原创的商业组织形式，属于小微企业范畴，在经济社会发展和扩大就业中发挥重要作用。

一、个体工商户概述

（一）个体工商户定义

个体工商户是指自然人依法登记从事工商业经营，以户为基础的经营组织。个体工商户可以起字号。香港特别行政区、澳门特别行政区永久性居民中的中国公民，中国台湾地区居民可以按照国家有关规定，申请登记为个体工商户。

个体工商户可以个人经营，也可以家庭经营。个体工商户的债务，个人经营的，以个人财产承担；家庭经营的，以家庭财产承担；无法区分的，以家庭财产承担。

（二）个体工商户法律政策

国家保护个体工商户的合法权益，鼓励、支持和引导个体工商户健康发展，个体工商户的合法权益受法律保护，任何单位和个人不得侵害。

国家对个体工商户实行市场平等准入、公平待遇的原则。申请办理个体工商户登记，申请登记的经营范围不属于法律、行政法规禁止进入的行业的，登记机关应当依法予以登记。

任何部门和单位不得向个体工商户集资、摊派，不得强行要求个体工商户提供赞助或者接受有偿服务。

地方各级人民政府和县级以上人民政府有关部门应当采取措施，在经营场所、创业和职业技能培训、职业技能鉴定、技术创新、参加社会保险等方面，为个体工商户提供支持、便利和信息咨询等服务。

依法成立的个体劳动者协会在市场监督管理部门指导下,为个体工商户提供服务,维护个体工商户合法权益,引导个体工商户诚信自律。个体工商户自愿加入个体劳动者协会。

二、个体工商户的设立、变更、终止、转变

(一)个体工商户的设立

申请登记为个体工商户,应当向经营场所所在地登记机关申请注册登记。申请人应当提交登记申请书、身份证明和经营场所证明。个体工商户登记事项包括经营者姓名和住所、组成形式、经营范围、经营场所。个体工商户使用名称的,名称作为登记事项。

县、自治县、不设区的市、市辖区市场监督管理部门为个体工商户的登记机关。登记机关按照国务院市场监督管理部门的规定,可以委托其下属市场监督管理所办理个体工商户登记。

登记机关对申请材料依法审查后,按照规定办理:(1)申请材料齐全、符合法定形式的,当场予以登记;申请材料不齐全或者不符合法定形式要求的,当场告知申请人需要补正的全部内容;(2)需要对申请材料的实质性内容进行核实的,依法进行核查,并自受理申请之日起15日内作出是否予以登记的决定;(3)不符合个体工商户登记条件的,不予登记并书面告知申请人,说明理由,告知申请人有权依法申请行政复议、提起行政诉讼。予以注册登记的,登记机关应当自登记之日起10日内发给营业执照。电子营业执照与纸质营业执照具有同等法律效力。

(二)个体工商户的变更

个体工商户登记事项变更的,应当向登记机关申请办理变更登记。个体工商户变更经营者的,应当在办理注销登记后,由新的经营者重新申请办理注册登记。家庭经营的个体工商户在家庭成员间变更经营者的,依法办理变更手续。

申请注册登记或者变更登记的登记事项属于依法须取得行政许可的,应当向登记机关提交许可证明。

(三)个体工商户的终止

个体工商户不再从事经营活动的,应当到登记机关办理注销登记。

(四)个体工商户转变为企业

个体工商户申请转变为企业组织形式,符合法定条件的,登记机关和有关行政机关应当为其提供便利。

三、个体工商户的监管与服务

个体工商户从事经营活动,应当遵守法律、法规,遵守社会公德、商业道德,诚实守信,接受政府及其有关部门依法实施的监督。市场监督管理部门和县级以上人民政府其他有关部门应当依法对个体工商户实行监督和管理。

(一)登记服务

登记机关和有关行政机关应当在其政府网站和办公场所,以便于公众知晓的方式公布个体工商户申请登记和行政许可的条件、程序、期限、需要提交的全部材料目录和收费标准等事项。登记机关和有关行政机关应当为申请人申请行政许可和办理登记提供指导和查询服务。

(二)经营场地支持

地方各级人民政府应当将个体工商户所需生产经营场地纳入城乡建设规划,统筹安排。个体工商户经批准使用的经营场地,任何单位和个人不得侵占。

(三)金融支持

个体工商户可以凭营业执照及税务登记证明,依法在银行或者其他金融机构开立账户,申请贷款。金融机构应当改进和完善金融服务,为个体工商户申请贷款提供便利。

（四）税务监管

个体工商户在领取营业执照后，应当依法办理税务登记。个体工商户税务登记内容发生变化的，应当依法办理变更或者注销税务登记。

（五）用工监管

个体工商户可以根据经营需要招用从业人员。个体工商户应当依法与招用的从业人员订立劳动合同，履行法律、行政法规规定和合同约定的义务，不得侵害从业人员的合法权益。

（六）信息监管

个体工商户应当于每年1月1日至6月30日，向登记机关报送年度报告。个体工商户应当对其年度报告的真实性、合法性负责。个体工商户年度报告办法由国务院工商行政管理部门制定。登记机关将未按照规定履行年度报告义务的个体工商户载入经营异常名录，并在企业信用信息公示系统上向社会公示。登记机关接收个体工商户年度报告和抽查不得收取任何费用。

四、个体工商户相关法律责任

个体工商户提交虚假材料骗取注册登记，或者伪造、涂改、出租、出借、转让营业执照的，由登记机关责令改正，处4000元以下的罚款；情节严重的，撤销注册登记或者吊销营业执照。

个体工商户登记事项变更，未办理变更登记的，由登记机关责令改正，处1500元以下的罚款；情节严重的，吊销营业执照。个体工商户未办理税务登记的，由税务机关责令限期改正；逾期未改正的，经税务机关提请，由登记机关吊销营业执照。

在个体工商户营业执照有效期内，有关行政机关依法吊销、撤销个体工商户的行政许可，或者行政许可有效期届满的，应当自吊销、撤销行政许可或者行政许可有效期届满之日起5个工作日内通知登记机关，由登记机关撤销注册登记或者吊销营业执照，或者责令当事人依法办理变更登记。

市场监督管理部门以及其他有关部门应当加强个体工商户管理工作的信息交流,逐步建立个体工商户管理信息系统。

市场监督管理部门以及其他有关部门的工作人员,滥用职权、徇私舞弊、收受贿赂或者侵害个体工商户合法权益的,依法给予处分;构成犯罪的,依法追究刑事责任。

参考文献

一、著作类

1. 张国键:《商事法论》,台北,三民书局 1980 年版。

2. 董安生等:《中国商法总论》,吉林人民出版社 1994 年版。

3. 王保树主编:《中国商事法》,人民法院出版社 2000 年版。

4. 赵万一主编:《商法学》,法律出版社 2001 年版。

5. 张民安、龚赛红:《商法总则》,中山大学出版社 2004 年版。

6. 雷兴虎主编:《商法学》,人民法院出版社、中国人民公安大学出版社 2003 年版。

7. 徐学鹿:《什么是现代商法——创新中国市场经济商法理论与实践的思索》,中国法制出版社 2003 年版。

8. 施天涛:《商法学》,法律出版社 2003 年版。

9. 范健主编:《商法》(第二版),高等教育出版社、北京大学出版社 2002 年版。

10. 范健:《德国商法》,中国大百科全书出版社 1993 年版。

11. 赵中孚主编:《商法总论》,中国人民大学出版社 1999 年版。

12. 陈醇:《商法原理重述》,法律出版社 2010 年版。

13. 江平编著:《西方国家民商法概要》,法律出版社 1984 年版。

14. 赵旭东:《企业与公司法纵论》,法律出版社 2003 年版。

15. 顾功耘主编:《公司法》,北京大学出版社 2001 年版。

16. 马俊驹、余延满:《民法原论》(第 2 版),法律出版社 2005 年版。

17. 李宜琛:《民法总则》,台北,正中书局 1977 年版。

18. 童列春:《商法学基础理论体系建构:以商人身份化、行为制度化、财产功能化为基点》,法律出版社 2008 年版。

19. 谢怀栻:《外国民商法精要》,法律出版社 2002 年版。

20. 徐国栋:《民法基本原则解释——成文法局限性之克服》,中国政法大学出版社 1992 年版。

21. 程合红:《商事人格权论——人格权的经济利益内涵及其实现与保护》,中国人民大学出版社 2002 年版。

22.《德国商法典》,卢谌、杜景林译,中国政法大学出版社 2000 年版。

23. 梁慧星:《民法解释学》,中国政法大学出版社 2000 年版。

24. 徐卫东主编:《商法基本问题研究》,法律出版社 2002 年版。

25. [美]黄仁宇:《资本主义与二十一世纪》,生活·读书·新知三联书店 1997 年版。

26. [美]艾伦·沃森:《民法法系的演变及形成》,李静冰、姚新华译,中国政法大学出版社 1992 年版。

27. [比]亨利·皮朗:《中世纪欧洲经济社会史》,乐文译,上海人民出版社 1964 年版。

28. [美]詹姆斯·W. 汤普逊:《中世纪晚期欧洲经济社会史》,徐家玲等译,商务印书馆 1992 年版。

29. [美]哈罗德·J. 伯尔曼:《法律与革命———西方法律传统的形成》,高鸿钧等译,中国大百科全书出版社 1993 年版。

30. [德]马克斯·韦伯:《新教伦理与资本主义精神》,于晓、陈维纲等译,三联书店 1987 年版。

31. [德]茨威格特等:《比较法总论》,潘汉典等译,法律出版社 2003 年版。

32. [德]马克思:《资本论》,人民出版社 1975 年版。

33. [德]黑格尔:《法哲学原理》,张扬、张企泰译,商务印书馆 1961 年版。

34. [德]马克思、恩格斯等:《马克思恩格斯全集》,人民出版社 1972 年版。

35. [德]罗伯特·霍恩、海因·科茨、汉斯·G. 莱塞:《德国民商法导论》,楚建译,中国大百科全书出版社 1996 年版。

36. [美]斯蒂格利茨:《政府为什么干预经济:政府在市场经济中的角色》,郑秉文译,中国物资出版社 1998 年版。

37. [美]道格拉斯·C. 诺斯:《制度、制度变迁与经济绩效》,刘守英译,上海三联书店 1994 年版。

38. [美]大卫·J. 科利斯、辛西娅·A. 蒙哥马利:《公司战略:企业的资源与范围》,王永贵、杨永恒译,东北财经大学出版社 2000 年版。

39. [美]迈克尔·D. 贝勒斯:《法律的原则——一个规范的分析》,张文显等译,中国大百科全书出版社 1996 年版。

40. [美]英克尔斯等:《从传统人到现代人——6 个发展中国家中的个人变化》,顾昕译,中国人民大学出版社 1992 年版。

41. [美]R. 科斯、A. 阿尔钦、D. 诺斯:《财产权利与制度变迁》,陈昕译,三联出版社 2000 年版。

42. [法]爱弥尔·涂尔干:《孟德斯鸠和卢梭》,李鲁宁等译,上海人民出版社 2003 年版。

43. [法]伊夫·居荣:《法国商法》,罗结珍、赵海峰译,法律出版社 2004 年版。

44. [法]孟德斯鸠:《论法的精神》(上),张雁深译,商务印书馆 1963 年版。

45. [英]亚当 · 斯密:《国民财富的性质和原因的研究》,郭大力、王亚南译,商务印书馆 1972 年版。

46. [美]格伦顿、戈登、奥萨魁:《比较法律传统》,米健、高鸿钧等译,中国政法大学出版社 1993 年版。

47. [法]雷蒙 · 阿隆:《社会学主要思潮》,葛智强、胡秉诚、王沪宁译,上海译文出版社 1988 年版。

48. [日]内田贵:《契约的再生》,胡宝海译,中国法制出版社 2005 年版。

49. 苏永钦:《私法自治中的国家强制》,中国法制出版社 2005 年版。

50. [美]格兰特 · 吉尔莫:《契约的死亡》,曹士兵、姚建宗、吴巍译,中国法制出版社 2005 年版。

51. [法]奥古斯特 · 孔德:《论实证精神》,黄建华译,商务印书馆 2001 年版。

52. [美]麦克尼尔:《新社会契约论》,雷喜宁、潘勤译,中国政法大学出版社 1994 年版。

53. [美]罗伯特 · 考特、托马斯 · 尤伦:《法和经济学》,张军等译,上海人民出版社 1994 年版。

54. [美]约翰 · 罗尔斯:《正义论》,何怀宏、何包钢、廖申白译,中国社会科学出版社 1988 年版。

55. [美]E. 博登海默:《法理学:法律哲学与法律方法》,邓正来译,中国政法大学出版社 2004 年版。

56. [德]迪特尔 · 梅迪库斯:《德国民法总论》,邵建东译,法律出版社 2000 年版。

57. [英]弗里德利希 · 冯 · 哈耶克:《自由秩序原理》(上),邓正来译,三联书店 1997 年版。

58. [美]罗·庞德:《通过法律的社会控制:法律的任务》,沈宗灵、董世忠译,商务印书馆 1984 年版。

59. [美]昂格尔:《现代社会中的法律》,吴玉章、周汉华译,中国政法大学出版社 1994 年版。

60. [美]加里·S. 贝克尔:《人类行为的经济分析》,王业宇、陈琪译,上海三联书店、上海人民出版社 1992 年版。

61. [德]京特·雅科布斯:《规范·人格体·社会——法哲学前思》,冯军译,法律出版社 2000 年版。

62. [法]卢梭:《社会契约论》,何兆武译,商务印书馆 2005 年版。

63. [日]鸿常夫:《商法总则》,弘文堂 1994 年版。

64. [美]乔迪·S. 克劳斯、史蒂文·D. 沃特主编:《公司法和商法的法理基础》,金海军译,北京大学出版社 2005 年版。

65. [日]龙田节编:《商法略说》,谢次昌译,甘肃人民出版社 1985 年版。

66. [英]尼尔·麦考密克、[奥]奥塔·魏因贝格尔:《制度法论》,周叶谦译,中国政法大学出版社 2004 年版。

67. [日]星野英一:《私法中的人》,王闯译,中国法制出版社 2004 年版。

68. [美]加布里埃尔·A. 阿尔蒙德、小 G. 宾厄姆·鲍威尔:《比较政治学:体系、过程和政策》,曹沛霖等译,上海译文出版社 1987 年版。

69. 江平主编:《新编公司法教程》,法律出版社 1995 年版。

70. 陈醇:《权利结构理论:以商法为例》,法律出版社 2013 年版。

71. 张楚主编:《电子商务法》,中国人民大学出版社 2016 年版。

二、论文类

1. 蒋大兴:《公司法的展开与评判:方法·判例·制度》,载《南京大学法律评论》2001 年第 2 期。

2. 赵万一、叶艳:《论商主体的存在价值及其法律规制》,载《河南省政法管理干部学院学报》2004 年第 6 期。

3. 徐学鹿:《论商法的统一》,载《国家检察官学院学报》2004 年第 4 期。

4. 徐学鹿:《论商法的概念》,载徐学鹿:《什么是现代商法》,中国法制出版社 2003 年版。

5. 殷志刚:《商的本质论》,载《法律科学》2001 年第 6 期。

6. 韩秀义:《商事营业维持原则》,载《现代法学》2001 年第 2 期。

7. 帅天龙:《清末的商事立法》,载《商法研究》2000 年第 1 期。

8. 王志华:《中国商法百年》,载《比较法研究》2005 年第 2 期。

9. 王保树:《商事通则:超越民商合一与民商分立》,载《法学研究》2005 年第 1 期。

10. 王保树:《商事法的理念与理念上的商事法》,载王保树主编:《商事法论集》(第 1 卷),法律出版社 1997 年版。

11. 王果纯:《商主体若干基本问题研讨》,载《湖南省政法管理干部学院学报》2000 年第 6 期。

12. 李汉林、渠敬东、夏传玲、陈华珊:《组织和制度变迁的社会过程——一种拟议的综合分析》,载《中国社会科学》2005 年第 1 期。

13. 李永军:《论商法的传统与理性基础——历史传统与形式理性对民商分立的影响》,载《法制与社会发展》2002 年第 6 期。

14. 李功国:《商人精神与商法》,载王保树主编:《商事法论集》(第 2 卷),法律出版社 1997 年版。

15. 江平:《中国民法典制订的宏观思考》,载《法学》2002 年第

2 期。

16. 石少侠:《我国应实行实质商法主义的民商分立——兼论我国的商事立法模式》,载《法制与社会发展》2003 年第 5 期。

17. 鲁品越、骆祖望:《资本与现代性的生成》,载《中国社会科学》2005 年第 3 期。

18. 韩秀义:《论商事营业国家干预原则》,载《甘肃政法学院学报》2002 年第 3 期。

19. 刘凯湘、张云平:《意思自治原则的变迁及其经济分析》,载《中外法学》1997 年第 4 期。

20. 吴汉东:《论信用权》,载《法学》2001 年第 1 期。

21. 谢晓尧:《论商誉》,载《武汉大学学报(社会科学版)》2001 年第 5 期。

22. 董保华、周开畅:《也谈"从契约到身份"——对第三法域的探索》,载《浙江学刊》2004 年第 1 期。

23. 任尔昕、张完连:《论营业转让与商号转让》,载《甘肃社会科学》2007 年第 2 期。

24. 魏小军:《论营业名称的经济价值及其财产权——兼评〈民法通则〉第九十九条》,载《甘肃政法学院学报》2006 年第 1 期。

25. 叶林:《营业资产法律制度研究》,载《甘肃政法学院学报》2007 年第 1 期。

26. 张辉:《营业执照制度的检讨》,载《江汉大学学报(社会科学版)》2006 年第 3 期。

27. 唐英:《公司经营范围性质学说质疑与探讨》,载《吉林省经济管理干部学院学报》2004 年第 6 期。

28. 史际春、姚海放:《再论商法》,载《首都师范大学学报(社会科学版)》2003 年第 1 期。

29. 钱玉林:《商法的价值、功能及其定位——兼与史际春、陈岳琴商榷》,载《中国法学》2001 年第 5 期。